山东耕地质量评价与应用丛书

莘县耕地

张洪启　主编

山东大学出版社

图书在版编目(CIP)数据

莘县耕地/张洪启主编. —济南:山东大学出版社,2013.8
ISBN 978-7-5607-4887-0

Ⅰ. ①莘…
Ⅱ. ①张…
Ⅲ. ①耕地资源—资源评价—莘县
Ⅳ. ①F323.211

中国版本图书馆 CIP 数据核字(2013)第 210413 号

策划编辑: 赵 岩
责任编辑: 李 港 姜 山
封面设计: 张 荔

出版发行:山东大学出版社
社 址 山东省济南市山大南路 20 号
邮 编 250100
电 话 市场部(0531)88364466
经 销:山东省新华书店
印 刷:山东鸿杰印务集团有限公司
规 格:787 毫米×1092 毫米 1/16
17.5 印张 14 插页 419 千字
版 次:2013 年 8 月第 1 版
印 次:2013 年 8 月第 1 次印刷
定 价:53.00 元

《莘县耕地》编委会

主　　任	宋忠祥
副 主 任	王兴真　魏保敬　周保月　张洪启
委　　员	陈升岩　王相彬　翟凤锁　张永庆　杜留昌 马文清　孙洪录　温　冰
主　　编	张洪启
副 主 编	王凤娥　王洪山　吕桂荣　王　芳
化验人员	孙申强　刘　芳　刘海英　王玉敏　王爱华 郑怀云　靳凤萍

采样调查与分析人员（以姓氏笔画为序）

卜祥勇　于　斌　于书丽　马明霞　马恒奎　王　文
王　平　王丁波　王正心　王立刚　王全贵　王纪广
王忠慧　王泽义　王宪刚　王晓红　王海燕　王朝忠
尹占峰　田书军　巩相景　成文华　刘玉芳　刘玉京
刘西海　刘学芳　刘国臣　刘洪霞　刘莘婷　刘晓红
许永起　孙丽新　孙燕芳　杜振国　李　哲　杨广云
杨福仓　吴兆国　邱宗刚　张纪坤　张建华　张效花
张海孟　陈文波　陈立平　苗继忠　范福山　岳雪龙
单春婷　赵时峰　段丽华　侯秋菊　聂　军　夏江华
黄方建　梁金英　翟合生

文字校对	张南南　孙姗姗
业务指导	王代春　李　涛　万广华　李虎申　姜　新
制　　图	赵庚星　唐　建　田文新　冯　颂　张洪启
数据统计	张洪启

序

耕地是人们赖以生存的重要资源，它关系到社会的稳定和经济的发展。只有合理利用和切实保护好我们有限的耕地，才能促进经济的可持续发展。新中国成立以来，莘县历届县委、县政府都高度重视耕地保护、利用和改良工作，1959 年和 1981 年先后两次开展土壤普查工作，摸清了全县各种土壤类型、面积及分布，并进行了质量评价，对当时及以后一段时间耕地资源的合理利用、施肥制度改革起到了重要作用。

莘县是农业大县，是国家商品粮生产基地，多次被国家、省授予"粮食生产先进县"荣誉称号，同时莘县也是蔬菜生产大县。近年来，莘县经济迅猛发展，人民生活水平不断提高，对农产品的质量要求也越来越高。面对人口、资源、环境等发展要素所带来的压力，以及改革开放以来农业和农村经营体制、耕作制度、种植制度的变化，加之化肥、农药等农业投入品的使用，使全县的耕地质量发生了很大变化，再依据过去的数据指导现实的农业生产已经没有意义。

面对农业土地利用现状、耕地地力条件的新变化，国家启动了"测土配方施肥"资金补贴试点项目，2006 年莘县被列为省级试点县，2008 年成为国家级项目县，同时开展了耕地地力调查和评价工作。按照上级部署及项目要求，莘县组织农业系统广大干部职工，历时 4 年时间，完成了耕地土样采集、施肥及生产调查、检测分析等工作，并精心汇总整理，编写了《莘县耕地》这部全面反映莘县耕地状况的专著。

《莘县耕地》一书的出版发行，是莘县农业发展史上的一件大事，标志着莘县农业科研水平又上了一个新台阶。该书注重理论与实践相结合，内容丰富，针对性强，增加了很多技术新观点，易学易懂，是一本难得的工具书。希望全县农业技术人员、农村基层干部、农业科技示范户及广大农民群众认真阅读、借鉴和应用。同时，也希望县农业局及该书编著者，根据读者提出的意见，不断对该书进行补充、更新和完善，使其更加具有针对性和指导性，为促进全县农业发展和农民增收作出新的更大贡献。

莘县人民政府县长 [signature]

2012 年 12 月

前　言

耕地是农业生产的基础，是一种十分重要的自然资源。耕地资源对农业生产的发展，对人们物质生活水平的提高，乃至对国民经济的发展都有着巨大作用和不可替代性。

莘县2006年为省级测土配方施肥项目县，2008年转为国家级测土配方施肥项目县，同时实施耕地地力评价项目。这两个项目与第二次土壤普查相比，技术先进，布点合理，调查细致，成果突出。莘县耕地地力评价项目于2010年11月顺利通过验收。为进一步体现耕地地力评价与测土配方施肥的成果，促进耕地资源的合理利用，发展高产、优质、高效农业提供翔实、科学的理论依据，特编写了本书，供各级领导及基层农业技术人员参考。

为确保测土配方施肥、耕地地力评价工作的顺利进行，精心组织，周密部署，成立了专门的领导机构，做到了领导重视、组织健全、管理到位、分工具体、责任到人。工作中严格按照《测土配方施肥技术规范》和《农业部耕地地力评价规程》要求，先后采集蔬菜地土样3500个，大田土样7500个，水样60个，植株样品100多个，筛选了耕地地力评价土样2217个，化验分析了土壤有机质、大量和中量元素、全盐、土壤容重等20个项目，共计5万项次。建立了莘县耕地地力属性数据库、空间数据库，制作了27种成果图件，利用“3S”技术建立了县域耕地质量管理信息系统，同时建立了测土配方施肥数据管理系统、测土配方施肥专家系统及触摸屏系统。莘县耕地改良模式与改良利用分区、测土配方施肥分区及施肥建议卡上墙方案、菜地地力评价与测土配方施肥技术、莘县菜地养分分级标准等都是莘县土肥站的最新试验研究成果与建议，对莘县农业生产具有实际的指导意义。

莘县测土配方施肥、耕地地力评价项目是在农业部、省土壤肥料总站的领导下，在聊城市农委土肥站的具体指导下完成的。在项目实施过程中，莘县县委、县政府在组织协调、人力、物力等方面给予了大力支持；国土局、水务局、气象局、统计局、民政局等部门在提供数据、图幅方面给予了很大帮助；山东农业大学资源与环境学院、山东天地亚太国土遥感有限公司的有关专家帮助完成了图件数字化及地力评价成果图的绘制，并建立了数据库；县农业局各科室专业技术人员及各乡镇(街道办事处)农技站在土样采集、化验和调查工作中也付出了艰辛劳动,在此一并表示诚挚的感谢。

在编写过程中,力求数据准确、内容完美、突出实用性,但由于地力评价工作及应用涉及多个专业领域,加之受水平所限,且时间仓促,书中难免存在不足之处,敬请各级领导和同仁批评指正。

编　者

2012 年 12 月

目 录

第一篇 耕地地力调查与质量评价

第二篇 耕地培肥与改良利用对策

第三篇 测土配方施肥技术

第一篇 耕地地力调查与质量评价

第一章 自然与农业生产概况

莘县位于山东省西部，冀鲁豫三省交界处，地理坐标是北纬 35°25′～36°46′，东经 115°20′～115°44′，南北长 68km，东西宽 32km，总面积为 1420.03km^2。莘县历史悠久，早在唐虞三代属兖州之域，春秋时为卫国莘邑。公元前 221 年，秦兼并六国，分为 36 郡，时属东郡，始置阳平县，后齐改为乐平县，后周设莘亭县。586 年(隋开皇六年)复称阳平县。588 年改称清邑。606 年(隋大业二年)始称莘县至今。宋代先后属河北东路大名府和中书省南部东昌路，明代属东昌府，清代属山东省布政司东昌府。民国初年属山东省东临道，1928 年直属山东省。1944 年 8 月 1 日，莘县全境解放。1949 年至 1952 年属平原省聊城地区。1958 年底撤销莘县建制，属地划归范县、冠县，1961 年 7 月 1 日复置莘县。1964 年后金堤以北之范县属地全部划归莘县。现在的莘县版图实际上包括了历史上莘县、朝城县、观城县的全部和范县、濮县的一部分。莘县行政图如图 1-1 所示。

图 1-1 莘县行政图

第一节　自然条件

一、气候条件

(一)光能资源

莘县年平均日照约为2231.1小时,年平均辐射量为$1.177\times10^7 kJ/m^2$,日照百分率为51%,光能资源比较丰富,光能的生产潜力巨大。莘县光能分布的特点是:年际分布比较均匀,年内变化较大,春夏光照充足,辐射较强,平均每天日照在8小时左右。5月平均每天日照接近8.5小时,对小麦灌浆成熟十分有利。6月平均每天日照9小时,日辐射量达到全年最高峰,此时夏播作物正处在苗期,不能合理利用光能资源。秋季日照缩短,辐射减弱,9月平均每天日照7小时,对棉花吐絮和晚秋粮食作物的灌浆成熟有时有一定影响。

(二)热量资源

莘县年平均气温13.4℃,最冷月1月平均气温－2.1℃,极端最低气温－22.7℃,最热月7月平均气温26.8℃,极端最高气温41.8℃,日平均气温不低于0℃的平均持续天数为294天,活动积温5002.4℃;不低于10℃的平均持续天数为208天,活动积温4582.6℃,有效积温2379.6℃;不低于20℃的平均持续天数为119天,活动积温3166.7℃,有效积温618.7℃。最大冻土深度35cm,全年无霜期平均为201天,属暖温带季风气候。莘县热量条件可以满足早、中熟品种一年两熟的热量要求,多数年份不能满足晚熟品种一年两熟的热量要求。夏凉年四年一遇,对喜温作物生长有一定影响。春季回暖迅速,秋季降温快,夏季炎热,冬季寒冷,冬夏持续时间长,春秋季节短,是莘县年内热量分布的特点。

(三)大气降水

莘县年干燥度为1.37,属大陆性半干燥地区。历年平均降水量约为501.9mm,但降水季节分配极不均匀,4～6月平均降水量41.9mm,蒸发量198.3mm,水分严重亏缺。7、8月平均降水量124.7mm,秋季平均月降水量迅速降至41.3mm,冬季平均月降水量仅有5.9mm。最大年降水量1129.6mm,一昼夜最大186.9mm,一小时最大47.4mm,最大积雪深度19cm。年平均相对湿度70%,最小相对湿度8%,最大相对湿度100%。

(四)气象灾害

莘县气象灾害有旱涝、干热风、低温连阴雨、暴雨、冰雹、大风等,均对农业生产造成不同程度的危害,其中以旱涝对农业生产的影响最大。

干旱和洪涝:干旱是莘县最主要的农业气象灾害,本地有“十年九旱”之说。莘县在1961～2010年的50年间,旱年15年,发生频率30%,正常26年,涝年9年,发生频率18%。其中1961～1970年旱年3年,涝年2年;1971～1980年旱年1年,涝年1年;1981～1990年旱年4年,涝年1年;1991～2000年旱年4年,无涝年;2000～2010年旱年3年,涝年4年。以上统计可以明显地看出,旱年多于涝年,即使在正常年份,每年都有不同程度的干旱发生，严重威胁着农业生产和人民生活。总的来看，一般全县3～4年出现1次严重初夏旱，6～7年出现1次严重夏旱，3～4年出现1次重秋旱，6～7年出现1次严重夏涝，4～5年出现1次重秋涝。特别是2008年10月至2009年2月10日，平均降水量仅为4.3mm，基本无有效降雨，是有记录以来同期降水量最少的，干旱程度已达五十年一遇的概率标准。

冰雹：冰雹是莘县主要灾害性天气之一，局地性和季节性都很强，特别是对小麦、棉花等威胁最大，常带来灭顶之灾。莘县冰雹灾害2～3年一遇，最早出现在4月29日，最晚出现在10月24日，集中在6～8月。冰雹在一天之中大都出现在下午到傍晚，持续时间一般为10～15分钟，短的3～5分钟。莘县冰雹移动路径大都为自西北进入，由东南移出，个别自西南向东北方向移动。以莘县燕塔、张鲁、王奉及西南部的观城、大张等乡镇（街道办）的雹灾机遇最大，平均2～3年一遇，而徐庄、朝城、柿子园一带雹灾机遇最小，平均10年一遇。

霜冻及冻害：霜冻是指在温暖的春、秋季节里，由于强冷空气的侵袭，在植物生长季节里，夜间土壤和植株表面的温度下降到0℃以下，使植株体内水分形成冰晶，造成作物受短时间低温冻害，分为春霜冻和秋霜冻。秋霜冻主要危害秋粮作物和棉花，春霜冻主要危害小麦、春播作物和棉苗。根据霜冻灾害调查统计，由于气候变暖，霜冻灾害出现了减少趋势。严重冻害5年发生1次。

病虫害：几十年来，随着气候变暖以及种植业结构的调整，莘县的病虫害也日趋严重，尽管当前各种病虫害的防治药物数不胜数，但每年发生的病虫害灾情却不容忽视，同时病虫害的发生种类、发生规律也发生了变化。究其原因：一是冬暖，虫卵越冬基数大，存活率高；二是气流移动形成的风，有助于小型害虫（小麦蚜虫、红蜘蛛）和病菌的传播，扩大发生面积。

干热风：干热风的天气特点是温度高、湿度小、并伴有一定的风力。莘县的干热风对小麦的危害主要集中出现在小麦乳熟期的5月下旬至6月初，易造成小麦炸芒、麦粒瘦小、千粒重下降，平均每年发生5天。重干热风2～3年1次。

其他灾害：随着气候变暖和进入少雨周期，莘县冻害和低温连阴雨灾害也呈现出减少的趋势，如莘县的低温连阴雨灾害在过去平均2年一遇，现在进入干暖气候，此灾害则很少发生。相反，大风、龙卷风等灾害则呈现出上升的趋势。

二、地形、地貌

莘县属黄泛平原，地形、地貌是黄河改道和决口泛滥冲积成的。古河道遗迹有古沙河、金堤河、金线河及其支流、大沙河、赵王河、柴家河、红雁江等。徒骇河是大沙河的延伸，马颊河源于今河南省濮阳县金堤根下，为唐朝所开。范莘干渠、俎店沟、辛庄沟、红雁渠皆为新中国成立后挖掘的人工河道，在全县构成马颊河、徒骇河、金堤河三个明显的河流系统。

地形：四面皆高不封闭，全县洼地三十一片，面积为$1.667\times10^5 hm^2$（其中$667hm^2$以上的一片，$333hm^2$以上的两片，$66.7hm^2$以上的二十八片），除位家洼、孟家洼、北庄洼、刘羡洼有较大面积属于封闭浅平洼地，其他都属于槽形或浅平低坡地，地形西南高（海拔

51m 左右)、东北低(海拔 36.9m),高差 14m,统一比降 1/6000,但不均匀。秦皇堤—朝城 1/5000 以下,朝城—县城区 1/8000～1/6000,县城区向北达 1/10000,西高东低,比降 1/3000左右。

地貌:马颊河以西多古河遗迹,高洼相间,纵坡向东北倾斜,但坡度不均匀,金堤河以南缓平,随河床向东北倾斜;徒骇河流域内,大沙河段与徒骇河、马颊河之间成堤背缓岗陡坡型,向东北倾斜;大沙河右岸向西倾斜,赵王河南岸向南倾斜为倒坡。马集以北到徒骇河呈缓平,范禹公路与金线河间呈浅平槽状洼地。

根据上述地形、地貌特征成因及其地面组成物质,全县可分成六种地貌类型。

(一)河滩高地

河滩高地分布广、面积大。主要分布在:王奉、大王寨、魏庄、河店、张鲁、燕塔、东鲁、朝城、张寨、王庄集、樱桃园、观城、大张、古云、古城等乡镇(街道办),面积为 44833.3hm²,为古河道漫滩沉积而成,沉积物为沙质、沙壤质。相对地势高,地面坡度较大,径流畅通,不易发生涝灾。潜水矿化度小于或等于 1g/L,土壤以脱潮土、风沙土为主,有少量的潮土存在,但因潜水较深易发生干旱,影响适时用水。

(二)沙质河槽地

沙质河槽地与河滩高地交错存在,有古河道遗迹呈条带状,土壤偏沙,地势高,地形复杂。面积为 11841.67hm²,零星分布在王奉、王庄集、张寨、古云、大张、樱桃园、古城等乡镇(街道办),有次生盐渍化威胁,雨季易遭涝灾。

(三)决口扇形地

决口扇形地为大堤决口时乱流堆积而成,地形起伏不平,以风沙土和沙壤为主,在全县分布范围较小,只涉及俎店、张鲁两乡镇(街道办),共 1400hm²。

(四)缓平坡地

缓平浅地系黄河泛滥漫流沉积而成,此种地形分布广,高低差异微小,地势平缓,一般坡降1/5000～1/3000,个别地段 1/7000,土壤以潮土为主,土质多壤质,受盐化威胁较大,土壤表面有不同程度的盐斑,面积为 73801.13hm²,马颊河以东、徒骇河两侧及莘朝干渠东西各镇,大多属于此种地貌类型。

(五)河间浅平洼地

由静水沉积而成,处于黄河改道的河间地带、地势缓平而低洼,群众称为"漫洼"。分布在十八里铺镇的位家洼、朝城镇的孟家洼、张寨镇的刘羡洼,属于封闭状洼地。浅平洼地面积为 4523.3hm²,这种地形在丰水年、丰水季节易积水成灾。洼地质地较重,大部分为中壤和重壤土,淋洗作用强,不易盐化,但其边缘因补水容易造成盐化土壤。

(六)背河槽状洼地

背河槽状洼地为黄河决口的溜道所形成的狭长洼地,呈带状分布,主要在燕店、河店两乡镇(街道办),土壤表土为沙壤。历史上因河水常年外渗,地下水位高,矿化度大,造成盐化土壤,面积较小,共 2375hm²。

三、成土母质

莘县的成土母质是黄河冲积物。河流泛滥形成的沉积物经自然分选,有一定的规律。

缓岗河槽多为沙质土，缓平坡地多为壤土，低洼地多为中壤土或黏质土。群众概括为“紧沙、慢淤、不紧不慢两合土”。

全县土壤在质地分布上，东部质地较重（中壤、重壤），西部质地较轻，大部分为沙土、沙壤，少部分为轻壤，中部绝大部分为轻壤土。从土体构型看，质地层次复杂，往往黏壤相间，不仅有全剖面均质，而且有沙壤黏相间，因而各种土壤会有不同的理化性质。

四、水资源

总量为 $4.652\times10^8 m^3$，其中当地水资源多年平均为 $2.0471\times10^8 m^3$，过境河流水量多年平均为 $2.6049\times10^8 m^3$。水资源可利用量多年平均为 $2.1559\times10^8 m^3$，其中当地水资源 $1.3458\times10^8 m^3$，客水资源 $0.8101\times10^8 m^3$。地表水占水资源总量的 56%，可利用率为 31%。地下水占水资源总量的 44%，可利用率为 65.7%。莘县绝大部分属海河流域，马颊河、徒骇河自西南向东北纵贯境内；金堤河自西南向东北横穿莘县南端，属黄河水系。境内主干沟 19 条，总长 430.5km；支沟 166 条，总长 130.5km；斗、农沟 2465 条，总长 3780km。马颊河境内长 31.5km，流域面积为 $303.09km^2$，年平均入境客水 $0.37\times10^8 m^3$。徒骇河境内长 68km，流域面积为 $1072.42km^2$，年平均入境客水 $0.85\times10^7 m^3$。金堤河境内长 33.7km，流域面积为 $37.47km^2$，年平均入境客水 $2.1499\times10^8 m^3$。彭楼引黄干渠境内长 58km，有效灌溉面积为 $7.03\times10^4 hm^2$，年平均入境客水 $2\times10^8 m^3$，极大地改善了莘县的灌溉条件。

五、生物资源

粮油作物有小麦、玉米、大豆、花生等 20 多种；瓜菜作物有黄瓜、香瓜、西瓜、西葫芦、菜豆、韭菜、白菜、萝卜、大蒜、大葱等 120 多种。果树有苹果、梨、桃、枣、杏、柿等 10 多种。用材林有杨、柳、槐、桐等近 20 种。家禽家畜主要有鸡、鸽、猪、羊、牛、马、驴、骡等 10 多种。鱼类和水生植物有鲤、鲫、草鱼、虾、藕、荸荠等 30 种。其他有各种花卉、饲草和药材等 130 多种。

第二节 农业经济与农业生产概况

一、概　况

莘县现辖 24 个乡镇（街道办），即燕塔、莘亭、莘州、东鲁 4 个街道办事处，张鲁镇、朝城镇、观城镇、古城镇、大张家镇、古云镇、十八里铺镇、燕店镇、董杜庄镇、王奉镇、樱桃园镇、河店镇、妹冢镇、魏庄镇、张寨镇、大王寨镇、徐庄镇、王庄集镇 18 个建制镇，俎店乡、柿子园乡 2 个乡。

全县总人口 100.3 万人，农业人口 875601 人。土地总面积为 $1420.03km^2$。耕地面积为 $93253.59hm^2$，占土地总面积的 65.67%，农业人口人均耕地 $0.107hm^2$，总人口人均耕地 $0.093hm^2$。

莘县历史上以农业为主，种植业比较发达，是北方地区粮、棉和蔬菜的重要产区，曾荣获“全国粮食生产先进县”“全国食用菌生产先进县”“全国食用菌十大主产基地县”“全省农民增收先进县”等荣誉称号。党的十一届三中全会以来，随着农村改革的深入，承包责任制的落实，农业生产得到了迅速发展。粮食生产基本稳定，棉花种植面积1984年达到$4.7\times10^4hm^2$，至1994年后面积逐年下降，目前稳定在$6000hm^2$左右。而蔬菜种植面积从1993年开始，逐年增加。

十一届三中全会以后，乡镇企业保持了快速发展的势头，规模持续扩大。个体企业突飞猛进，股份制企业保持良好的发展，外资企业不断增加。2008年年底，全县国内生产总值完成140.42亿元，较上年增长13%；第二产业69.12亿元，较上年增长16.5%；第三产业38.22亿元，较上年增长13.8%。城乡居民收入不断增加，人民生活不断得到改善，2008年年底，城镇居民人均可支配收入8401元，农民人均纯收入5116.4元，城乡居民生活质量进一步提高。

近几年莘县按照“南部乡镇(街道办)有新突破、中部乡镇(街道办)有新提升、北部乡镇(街道办)有新亮点”的发展思路，深入推进农业结构调整，大力发展现代农业，农业发展水平和档次逐步提升，瓜、菜、菌、果牧成为莘县的五大主导产业，2009年农业总产值79亿元。

在确保粮食播种面积稳定的同时，积极发展设施农业、畜牧养殖业等高附加值的农业项目。

(一)种植业

2009年，全县粮食种植面积为$1.34\times10^5hm^2$，大面积推广种植“济麦22”“良星99”“郑单958”“浚单20”“齐单1号”“莘州158”等优良品种，小麦平均产量$412kg/667m^2$，玉米平均产量达$465kg/667m^2$；瓜菜菌种植面积已达到$5.73\times10^4hm^2$，其中冬暖式大棚21万座，大中小拱棚$1.2\times10^4hm^2$，层架式专用菇房2000多座，瓜菜菌总产287万吨，产值24.1亿元，建成了全国最大的香瓜、秋延迟黄瓜、早春豆角、晚秋香菜生产基地，也是北方著名的无公害韭菜生产基地、大红番茄基地。

(二)养殖业

2009年底，莘县跨入全国生猪生产大县行列，生猪存栏47.12万头、牛存栏8.01万头、羊存栏35.45万只、家禽存栏5437.98万只；生猪出栏91.34万头、牛出栏5.87万头、羊出栏63.12万只、家禽出栏5.2亿只；禽蛋产量8.74万吨；肉类总产量34.73万吨。畜牧生产方式转变明显加快，规模化、标准化养殖发展迅速，全县养殖大棚发展到25000多个，出栏500头以上的养猪场203个，存栏万只以上的蛋鸡场22个，存栏2000头奶牛场1个。畜牧业在农业和农村经济中的地位和作用日益突出，已经成为发展农村经济的支柱产业之一。

二、农业生产的主要特点

(一)粮食种植面积稳定，粮经比例协调

近几年来，受市场供求及一系列支农惠农政策的影响，特别是取消农业税、粮食直补、良种补贴、农资综合补贴以来，农民种粮积极性高涨。粮食种植面积快速回升并趋于稳定，产量大幅增长，粮食主产区的地位凸显。同时，蔬菜种植面积稳步增加，目前达到

$5.93\times10^4hm^2$，很大程度上促进了农民收入的增长，给农民带来了实惠。

(二)农民科技种田意识增强

通过实施新型农民培训、科技入户工程、测土配方施肥等惠农项目，莘县农业技术人员深入开展科技下乡活动，农民科技种田的意识不断增强，大多能自觉地应用先进的科学技术指导生产，农作物单产同比均有不同程度上升，同时积极大力推行小麦优质品种，优质小麦播种面积在 $6\times10^4hm^2$ 以上。

(三)农民把握市场能力逐步增强，对市场、政策导向作用的认识日渐提高，种植结构发生较大变化

在国家宏观调控下，农民从国家政策中得到的实惠越来越多，农民对政策导向作用认识提高。与此同时，农民把握市场能力逐步增强，农村专业合作经济组织迅猛发展。市级以上农业产业化龙头企业达到 20 家，农民专业合作社发展到 415 个。订单农业、有机农业、无公害食品、绿色食品、有机食品已不再是新名词，已经深入人心。无公害、绿色和有机食品品牌达到 29 个。

(四)农业综合生产能力全面提高

县委、县政府一直高度重视农业和农村经济发展，不断加大对农业的投入，农业基础设施进一步完善，农业综合生产能力得到全面提高。

第三节　农业基础设施情况

一、农田水利建设情况

(一)水利发展现状

莘县是水利大县，境内现有金堤河、徒骇河、马颊河三条跨省骨干防洪排涝河道。金堤河莘县境内长 33.7km，流域面积为 $37.47km^2$，沿途耕地面积 $3380hm^2$，占全县总面积的 3%。徒骇河境内长 68km，流域面积为 $1072.42km^2$，占全县总面积的 76%。马颊河境内长 31.5km，流域面积为 $303.09km^2$，占全县总面积的 22%，流域面积大于 $100km^2$ 的主要支流 5 条(金线河、范莘干沟、俎店渠、鸿雁渠、辛庄沟)。境内现有彭楼引黄灌区和引金灌区二处，多年平均引金堤河水 $1\times10^8m^3$，灌溉面积为 $2.89\times10^4hm^2$。彭楼引黄灌区涉及莘县、冠县 42 个乡镇(街道办)1457 个自然村，125.8 万人，灌区面积为 $1930.5km^2$，设计灌溉面积为 $13.37\times10^4hm^2$(其中莘县 $7.03\times10^4hm^2$)，设计引水流量 $30m^3/s$，设计年引黄水量 $3.98\times10^8m^3$。莘县多年平均降雨量 526mm，多年平均水资源总量为 $4.652\times10^8m^3$。

近年来，在县委、县政府的正确领导下，莘县认真落实科学发展观，积极践行可持续发展的治水思路，按照中央扩内需、调结构、保增长、惠民生的重大决策部署，全面推进民生水利工作，不断强化水利管理，生态环境得到有效改善，水资源综合利用水平不断提高，为全县经济社会的可持续发展提供了有力保障。从 2007 年开始，每年的彭楼引黄灌区续建配套与节水改造工程成效显著；仙鹤湖湿地公园已初步形成了 $266.67hm^2$ 的景观；徒骇河水利风景区进展顺利；农村饮水安全工程扎实推进。

农田水利基本建设不断完善。近年来，全县上下继续深入地坚持“全面规划、统筹兼顾、合理开发、人水和谐”的原则，坚持不懈地开展大规模的农田水利基本建设，使水利建设步入了规范、持续、健康发展的轨道。一是建设古城水镇和十八里铺水乡，重点治理了舍利寺分干、荣庄沟、范莘干沟上段、太子河等10条沟渠，新建维修涵闸12座等，逐步实现“碧波长流、绿水环绕、人水和谐”。二是俎店干渠治理工程。三是安庄干沟综合治理。四是搞好小型农田水利基本建设。近年来，共新打机井3340眼，维修旧机井5830眼；清挖各级沟渠245条，总长度385km，动土$1.26\times10^{7}m^{3}$；新建维修水工建筑物106座；发展节水灌溉面积$5333hm^{2}$。

防汛抗旱工作成绩斐然。自2001年9月彭楼灌区实现全线低标准通水以来，到2010年，先后引水19次($1.1\times10^{8}m^{3}$)，年均灌溉效益1.5亿元，结束了灌区内40年来用不上黄河水的历史，缓解了水资源供需矛盾，补充了地下水源，改善了生态环境，提高了农业综合生产能力，社会、经济、生态效益显著。2005年以来，共引调黄河水$5.53\times10^{8}m^{3}$，引调金堤河水$4.75\times10^{8}m^{3}$。

（二）面临的形势

经过多年的努力，莘县水利正由传统水利向现代水利过渡，农业水利向生态水利、城市水利过渡，在全县国民经济中的基础地位日益加强：依法治水、管水、发展水的力度正在逐年加大；农村通自来水入户率逐年提高，饮水安全正在逐年得以保障；农田灌排体系正在逐年得以更新维护；生态旅游水利已成为一大亮点。

尽管近年来民生水利建设取得很大成效，但我们必须清醒地看到，涉及民生的水利问题仍然十分突出，特别是危桥改造、水渠污染、防洪安全等基本水利需求还没有得到有效保障。在影响粮食生产的光、温、水、土、肥、种等要素中，水的增产效用最为突出，灌溉耕地的粮食产量通常是非灌溉耕地的1～4倍，所以实现新增粮食生产能力关键在于水。目前，莘县农田水利仍然薄弱，现有灌区普遍存在标准低、配套差、老化失修、效益衰减等问题。

1.水资源供需矛盾日益加剧

随着全县经济发展步伐的加快，水资源供需矛盾日益突出，水已成为严重制约莘县国民经济发展的瓶颈。一是全县人均水资源占有量仅$225m^{3}$，不到全省人均占有量的1/2，不到全国人均占有量的1/11。二是客水资源十分短缺。近几年来，由于干旱少雨，徒骇河、马颊河几乎无水可用，莘县的客水资源主要是黄河水和金堤河水。黄河水由于受指标分配限制、季节影响、水费收缴等因素，可调配水量有限，且时间、次数不能保证。非汛期金堤河水由于上游职能部门加强管理，引调水难度加大，且水质较差。只能充分利用汛期多引多蓄，以补充地下水，为灌溉储备水源。机井总量趋于饱和，但机井分布不均，布局不合理，取水层单一。截至2009年底，全县机井保有量达到19265眼，单井负担面积达到$4.27hm^{2}$。近年来由于超量开采浅层地下水，致使地下水位逐年下降，地下水漏斗区一度达到全县面积的90%以上。

近年来，莘县农业灌溉用水总量达到$2.2\times10^{8}m^{3}$，占全县总用水量的88%，造成地下水的连年超采。中南部机井一般能按作物的需水量进行灌溉，以满足作物生长期的需水要求，特别是大棚蔬菜等保护地栽培作物，灌溉保证率较高，能达到100%；马西地区则受不同年份降雨量和河道径流量多少的影响较大，农作物灌溉保证率较低，一般为50%左右。

2. 水利设施老化严重，河流防洪能力不强

莘县水利工程多数建于20世纪五六十年代，受资金投入、历史欠账等影响，水利工程不配套，建设标准低，河道淤积严重，加之老化失修，长期超负荷运行，功能日趋弱化，保障能力低下，水利设施更新改造的任务很重。特别是乡村级沟渠治理滞后，地不通沟，沟不通渠，渠不通河，满足不了群众的灌排要求。防洪标准很低，建筑物也不配套，遇有暴雨极易失控成灾，给农业生产带来威胁。

3. 农业水利工程投入机制不健全

一是水利工程大多是社会公益性工程，受益的主体范围、受益的份额有时难以准确界定，传统的"谁受益、谁负担"的投入机制有时难以落到实处。二是地方财政困难，配套资金难以到位。三是投于水利建设与管理经费的比例很小，面广量大的已建水利工程因长期以来没有很好地落实管理经费，老化失修严重，相当一部分工程设施到了更新阶段，面对水利工程正常运行需要可观的管理费用支出而束手无策。

4. 管理体制、机制不适应市场经济的要求，农业水价体系不合理

灌区及供水运行管理正从计划经济的传统管理模式向市场经济下的现代企业管理模式转变，管理体制还不健全，投入机制不完善，缺乏经济自立能力，还达不到社会主义市场经济条件下对灌区经营管理的要求。

5. 节水工程少，水资源浪费严重

工程退化老化，跑、冒、渗、漏严重，渠系利用系数只有0.42，农业是用水大户，但节水工程很少。截至目前，全县仅累计发展节水灌溉面积8800hm^2。

二、农业机械

1981年，全县拥有各类农业机械总动力147715.2kW，农用排灌机械动力119878.5kW，大中型拖拉机564台，小型拖拉机1068台，农用汽车80辆。

近几年，播种机、旋耕机、小麦玉米联合收割机发展迅速。截至2009年，全县拥有各类农业机械总动力2228000kW，全县农业机械使用率达90%以上。农用排灌机械动力869000kW，大中型拖拉机4615台，小型拖拉机712台，农用汽车257辆，联合收割机1193台，农用机动三轮92761辆，旋耕机6400台。

第二章　土壤与耕地资源状况

第一节　土地利用状况

据莘县国土局 2009 年底数据，莘县土地利用面积为 142003.2hm^2，其中农用地为 117539.3hm^2，占 82.77%；建设用地为 23235.1hm^2，占 16.36%；未利用地为 1228.8hm^2，占 0.87%（见图 2-1）。

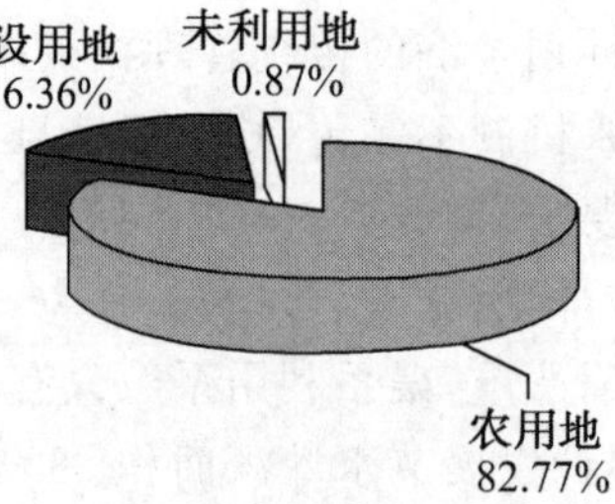

图 2-1　莘县土地利用一级分类构成图

一、农用地

全县农用地面积为 117539.3hm^2，耕地面积为 93253.59hm^2，占农用地面积的 79.34%；园地面积为 1540.49hm^2，占农用地面积的 1.31%；林地面积为 14636.93hm^2，占农用地面积的 12.45%；牧草地面积为 172.27hm^2，占农用地面积的 0.15%；其他农用地面积为 7936.01hm^2，占农用地面积的 6.75%（见图 2-2）。

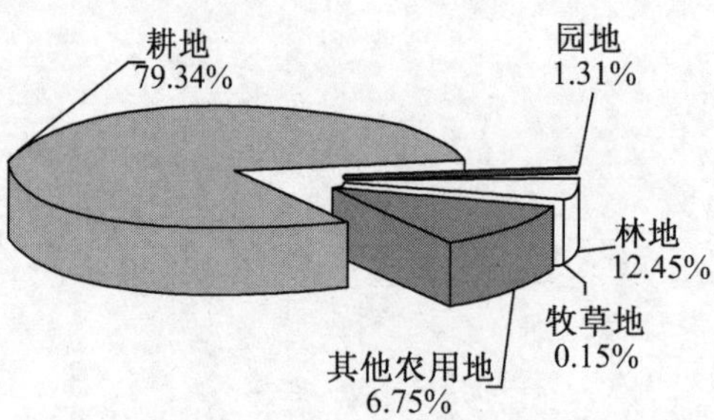

图 2-2　莘县农用地构成图

（一）耕　地

全县耕地面积为 93253.59hm²。耕地地类构成：以水浇地为主，面积为 93138.76hm²，占耕地面积的 99.88％；旱地 114.83hm²，占耕地面积的 0.12％。

全省人均占有耕地 0.082hm²。从表 2-1 可以看出，莘县人均占有耕地 0.106hm²，高于全省人均耕地数。

表 2-1　　全县耕地面积结构表

项　目	土地总面积（hm²）	耕地面积（hm²）	耕地占总面积的比例（％）	农业人口（人）	农业人口人均耕地（hm²）
莘县	142003.2	93253.59	65.67	875601	0.106

1. 耕地的分布状况

莘县各乡镇（街道办）的耕地面积不尽相同。如表 2-2 所示，从各乡镇（街道办）占全县耕地面积的比重看，所占比重最大乡镇（街道办）是十八里铺镇，耕地面积为 5644.04hm²，约占全县耕地面积的 6.052％；所占用比重最小的乡镇（街道办）是莘州街道办，耕地面积为 2005.45hm²，约占全县耕地面积的 2.151％。

表 2-2　　各乡镇（街道办）耕地面积结构表

行政区域	土地总面积（hm²）	耕地面积（hm²）	占全县耕地总面积的比例（％）	农业人口（人）	农业人口人均耕地（667m²）
燕塔街道办	4191.86	2469.86	2.649	24900	1.488
莘亭街道办	4477.06	3049.2	3.27	27900	1.639
莘州街道办	3071.14	2005.45	2.151	17749	1.695
东鲁街道办	3650.71	2229.68	2.391	22692	1.474
张鲁镇	8276.24	5237.54	5.616	49780	3.462
朝城镇	7117.77	4605.16	4.938	47362	3.044
观城镇	6536.83	4581.26	4.913	36500	3.028
古城镇	7495.2	5290.15	5.673	46900	3.497
大张家镇	6046.74	4003.34	4.293	44453	2.646
古云镇	6014.6	3351.78	3.594	43910	2.216
十八里铺镇	8028.7	5644.04	6.052	40853	3.731
燕店镇	4652.25	3214.8	3.447	37937	2.125
董杜庄镇	5103.85	3760.18	4.032	29425	2.486
王奉镇	8703.05	5175.94	5.55	43500	3.421
樱桃园镇	8119.56	4931.76	5.289	51600	3.26

续表

行政区域	土地总面积（hm^2）	耕地面积（hm^2）	占全县耕地总面积的比例（%）	农业人口（人）	农业人口人均耕地（$667m^2$）
河店镇	4555.46	3351.81	3.594	32200	2.216
妹冢镇	6767.82	4929.11	5.286	47433	3.258
魏庄镇	6568.1	4349.26	4.664	38000	2.875
大王寨镇	7145.04	3109.56	3.335	33500	2.055
张寨镇	5918.55	4223.03	4.529	45600	2.792
徐庄镇	4780.57	3433.29	3.682	24200	2.269
王庄集镇	5562.59	3861.23	4.141	37407	2.552
柿子园乡	5115.4	3620.15	3.882	30900	2.393
俎店乡	4104.15	2826.01	3.03	20900	1.868

十八里铺镇人均占用耕地最多，人均占用耕地为 0.249hm^2，而东鲁街道办事处人均占用耕地最少，人均占用耕地为 0.098hm^2。

2.耕地类型

全县地貌类型为黄河冲积平原，地势平坦。土壤质地、构型优良，广泛适宜农作物和经济作物生长。潮土、盐土、风沙土是主要土壤类型。潮土在全县 24 个乡(镇)、街道办事处均有分布，占总面积的 91%，是较好的土壤类型，土壤质地较好，土层深厚，适宜种植各种农作物和发展林果业生产。按土壤表层质地分，壤质土占 82.4%，是发展农业生产的理想土壤。

(二)园　地

全县园地面积为 1540.49hm^2，占全县土地总面积的 1.08%。其中，果园面积为 1520.05hm^2，占园地面积的 98.67%；其他园地面积为 20.44hm^2，占园地面积的 1.33%。从各乡镇(街道办)园地占全县园地总面积与本乡镇(街道办)耕地总面积的比重看，大王寨镇所占比重最大，园地面积为 480.67hm^2，占全县园地面积的 31.20%，占该镇耕地总面积的 6.73%，其次是张鲁镇，园地面积为 424.14hm^2，占全县园地总面积的 27.53%，占该镇耕地总面积的 5.13%。所占比重最小的是观城镇，园地面积为 0.27hm^2，占全县园地总面积的 0.02%，占该镇耕地总面积的 0.006%。

从人均占有园地比例看，全县人均占有园地面积为 16.93m^2。大王寨镇最多，人均园地面积为 143.48m^2。最少的是观城镇，人均园地面积为 0.07m^2(见表 2-3)。

表 2-3　各乡镇(街道办)园地面积结构表

行政区域	园地面积 (hm^2)	园地占全县园地总面积的比例(%)	园地占本乡镇(街道办)耕地总面积的比例(%)	农业人口 (人)	农业人口人均园地 (m^2)
燕塔街道办	32.12	2.09	1.3	24900	12.9
莘亭街道办	22.47	1.46	0.737	27900	8.05
莘州街道办	26.12	1.7	1.302	17749	14.72
东鲁街道办	3.86	0.25	0.173	22692	1.7
张鲁镇	424.14	27.53	8.098	49780	85.2
朝城镇	0.5	0.03	0.011	47362	0.11
观城镇	0.27	0.02	0.006	36500	0.07
古城镇	12.23	0.79	0.231	46900	2.61
大张家镇	34.76	2.26	0.868	44453	7.82
古云镇	7.62	0.49	0.227	43910	1.74
十八里铺镇	40.65	2.64	0.72	40853	9.95
燕店镇	21.67	1.41	0.674	37937	5.71
董杜庄镇	9.09	0.59	0.242	29425	3.09
王奉镇	265.34	17.22	5.126	43500	61
樱桃园镇	27.63	1.79	0.56	51600	5.35
河店镇	9.2	0.6	0.274	32200	2.86
妹冢镇	17.97	1.17	0.365	47433	3.79
魏庄镇	55.8	3.62	1.283	38000	14.68
大王寨镇	480.67	31.2	15.458	33500	143.48
张寨镇	2.67	0.17	0.063	45600	0.59
徐庄镇	1.96	0.13	0.057	24200	0.81
王庄集镇	1.31	0.09	0.034	37407	0.35
柿子园乡	3.36	0.22	0.093	30900	1.09
俎店乡	39.08	2.54	1.383	20900	18.7

从园地的类型与分布状况类型看，果园主要分布在大王寨镇、张鲁镇、王奉镇和魏庄镇，面积占全县的 79.58%。其他园地主要在十八里铺镇和俎店乡，面积分别为 40.65hm^2 和 39.08hm^2。

(三)林　地

全县林地面积为 14636.93hm^2。林地构成：有林面积为 10495.61hm^2，占全县林地面积的 71.71%;其他林地面积为 4141.32hm^2,占全县林地面积的 28.29%(见表 2-4)。

表 2-4　各乡镇(街道办)林地面积结构表

行政区域	林地面积(hm^2)	林地占全县林地总面积的比例(%)	林地占本乡镇(街道办)耕地总面积的比例(%)	农业人口(人)	农业人口人均林地($667m^2$)
燕塔街道办	301.18	2.06	12.19	24900	0.181
莘亭街道办	175.58	1.2	5.76	27900	0.106
莘州街道办	207.66	1.42	10.35	17749	0.125
东鲁街道办	261.69	1.79	11.74	22692	0.158
张鲁镇	931.82	6.37	17.79	49780	0.561
朝城镇	691.69	4.73	15.02	47362	0.417
观城镇	666.64	4.55	14.55	36500	0.402
古城镇	438.17	2.99	8.28	46900	0.264
大张家镇	480.54	3.28	12	44453	0.289
古云镇	500	3.42	14.92	43910	0.301
十八里铺镇	694.47	4.74	12.3	40853	0.418
燕店镇	373.77	2.55	11.63	37937	0.225
董杜庄镇	280.23	1.91	7.45	29425	0.169
王奉镇	1734.6	11.85	33.51	43500	1.045
樱桃园镇	1098.76	7.51	22.38	51600	0.662
河店镇	270.66	1.85	8.08	32200	0.163
妹冢镇	448.7	3.07	9.1	47433	0.27
魏庄镇	814.75	5.57	18.73	38000	0.491
大王寨镇	2261.13	15.45	72.72	33500	1.362
张寨镇	399.86	2.73	9.47	45600	0.241
徐庄镇	271.22	1.85	7.9	24200	0.163
王庄集镇	513.18	3.51	13.29	37407	0.309
柿子园乡	450.21	3.08	12.44	30900	0.271
俎店乡	370.42	2.53	13.11	20900	0.223

1. 林地的分布状况

莘县共有林地14636.93hm^2，占全县总面积的12.5%。从比重上来看，林地主要分布在大王寨镇、王奉镇、樱桃园镇和张鲁镇，面积分别为2261.13hm^2、1734.6hm^2、1098.76hm^2和931.82hm^2，分别占全县林地总面积的15.45%、11.85%、7.51%和6.37%。面积最小为莘亭街道办，林地面积为175.58hm^2，占全县林地总面积的1.2%。

从人均占用林地数量来看，全县人均林地为166.67m^2，大王寨镇人均林地最多，人均占用林地为908.45m^2，王奉镇次之，人均占用林地为696.67m^2。人均占用林地最少的为莘亭街道办、莘州街道办和东鲁街道办，分别为70.67m^2、83.33m^2、105.33m^2。

2. 林地类型及分布

莘县林地的主要类型为有林地和其他林地。有林地在全县广泛分布，有林地较多的有大王寨镇、王奉镇、樱桃园镇和张鲁镇，面积分别为1499.28hm^2、1326.13hm^2、903.06hm^2和586.08hm^2。

3. 其他林地

莘县其他林地面积为4141.32hm^2，其他林地面积较大的有大王寨镇、魏庄镇、王奉镇和张鲁镇，面积分别为761.85hm^2、423.45hm^2、408.47hm^2和345.74hm^2。

(四)牧草地

莘县的牧草地总面积为172.27hm^2，主要分布在东鲁街道办、观城镇、大张家镇和古云镇，面积分别为18.6hm^2、485.23hm^2、15.84hm^2和13.41hm^2，占全县牧草地总面积的10.8%、10.8%、9.19%和7.78%。

(五)其他农用地

莘县的其他农用地面积为7936.01hm^2。其中，农村道路3794.5hm^2，农田水利用地2697.56hm^2，设施农用地810.03hm^2，坑塘水面456.99hm^2，盐碱地130.87hm^2，沙地46.06hm^2(见表2-5)。

表2-5 各乡镇(街道办)其他农用地面积统计表

行政区域	其他农用地(hm^2)	农村道路(hm^2)	坑塘水面(hm^2)	沟渠(hm^2)	设施农用地(hm^2)	盐碱地(hm^2)	沙地(hm^2)
燕塔街道办事处	244.85	104.77	10.14	50.09	79.85	0	0
莘亭街道办事处	273.84	152.35	22.85	75.41	23.23	0	0
莘州街道办事处	237.69	109.21	14.29	87.59	26.6	0	0
东鲁街道办事处	230.64	92.34	14.39	85.52	38.21	0	0
张鲁镇	373.46	212.94	23.02	97	40.5	0	0
朝城镇	486.52	205.75	59.98	185.82	30.323	4.65	0

续表

行政区域	其他农用地（hm^2）	农村道路（hm^2）	坑塘水面（hm^2）	沟渠（hm^2）	设施农用地（hm^2）	盐碱地（hm^2）	沙地（hm^2）
观城镇	397.87	144.57	21.38	145.36	45.49	4.75	36.32
古城镇	532.04	168.32	94.3	176.28	90.89	2.25	0
大张家镇	316.8	175.37	21.68	70.11	39.76	9.88	0
古云镇	315.87	132.76	12.33	76.3	39.54	45.2	9.74
十八里铺镇	603.92	264.3	36.59	251.88	46.32	4.83	0
燕店镇	155.99	127.75	7.88	10.28	10.08	0	0
董杜庄镇	262.46	123.16	18.89	98.78	21.63	0	0
王奉镇	483.8	248.84	2.4	203.47	29.09	0	0
樱桃园镇	365.64	163.84	20.1	138.14	31.12	12.44	0
河店镇	140.05	101.88	14.32	14.45	9.4	0	0
妹冢镇	291.83	142.75	9.04	113.41	26.63	0	0
魏庄镇	269.67	180.05	4.99	74.31	10.32	0	0
大王寨镇	434.29	189.98	2.79	170.6	58.83	12.09	0
张寨镇	291.06	151.83	7.56	126.86	4.81	0	0
徐庄镇	400.02	166.32	14.2	132.43	57.11	29.96	0
王庄集镇	276.92	153.87	3.95	106.98	12.12	0	0
柿子园乡	306.83	151.52	10.94	123.68	15.87	4.82	0
俎店乡	244.13	130.03	8.98	82.81	22.31	0	0
合计	7936.01	3794.5	456.99	2697.56	810.03	130.87	46.06

二、建设用地

全县建设用地面积为23561.6hm^2，占全县土地总面积的16.6%。建设用地中以农村居民点为主，面积为17394.1hm^2，占建设用地面积的73.82%；交通水利用地中，公路用地面积为1151.3hm^2，占建设用地面积的4.49%；水工建筑用地面积为734hm^2，占建设用地面积的3.12%（见表2-6）。

表 2-6　莘县建设用地面积统计表

行政区域	合计（hm^2）	强制镇（hm^2）	农村居民点（hm^2）	采矿用地（hm^2）	公路用地（hm^2）	水工建筑用地（hm^2）	风景名胜及特殊用地（hm^2）
燕塔街道办事处	1059.61	457.82	465.12	28.78	75.76	31.42	0.71
莘亭街道办事处	965.01	199.07	640.24	44.79	77.43	0	3.48
莘州街道办事处	571.32	145.81	312.57	25.72	52.81	33.21	1.20
东鲁街道办事处	938.1	339.91	412.1	16.97	129.26	339.66	0.20
张鲁镇	1240	142.95	943.48	17.01	46.07	87.38	3.11
朝城镇	1324.92	262.18	931.76	64.49	66.07	0	0.42
观城镇	849.17	118.65	632.02	36.05	63.33	0	0.12
古城镇	1086.2	172.99	812.6	49.04	5.67	44.27	1.63
十八里铺镇	1022.11	94.69	806.35	50.8	50.59	17.65	2.03
燕店镇	853.29	128.77	621.79	36.25	43.02	23.39	0.07
董杜庄镇	744.99	42.16	586.47	9.25	41.75	65.14	0.22
王奉镇	1032.04	65.48	947.8	6.91	10.69	0	1.16
樱桃园镇	1634.1	226.74	1135.03	59.42	86.04	126.15	0.36
河店镇	765.45	64.19	645.28	15.74	20	19.97	0.27
妹冢镇	1061.11	70.86	907.57	13.98	33.35	34.78	0.57
魏庄镇	1026.05	0	918.69	22.92	32.32	51.7	0.42
大王寨镇	843.12	0	759.14	9.41	49.83	17.16	7.58
张寨镇	992.5	0.11	900.63	20.41	69.25	1.84	0.26
徐庄镇	671.9	9.18	590.69	29	37.83	5.09	0.11
王庄集镇	874.93	0	794.84	30.23	49.68	0	0.18
柿子园乡	735.65	22.93	650.94	19.04	42.58	0	0.16
俎店乡	598.63	22.61	505.77	28.95	12.02	27.69	1.59
合计	23561.6	3003.05	17394.1	1249.96	1151.28	733.97	29.23

三、其他用地

全县其他用地面积为 902.3hm^2，分为水域和自然保留地，包括河流水面、湖泊、滩涂、沼泽、荒草地等。

第二节　土壤类型与分布

全县共分潮土、盐土、风沙土3个土类;6个亚类(潮土、脱潮土、盐化潮土、碱化潮土、草甸盐土、草甸风沙土);12个土属(沙质潮土、壤质潮土、黏壤质潮土、壤质脱潮土、黏壤质脱潮土、氯化物盐化潮土、硫酸盐盐化潮土、苏打硫酸盐碱化潮土、硫酸盐氯化物草甸盐土、冲积流动草甸风沙土、冲积半固定草甸风沙土、冲积固定草甸风沙土);74个土种(与土壤志命名相同)。潮土共68种,按土壤表层质地分,壤质土占82.4%,是发展农业生产的理想土壤。与上次土壤普查相比,风沙化土地、盐碱化土地面积骤减,面积很小。特别需要指出的是,由于自然生态条件变化、土地治理、农业生产条件改善,莘县原有的流动风沙土、半固定风沙土已向固定沙土转化,现有面积甚少,并且固定风沙土向沙质潮土、沙质壤潮土转化;少部分碱化潮土已向潮土转化。对于流动风沙土、半固定风沙土及碱化潮土,本书只是分类作保留,土种面积及土壤图仍按原来的分布保留。土种代码保留了原县级编码,并按要求归属到省土种代码,归属到省土种代码后,莘县土种合并为36个(见表2-7和表2-8)。

表2-7　　莘县第二次土壤普查分类与代码表(归属省分类)

土类		亚类		土属			土种		
名称	代码	名称	代码	连续命名(曾用名)	名称	代码	连续命名	名称	省土种代码
潮土	08	潮土	0801	沙质潮土	面沙土	080101	沙质潮土	面沙土	08010101
				壤质潮土	轻白土	080102	沙质壤潮土	沙轻白土	08010201
							沙质壤蒙淤潮土	蒙淤沙轻白土	08010202
							沙质壤蒙黏壤潮土	蒙银沙轻白土	08010204
							壤潮土	轻白土	08010205
							壤蒙淤潮土	蒙淤轻白土	08010206
							壤蒙金潮土	蒙金轻白土	08010207
							壤夹沙层潮土	夹沙轻白土	08010208
				壤质潮土	两合土	080103	黏壤质潮土	两合土	08010301
							黏壤质蒙淤潮土	蒙淤两合土	08010302
							黏壤质蒙金潮土	蒙金两合土	08010303
							黏壤质夹沙层潮土	夹沙两合土	08010304

续表

土类		亚类		土属			土种		
名称	代码	名称	代码	连续命名（曾用名）	名称	代码	连续命名	名称	省土种代码
潮土	08	脱潮土	0802	壤质脱潮土	岗轻白土	080201	沙质壤脱潮土	岗沙轻白土	08020101
							沙质壤蒙淤脱潮土	蒙淤岗沙轻白土	08020102
							沙质壤蒙金脱潮土	蒙金岗轻白土	08020103
							壤脱潮土	岗轻白土	08020105
							壤蒙淤脱潮土	蒙淤岗轻白土	08020106
							壤蒙金脱潮土	蒙金岗轻白土	08020107
							壤夹沙层脱潮土	夹沙岗轻白土	08020108
				黏壤质脱潮土	岗两合土	080202	黏壤质脱潮土	岗两合土	08020201
							黏壤质蒙淤脱潮土	蒙淤岗两合土	08020202
							黏壤质蒙金脱潮土	蒙金岗两合土	08020203
							黏壤质夹沙层脱潮土	夹沙岗两合土	08020204
		盐化潮土	0804	氯化物盐化潮土	油盐潮土	080401	壤质轻度氯化物盐化潮土	轻油盐轻白土	08040101
							壤质重质体轻度氯化物盐化潮土	轻油盐重体轻白土	08040103
				硫酸盐盐化潮土	白盐潮土	080402	壤质轻度硫酸盐盐化潮土	轻白盐轻白土	08040201
							壤质重度硫酸盐盐化潮土	重白盐轻白土	08040202
							壤质重质体轻度硫酸盐盐化潮土	轻白盐重体轻白土	08040203
							壤质重质体重度硫酸盐盐化潮土	重白盐重体轻白土	08040204
							黏壤质轻度硫酸盐盐化潮土	轻白盐两合土	08040205
							黏壤质夹黏层轻度硫酸盐盐化潮土	轻白盐夹黏两合土	08040206

续表

土类		亚类		土属			土种		
名称	代码	名称	代码	连续命名（曾用名）	名称	代码	连续命名	名称	省土种代码
潮土	08	碱化潮土	0805	苏打硫酸盐碱化潮土	白碱潮土	080502	壤质中度苏打硫酸盐碱化潮土	白碱轻白土	08050201
盐土	09	草甸盐土	0901	硫酸盐氯化物草甸盐土	青盐土	090102	壤质硫酸盐氯化物草甸盐土	青盐土	09010201
风沙土	03	草甸风沙土	0301	冲积流动草甸风沙土	飞风沙土	030101	冲积流动草甸风沙土	飞风沙土	03010101
				冲积半固定草甸风沙土	泡风沙土	030102	冲积半固定草甸风沙土	泡风沙土	03010201
				冲积固定草甸风沙土	风沙土	030103	冲积固定草甸风沙土	风沙土	03010301

表 2-8 莘县土种代码归属省土种及分类面积表

序号	省土种代码	县土种原编码	县土种原名称	面积（hm^2）	占总面积（%）
1	08020101	$Ca_1 3/8$	岗厚壤心白土	667	0.481
		$Ca_1 3/10$	岗厚壤腰白土	153.5	0.111
		$Ca_1 3/13$	岗薄黏心白土	582	0.419
		$Ca_1 3/15$	岗薄黏腰白土	60	0.043
		$Ca_1 3/17$	岗薄黏底白土	429.1	0.309
		$Ca_1 2/19$	岗沙均质白沙土	469.3	0.338
		$Ca_1 3/19$	岗沙均质白土	2188.7	1.577
2	08020102	$Ca_1 3/14$	岗厚黏心白土	1487.5	1.072
3	08020103	$Ca_1 3/16$	岗厚黏腰白土	706.2	0.509
		$Ca_1 2/18$	岗厚黏底白沙土	85.5	0.062
		$Ca_1 3/18$	岗厚黏底白土	873.2	0.629
4	08020105	$Ca_1 4/5$	岗薄沙底两合土	140	0.101
		$Ca_1 4/6$	岗厚沙底两合土	641.7	0.462

续表

序号	省土种代码	县土种原编码	县土种原名称	面积(hm^2)	占总面积(%)
		$Ca_1$4/13	岗薄黏心两合土	200	0.144
		$Ca_1$4/15	岗薄黏腰两合土	122.8	0.088
		$Ca_1$4/17	岗薄黏底两合土	118.3	0.085
		$Ca_1$4/19	岗壤均质两合土	16520.3	11.904
5	08020106	$Ca_1$4/14	岗厚黏心两合土	15630.5	11.263
6	08020107	$Ca_1$4/16	岗厚黏腰两合土	2934.2	2.114
		$Ca_1$4/18	岗厚黏底两合土	138.7	0.1
7	08020108	$Ca_1$4/2	岗厚沙心两合土	1318.3	0.95
		$Ca_1$4/4	岗厚沙腰两合土	3775.6	2.721
8	08020201	$Ca_1$5/19	岗壤均质小红土	263.4	0.19
		$Ca_1$6/19	岗黏均质面淤土	169	0.122
9	08020202	$Ca_1$5/14	岗厚黏心小红土	10100.5	7.278
10	08020203	$Ca_1$5/18	岗厚黏底小红土	295.5	0.213
11	08020204	$Ca_1$5/4	岗厚沙腰小红土	110.1	0.079
12	08010101	$Cb_2$1/19	沙均质飞风沙土	250	0.18
13	08010201	$Cb_2$3/8	厚壤心白土	378	0.272
		$Cb_2$3/17	薄黏底白土	86.7	0.062
		$Cb_2$3/19	沙均质白土	4754.1	3.426
14	08010202	$Cb_2$3/14	厚黏心白土	189.2	0.136
15	08010204	$Cb_2$3/18	厚黏底白土	460.1	0.332
16	08010205	$Cb_2$4/5	薄沙底两合土	101.8	0.073
		$Cb_2$4/6	厚沙底两合土	2525.1	1.82
		$Cb_2$4/15	薄黏腰两合土	117.5	0.085
		$Cb_2$4/19	壤均质两合土	3855.5	2.778
17	08010206	$Cb_2$4/14	厚黏心两合土	13152.9	9.478
18	08010207	$Cb_2$4/16	厚黏腰两合土	1690.3	1.218
		$Cb_2$4/18	厚黏底两合土	85.3	0.061
19	08010208	$Cb_2$4/2	厚沙心两合土	1808.2	1.303
		$Cb_2$4/4	厚沙腰两合土	9043.6	6.517
20	08010301	$Cb_2$5/6	厚沙底小红土	94	0.068
21	08010302	$Cb_2$5/14	厚黏心小红土	11073.5	7.98

续表

序号	省土种代码	县土种原编码	县土种原名称	面积(hm²)	占总面积(%)
22	08010303	$Cb_2$5/16	厚黏腰小红土	575	0.414
23	08010304	$Cb_2$5/2	厚沙心小红土	744	0.536
		$Cb_2$5/4	厚沙腰小红土	183.3	0.132
24	08040101	$Cc_5$4(一)/2	轻盐化厚沙心两合土	358.6	0.258
		$Cc_5$3(一)/15	轻盐化薄黏腰白土	79.3	0.057
25	08040103	$Cc_5$3(一)/16	轻盐化厚黏腰白土	110.4	0.08
26	08040201	$Cc_5$4(二)/2	中盐化厚沙心两合土	1258.9	0.907
		$Cc_5$4(一)/4	轻盐化厚沙腰两合土	755.3	0.544
		$Cc_5$4(二)/4	中盐化厚沙腰两合土	730.1	0.526
		$Cc_5$4(一)/6	轻盐化厚沙底两合土	129.7	0.093
		$Cc_5$4(二)/6	中盐化厚沙底两合土	188.4	0.136
		$Cc_5$5(一)/13	轻盐化薄黏心小红土	145.9	0.105
		$Cc_5$4(一)/19	轻盐化壤均质两合土	1081.1	0.779
		$Cc_5$4(二)/19	中盐化壤均质两合土	597.7	0.431
27	08040202	$Cc_5$4(三)/4	重盐化厚沙腰两合土	166.5	0.12
		$Cc_5$4(三)/19	重盐化壤均质两合土	133	0.096
28	08040203	$Cc_5$4(一)/14	轻盐化厚黏心两合土	3906.7	2.815
		$Cc_5$4(二)/14	中盐化厚黏心两合土	2236.2	1.611
		$Cc_5$4(一)/16	轻盐化厚黏腰两合土	276.9	0.2
29	08040204	$Cc_5$4(三)/16	重盐化厚黏腰两合土	208.2	0.15
30	08040205	$Cc_5$5(一)/4	轻盐化厚沙腰小红土	29.5	0.021
		$Cc_5$5(二)/15	中盐化薄黏腰小红土	32	0.023
31	08040206	$Cc_5$5(一)/14	轻盐化厚黏心小红土	2559.9	1.845
32	08050201	$Cd_7$4(一)/14	轻碱化厚黏心两合土	319	0.23
33	09010201	$Da_1$4/2	白碱厚沙心两合土	283.1	0.204
		$Da_1$4/14	白盐厚黏心两合土	1197.7	0.863
		$Da_1$4/19	白盐壤均质两合土	312.7	0.225
34	03010101	Ia	流动风沙土	1261	0.909
35	03010201	Ib	半固定风沙土	8019.3	5.779
36	03010301	Ic	固定风沙土	1048.4	0.755

一、潮　土

莘县土壤属黄河沉积物，是经耕种熟化而发育起来的一类旱地土壤。因受地下水作用，故名为潮土。河流沉积时流速不同，成土母质颗粒粗细不一，不仅在水平分布上有差异，而且在上下层次排列上也各有不同。潮土各发生层次质地和色泽均一，中下部土层有明显的锈纹锈斑和假菌丝体。土壤呈中性至微碱性，pH 为 7～8.2。

土壤是一种自然体，在周围环境条件影响下，不断发展变化。潜水是影响潮土发育的关键性因素，所以潜水位的高低和作用时间的长短，可使潮土向不同的方向发育。当潜水出流加强，水位下降，淋溶作用占主导地位时，便逐渐向褐土化潮土发育。当潜水出流减弱，水位上升，对表土的作用加强并起主要作用时，表土积盐，就逐渐发育成盐化潮土。

（一）脱潮土（褐土化潮土）亚类

脱潮土在莘县有 2 个土属：壤质脱潮土、黏壤质脱潮土。有 27 个土种，面积为 60180.9hm^2，占总面积的 43.4%。脱潮土主要分布在魏庄、燕店、大王寨、王奉、河店、张鲁、妹冢、张寨、王庄集、观城、大张、古云和樱桃园等乡镇（街道办）。这种土壤处在地势较高的河滩高地上，海拔 38m 以上，表层质地较轻，潜水埋深大于 3m，矿化度 0.5～1g/L，表土淋溶作用强，一般无盐渍化和渍涝威胁，土体 60cm 内有明显的假菌丝体和黏化层，100cm 左右有锈纹、锈斑。土壤呈微碱性，耕层易耕作管理，保肥、供肥性能良好，适宜种植多种作物。

主要土种：

（1）岗均质两合土：主要分布在妹冢、张寨、观城、樱桃园等乡镇（街道办），养分含量中等，物理性状表现较好，容重和空气空隙度都比较适宜。耕作层为轻壤质，耕性好、适耕期长、升温快、易发苗。心土和底土都是中壤质，有一定的保肥、保水能力。

（2）岗厚黏心两合土：主要分布在莘州、燕塔、东鲁、河店、燕店、张鲁、俎店、十八里铺、朝城等乡镇（街道办）。养分含量中等，在土体构型上，心土层中出现较厚黏土层，是较为理想的“蒙金地”，是保肥、保水能力较好的土壤。耕作层为轻壤质，耕性好、适耕期长、升温快、易发苗。

（二）潮土亚类

潮土在莘县有 3 个土属：沙质潮土、壤质潮土、黏壤质潮土。有 20 个土种，全县各乡镇（街道办）均有分布，面积大，共有 51168.13hm^2，占总面积的 36.87%。潮土主要处在微缓平坡地中下部。常与盐化潮土呈复区分布，海拔高程 36m 以上，潜水埋深 2～3m，矿化度 1～2g/L。由于潜水的垂直运动，土体内氧化还原反应过程交替进行，一般在 60cm 上下出现锈纹、锈斑。潜水参与成土过程，当潜水下降，对表土作用减弱，地上水淋溶作用加强并占优势时，潮土便向褐土化潮土发育。当潜水上升，对表土作用增强并起主导作用时，表土积盐逐渐形成盐化潮土。所以对潮土来讲，用水必须十分注意，稍有不慎，潜水上升，土壤便有次生盐渍化的危险。因而在水利建设上应小心从事，要有灌有排，控制灌水量，严防地下水上升。

莘县潮土大部分表层质地为轻壤质、中壤质，耕作管理方便，适宜种植多种作物。

主要土种：

(1)厚黏心两合土:主要分布在柿子园、燕塔、莘州、妹冢、俎店、张鲁、十八里铺等乡镇(街道办),面积为13152.9hm^2,占总面积的9.5%。从剖面养分含量上看,除有机质、速效钾,其他养分含量中等。土壤表层轻壤质,适耕期长,易耕作管理,发小苗也发老苗。心土层有较厚黏质夹层,有利于保肥、保水。

(2)厚黏心小红土:主要分布在莘亭、十八里铺、燕店等乡镇(街道办),面积为11073.5hm^2,占总面积的7.98%。从剖面养分含量上看,除有机质、速效钾,其他养分含量中等。在土体构型上,耕层为小红土,适耕期较短,发老苗不发小苗,保肥保水能力较好,耕层以下有较厚的黏质夹层,透气性差,释放养分能力差,在今后改良上,应增施有机肥,改善土壤理化性状,配方施肥,合理安排耕作方法,栽培管理要适时,健全排灌系统,提高抗旱排涝能力。

(三)盐化潮土亚类

盐化潮土发育在浅平洼地和河槽地上,由潮土演变而来。形成盐化潮土的原因是,地下水位高,而水中又带有大量的无机盐分,春季土壤的蒸发量大,潜水便以毛管水形态上升,盐分积聚地表。土壤表层质地为沙质和壤质,心土层无黏质夹层,土地高洼不平,高处蒸发剧烈,形成土壤盐化。人为因素主要是灌水量过大,排灌不配套,灌排一条沟,抬高了地下水位。另外施用有机肥较少、耕作粗放等因素,使土壤结构变坏,毛管作用增强,引起地表积盐。

莘县盐化潮土有2个土属:氯化物盐化潮土、硫酸盐盐化潮土。有20个土种,面积为14984.23hm^2,占总面积的10.8%。主要分布在燕塔、莘亭、莘州、东鲁、十八里铺、魏庄、朝城、柿子园、古城等乡镇(街道办)。

因盐化潮土多分布于缓平坡地上,海拔高程35m,潜水埋深1.5～2m,矿化度1～3g/L,耕层含盐量较高。其盐分组成中,以氯化物、硫酸盐为主,并含有一定量重碳酸盐。这类土壤当前农业利用情况:一般一年两作,以小麦、玉米为主。改良利用措施:应注意渠系配套,合理灌溉,及时排水,防止地下水位上升;平整土地,增施有机肥,培肥地力。

主要土种:

(1)轻盐化厚沙底两合土:此剖面位于徐庄镇西孙庄村N60°E200m处,海拔高程35m,潜水埋深2.2m,矿化度3.1g/L。从剖面养分含量看,各种含量中等。土壤表层为轻壤质,适合种植各种农作物;心土层有较厚沙壤质夹层,不易保肥、保水,但有利于土体内的盐分上升,易形成次生盐碱地。根据剖面的特征和性能,在今后改良措施上应建好排水设施,注意排灌分设,平整土地,合理灌溉,防止地下水位上升,增施有机肥,实施秸秆还田、合理施用化肥,培肥地力。

(2)轻盐化厚沙腰两合土:此剖面位于柿子园乡寻庄村S30°E150m,地貌类型为浅平洼地,海拔35m,地下水位1.5m,矿化度2g/L。0～20cm容重1.3g/cm^3,总孔隙度50%,田间持水量20%,全盐4.15g/kg;20～66cm全盐3.6g/kg。剖面各种养分含量不高,而盐分含量较高。土壤形成盐碱的原因是,潜水埋深浅,土体构型差。改良措施上,应以排地下水为主,修通排水渠道,灌溉尽量少用河水;在施肥上增施农家肥,尽量少施碱性化肥,实施秸秆还田,逐渐达到培肥地力、降低盐分的目的。

(四)碱化潮土亚类(瓦碱土)

碱化潮土处在浅平洼地上,土壤结构差,耕性不良。每逢雨季,积水难以下渗,形成内涝,土壤干燥后表面形成瓦状结壳。碱化潮土在莘县的只有1个土属即苏打硫酸盐碱化潮土,1个土种即轻碱化厚黏心两合土,面积为319hm^2,占总面积的0.2%,主要分布在中部几个乡镇(街道办),观城镇面积较大。

形成碱化潮土的主要原因是:土地不平整,水土流失严重,耕作管理粗放,地面覆盖物少,施用有机肥少,土壤理化性状差等;土壤中的盐分组成以重碳酸盐为主,硫酸盐、氯化物次之;地貌属于浅平洼地,土体构型虽然较好,但物理性状差,有利于碱化潮土的形成。

碱化潮土在改良上,应以改善理化性状为主。平整土地、深耕细耙、增施有机肥、熟化土壤、培肥地力、种植耐盐作物等都是改良的好办法。

二、盐　土

盐土在莘县主要分布在浅平洼地或缓平坡地上。经过普查,在莘县只有1个草甸盐土亚类,1个土属(硫酸盐氯化物草甸盐土),3个土种,面积为1793.5hm^2,占总面积的1.29%。主要分布在十八里铺、徐庄、朝城一带,其他乡镇(街道办)也有零星分布。

硫酸盐氯化物草甸盐土的形成与盐化潮土基本相同,即盐化潮土的某些条件进一步变坏(如地下水位进一步升高1.5～2m,矿化度可达3～5g/L)。这类土壤管理粗放、长期撂荒、植被稀疏,从而加重了盐化程度。

该类盐土地表有白色盐霜或盐结皮,干燥失水,表土松散,生长芦草、碱蓬等植物。盐分组成以硫酸盐为主,并含有相当量的氯化物和少量的重碳酸盐,20cm土壤中盐分含量达5～11g/kg,从而限制了各种养分的效能,使作物不能正常出苗和发育,造成缺苗断垄,植株生长不良,影响产量。

三、风沙土

风沙土主要处在决口扇形地及其附近,是决口急流沉积物,或经风力搬运后形成的沙丘。在莘县有1个草甸风沙土亚类,3个土属(冲积流动草甸风沙土、冲积半固定草甸风沙土、冲积固定草甸风沙土),3个土种(流动风沙土、半固定风沙土和固定风沙土),主要分布在王奉镇和大王寨镇,魏庄镇西部、张鲁镇西北部也有少量分布,面积为10328.7hm^2,占总面积的7.44%。

风沙土地下水位低,一般都大于5m,不易受盐渍化的威胁,土壤孔隙大,无结构,一般代换量都小于100me/100g土。土壤昼夜温差大,群众称为“热性土”。风沙土土体均沙质,土体无结构,养分含量低,物理性状差保肥、保水能力差,因而在改良上应做好土地平整,发展水利。在种植上大力发展林业,防风固沙,防止水土流失。同时以林促农,在小面积较平的土地上,增施有机肥、合理施用化肥,注意采取少施多餐的施用肥方法,扩种保肥植物(如沙打旺、紫穗槐),种植花生、红薯、打瓜、黄花菜和果树。

第三章 样品采集与分析

第一节 土壤样品的布点与采集

土壤样品的采集是耕地地力评价的一个重要环节，采集有代表性的样品，是如实反映客观情况的先决条件。因此，应选择有代表性的地段和有代表性的土壤进行采样，并根据不同分析项目采用相关的采样和处理方法。

一、土壤样品布点

按粮田和蔬菜大棚等作物分类，根据不同的土壤类型在采样前，综合土壤图、土地利用现状图和行政区划图，并参考第二次土壤普查采样点位图确定采样点位，形成采样点位图。根据土壤类型、土地利用、耕作制度、产量水平等因素，将采样区域划分为若干个采样单元，每个采样单元的土壤性状要尽可能均匀一致。平均每个采样单元为：大田作物每 $35hm^2$ 采一个样，蔬菜地每 $6hm^2$ 采一个样。为便于田间示范跟踪和施肥分区，采样集中在位于每个采样单元相对中心位置的典型地块（同一农户的地块），采样地块面积为 $0.067\sim0.667hm^2$。采用 GPS 定位，记录经纬度，精确到 0.01″。在全县布 2217 个耕地地力评价点，朝城以南主要以粮田为主，以北主要以蔬菜大棚为主。

二、采样方法

每个采样点的取土深度及采样量均匀一致，所有样品都采用不锈钢取土器采样，取土器垂直于地面入土，深度相同。

（一）采样时间

大田作物在收获后或播种施肥前采集（上茬作物已经基本完成生育进程，下茬作物还没有施肥），一般在秋后。设施蔬菜在晾棚期采集。果园在果品采摘后的第一次施肥前采集。

（二）采样深度及采样点数量

采样深度为：大田 0～20cm；蔬菜地 0～25cm；果园 0～40cm（2011 年采样规范规定为：大田 0～20cm，蔬菜地 0～30cm，果园 0～60cm）。要保证足够的采样点，使之能代表采样单元的土壤特性。采样必须多点混合，每个样品取 15～20 个样点。每个分样点的采土部位、深度、数量一致。果园一般在树冠范围内由树干以外的 2/3 处采集，选择 10 棵，每棵树对角采 2 点。

本次地力评价需要测定土壤容重、田间持水量、孔隙度等物理性状，应按规范要求采样。

（三）采样路线

采样时按照“随机”“等量”和“多点混合”的原则进行采样。一般采用“S”形布点采样。在地形变化小、地力较均匀、采样单元面积较小的情况下，采用“梅花”形布点取样。避开路边、田埂、沟边、肥堆等特殊部位。蔬菜地混合样点的样品采集根据沟、垄面积的比例确定沟、垄采样点数量。果园采样以树干为圆点向外延伸到树冠边缘的2/3处采集，每株对角采2点。

（四）样品量

一个混合土样取土1kg左右（用于推荐施肥的0.5kg，用于试验的2kg），如果样品数量太多，则用四分法将多余的土壤弃去。方法是将采集的土壤样品放在盘子里或塑料布上，压碎、混匀，铺成正方形，画对角线将土样分成四份，把对角的两份分别合并成一份，保留一份，弃去一份。如果所得的样品依然很多，可再用四分法处理，直至所需数量为止。

（五）样品标记

采集的样品放入统一的样品袋，用铅笔写好标签，内外各一张。标签主要内容为：野外编号（要与图上及调查表编号相一致）、采样地点、经纬度、采样深度、采样时间、采样人等。

（六）容重样品采集

测定土壤容重等物理性状，直接用环刀在各土层中采取。每个地块采集3个环刀样。大田在耕层中部（即7.5～12.5cm）采集；20～40cm土层在27.5～32.5cm采集；蔬菜地容重样品的采集选择栽培蔬菜的部位，在12.5～17.5cm采集。采取土壤结构性的样品，注意土壤湿度，不宜过干或过湿，在不黏铲、经接触不变形时分层采取。在取样过程中保持土块不受挤压、不变形，尽量保持土壤的原状，如有受挤压变形的部分弃去。

三、田间调查

（一）调查内容

每个采样点都详细地调查记录了取样地点（包括乡镇（街道办）、村、农户名和GPS定位）、土壤类型（具体到土类、亚类、土属和土种）、土体构型、耕层深度、地下水位、肥力水平、排灌能力、障碍因素、侵蚀程度、地形部位、土壤质地类型、种植制度、灌溉方式、种植方式、年降水量、上季作物名称及田间生长日期、本季作物名称及田间生长日期、作物产量、年度化肥施用情况、年度有机肥施用情况、灌溉次数和灌溉量等。

（二）调查方法

采取面对面现场调查的方式。

第二节 土壤样品的制备

一、样品制备的目的

从野外取回的土样，经登记编号后，经过一个制备过程：风干、磨细、过筛、混匀、装瓶，以备各项测定之用。

样品制备的目的是：

(1)剔除土壤以外的侵入体(如动植物残体、石块等)和新生体(铁锰结核和石灰结核等)，以除去非土壤的组成部分。

(2)适当磨细、充分混匀，使分析时所称取的少量样品具有较高的代表性，以减少称样误差。

(3)根据不同检测项目，分别过筛。全量分析项目，样品需要磨细，以使分解样品的反应能够完全和彻底。

(4)使样品可以长期保存，不会因微生物活动而霉坏。

二、新鲜样品的制备

某些土壤的成分如二价铁、硝态氮、铵态氮等在风干过程中会发生显著变化，必须用新鲜样品进行分析。为了能真实地反映土壤在田间自然状态下的某些理化性状，新鲜样品应及时送回室内进行处理分析，用粗玻璃棒或塑料棒将样品混匀后迅速称样测定。

新鲜样品一般不宜储存，如需要暂时储存时，将新鲜样品装入塑料袋，扎紧袋口，放在冰箱冷藏室或进行速冻保存。

三、风干土样样品的制备

从野外采回的土壤样品及时放在样品盘上，摊成薄薄的一层，置于干净整洁的室内通风处自然风干，严禁暴晒，并注意防止酸、碱等气体及灰尘的污染。风干过程中经常翻动土样并将大土块捏碎以加速干燥，同时剔除土壤以外的侵入体。

风干后的土样按照不同的分析要求研磨过筛，充分混匀后，装入样品瓶中备用。瓶内外各放标签一张，写明编号、采样地点、土壤名称、采样深度、样品粒径、采样日期、采样人及制样时间、制样人等项目。制备好的样品妥善储存，避免日晒、高温、潮湿和酸碱等气体的污染。全部分析工作结束，分析数据核实无误后，试样一般还要保存 3 个月至 1 年，以备查询。少数有价值需要长期保存的样品，保存于广口瓶中，用蜡封好瓶口。

四、用于一般化学分析的土样样品制备

将风干后的样品平铺在制样板上，并将动植物残体、石块等侵入体和新生体剔除干净，细小已断的植物须根，采用静电吸附的方法清除。采用玻璃棒在大理石板上碾压。压碎的土样全部通过 2mm 孔径尼龙筛。未过筛的土粒重新碾压过筛，直至全部样品通过 2mm 孔径筛为止。通过 2mm 孔径筛的土样，可供 pH、碱解氮、有效磷、速效钾、盐分、交

换性能等有效养分及中微量元素项目的测定。

将通过 2mm 孔径筛的土样，用四分法取出一部分继续研磨，使之全部通过 0.25mm 孔径筛，可供有机质、全氮、碳酸钙等项目的测定。

将通过 2mm 孔径筛的土样，用四分法取出一部分继续研磨，使之全部通过 0.149mm 孔径筛，可供测定全磷、全钾等项目的测定。

五、用于微量元素分析的土样样品制备

用于微量元素分析的土样，其处理方法同一般化学分析样品，但在采样、风干、研磨、过筛、运输、储存等诸环节都不接触金属器具，以防污染。

第三节　植株样品的采集与制备

一、采样要求

植物样品分析的可靠性受样品数量、采集方法及植株部位影响，因此，采样应具有：

代表性：采集样品能符合群体情况，采样量一般为 1kg。

典型性：采样的部位能反映所要了解的情况。

适时性：根据研究目的，在不同生长发育阶段，定期采样。

粮食作物一般在成熟后收获前采集籽实部分及秸秆；发生偶然污染事故时，在田间完整地采集整株植株样品；水果及其他植株样品根据研究目的确定采样要求。

二、样品采集

(一) 粮食作物

由于粮食作物生长的不均一性，一般采用多点取样，避开田边 2m，按“梅花”形(适用于采样单元面积小的情况)或“S”形采样法采样。在采样区内采取 10 个样点的样品组成一个混合样。采样量根据检测项目而定，籽实样品一般 1kg 左右，装入纸袋或布袋。要采集完整植株样品可以稍多些，在 2kg 左右，用塑料袋包扎好。

(二)棉花样品

棉花样品包括茎秆、空桃壳、叶片、籽棉等部分。样株选择和采样方法参照粮食作物。按样区采集籽棉，第一次采摘后将籽棉放在通透性较好的网袋中晾干(或晒干)，以后每次收获时均装入网袋中，各次采摘结束后，将同一取样袋中的籽棉作为该采样区籽棉混合样。

(三)水果样品

平坦果园采样时，可采用对角线法布点采样，由采样区的一角向另一角引一对角线，在此线上等距离布设采样点，采样点多少根据采样区域面积、地形及检测目的确定。山地果园应按不同海拔高度均匀布点，采样点一般不应少于 10 个。对于树型较大的果树，采样时应在果树的上、中、下、内、外部及果实着生方位(东、南、西、北)均匀采摘果实。将各点采摘的果品进行充分混合，按四分法缩分，根据检验项目要求，最后分取所需份数，每份

1kg 左右，分别装入袋内，粘贴标签，扎紧袋口。水果样品采摘时要注意树龄、长势、载果数量等。

（四）蔬菜样品

蔬菜品种繁多，可大致分成叶菜、根菜、瓜果三类，按需要确定采样对象。

菜地采样可按对角线或“S”形法布点，采样点不应少于10个，采样量根据样本个体大小确定，一般每个点的采样量不少于1kg。从多个点采集的蔬菜样，按四分法进行缩分，其中个体大的样本，如大白菜等可采用纵向对称切成4份或8份，取其2份的方法进行缩分，最后分取3份，每份约1kg，分别装入塑料袋，粘贴标签，扎紧袋口。

如需用鲜样进行测定，采样时最好连根带土一起挖出，用湿布或塑料袋装，防止萎蔫。采集根部样品时，在抖落泥土或洗净泥土过程中应尽量保持根系的完整性。

市场采样可参照市场水果取样方法进行。

三、标签内容

标签内容包括采样序号、采样地点、样品名称、采样人、采集时间和样品处理号等。

四、采样点调查内容

采样点调查内容包括作物品种、土壤名称（或当地俗称）、成土母质、地形地势、耕作制度、前茬作物及产量、化肥农药施用情况、灌溉水源、采样点地理位置简图。果树要记载树龄、长势、载果数量等。

五、植株样品处理与保存

粮食籽实样品应及时晒干脱粒，充分混匀后用四分法缩分至所需量。需要洗涤时，注意时间不宜过长并及时风干。为了防止样品变质、虫咬，需要定期进行风干处理。使用不污染样品的工具将籽实粉碎，用0.5mm 筛子过筛制成待测样品。测定重金属元素含量时，不要使用能造成污染的器械。

完整的植株样品先洗干净，根据作物生物学特性差异，采用能反映特征的植株部位，用不污染待测元素的工具剪碎样品，充分混匀后用四分法缩分至所需的量，制成鲜样或于60℃烘箱中烘干后粉碎备用。

田间（或市场）所采集的新鲜水果、蔬菜、烟叶和茶叶样品若不能马上进行分析测定，应暂时放入冰箱保存。

第四节　样品分析与质量控制

一、样品分析项目与方法

根据《全国耕地地力调查与质量评价技术规程》测试分析项目的要求，本次耕地地力调查与质量评价要求分析项目土壤理化性状18项。分析化验方法如下：

土壤有机质：油浴加热重铬酸钾氧化容量法测定。

土壤全氮:凯氏蒸馏法测定。

土壤碱解氮:碱解扩散法测定。

土壤有效磷:碳酸氢钠浸提—钼锑抗比色法测定。

土壤缓效钾:硝酸提取—火焰光度计法测定。

土壤速效钾:乙酸铵浸提—火焰光度计法测定。

土壤交换性钙、土壤交换性镁:乙醇洗盐、氯化铵—乙醇交换—原子吸收分光光度计法。

土壤有效硫:磷酸盐—乙酸法测定。

土壤有效硅:钼蓝比色法。

土壤有效铜、土壤有效锌、土壤有效铁、土壤有效锰:DTPA 浸提—原子吸收分光光度计法。

土壤有效硼:姜黄素比色法测定。

土壤有效钼:草酸一草酸铵浸提—极谱法测定。

土壤质地:比重计法测定。

土壤容重:环刀法测定。

土壤含水量:烘干法测定。

土壤田间持水量:环刀法测定。

土壤 pH:土液比 1∶2.5,电位法测定。

土壤交换酸:氯化钾交换—中和滴定法测定。

土壤阳离子交换量:EDTA—乙酸铵盐交换法测定。

土壤水溶性盐分总量:电导率法测定。

氯离子:硝酸银滴定法测定。

硫酸根离子: EDTA 间接滴定法测定。

二、化验室的质量控制

(一)化验室建设

1.化验室布局

化验室使用面积不小于 $200m^2$,由样品处理室、样品保存室、天平室、电热室、分析室、浸提室、储藏室、危险品储藏室等组成。

样品干燥需要自然或强制通风,可安装远红外加热设备,但室温不宜超过 40℃。样品研磨需要强制通风、除尘。

样品保存室用于存放样品和参比样,一般样品需保存 3～6 个月,肥料田间试验的基础土壤样品应长期保存。

储藏室是化验室备用物品储藏的场所,主要是备用的化学试剂和仪器设备、备件等,必须独立。

浸提室应配置空调,用于样品浸提、稀释、显色等。

分析室应配置空调,用于放置原子吸收分光光度计(强排风)、火焰光度计(强排风)、紫外—和可见分光光度计、酸度计等仪器及分析操作使用,仪器一般应配置计算机,用于数据自动采集。

危险品储藏室最好设于大楼以外，主要存放少量易燃、易爆和剧毒危险品，必须有防渗、防爆、防盗设计。

浸提室、分析室等均需设上下水管线，配置防溅洒防护装置，如洗眼器、淋浴喷头等。

2.环　境

制订具体措施，保证检测工作不受外部环境影响，保证检测的废液、废水等有害物质对周围环境不产生不利影响，保证检测人员的身体健康。

3.仪　器

仪器主要包括原子吸收分光光度计、火焰光度计、紫外—可见分光光度计、凯氏定氮仪、酸度计、烘箱、真空干燥箱、电导仪、超纯水器、样品粉碎机、振荡机、超声波清洗器、数控恒温振荡器、马福炉、电热板、电子天平和计算机等。

4.人　员

应配备与检测任务相适应的技术人员。目前，共有检测人员7人，其中，高级农艺师1人，农艺师2人，助理农艺师2人，技术员2人。

（二）化验室环境条件的控制

一般可参考以下要求：

环境温度：15℃～35℃；

相对湿度：20％～75％；

电源电压：220±11V，注意接地良好；

噪声：仪器室噪声低于55dB，工作间噪声低于70dB；

含尘量：小于0.28mg/m^3；

照度：200～350lx；

振动：天平室、仪器室应在4级以下，振动速度小于0.2mm/s。

特殊仪器设备的使用、特殊样品试剂的存放和特殊分析项目的开展，应满足其各自规定的环境条件。

（三）人力资源的控制

按照计量认证的要求，配备相应的专业技术人员，定期培训、定期考核，确保人员素质。

（四）计量器具的控制

化验室计量器具主要有仪器设备、玻璃量器、标准物质等三类。

1.仪器设备

应购买已获产品质量认证的专业厂家生产的产品。对检测准确性和有效性有影响的仪器设备，应制订周期校核、检定计划。属强制性检定的，应定期送法定机构检定；属非强制性检定但有检定规程的，一般也应定期送检或自检，若自检，应建标并考核合格；属非强制性检定又无检定规程的或不属计量器具但对检测准确性和有效性有影响的，应定期组织自校或验证。自检和验证常用的方法有使用有证标准物质和组织化验室间比对等。

2.玻璃量器

应购置有《制造计量器具许可证》的产品。玻璃量器应按周期进行检定，其中与标准溶液配置、标定有关的，定期送法定机构检定，其余的由本单位具有检定员资格的人员按有关规定自检。

3.标准物质

应购买国务院有关业务主管部门批准、并授权生产，附有标准物质证书且在有效期内的产品。化验室的参比样品、工作标准溶液等应溯源到国家有证标准物质。

参比样：采用省统一配送的参比1、2、3号土样。

（五）化验室内的质量控制

1.标准溶液的校准

标准溶液分为元素标准溶液和标准滴定溶液两类。应严格按照国家有关标准配置、使用和保存。

2.空白试验

空白值的大小和分散程度，影响着方法的检测限和结果的精密度。影响空白值的主要因素有：纯水质量、试剂纯度、试液配制质量、玻璃器皿的洁净度、精密仪器的灵敏度和精密度、化验室的清洁度、分析人员的操作水平和经验等。空白试验一般平行测定的相对差值不应大于50%，同时，应通过大量的试验，逐步总结出各种空白值的合理范围。每个测试批次及重新配置药剂都要增加空白值。

3.精密度控制

精密度一般采用平行测定的允许差来控制。通常情况下，土壤样品需做10%～30%的平行。5个样品以下的，应增加为100%的平行。

平行测试结果符合规定的允许差，最终结果以其平均值报出，如果平行测试结果超过规定的允许差，需再加测一次，取符合规定允许差的测定值报出。如果多组平行测试结果超过规定的允许差，应考虑整批重做。

4.准确度控制

准确度一般采用标准样品作为控制手段。通常情况下，每批样品或每50个样品加测标准样品一个，其测试结果与标准样品标准值的差值，应控制在标准偏差(S)范围内。

采用参比样品控制与标准样品控制一样，但首先要与标准样品校准或组织多个实验室进行定值。在土壤测试中，一般用标准样品控制微量分析，用参比样品控制常量分析。如果标准样品（或参比样品）测试结果超差，则应对整个测试过程进行检查，找出超差原因再重新工作。此外，加标回收试验也经常用作准确度的控制。

5.干扰的消除或减弱

干扰对检测质量影响极大，应注意干扰的存在并设法排除。主要方法有：可采用物理或化学方法分离被测物质或除去干扰物质；利用氧化还原反应，使试液中的干扰物转化为不干扰的形态；加入络合剂掩蔽干扰离子；采用有机溶剂的萃取及反萃取消除干扰；采用标准加入法消除干扰；采用其他分析方法避开干扰。

6.其他措施

化验室内的质量控制除上述日常工作，还需要由质量管理人员对检测结果的准确度、重复性和复现性进行控制，对检测结果的合理性进行判断。

（1）准确度控制。用标样作为密码样，每年至少考核1次；尽可能参加上级部门组织的化验室能力验证和考核。

(2)重复性控制。按不同类别随机抽取样品,制成双样同批抽查;随机抽取已检样,编成密码跨批抽查;同(跨)批抽查的样品数量应控制在样品总数的5%左右。

(3)复现性控制。室内互检:安排同一实验室不同人员进行双人比对;室间外检:分送同一样品到不同实验室,接同一方法进行检测;方法比对:对同一检测项目,选用具有可比性的不同方法进行比对。

(4)检测结果的合理性判断。检测结果的合理性判断,是质量控制的辅助手段,其依据主要来源于有关专业知识,以土壤测试为例,其合理性判断的主要依据是:土壤元素(养分含量)的空间分布规律,主要是不同类型、不同区域的土壤背景值和土壤养分含量范围;土壤元素(养分含量)的垂直分布规律,主要是土壤元素(养分含量)在不同海拔高度或不同剖面层次的分布规律;土壤元素(养分含量)与成土母质的关系;土壤元素(养分含量)与地形地貌的关系;土壤元素(养分含量)与利用状况的关系;各检测项目之间的相互关系;检测结果的合理性判断,只能作为复验或外检的依据,而不能作为最终结果的判定依据。

(六)化验室间的质量控制

化验室间的质量控制是一种外部质量控制,可以发现系统误差和化验室间数据的可比性,可以评价化验室间的测试系统和分析能力,是一种有效的质量控制方法。

化验室间质量控制的主要方法为能力验证,即由主管单位统一发放质控样品,统一编号,确定分析项目、分析方法及注意事项等,各化验室按要求时间完成并报出结果,主管单位根据考核结果给出优秀、合格、不合格等能力验证结论。

为了保证化验室的分析质量,首先要进行人员的业务培训,然后再发放标准样品进行考核,考核合格的化验室才能开展分析化验工作。仪器要通过检定或比对,保证量值传递的准确性,如果检定有困难,至少应把天平送去检定。

第四章　土壤理化性状及评价

在一般人印象中，作物的生长所需营养元素就是N、P、K，其实根据目前国际上公认的看法，作物生长最少需要C、H、O、N、P、K、Ca、Mg、S、Fe、Zn、Cu、Mn、B、Cl、Mo等16种营养元素。除碳、氢、氧是从空气中吸收，其余均不同程度地需要施肥来满足作物正常生长的需要。其中氮、磷、钾为大量元素，硫、钙、镁为中量元素，其余为微量元素，此外，还有一些有益元素硅、钠、钴、钒等。北京农业大学陈伦寿教授还把有益元素镍归为第17种必需营养元素。虽然植物对这些元素的需要量相差很大，但对植物的生长发育所起的作用同等重要，且不能相互替代。

通过对全县耕地有机质、大中微量元素以及土壤物理、化学属性进行调查分析，充分了解了各个营养元素的含量状况及不同含量级别的面积分布，不同土壤类型、质地、地貌各个耕地土壤属性的现状，取得了大量的调查数据，为耕地地力评价创造了条件。大田土壤养分现状分析、评价主要采用《山东省土壤养分分级评价标准》(下称《省分级评价标准》，见表4-1)。莘县蔬菜土壤大量养分现状分析、评价时，在采用《山东省土壤养分分级标评价准》进行评价分析的基础上，结合莘县实际，只对有机质及氮、磷、钾指标制定了《莘县蔬菜地土壤养分分级评价标准》(见表4-2)，并据此作相应评价(仅作参考)，其他指标仍执行省分级标准。统计范围为纳入2006～2007年地力评价点的样本。

表4-1　　山东省土壤养分分级评价标准

项　目		养分分级标准								
有机质	级别	1	2	3	4	5	6	7		
(g/kg)	标准	＞20	15～20	12～15	10～12	8～10	6～8	＜6		
碱解氮	级别	1	2	3	4	5	6	7	8	
(mg/kg)	标准	＞150	120～150	90～120	75～90	60～75	45～60	30～45	＜30	
有效磷	级别	1	2	3	4	5	6	7	8	9
(mg/kg)	标准	＞120	80～120	50～80	30～50	20～30	15～20	10～15	5～10	＜5
速效钾	级别	1	2	3	4	5	6	7	8	
(mg/kg)	标准	＞300	200～300	150～200	120～150	100～120	75～100	50～75	＜50	
硼	级别	1	2	3	4	5				
(mg/kg)	标准	＞2	1～2	0.5～1	0.2～0.5	＜0.2				
钼	级别	1	2	3	4	5				
(mg/kg)	标准	＞0.3	0.2～0.3	0.15～0.2	0.1～0.15	＜0.1				

续表

项　目		养分分级标准							
锰	级别	1	2	3	4	5			
(mg/kg)	标准	＞30	15～30	5～15	1～5	＜1			
锌	级别	1	2	3	4	5			
(mg/kg)	标准	＞3	1～3	0.5～1	0.3～0.5	＜0.3			
铜	级别	1	2	3	4	5			
(mg/kg)	标准	＞1.8	1～1.8	0.2～1	0.1～0.2	＜0.1			
铁	级别	1	2	3	4	5			
(mg/kg)	标准	＞20	10～20	4.5～10	2.5～4.5	＜2.5			
pH	级别	1	2	3	4	5	6		
	标准	＞8.5	7.5～8.5	6.5～7.5	5.5～6.5	4.5～5.5	＜4.5		
全氮	级别	1	2	3	4	5	6	7	
(g/kg)	标准	＞1.5	1.2～1.5	1～1.2	0.75～1	0.5～0.75	0.3～0.5	＜0.3	
交换性钙	级别	1	2	3	4	5	6	7	8
(mg/kg)	标准	＞20000	15000～20000	10000～15000	6000～10000	4000～6000	3000～4000	2500～3000	2000～2500
	级别	9	10	11	12				
	标准	1500～2000	1000～1500	500～1000	＜500				
交换性镁	级别	1	2	3	4	5	6	7	
(mg/kg)	标准	600	400～600	300～400	250～300	200～250	150～200	＜150	
有效硫	级别	1	2	3	4	5	6	7	
(mg/kg)	标准	100	75～100	60～75	45～60	30～45	15～30	＜15	
缓效钾	级别	1	2	3	4	5	6		
(mg/kg)	标准	1200	900～1200	750～900	500～750	300～500	＜300		

表 4-2　莘县蔬菜地土壤养分分级评价标准

项　目	养分分级标准					
	1	2	3	4	5	6
有机质(g/kg)	＞40	30～40	20～30	15～20	10～15	＜10
碱解氮(mg/kg)	＞200	150～200	120～150	90～120	50～90	＜50
有效磷(mg/kg)	＞200	150～200	120～150	80～120	50～80	＜50
速效钾(mg/kg)	＞500	400～500	300～400	200～300	100～200	＜100

第一节　土壤pH和有机质

一、土壤有机质

土壤有机质是土壤的重要组成成分，与土壤的演变、土壤肥力水平和土壤的许多其他属性有密切的关系。土壤有机质含有作物生长所需的多种营养元素，分解后可直接为作物生长提供营养元素。有机质具有改善土壤理化性状，影响和制约土壤结构形成及通气性、渗透性、缓冲性、交换性能和保水、保肥性能的作用，是评价耕地地力的重要指标。对耕作土壤来说，培肥的中心环节就是增施各种有机肥，实行秸秆还田，保持和提高土壤有机质含量。

（一）大田土壤有机质

统计样品1724个，平均13.1g/kg，含量变化范围为3.2～27.9g/kg，变幅较大，标准偏差3.1。总体看来，莘县大田土壤有机质含量处于分级评价标准的3级水平，而且乡镇（街道办）之间存在比较突出的不平衡性。马西地区及王庄集镇、大张家镇、古云镇的沙地有机质含量在5～6级（见表4-3）。莘县位于暖温带半湿润季风气候区，干湿交替明显，夏季湿热，冬季干冷，其生物、气候条件有利于有机质分解。

表4-3　莘县大田土壤有机质各级别面积

级　别	1	2	3	4	5	6	7
范围(g/kg)	＞20	15～20	12～15	10～12	8～10	6～8	＜6
样本个数	35	371	692	389	160	60	17
面积(hm^2)	1174.4	12448.3	23218.9	13052.3	5368.5	2013.2	570.4
占总耕地比例(%)	1.26	13.35	24.9	14	5.76	2.16	0.61

（二）菜地土壤有机质

菜地分大棚和粮菜间作田，莘县菜地土壤有机质含量处于省分级评价标准的2级水平，按照《莘县蔬菜地土壤养分分级评价标准》为4级水平。

全县化验大棚样品433个，平均15g/kg，为省分级评价标准2级水平，其标准偏差为6.7，最大值为48.7g/kg，最小值为3.6g/kg。按照《莘县蔬菜土壤养分分级评价标准》为4级水平。含量小于10g/kg样品有94个，占样品总数的21.7%；在10～20 g/kg的样品有261个，占样品总数的60.3%；在20～40g/kg的样品有73个，占样品总数的16.8%；大于40g/kg样品有5个，占样品总数的1.2%（见表4-4和表4-5）。总的看来，莘县蔬菜土壤有机质含量处于较低水平，且呈现区域不平衡性。

表 4-4　莘县大棚蔬菜地土壤有机质各级别面积

级　别	1	2	3	4	5	6
范围(g/kg)	＞40	30～40	20～30	15～20	10～15	≤10
样本个数	5	9	64	101	160	94
面积(hm^2)	173.2	311.8	2217.1	3498.9	5542.7	3256.4
占总耕地比例(%)	0.19	0.33	2.38	3.75	5.94	3.49

表 4-5　菜地土壤有机质含量统计表

种植模式	平均数(g/kg)	标准偏差	样品个数	最大数(g/kg)	最小数(g/kg)
大棚	15	6.7	433	48.7	3.6
粮菜间作	15.9	5.3	60	34.4	6.9

(三)增加土壤有机质含量的途径

土壤有机质的含量取决于其生产量和矿化量的相对大小，当生产量小于矿化量时，有机质含量逐步减少。土壤有机质矿化量主要受土壤温度、湿度、通气状况、有机质含量等因素影响。一般来说土壤温度低、通气性差、湿度大时，土壤有机质矿化量较低；反之，土壤温度高、通气性好、湿度适中则有利于土壤有机质的矿化。农业生产中应注意创造条件，减少土壤有机质的矿化量。日光温室、塑料大棚等保护地栽培条件下，土壤长期处于高温多湿的条件下，有机质易矿化，在有机肥施用偏少时，含量提高较慢。

增加有机肥的施用量，是人为增加土壤有机质含量的主要途径，其方法主要有秸秆还田和施用农家肥、商品有机肥等。

二、土壤 pH

土壤 pH 不仅影响作物的生长，还影响土壤微生物的活性、营养元素的形态和转化，是较为重要的土壤属性。莘县土壤 pH 统计样品 1178 个，处于省分级评价标准的 2 级水平。总体来看，莘县大棚与大田相比 pH 值有降低趋势，大田 pH 比第二次土壤普查时偏高 0.33(见表 4-6)。

表 4-6　不同蔬菜种植模式土壤 pH 统计表

种植模式	众数	平均数	标准偏差	样品个数	最大数	最小数
大田	8.14	8.26	0.18	719	8.79	7.4
大棚	8.12	8.15	0.26	431	8.59	7.2
粮菜间作	8.19	8.24	0.12	28	8.64	8.14

pH 数值的高低受多种因素的综合影响，不同条件下，pH 数值具有可比性。

(一)土壤有机质的影响

近几年，秸秆还田的实施，使莘县土壤有机质含量呈上升趋势，可显著提高土壤 pH 的缓冲性。

(二)施肥量的影响

有两方面，一是施用尿素、二铵、过磷酸钙有降低 pH 的作用，二是大量施用钙镁磷肥、硝酸磷肥等生理碱性肥料，使土壤中钙镁离子增多，提高了 pH。莘县为石灰性土壤，不管是大田还是保护地，从长期来看，长期大量盲目施用化肥会使土壤 pH 呈下降趋势，但只是保护地下降快些，最终也不会使土壤酸化。

（三）水分的影响

一是水质的影响。莘县机井水的矿化度一般为 1～3g/L，部分乡镇（街道办）的地下水达 5g/L 以上，水质偏差，如果机井水中 CO_3^{2-}、HCO_3^- 较多，有可能提高 pH。现在打机井强调出水，很少讲究水质，发现死苗了，才知道水质不行。二是降水的影响。30 多年来，莘县年降水量呈减少趋势，蒸发量大，不利于排水压碱。灌溉水矿化度较大的地方，在灌溉水量不足以淋洗完全的情况下，土壤 pH 的上升趋势是必然的。另外秋季采样时，土壤干旱与秋雨连绵后采样，测定值是不一样的。三是河水影响。随着轻工业的发展，存在上游的河流污染、本地企业的轻度排污，用被污染的河水浇地，不光是有害离子多少毒害作物和污染土壤的问题，更重要的是污水 pH 都在 9 以上，干旱时农民浇苗水心切，见水都浇，无意中提高了土壤 pH。

（四）测定方法的影响

一是测定方法不同。现在用 pH 计，电极为复合电极；第二次土壤普查时，通常采用玻璃电极法和比色法测定 pH 值，比色法简便，但受色度、浊度、胶体物质、氧化剂、还原剂及盐度的干扰。二是浸提用水的影响，最好用去离子水。据报道，测定石灰性土壤 pH 时，水土比 1∶1 的标准差最小，精确度最高，2.5∶1 的标准差最大，精确度最差，5∶1 的介于两者之间，具体原因尚需进一步研究。本次普查采用的是 2∶1。

第二节　土壤大量元素状况

一、大田土壤大量元素状况

（一）氮　素

1.全　氮

大田耕层土壤全氮统计样品 596 个，变化范围为 0.17～1.97 g/kg，平均值为 1.01g/kg，较 1980 年土壤普查提高 0.35g/kg，标准偏差为 0.2。处于省分级评价标准的 3 级水平，76.2%的样品处于 3～4 级水平，含量为 0.75～1.2g/kg。耕层土壤全氮可分为 7 个级别，各含量级别面积如表 4-7 所示。

表 4-7　　大田耕层土壤全氮各级别面积

级　别	1	2	3	4	5	6	7
范围(g/kg)	>1.5	1.2～1.5	1～1.2	0.75～1	0.5～0.75	0.3～0.5	<0.3
样本个数	6	85	232	222	47	3	1
面积(hm^2)	582.34	8249.85	22517.23	21546.66	4561.68	291.17	97.06
占总耕地比例(%)	0.62	8.85	24.15	23.11	4.89	0.31	0.1

2.碱解氮

土壤中易溶于水的有机态氮以及铵态氮和硝态氮统称“速效氮”,常用碱解法测定其含量,故又称“碱解氮”。它的含量水平常作为衡量供氮强度的指标,耕地土壤碱解氮含量与全氮含量有一定的相关性,但受人为施肥的影响较大。碱解氮统计样品1724个,含量变化范围为22～141mg/kg,平均值为59mg/kg,处于省分级评价标准的6级水平,较1980年土壤普查提高24mg/kg,标准偏差为13。耕层土壤碱解氮含量地域间差异较大,78.4%的样品含量在45～75mg/kg之间,处于省分级评价标准的5～6级水平。耕层土壤碱解氮各含量级别面积如表4-8所示。

表4-8 大田耕层土壤碱解氮各级别面积

级　别	1	2	3	4	5	6	7	8
范围(mg/kg)	>150	120～150	90～120	75～90	60～75	45～60	30～45	<30
样本个数	0	2	33	128	576	776	202	7
面积(hm^2)	0	67.11	1107.26	4294.83	19326.74	26037.41	6777.78	234.87
占总耕地比例(%)	0	0.07	1.19	4.61	20.72	27.92	7.27	0.25

3.不同土壤类型全氮、碱解氮含量

不同土壤类型全氮、碱解氮含量差异明显,无论耕层还是亚耕层,全氮、碱解氮的含量以潮土、盐化潮土为最高,固定风沙土含量最低。

土壤中的氮素主要以有机态存在,约占土壤全氮量90%。有机态氮素主要以大分子化合物的形式存在于土壤中,作物难以吸收利用,属迟效性氮,其余部分以小分子有机态或铵态、硝态和亚硝态等形式存在,占土壤全氮10%。土壤全氮、碱解氮含量主要受有机质含量及人为活动的影响。不同质地耕层土壤全氮含量一般为:重壤>轻壤>沙壤>风沙土,不同质地耕层土壤碱解氮含量分别为:重壤75mg/kg、中壤66mg/kg、轻壤62mg/kg、沙壤56mg/kg、风沙土42mg/kg。

(二)有效磷

1.耕层土壤有效磷含量及分级

土壤中的磷一般以无机态磷和有机态磷形式存在,通常有机态磷占全磷量的35%左右,无机态磷占全磷量的65%左右。无机态磷中易溶性磷酸盐和土壤胶体中吸附的磷酸根离子以及有机态磷中易矿化的部分,被视为有效磷,占土壤总含量的10%左右。有效磷含量是衡量土壤养分含量和供应强度的重要指标。根据这次调查,统计样品1724个,全县耕层土壤有效磷含量变化范围为2.3～273.2mg/kg,平均值为27.4mg/kg,处于省分级评价标准的5级水平,标准偏差为22.3,平均含量较1980年土壤普查提高20.6mg/kg。近20年由于注重了磷肥特别是磷酸二铵的施用,加大了磷素在施肥中的比例,土壤有效磷含量显著增加。尽管如此,目前仍有一部分地块土壤速效磷含量不能满足农作物高产的需要。耕层土壤有效磷可划分为9个级别,各级别面积如表4～9所示。值得注意的是,小于5mg/kg的占23个样品,主要分布在古云、王奉等乡镇(街道办)的风沙土、偏沙壤地块上,应注意补充。

表 4-9　　耕层土壤有效磷各级别面积

级　别	1	2	3	4	5	6	7	8	9
范围(mg/kg)	＞120	80～120	50～80	30～50	20～30	15～20	10～15	5～10	＜5
样本个数	12	42	126	360	415	250	257	239	23
面积(hm^2)	402.6	1409.24	4227.72	12079.21	13924.65	8388.34	8623.21	8019.25	771.73
占总耕地比例(%)	0.43	1.51	4.53	12.95	14.93	9	9.25	8.6	0.83

2.土壤磷素有效性的影响因素

土壤中的有效磷含量占全磷量的10%，了解土壤磷素有效性的影响因素，有利于人为调节土壤的理化性状，提高土壤有效磷的含量。

(1)有机质：有机质含量高，有利于磷素的转化和有效磷的储存。土壤中难溶性磷素需要在磷细菌的作用下，逐渐转化成有效磷，供作物吸收利用。土壤有机质有利于微生物的繁殖和微生物活性的提高，可增强磷素转化速度。同时有效性的磷素与有机物质结合，减弱了土壤磷素的矿化作用，有利于有效磷的储存积累。近几年大力推广秸秆还田、增施有机肥，提高了土壤有效磷含量。

(2)pH：在土壤中，难溶性磷酸盐与生物呼吸作用产生的二氧化碳、有机肥料分解时产生的有机酸作用，可逐渐转变成为弱酸溶性或水溶性磷酸盐。因此，土壤中pH的高低与土壤磷素的有效性有密切关系。低pH环境有利于提高土壤有效磷的含量，反之则降低。莘县土壤pH多在7.5以上是造成大田土壤有效磷含量较低的原因之一。

(3)氧化还原状况：土壤的氧化还原状况也影响磷的有效性，土壤处于还原状态时磷有效性高于氧化状态。当旱田改为水田时，土壤的还原电位降低，磷酸盐转化是向着有效性升高的方向转化，而水田改为旱田时则相反，磷酸盐向着有效性降低的方向转化。

(4)耕作深度：亚耕层土壤有效磷含量与耕作层深度有直接关系，加深耕作层可极大地提高亚耕层土壤有效磷含量，有利于提高作物对磷素的吸收利用率。

(5)耕层质地：耕层质地有效磷的含量排序为：轻壤＞重壤＞中壤＞沙壤＞风沙土。

(三)钾　素

1.缓效钾

统计样品565个，平均含量为744mg/kg，处于省分级评价标准的4级水平，变化范围为480～1348mg/kg，标准偏差为96。莘县耕层土壤缓效钾的含量，我县西南、西北低，由西向东提高。耕层土壤缓效钾含量各级别面积如表4-10所示。

表 4-10　　耕层土壤缓效钾各级别面积

级　别	1	2	3	4	5	6
范围(mg/kg)	1200	900～1200	750～900	500～750	300～500	＜300
样本个数	1	12	277	273	2	0
面积(hm^2)	102.38	1228.59	28359.9	27950.37	204.76	0
占总耕地比例(%)	0.11	1.32	30.41	29.97	0.22	0

2. 耕层土壤速效钾含量与面积分布

统计样品1724个，全县耕层土壤速效钾含量变化范围为50～600mg/kg，平均值为135mg/kg，处于省分级评价标准的4级水平，标准偏差为59。莘县耕层土壤速效钾的含量西南、西北低，由西向东提高。潮土、盐化潮土速效钾含量较高，固定风沙土较低；中壤略高于重壤，其排序为：中壤＞重壤＞轻壤＞沙壤＞风沙土；莘县部分地区特别是决口扇形地地貌，如沙壤、沙地的土壤钾素含量偏低，应注意补钾。耕层土壤速效钾含量分为8个级别，各级别面积分布如表4-11所示。

表4-11 耕层土壤速效钾各级别面积

级　别	1	2	3	4	5	6	7	8
范围(mg/kg)	＞300	200～300	150～200	120～150	100～120	75～100	50～75	＜50
样本个数	43	165	306	469	332	293	115	1
面积(hm^2)	1442.79	5536.31	10267.33	15736.53	11139.72	9831.14	3858.64	33.55
占总耕地比例(%)	1.55	5.94	11.01	16.87	11.95	10.54	4.14	0.04

特别一提的是，莘县大田土壤速效钾含量从第二次土壤普查开始，经历了一个“高→低→高”的过程。20世纪80年代至90年代，农民重视氮肥、磷肥的施用，一般不施用钾肥，土壤速效钾含量逐年降低。近十年来，特别是测土配方施肥项目实施以来，推广配方肥、各种复合肥，再加上近几年推广秸秆还田等措施，带进大量有机钾素，大田土壤速效钾有逐年增加趋势。

二、菜地土壤大量元素状况

分大棚和粮菜间作田分别统计。结果显示，氮、磷、钾含量水平明显高于大田，除缓效钾，大棚土壤大量元素平均含量高于粮菜间作田(见表4-12)。总体来看，除个别新建大棚土壤速效磷含量较低，大多数大棚土壤速效磷含量偏高；全氮、碱解氮含量不高；魏庄、河店等乡镇(街道办)速效钾含量偏低，莘亭、东鲁、莘州等乡镇(街道办)较高，特别是十八里铺镇大棚偏高。其原因主要与这些乡镇(街道办)的土质、土体结构及种植年限、施肥量有关。

表4-12 蔬菜地土壤大量元素含量情况表

项　目	种植方式	平均数	标准偏差	样品个数	最大数	最小数	养分水平
全氮	大棚	1.55	0.41	247	3.11	0.73	1
(g/kg)	粮菜间作	1.24	0.18	30	1.52	0.71	2
碱解氮	大棚	71	26	433	211	16	5*
(mg/kg)	粮菜间作	67	14	60	120	38	5*
有效磷	大棚	157.8	63.6	433	416.9	10.3	2*
(mg/kg)	粮菜间作	143.1	87.7	60	316.7	15.7	3*

续表

项　目	种植方式	平均数	标准偏差	样品个数	最大数	最小数	养分水平
缓效钾	大棚	831	123	247	1422	557	3
(mg/kg)	粮菜间作	876	188	28	1501	483	3
速效钾	大棚	390	170	433	960	100	3*
(mg/kg)	粮菜间作	300	113	60	756	120	3*

注:带*者为平均养分含量所处的《莘县蔬菜地土壤养分分级评价标准》。

第三节　土壤中量元素状况

中量元素是指植物体内含量相对较高的营养元素,通常包括钙、镁、硫三种。硅被视为有益元素,植物体内含量较大,在这次调查中也作为中量元素进行分析。中量元素是植物细胞内的重要组成部分,参与细胞的化学反应和生理活动,土壤中含量较高,基本能满足作物的生长需要。随着农业生产结构的调整、农业集约化程度的提高,中量元素在农业生产中的作用越来越引起人们的重视。

一、土壤交换钙

土壤总的钙在土壤中存在的形式较多,但以碳酸钙形式为主,其高低与土壤的酸碱性、盐基饱和度、土壤胶体的交换性能有密切关系,是划分土壤类型的标志之一,在生产实践中有重要的作用,通常用交换性钙作为土壤钙的有效性划分标准。

(一)土壤交换性钙含量情况

分大田、大棚和粮菜间作田分别统计,莘县土壤交换性钙属较丰富级别(见表4-13)。

表4-13　　土壤交换性钙含量统计表

种植模式	平均数(mg/kg)	级别	标准偏差	样品个数	最大数(mg/kg)	最小数(mg/kg)
大田	12959	3	3549	489	23310	3475
大棚	14887	3	3715	211	22513	4954
粮菜间作	16646	2	1678	5	18418	14280

莘县土壤主要是由石灰岩母质形成的,所以交换性钙含量一般较高,耕层交换性钙含量共分12个级别,因我县没有小于3000mg/kg的地块,7～12级在表4-14中没有列出。

表 4-14 土壤交换性钙各级别面积

级别		1	2	3	4	5	6
范围(mg/kg)		＞20000	15000～20000	10000～15000	6000～10000	4000～6000	3000～4000
样本个数	大田	230	184	59	13	3	0
	大棚	143	51	13	4	0	0
	粮菜间作	5	0	0	0	0	0
	合计	378	235	72	17	3	0
面积(hm^2)		45574.5	28333.3	8680.85	2049.65	361.7	0
占总耕地比例(%)		48.87	30.38	9.31	2.2	0.39	0

莘县耕层土壤交换性钙的含量东高西低，土壤质地越黏含量越高，不同土壤类型间差异较大，其含量依次为：盐化潮土＞潮土＞脱潮土＞固定风沙土。

（二）土壤交换性钙在农业生产中的作用

钙是作物生长必需的营养元素之一。从土壤交换性钙含量看，莘县不存在缺钙土壤。据研究报道，土壤交换性钙对防治苹果的腐枯病和保鲜储存有重要作用。但是在土壤交换性钙含量过高的情况下，钙营养过剩，会导致土壤中其他营养元素有效性降低和 pH 的升高，不利于某些嗜酸作物的生长。

土壤交换性钙对磷和微量元素的有效性以及存在的形态有很大影响。在石灰性土壤上，磷以磷酸钙盐为主，其含量一般占无机磷总量的 50%以上，并且土壤交换性盐含量越高，磷酸钙盐含量越高，无机磷总量也高。在富含交换性钙的土壤里，磷酸钙盐以磷酸三钙、磷酸八钙、磷酸十钙形式存在，磷素养分固定量也越大。所以在富含交换性钙的土壤上，应采取穴施或沟施磷肥，以减少磷素养分的固定，在磷肥品种上也宜施用偏酸性品种。土壤交换性钙含量增加可使土壤 pH 提高，除了可以提高钼的有效性，降低了其他微量元素的有效性。另外，交换性盐含量增加，土壤中的铁、锰、锌、铜都可以和交换性钙结合，生成难溶性的交换性盐，降低了他们的有效性。钙对硼的影响，除了生成溶解度很小的含钙硼酸盐，更重要的是钙的存在促进了其他元素对硼的固定。

二、土壤交换性镁

分大田、大棚和粮菜间作田分别统计，土壤交换性镁均属较丰富级别，平均含量均为 1 级（见表 4-15 和表 4-16）。一般来说，石灰性母质形成的土壤，碳酸盐含量丰富，交换性钙含量高，交换性镁含量也较高，其溶液中的有效态镁离子已足够植物生长的需要，而莘县土壤就主要是由石灰岩母质形成的，莘县耕层土壤交换性镁的含量也具有东高西低的特点，土壤质地越黏含量越高。

表 4-15　　土壤交换性镁含量统计表

种植模式	平均数(mg/kg)	级别	标准偏差	样品个数	最大数(mg/kg)	最小数(mg/kg)
大田	602	1	260	489	1524	232
大棚	631	1	217	211	1498	204
粮菜间作	673	1	94	5	778	528

表 4-16　　土壤交换性镁各级别面积

级　别		1	2	3	4	5	6	7
范围(mg/kg)		＞600	400～600	300～400	250～300	200～250	150～200	＜150
样本个数	大田	337	127	25	0	0	0	0
	大棚	177	20	10	4	0	0	0
	粮菜间作	5	0	0	0	0	0	0
	合计	519	147	35	4	0	0	0
耕地面积(hm^2)		62574.5	17723.4	4219.86	482.27	0	0	0
占总耕地比例(%)		67.1	19.01	4.53	0.52	0	0	0

三、交换性钙、交换性镁高含量原因分析

(一)关于钙、镁含量测定结果的说明

土壤交换性钙、交换性镁含量的测定，是委托山东农业大学完成的。因山东省土肥总站的标准样品没有交换性钙、交换性镁的数据，他们通过山东省土肥总站卢桂菊老师拿到了有交换性钙、交换性镁数据的 AR 系列样品标样 2 个(分别为 AR-3 和 AR-5，其中AR-3的交换性钙含量为 14800mg/kg)，并在测定土壤样品交换性钙、交换性镁时插入，其测定结果在允许的误差范围内。另外，他们在同一时期测定的菏泽市几个县的土壤样品交换性钙、交换性镁的结果也在相近的范围内。他们又查阅了杨力、泉维洁、卢桂菊等老师完成的山东省中量元素调查的研究课题(获得了山东省科技进步二等奖)的结果，其在山东农业科学 1998 年第三期和第四期上发表的论文中交换性钙、交换性镁的测定结果分别为：聊城交换性钙、交换性镁平均分别为15700mg/kg和 680mg/kg，济宁为 16700mg/kg和 772mg/kg，菏泽为 16500mg/kg 和 620mg/kg，东营为 15400mg/kg 和 820mg/kg。

(二)原因分析

莘县二十多年来大量施用过磷酸钙或钙镁磷肥，复合肥中相当一部分用磷矿石做原料；还有近几年中量元素肥如硅钙肥、钙镁肥的推广；部分复合肥加入一些中微量元素；中微量元素肥料大量在大棚中施用，特别是大量叶面喷施有效钙；市场上大量的磷酸二氢钾均为假冒伪劣产品(大部分为价格较低的硫酸镁冒充)，用于大棚瓜菜冲施或喷雾；大棚用石灰氮熏蒸防治根结线虫等。以上原因是否可提高土壤交换性钙镁的含量，很值得研究。

因此，我们认为在目前生产条件下，石灰性土壤交换性钙、交换性镁不是大田作物生长的限制因素。

至于大家经常发现大棚瓜菜缺钙，可能是由于有效磷极高(大于 200mg/kg)或其他因素，影响瓜菜对钙、锌的吸收所致。值得高度重视的是，一些农资经销商在莘县盲目推广只含钙、镁的肥料(肥料 pH 大于 7)，实际起不了什么作用，这种肥料应该在南方酸性土壤上施用，效果才好。

四、土壤有效硫

分大田、大棚和粮菜间作田分别统计。大田有效硫统计样品 571 个，变化范围为 7～84mg/kg，平均值为 24mg/kg，处于省分级评价标准的 6 级水平，标准偏差为 8.6，86.3%样品在 15～45mg/kg 之间，处于省分级水平的 5～6 级。大棚有效硫统计样品 238 个，变化范围为 9～160mg/kg，平均值为 67.5mg/kg，处于分级评价标准的 3 级水平，标准偏差为 28.4(见表 4-17 和表 4-18)。

表 4-17　土壤有效硫含量统计表

种植模式	平均数(mg/kg)	级别	标准偏差	样品个数	最大数(mg/kg)	最小数(mg/kg)
大田	24.1	6	8.6	571	83.8	6.7
大棚	67.5	3	28.4	238	160.2	8.9
粮菜间作	35.3	5	15.3	27	94.2	20.8

表 4-18　土壤有效硫各级别面积

级　别		1	2	3	4	5	6	7
范围(mg/kg)		>100	75～100	60～75	45～60	30～45	15～30	<15
样本个数	大田	0	1	0	4	120	373	73
	大棚	27	66	44	50	26	22	3
	粮菜间作	0	1	0	4	22	0	0
	合计	27	68	44	58	168	395	76
面积(hm^2)		2745.22	6913.88	4473.68	5897.13	17081.34	40161.48	7727.27
占总耕地比例(%)		2.94	7.41	4.8	6.32	18.32	43.07	8.29

土壤硫主要来自母质、灌溉水、大气干湿沉降以及施肥等，土壤母质中硫含量高，可以为其形成的土壤提供丰富的原始硫化物来源。在许多复合肥(复混肥)中含有硫元素，随着各种含硫肥料的大量施用，一定数量的含硫化合物残存在土壤中，这也可能是近年来莘县保护地栽培土壤 pH 值比大田稍低的一个原因。

五、土壤有效硅

硅是植物体的重要组成元素，是继16种营养元素之后被科学家研究肯定的又一个对植物生长有益的元素。硅能提高水稻、小麦等农作物的粒重和氨基酸含量，降低空秕率，增强植物抗逆能力，其含量降低直接影响喜硅作物的生长和发育。近几年来，硅肥的推广应用取得了较好效果。

莘县大田耕层土壤有效硅含量为130.7mg/kg，变化范围为67.6～222.6mg/kg，标准偏差为22.85，大棚土壤平均含量为120.5mg/kg，变化范围为52.1～210.8mg/kg。耕层土壤有效硅含量分级及面积如表4-19和表4-20所示。

表4-19　　土壤有效硅含量统计表

种植模式	平均数(mg/kg)	级别	标准偏差	样品个数	最大数(mg/kg)	最小数(mg/kg)
大田	130.7	6	22.85	489	222.6	67.6
大棚	120.5	6	28.72	211	210.8	52.1
粮菜间作	167	6	26.71	5	194.1	132.9

表4-20　　土壤有效硅各级别面积

级　别		1	2	3	4	5	6	7
范围(mg/kg)		＞600	500～600	400～500	300～400	200～300	100～200	≤100
样本个数	大田	0	0	0	0	7	445	37
	大棚	0	0	0	0	2	155	54
	粮菜间作	0	0	0	0	0	5	0
	合计	0	0	0	0	9	605	91
面积(hm^2)		0	0	0	0	1085.11	72943.26	10971.63
占总耕地比例(%)		0	0	0	0	1.16	78.22	11.77

在相同气候条件下，成土母质和土壤黏粒含量是影响土壤有效硅含量的主要因素。耕层不同土壤类型有效硅含量依次为：盐化潮土＞脱潮土＞潮土＞固定风沙土；不同质地有效硅的含量依次为：重壤＞轻壤＞中壤＞沙壤＞风沙土。莘县有效硅含量西部最低，从西南向中东部依次增高。

第四节　土壤微量元素状况

土壤中锌、硼、铜、铁、锰、钼等微量元素，是作物生长必需的营养元素，对耕地地力和环境质量起着重要的作用，此次调查对其耕层含量及分布规律进行了调查分析。

一、大田土壤微量元素含量情况

大田土壤有效铁、有效锰、有效铜、有效锌、有效硼、有效钼平均含量分别为10.31mg/kg、14.96mg/kg、1.35mg/kg、1.47mg/kg、0.97mg/kg、0.15mg/kg，分别属于分级标准2、3、2、2、3、4级水平(见表4-21)。

表4-21 大田土壤微量元素含量情况表

项目	平均数(mg/kg)	标准偏差	样品个数	最大数(mg/kg)	最小数(mg/kg)
有效铁	10.31	3.59	749	22.4	3.74
有效锰	14.96	4.72	749	26.07	3.89
有效铜	1.35	0.33	749	13.12	0.24
有效锌	1.47	0.96	749	8.8	0.14
有效硼	0.97	0.5	827	4.4	0.12
有效钼	0.15	0.06	489	0.44	0.01

有效铁、有效锰、有效铜、有效锌、有效硼含量较丰富。有效铁含量小于4.5mg/kg的样品只有2个，仅占总样品数的0.27%，97.9%的样品含量为4.5～20mg/kg；有效锰的含量小于1mg/kg或大于30mg/kg的样品没有，5～15mg/kg的样品有341个，占总样品数的45.5%，含量在15～30mg/kg的样品有403个，占55.3%；有效铜的含量小于0.2mg/kg的样品没有，含量在0.2～1mg/kg的样品有211个，占总样品数的28.2%，含量在1～1.8mg/kg的样品有441个，占总样品数的58.9%，大于1.8mg/kg的样品有97个，占总样品的12.9%；有效锌含量小于0.5mg/kg的样品有2个，占总样品数的0.27%，在0.5～3mg/kg之间样品有673个，占89.9%；有效硼含量小于0.2mg/kg的样品有12个，占总样品数的1.45%，0.2～0.5mg/kg的样品有61个，占总样品数的7.38%，0.5～2mg/kg的样品有706个，占总样品数的85.4%。有效钼较缺乏，小于0.1mg/kg的样品就有103个，占总样品数的21.1%，0.1～0.2mg/kg的样品有290个，占总样品数的59.3%(见表4-22)。

表4-22 土壤微量元素含量分级及面积

种类			养分分级标准及比例				
	级别		1	2	3	4	5
	范围(mg/kg)		＞20	10～20	4.5～10	2.5～4.5	＜2.5
有效铁	样本个数	大田	14	318	415	2	0
		大棚	15	314	89	2	0
		粮菜间作	3	46	11	0	0
		合计	32	678	515	4	0
	面积(hm^2)		2213.18	46891.78	35618.39	276.65	0
	占总耕地比例(%)		2.37	50.28	38.2	0.3	0

续表

种类			养分分级标准及比例				
	级别		1	2	3	4	5
	范围(mg/kg)		＞30	15～30	5～15	1～5	＜1
有效锰	样本个数	大田	0	403	341	5	0
		大棚	0	283	136	1	0
		粮菜间作	0	40	20	0	0
		合计	0	726	497	6	0
	面积(hm^2)		0	50211.55	34373.47	414.97	0
	占总耕地比例(%)		0	53.84	36.86	0.44	0
	级别		1	2	3	4	5
	范围(mg/kg)		＞1.8	1～1.8	0.2～1	0.1～0.2	＜0.1
有效铜	样本个数	大田	97	441	211	0	0
		大棚	289	111	20	0	0
		粮菜间作	38	15	7	0	0
		合计	424	567	238	0	0
	面积(hm^2)		29324.65	39214.81	16460.54	0	0
	占总耕地比例(%)		31.45	42.05	17.65	0	0
	级别		1	2	3	4	5
	范围(mg/kg)		＞3	1～3	0.5～1	0.3～0.5	＜0.3
有效锌	样本个数	大田	55	438	235	19	2
		大棚	317	95	5	2	1
		粮菜间作	34	26	0	0	0
		合计	406	559	240	21	3
	面积(hm^2)		28079.74	38661.51	16598.86	1452.4	207.49
	占总耕地比例(%)		30.11	41.46	17.8	1.56	0.22
	级别		1	2	3	4	5
	范围(mg/kg)		＞2	1～2	0.5～1.0	0.2～0.5	＜0.2
有效硼	样本个数	大田	44	242	464	61	16
		大棚	6	288	117	6	0
		粮菜间作	0	14	6	0	0
		合计	50	544	587	67	16
	面积(hm^2)		3458.1	37624.08	40598.05	4633.85	1106.59
	占总耕地比例(%)		3.71	40.35	43.54	4.97	1.19

续表

种类			养分分级标准及比例				
	级别		1	2	3	4	5
	范围(mg/kg)		>0.3	0.2～0.3	0.15～0.2	0.1～0.15	<0.1
有效钼	样本个数	大田	10	86	98	192	103
		大棚	15	77	54	48	17
		粮菜间作	0	0	0	2	3
		合计	25	163	152	242	123
	面积(hm^2)		1729.05	11273.39	10512.61	16737.18	8506.92
	占总耕地比例(%)		1.85	12.09	11.27	17.95	9.12

二、大棚土壤微量元素含量情况

大棚土壤有效铁、有效锰、有效铜、有效锌、有效硼、有效钼的平均含量分别为12.64mg/kg、16.23mg/kg、2.64mg/kg、3.97mg/kg、1.17mg/kg、0.19mg/kg，分别属于分级标准2、3、1、1、2、3级水平(见表4-23)。

表4-23 大棚土壤微量元素含量统计表

项目	平均数(mg/kg)	标准偏差	样品个数	最大数(mg/kg)	最小数(mg/kg)
有效铁	12.64	3.63	420	34.07	3.88
有效锰	16.23	3.38	420	26.33	0.67
有效铜	2.64	1.59	420	14	0.67
有效锌	3.97	1.35	420	9.36	0.27
有效硼	1.17	0.32	417	2.28	0.37
有效钼	0.19	0.07	211	0.42	0.03

三、粮菜间作田土壤微量元素含量情况

粮菜间作田土壤有效铁、有效锰、有效铜、有效锌、有效硼、有效钼平均含量分别为21.33mg/kg、16.12mg/kg、2.16mg/kg、3.29mg/kg、1.07mg/kg、0.08mg/kg，分别属于分级标准1、2、1、1、2、5级水平(见表4-24)。

表4-24 粮菜间作田土壤微量元素含量统计表

项目	平均数(mg/kg)	标准偏差	样品个数	最大数(mg/kg)	最小数(mg/kg)
有效铁	21.33	3.54	60	12.99	6.79
有效锰	16.12	2.67	60	21.62	9.72
有效铜	2.16	1.1	60	7.56	0.45

续表

项 目	平均数(mg/kg)	标准偏差	样品个数	最大数(mg/kg)	最小数(mg/kg)
有效锌	3.29	1.45	60	6.92	1.06
有效硼	1.07	0.11	20	1.7	0.8
有效钼	0.08	0.04	5	0.11	0.02

四、土壤微量元素含量分级及面积

总体来看,莘县土壤微量元素除钼,其他较为丰富,菜田高于大田。大家较为关注的锌、硼,除部分沙地及新建大棚,一般情况下不缺。主要原因是:十几年来,重视微量元素肥料的应用,特别是与中量元素一起生产成的中微量元素复合肥料到处可见;一些复合肥、配方肥中也加入微量元素。2011～2012 年,莘县土肥站在小麦、玉米上做有效铜、有效铁、有效锰、有效锌试验,发现组间差异不显著,基本上验证了这一结论。

五、微肥的使用与推广

在土壤含量较低或对微量元素敏感的作物上施用微肥具有较明显的提高产量和改善品质的效果。莘县小部分土壤锌、钼、硼不足,应在固定风沙土和脱潮土上重点施用。

1986 年对全县 87 个样品化验了土壤速效微量元素含量(见表 4-25 至表 4-27),可见当时锌是缺乏的。

表 4-25　莘县土壤微量元素含量及频率(1986 年)

元 素	范围(mg/kg)	平均数(mg/kg)	标准偏差	频率(%)				
				极低	低	适中	丰富	高
有效硼	0.14～0.95	0.54	0.171	0	37.9	62.1	0	0
活性锰	23～239	111	29.33	1.1	39.1	58.6	1.2	0
有效锌	0.12～1.26	0.4	0.204	33.3	49.4	15	2.3	4.6
有效铜	0.39～4.41	1.12	0.602	0	3.4	43.7	48.3	0
有效铁	3.2～11.5	6.9	2.06	0	5.8	81.6	12.6	0

表 4-26　不同土壤微量元素含量表(1986 年)

土 类	样品数	微素平均含量(mg/kg)				
		有效锌	有效硼	有效铁	有效铜	活性锰
褐土化潮土	24	0.404(低)	0.54(适中)	6.101(适中)	0.953(适中)	106.62(适中)
潮土	36	0.443(低)	0.599(适中)	7.521(适中)	1.146(丰富)	109.268(适中)

续表

土 类	样品数	微素平均含量(mg/kg)				
		有效锌	有效硼	有效铁	有效铜	活性锰
盐化潮土	12	0.39 (低)	0.527 (适中)	7.139 (适中)	1.267 (丰富)	124.599 (适中)
碱化潮土	1	0.247 (极低)	0.66 (适中)	8.417 (适中)	1.248 (丰富)	122.505 (适中)
风沙土	7	0.347 (低)	0.34 (低)	5.326 (适中)	0.543 (适中)	82.16 (低)

表 4-27 不同作物土壤微量元素含量表(1986 年)

土 类	样品数	微素平均含量(mg/kg)				
		有效锌	有效硼	有效铁	有效铜	活性锰
粮田	57	0.436 (低)	0.558 (适中)	7.156 (适中)	1.015 (丰富)	110.588 (适中)
棉田	18	0.377 (低)	0.529 (适中)	6.187 (适中)	0.919 (适中)	99.614 (低)
果园	5	0.266 (极低)	0.51 (适中)	5.861 (适中)	2.203 (丰富)	125.765 (适中)

所以,莘县从 1987 年开始大力推广在小麦、玉米、果树上施用锌肥,通过试验示范,增产幅度为 8%～12%。锌肥可防治玉米白苗病和苹果、梨、桃树小叶病,并能改善作物生长状况,提高品质。硼肥在苹果、蔬菜等作物上施用面积较大,特别是对防治苹果、番茄等作物“花而不实”,取得了很好的效果,增产幅度一般在 8%～15%。铁肥主要施用在果树上,用来防治果树黄叶病,效果较为明显。土壤有效铜、有效锰基本不缺乏,不需专门施用。钼肥一般在固定风沙土地区的敏感作物,即豆科作物上推广应用。

目前,常用的锌、锰、铜、铁、钼肥主要是硫酸盐和铵盐类化合物,硼肥则以硼砂、硼酸为主,以及由其配制的各种冲施肥、叶面肥。硫酸盐类和铵盐类化合物、硼砂、硼酸可用来基施、追施、浸种、蘸根和叶面喷施,以基肥效果最佳,简便易行,每公顷用量一般为硫酸锌、硫酸锰、硫酸铜各 15～20kg,硼砂、硼酸 5～10kg,钼酸铵 1～2kg。叶面肥在果树和蔬菜上喷施效果较好,浓度应控制在 0.2%左右。含微量元素的复混肥、冲施肥多用于基施或追施,施用量根据其成分组成而定。果树施铁肥数量较大,施用方法主要是叶面喷施。同时,在有效铁含量很低的土壤上,采用挖沟、穴灌 2%的硫酸亚铁溶液或将有机肥与铁肥按比例混合施入,可有效地补充土壤铁素不足,且肥效长,效果明显。

第五节 土壤主要物理性状

土壤的物理性状直接影响土壤的水、肥、气、热，是决定耕地地力的重要因素。它主要包括土壤质地、耕层厚度、土体构型、土壤容重、总孔隙度、田间持水量等方面。此次调查分析了土壤容重、毛管孔隙度等项目。

一、土壤质地

根据第二次土壤普查结果，莘县土壤质地有松沙、紧沙、沙壤、轻壤、中壤、重壤六种质地，在分类上可概括为沙质、壤质和黏质三种情况(见表4-28)。

表4-28　不同质地类型土壤面积

质地类型	沙质	壤质	黏质
面积(hm^2)	24338.47	113267	169
占总土壤比例(%)	17.5	82.3	0.2

(一)沙质土(松沙、紧沙、沙壤)

沙质土多分布于古河道决口或决口扇形地附近，是主流急水沉淀物，为河滩高地和沙质河槽地。大王寨、王奉、魏庄、张鲁、大张家、古云等乡镇(街道办)大部分地段属于此类土壤，王庄集、张寨、观城不少地段也属于此类，面积为24338.47hm^2，占总面积的17.5%，一般为中低产地块。

(二)壤质土(轻壤、中壤)

壤质土多为缓平坡地或浅平洼地，质地多为轻壤和中壤(两合土或小红土)，面积最大，各乡镇(街道办)均有分布；除此之外，在岗洼之间的过渡地带也有此类土壤，共计113267hm^2，占总面积的82.3%。养分含量较高，适耕性好，通透性优良，保肥性能强，适种各种作物，是全县最优良的土壤。

(三)黏质土(重壤、黏土)

黏质土为缓流静水沉积物，多分布于洼地的中心部位，主要分布在莘县的东部，面积有169hm^2，占总面积的0.2%。黏质土质地黏重，耕性较差，但保水、保肥好，土壤中养分含量高。

全县土壤质地分布上，东部质地较重(中壤重壤)，西部质地较轻，大部分为紧沙、沙壤，少部分为轻壤，中部绝大部分为轻壤。从土体构型看，质地层次复杂，往往黏壤相间，不仅有全剖面均质，而且有沙壤黏相间，因而各种土壤有不同的理化性质。一般质地较重的土壤，有机质、全氮、速效钾的养分含量较高，且保肥能力较好，但质地愈黏，容重愈小，总孔隙度及田间持水量大，透水、透气性差，易发生涝灾，对作物根系生长不利。因此要根据不同的土壤理化性质进行改良，选择适宜的种植作物和农业栽培管理措施。

二、土体构型

土体构型是土壤分类的重要指标，影响土壤通透性和保肥、保水能力。全县耕地土壤土体构型分为“透型地”“漏型地”和“蒙金地”三个类型。

一是上、下都是轻壤土地的透型地(壤均质型或夹壤型),面积为 26776.27hm^2,占总面积的 19.4%。透型地表层和表层以下都是壤质,土体中无黏质夹层,各种养分互相协调,易耕作管理。易受盐碱威胁,各乡镇(街道办)均有此类土壤。

二是上轻、下沙或通体沙质的漏型地(沙均质型或夹沙型),面积为 43795.3hm^2,占总面积的 31.5%。此类地上下无黏质夹层,通气透水,保肥能力差,在地下水较高的地带易受盐碱危害,主要分布在十八里铺镇东部、朝城镇、古城镇、柿子园乡的东部,通体沙质的主要分布在王奉镇、大王寨镇及魏庄镇、张鲁镇的西北部。

三是表层为轻壤、沙壤和中壤,50cm 以上为非黏土类土层,50～80cm 开始出现厚度大于 30cm 黏土夹层的蒙金地,面积为 68202.9hm^2,占总面积的 49.1%。耕性较好,管理方便,保肥、保水能力强,适宜多种作物的生长,主要分布在樱桃园、妹冢、燕店、河店等乡镇(街道办)及王庄集镇、魏庄镇的东部。另外,表土层为沙土或壤土类,50cm 以上的土体内有厚度大于 30cm 的黏土类土层叫作“蒙淤地”;50cm 以上的土体内开始有厚度大于 30cm 的的黏壤土类土层叫作“蒙黏壤地”。(《山东土壤志》41 页)

蒙金地 0～20cm 土层代换量 10～15,透水性 20～40mm/第一小时;20～40cm 土层代换量 15～20,透水性 15～30 mm/第一小时;透型地各层次差异不大,代换量 10～15,透水性 30～50 mm/第一小时。漏型地的代换量 0～20cm 小于 8,透水性 80～120 mm/第一小时,甚至更大。

三、土壤容重

土壤容重是土壤松紧程度和耕性好坏的标志之一,此次调查全县 100 个大田耕层土壤平均容重为 1.443 g/cm^3,变幅为 1.268 ～1.617g/cm^3 。

不同类型耕层土壤容重一般在 1.31～1.46 g/cm^{3}之间(见表 4-29)。

表 4-29 不同土壤类型耕层容重状况

亚 类	容重(g/cm^3)		
	平均	范围	标准差
潮土	1.43	1.22～1.59	0.19
草甸风沙土	1.31	1.2～1.38	0.11
脱潮土	1.44	1.26～1.39	0.16
盐化潮土	1.46	1.31～1.63	0.18

2010 年,对全县大田土壤监测点同时进行了土壤不同层次容重测定(见表4-30),据测定分析,0～20cm 耕层土壤容重平均为 1.432g/cm^3,变幅为 1.227～1.637 g/cm^3;20～40cm 耕层土壤容重平均为 1.512g/cm^3,变幅为 1.372～1.762g/cm^3。一般来说,容重与土壤质地关系密切,耕层轻壤土平均容重为 1.32g/cm^3,中壤土为 1.38 g/cm^3,重壤土为 1.42g/cm^3。同一地块土壤容重也受其他外部因素,如降水、灌水、施肥、秸秆还田量等的影响而经常变化。同一地块不同层次也受土壤质地、犁底层、浇水、深耕等影响。

表 4-30　莘县大田监测点土壤不同层次容重

地点	农户	0～20cm(g/cm³)	20～40cm(g/cm³)
朝城镇郭庄村	郭春英	1.561	1.489
燕塔街道办李花园	李恩会	1.603	1.484
俎店乡林楼	王正祥	1.484	1.471
十八里铺镇葛庄	葛庆国	1.637	1.606
燕塔街道办王化	王清宪	1.581	1.516
大张家镇东大张	张全成	1.577	1.592
古城镇吕堤村	吕本生	1.537	1.511
王庄集镇大侯庄村	靳宪卫	1.412	1.476
樱桃园镇姚村	夏增恩	1.348	1.477
十八里铺镇杜庄村	徐记英	1.452	1.584
柿子园乡王顺廷村	赵喜奎	1.426	1.454
朝城镇江楼村	江少鲁	1.284	1.547
徐庄镇后店村	王留明	1.46	1.584
柿子园乡郭炉村	李银海	1.303	1.499
张寨镇马庄村	马根河	1.387	1.372
张寨镇三刘羡村	王佃龙	1.241	1.464
河店镇小赵家村	孙月明	1.361	1.546
张寨镇双庙村	刘广军	1.455	1.479
莘亭街道办徐庙村	孙春山	1.363	1.445
妹冢镇东妹冢村	田福来	1.405	1.445
徐庄镇谢集村	谢永健	1.408	1.663
河店镇西大杨村	杨星明	1.498	1.51
观城镇高莱园村	王士明	1.544	1.762
古云镇秦庄村	秦天忠	1.401	1.468
大张家镇东仓村	唐洪生	1.366	1.479
王奉镇刘庄村	刘保章	1.331	1.424
魏庄镇南阳村	王培法	1.227	1.478
平均值		1.432	1.512
最小值		1.227	1.372
最大值		1.637	1.762

四、土壤孔隙度

土壤的通透性能，主要通过土壤孔隙度来衡量。对作物生长来讲，较适宜的土壤总孔隙度一般在50%～55%之间。总孔隙度包括非毛管孔隙和毛管孔隙度。这次调查共测定样点100个，耕层土壤总孔隙度平均为50.4%，变化范围为43.5%～58.7%。较为适宜的占66.5%，其余占33.5%。毛管孔隙度平均为38.6%，变化范围为32.9%～46.4%。非毛管孔隙度平均为12.4%，变化范围为4.1%～17.9%。土壤孔隙状况与土壤质地关系密切，从沙壤、轻壤到中壤，随着质地变黏总孔隙度和毛管孔隙度依次变大，沙壤土非毛管孔隙度最大，通气状况最好(见表4-31)。

表4-31　主要质地土壤通气性

土壤质地	总孔隙度(%)		毛管孔隙度(%)		非毛管孔隙度(%)	
	平均	范围	平均	范围	平均	范围
中壤	51.1	48.2～58.9	38.6	35.2～43.8	12.4	8～15.2
轻壤	50.4	43.5～56.4	40.2	33.9～46.6	10.2	4.1～14.9
沙壤	49.8	45.8～56.7	37.1	32.9～45.5	12.8	4.5～17.9

五、土壤盐分

本次统计了43个大田土壤样品，大田土壤平均盐分含量为0.74g/kg，变化范围为0.49～1.76 g/kg。

2010年7月，检测96个大棚菜地土壤样品，土壤平均盐分含量为1.25 g/kg，变化范围为0.29～4.81 g/kg，标准偏差为0.077。2011年，检测160个大棚菜地土样，平均盐分含量为2.19 g/kg，变化范围为0.3～7.13g/kg；小于2g/kg的有90个样品，2～4g/kg的有53个样品，大于4g/kg的有17个样品。两年统计结果的差异在于样品量不同以及2010年采样前部分大棚受几次降雨影响。2011年的检测结果比较符合莘县实际。

六、盐碱地土壤含盐量历史变动因素分析

2011年4月，莘县土肥站进行了全县盐碱地土壤盐分含量情况调查。取样以第二次土壤普查图斑盐化程度为依据布点，以盐化潮土、盐土为主，尽可能原点采样，采集了127个点样品，考虑到第二次土壤普查时的化验结果对比及历史盐碱情况，另外取了31个潮土或脱潮土点。第二次土壤普查时综合平均0～5cm含盐量4.48g/kg，5～20cm含盐量3.17g/kg。本次调查0～5cm含盐量2.32 g/kg，比第二次土壤普查时降低2.16 g/kg，5～20cm含盐量0.96 g/kg，降低2.21g/kg。

根据莘县2011年土壤盐分普查化验结果统计，127个样品点0～20cm加权平均含盐量为1.3g/kg，比第二次土壤普查时对应点的加权平均含盐量3.5 g/kg降低了2.2g/kg。在调查的盐化潮土中，40个原来为轻度的盐化潮土，现在减少到3个；40个原来为中度的盐化潮土，现在减少到1个，另有4个成为轻度盐化潮土；5个原来为重度的盐化潮土，现在没有了，甚至达不到轻度级别；1个轻度碱化潮土，现在没有了；9个盐土，现在只有2个达到轻度。盐化潮土0～20cm土层含盐程度如表4-32所示。

表 4-32　　盐化潮土 0～20cm 土层含盐程度

表层质地	盐化程度(g/kg)		
	轻度	中度	重度
沙质	1～2	2～4	4～8
壤质	2～4	4～6	6～10
黏质	1～2	2～4	4～8

大田盐碱地土壤含盐量降低的原因首先应该是近 30 年来年降水量逐步减少，干旱年份增加，地下水超采引起地下水位的逐年下降。其次，政府几十年的投入，实施综合的盐碱地改良措施，河灌与井灌相结合，秸秆还田，增施有机肥，培肥土壤，平整土地，精细耕作，植树造林等。极个别点出现比二次普查时数值高的现象，可能有以下原因：一是取样点农户施肥量较大，施有机肥较少或可能取到施肥点；二是与第二次普查时样点存在距离的差异；三是样点附近地块有特殊的土体结构（1.5m 土体内有大于 30cm 黏土层），加上用高矿化度劣质井水灌溉等。

第五章　耕地地力评价

耕地是土地的精华，是农业生产中不可替代的重要生产资料，是保持社会和国民经济可持续发展的重要资源。保护耕地是我们的基本国策之一，因此，及时掌握耕地资源的数量、质量及其变化，对于合理规划和利用耕地，切实保护耕地有十分重要的意义。在通过全面的野外调查和室内化验分析，获取大量耕地地力相关信息的基础上，进行了莘县耕地地力的综合评价，评价结果对于摸清全县耕地地力的现状及问题，为耕地资源的高效和可持续利用提供了重要的科学依据。

第一节　耕地地力评价方法

一、评价的原则、依据

（一）评价的原则

耕地地力就是耕地的生产能力，是在一定区域内、一定的土壤类型上耕地的土壤理化性状、所处自然环境条件、农田基础设施及耕作施肥管理水平等因素的总和。根据评价的目的要求，在莘县耕地地力评价中，遵循的基本原则有四条。

1.综合因素研究与主导因素分析相结合原则

土地是一个自然经济综合体，是人们利用的对象，对土地质量的鉴定涉及自然和社会经济多个方面，耕地地力也是各类要素的综合体现。所谓综合因素研究是指对地形地貌、土壤理化性状、相关社会经济因素之总体进行全面的研究、分析与评价，以全面了解耕地地力状况。主导因素是指对耕地地力起决定作用的、相对稳定的因子，在评价中要着重对其进行研究分析。因此，把综合因素与主导因素结合起来进行评价，则可以对耕地地力作出科学准确的评定。

2.共性评价与专题研究相结合原则

莘县耕地利用存在水浇地、菜地等多种类型，土壤理化性状、环境条件、管理水平等不一，因此，耕地地力水平有较大的差异。考虑区域内耕地地力的系统性、可比性，针对不同的耕地利用等状况，应选用统一的共同的评价指标和标准，即耕地地力的评价不针对某一特定的利用类型。另外，为了解不同利用类型的耕地地力状况及其内部的差异情况，对有代表性的主要类型如蔬菜地及其盐渍化等进行专题的深入研究。这样，共性的评价与专题的研究相结合，使整个的评价和研究具有更大的应用价值。

3.定量和定性相结合原则

土地系统是一个复杂的灰色系统，定量和定性要素共存，相互作用，相互影响。因此，为了保证评价结果的客观合理，宜采用定量和定性评价相结合的方法。在总体上，为了保证评价结果的客观合理，尽量采用定量评价方法，对可定量化的评价因子如有机质等养分含量、土层厚度等按其数值参与计算，对非数量化的定性因子如土壤表层质地、土体构型等则进行量化处理，确定其相应的指数，并建立评价数据库，以计算机进行运算和处理，尽量避免人为随意性因素的影响。在评价因素筛选、权重确定、评价标准、等级确定等评价过程中，尽量采用定量化的数学模型，在此基础上充分运用人工智能和专家知识，对评价的中间过程和评价结果进行必要的定性调整，定量与定性相结合，从而保证了评价结果的准确合理。

4.采用GIS支持的自动化评价方法原则

自动化、定量化的土地评价技术方法是当前土地评价的重要方向之一。近年来，随着计算机技术，特别是GIS技术在土地评价中的不断应用和发展，基于GIS的自动化评价方法已不断成熟，使土地评价的精度和效率大大提高。本次耕地地力评价工作通过数据库建立、评价模型及其与GIS空间叠加等分析模型的结合，实现了全数字化、自动化的评价流程，在一定的程度上代表了当前土地评价的最新技术方法。

（二）评价的依据

耕地地力是耕地本身的生产能力，因此，耕地地力的评价则依据与此相关的各类自然和社会经济要素，具体包括三个方面。

1.耕地地力的自然环境要素

耕地地力的自然环境要素包括耕地所处的地形地貌条件、水文地质条件、成土母质条件以及土地利用状况等。

2.耕地地力的土壤理化要素

耕地地力的土壤理化要素包括土壤剖面与土体构型；耕层厚度、质地、容重等物理性状；有机质、N、P、K等主要养分；微量元素；pH；交换量等化学性状等。

3.耕地地力的农田基础设施条件

耕地地力的农田基础设施条件包括耕地的灌排条件、水土保持工程建设、培肥管理条件等。

二、评价流程

整个评价可分为三个方面的主要内容，按先后的次序分别为：

（1）资料工具准备及数据库建立：即根据评价的目的、任务、范围、方法，收集准备与评价有关的各类自然及社会经济资料，进行资料的分析处理。选择适宜的计算机硬件和GIS等分析软件，建立耕地地力评价基础数据库。

（2）耕地地力评价：划分评价单元，提取影响地力的关键因素并确定权重，选择相应评价方法，制订评价标准，确定耕地地力等级。

（3）评价结果分析：依据评价结果，量算各等级耕地面积，编制耕地地力分布图，分析耕地地力问题，提出耕地资源可持续利用的措施建议。

评价的工作流程如图 5-1 所示。

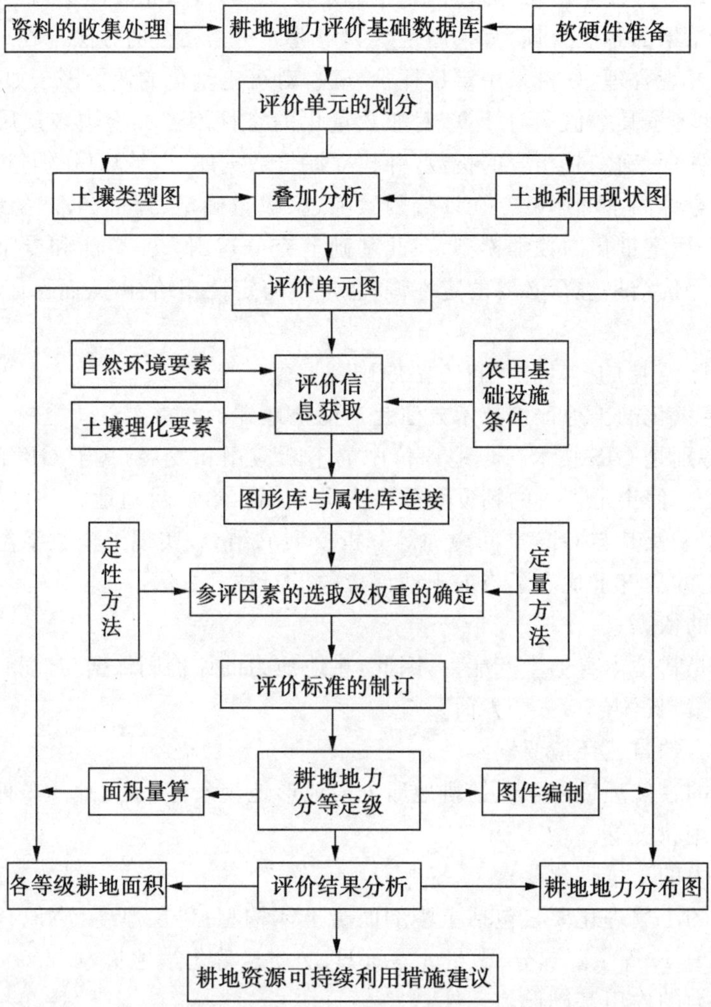

图 5-1　莘县耕地地力评价流程图

三、软硬件准备

(一)硬件准备

硬件主要包括高档计算机、A0 幅面数字化仪、A0 幅面扫描仪、喷墨绘图仪等。计算机主要用于数据和图件的处理分析;数字化仪、扫描仪用于图件的输入;喷墨绘图仪用于成果图的输出。

(二)软件准备

首先是 Windows 操作系统软件,其次是 FOXPRO 数据库管理、SPSS 数据统计分析/ACCESS 数据管理系统等应用软件,再次是 MAPGIS、ARCVIEW、ARCMAP 等 GIS 软件。

四、资料的收集、处理

(一)资料的收集

耕地地力评价以耕地的各性状要素为基础,因此,必须广泛地收集与评价有关的各类自然和社会经济因素资料,为评价工作做好数据的准备。本次耕地地力评价收集获取的资料主要包括四个方面。

1.野外调查资料

按野外调查点获取,主要包括地形地貌、土壤母质、水文、土层厚度、表层质地、耕地利用现状、灌排条件、作物长势产量、管理措施水平等。

2.室内化验分析资料

室内化验分析资料包括有机质、全氮、碱解氮、速效磷、缓效钾、速效钾等大量养分含量;交换性钙、交换性镁、有效硫等中量养分含量;有效锌、有效硼、有效钼等微量养分含量以及 pH、土壤污染元素含量等。

3.社会经济统计资料

以行政区划为基本单位的人口、土地面积、作物及蔬菜瓜果面积,以及各类投入产出等社会经济指标数据。

4.基础及专题图件资料

1∶50000 比例尺地形图、行政区划图、土地利用现状图、地貌图、土壤图等。

(二)资料的处理

获取的评价资料可以分为定量和定性资料两大部分,为了采用定量化的评价方法和自动化的评价手段,减少人为因素的影响,需要对其中的定性因素进行定量化处理,根据因素的级别状况赋予其相应的分值或数值。此外,对于各类养分等按调查点获取的数据,则需要进行插值处理,生成各类养分图。

1.定性因素的量化处理

土壤表层质地:考虑不同质地类型的土壤肥力特征,以及与植物生长发育的关系,赋予不同质地类别以相应的分值(见表 5-1)。

表 5-1 土壤表层质地的量化处理

质地类别	中壤	轻壤	重壤	沙壤	风沙土
分值	100	95	80	70	55

土体构型:首先以土层质地类别和其在土体中的部位对各类土体构型进行归纳,根据不同的土体构型对植物生长发育的影响,赋予不同土体构型以相应的分值(见表 5-2)。

表 5-2 土体构型的量化处理

土体构型	壤均质	壤质黏心	黏质壤心	沙质壤心	黏均质	沙质黏心	壤质沙心	沙均质
分值	100	90	87	80	77	70	65	58

地貌类型:根据不同的地貌类型对耕地地力及作物生长的影响,赋予其相应的分值(见表5-3)。

表5-3 地貌类型的量化处理

地貌类型	缓平坡地	湖沼平原	岗地	洼地	滨海平地
分值	100	89	80	78	70

矿化度:根据不同的矿化度程度对耕地地力及作物生长的影响,赋予其相应的分值(见表5-4)。

表5-4 矿化度的量化处理

矿化度	<0.5	0.5～2	2～5	>5
分值	100	90	65	40

盐渍化程度:考虑到莘县的土壤分布中存在不同的盐渍化程度,将其盐渍化程度划分为不同的等级,并据其对耕地地力的影响程度进行量化处理(见表5-5)。

表5-5 土壤盐渍化程度的量化处理

盐渍化	无	轻度	中度	重度	盐土
分值	100	85	70	50	30

2.各类养分专题图层的生成

对于土壤有机质、氮、磷、钾、锌、硼、钼等养分数据,首先按照野外实际调查点进行整理,建立了以各养分为字段、以调查点为记录的数据库。之后,进行了土壤采样样点图与分析数据库的连接,在此基础上插值生成各养分专题图层。

分别对比了在MAPGIS和ARCVIEW环境中的插值结果,发现ARCVIEW环境中的插值结果线条更为自然圆滑,符合实际。因此,本研究中所有养分采样点数据均在ARCVIEW环境下操作,利用其空间分析模块功能对各养分数据进行自动的插值处理,经编辑处理,自动生成各土壤养分专题栅格图层。后续的耕地地力评价也以栅格形式进行,与矢量形式相比,能够将各评价要素信息精确到栅格(像元)水平,保证了评价结果的准确。图5-2和图5-3为在ARCVIEW下插值生成的莘县土壤有机质、有效磷含量分布栅格图。

图 5-2 莘县土壤有机质含量栅格图

图 5-3 莘县土壤有效磷含量栅格图

五、基础数据库的建立

(一)基础属性数据库的建立

为更好地对数据进行管理和为后续工作提供方便,将采样点基本情况信息、农业生产情况信息、土壤理化性状化验分析数据、土壤污染元素化验分析数据等信息以调查点为基本数据库记录进行属性数据库的建立,作为后续耕地地力评价工作的基础。

(二)基础专题图图形库的建立

将扫描矢量化及插值等处理生成的各类专题图件,在 ARCVIEW 和 MAPGIS 软件的支持下,分别以栅格形式和点、线、区文件的形式进行存储和管理,同时将所有图件统一转换到相同的地理坐标系统下,以进行图件的叠加等空间操作,各专题图图斑属性信息通过键盘交互式输入或通过与属性库挂接读取,构成基本专题图图形数据库。图形库与基础属性库之间通过调查点相互连接。

六、评价单元的划分

评价单元是由对土地质量具有关键影响的各土地要素组成的空间实体,是土地评价的最基本单位、对象和基础图斑。同一评价单元内的土地自然基本条件、土地的个体属性和经济属性基本一致，不同土地评价单元之间，既有差异性，又有可比性。耕地地力评价就是要通过对每个评价单元的评价，确定其地力级别，把评价结果落实到实地和编绘的土地资源图上。因此，土地评价单元划分的合理与否，直接关系到土地评价的结果以及工作量的大小。

目前，对土地评价单元的划分尚无统一的方法，有以土壤类型、以土地利用类型、以行政区划单位、以方里网等多种方法。本次莘县耕地地力评价土地评价单元的划分采用土壤图、土地利用现状图的叠置划分法，相同土壤单元及土地利用现状类型的地块组成一个评价单元，即"土地利用现状类型—土壤类型"的格式。其中，土壤类型划分到土种，土地利用现状类型划分到二级利用类型，制图区界以莘县最新土地利用现状图为准。为了保证土地利用现状的现实性，基于野外的实地调查对耕地利用现状进行了修正。同一评价单元内的土壤类型相同，利用方式相同，交通、水利、经营管理方式等基本一致，用这种方法划分评价单元可以反映单元之间的空间差异性，即使土地利用类型有了土壤基本性质的均一性，又使土壤类型有了确定的地域边界线，使评价结果更具综合性、客观性，可以较容易地将评价结果落实到实地。

通过图件的叠置和检索，将莘县耕地地力划分为 5748 个评价单元。

七、评价信息的提取

影响耕地地力的因子非常多，并且它们在计算机中的存储方式也不相同，因此，如何准确地获取各评价单元评价信息是评价中的重要一环。鉴于此，舍弃直接从键盘输入参评因子值的传统方式，采取将评价单元与各专题图件叠加采集各参评因素的信息。具体的做法是：按唯一标志原则为评价单元编号；在 ARCVIEW 环境下生成评价信息空间库和属性数据库；在 ARCMAP 环境下从图形库中调出各化学性状评价因子的专题图，与评价单元图进行叠加计算出各因子的均值；保持评价单元几何形状不变，在耕地资源管理信息系统中直接对叠加后形成的图形的属性库进行"属性提取"操作，以评价单元为基本统计单位，按面积加权平均汇总评价单元立地条件评价因子的分值。

由此，得到图形与属性相连的、以评价单元为基本单位的评价信息，为后续耕地地力的评价奠定了基础。

第二节　参评因素的选出及权重确定

正确地进行参评因素的选取并确定其权重，是科学地评价耕地地力的前提，直接关系到评价结果的正确性、科学性和社会可接受性。

一、参评因素的选取

参评因素是指参与评定耕地地力等级的耕地诸属性。影响耕地地力的因素很多，在本次莘县耕地地力评价中，根据莘县的区域特点，遵循主导因素原则、差异性原则、稳定性原则、敏感性原则，采用定量和定性方法结合，进行了参评因素的选取。

(一)系统聚类方法

系统聚类方法用于筛选影响耕地地力的理化性质等定量指标,通过聚类将类似的指标进行归并,辅助选取相对独立的主导因子。利用 SPSS 统计软件进行了土壤养分等化学性状的系统聚类,结果如图 5-4 所示。

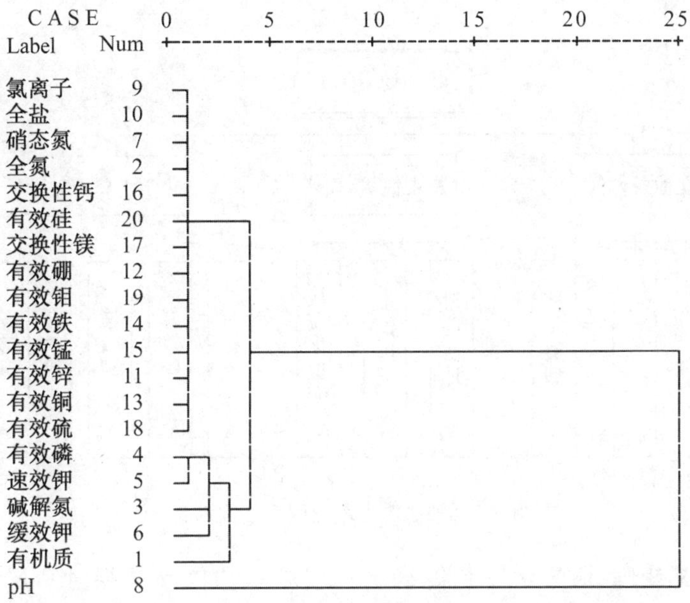

图 5-4 土壤养分等化学性状的聚类分析

从图 5-4 中可以看出,氯离子、全盐、硝态氮、全氮、交换性钙、有效硅、交换性镁、有效硼、有效钼、有效铁、有效锰、有效锌、有效铜、有效硫聚为一组;有效磷、速效钾、碱解氮、缓效钾聚为一组;有机质为一组;pH 为一组。

(二)DELPHI 法

用 DELPHI 法进行了影响耕地地力的立地条件、物理性状等定性指标的筛选。确定了由土壤农业化学学者、专家及莘县土肥站业务人员组成的专家组,首先对指标进行分类,在此基础上进行指标的选取,并讨论确定最终的选择方案。

综合以上两种方法,在定量因素中根据各因素对耕地地力影响的稳定性,以及营养元素的全面性,在聚类分析第一组中选取有效磷、有效锌为参评因素,第二组中选取有效硼为参评因素,第三组选取速效钾,第四组选取有机质。结合专家组选择结果,最后确定灌溉保证率、矿化度、地貌类型、耕层质地、土体构型、盐渍化程度、有机质、大量元素(速效钾、有效磷)、微量元素(有效锌、有效硼)等 11 项因素作为耕地地力评价的参评指标。

二、权重的确定

在耕地地力评价中,需要根据各参评因素对耕地地力的贡献确定权重,确定权重的方法有很多,本评价中采用层次分析法来确定各参评因素的权重。

层次分析法是在定性方法基础上发展起来的定量确定参评因素权重的一种系统分析

方法，这种方法可将人们的经验思维数量化，用以检验决策者判断的一致性，有利于实现定量化评价。层次分析法确定参评因素的步骤如下：

(1)建立层次结构：耕地地力为目标层(G 层)，影响耕地地力的立地条件、物理性状、化学性状为准则层(C 层)，再把影响准则层中各元素的项目作为指标层(A 层)，其结构关系如图所示，如图 5-5 所示。

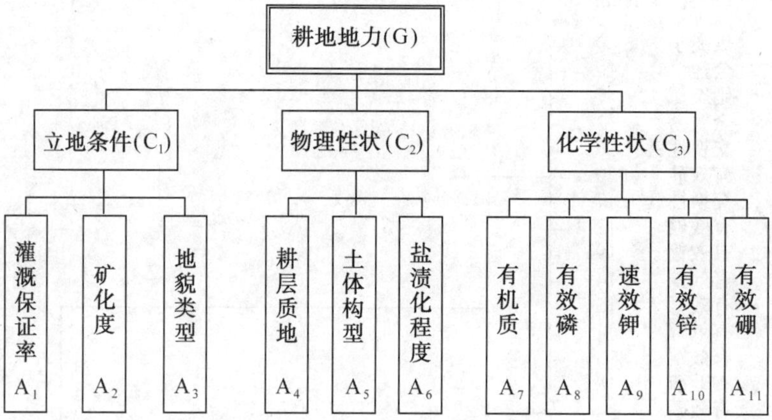

图 5-5 耕地地力影响因素层次结构

(2)构造判断矩阵：根据专家经验，确定 C 层对 G 层以及 A 层对 C 层的相对重要程度，构成 A、C_1、C_2、C_3 共 4 个判断矩阵。例如，耕层质地、土体构型、盐渍化程度对耕地物理性状的判断矩阵表示为：

$$C_2=\begin{pmatrix} a_{11} & a_{12} & a_{13} \\ a_{21} & a_{22} & a_{23} \\ a_{31} & a_{32} & a_{33} \end{pmatrix}=\begin{pmatrix} 1 & 5 & 3 \\ 0.2 & 1 & 0.33 \\ 0.33 & 3 & 1 \end{pmatrix}$$

其中，a_{ij}(i 为矩阵的行号，j 为矩阵的列号)表示对 C_2 而言，a_i 对 a_j 的相对重要性的数值。

(3)层次单排序及一致性检验：即求取 A 层对 C 层的权数值，可归结为计算判断矩阵的最大特征根对应的特征向量。利用 SPSS 等统计软件，得到的各权数值及一致性检验的结果如表 5-6 所示。

表 5-6 权数值及一致性检验结果

矩 阵	特征向量					C_I	C_R
矩阵 A		0.3202	0.1226	0.5571		0.009148	0.01577204<0.1
矩阵 C_1		0.6329	0.1058	0.2613		0.020017	0.03451165<0.1
矩阵 C_2		0.6333	0.1061	0.2606		0.01941	0.03346558<0.1
矩阵 C_3	0.5036	0.2307	0.1526	0.0638	0.0492	0.044324	0.0395751<0.1

从表中可以看出，$C_R<0.1$，具有很好的一致性。

(4)层次总排序及一致性检验：经层次总排序，并进行一致性检验，结果为 $C_I=0$，$C_R=0$，具有满意的一致性，最后计算 A 层对 G 层的组合权数值，得到各因子的权重如表 5-7 所示。

表 5-7 各因子的权重

因子	权重	因子	权重	因子	权重	因子	权重
灌溉保证率	0.2027	耕层质地	0.0777	有机质	0.2806	有效锌	0.0355
矿化度	0.0339	土体构型	0.013	有效磷	0.1286	有效硼	0.0274
地貌类型	0.0836	盐渍化程度	0.032	速效钾	0.085		

第三节 耕地地力等级的确定

土地是一个灰色系统，系统内部各要素之间与耕地的生产能力之间关系十分复杂，此外，评价中也存在着许多不严格、模糊性的概念，因此在评价中引入了模糊数学方法，采用模糊评价方法来进行耕地地力等级的确定。

一、参评因素隶属函数的建立

用 DELPHI 法根据一组分布均匀的实测值评估出对应的一组隶属度，然后在计算机中绘制这两组数值的散点图，再根据散点图进行曲线模拟，寻求参评因素实际值与隶属度关系方程从而建立起隶属函数。各参评因素的分级及其相应的专家赋值和隶属度如表 5-8 所示。

表 5-8 参评因素的分级及其分值

参评因素		分级及分值							
地貌类型	分级	缓平坡地	湖沼平原	岗地	洼地	滨海平地			
	分值	100	89	80	78	70			
	隶属度	1.00	0.89	0.80	0.78	0.70			
灌溉保证率	分级	80	70	60	50	30	10	0	
	分值	100	90	80	65	40	10	0	
	隶属度	1.00	0.90	0.80	0.65	0.40	0.10	0.00	
矿化度	分级	<0.5	0.5～2	2～5	>5				
	分值	100	90	65	40				
	隶属度	1.00	0.90	0.65	0.40				
有机质	分级	2.0	1.8	1.6	1.4	1.2	1.0	0.8	0.6
	分值	100	98	95	90	84	78	65	50
	隶属度	1.00	0.98	0.95	0.90	0.84	0.78	0.65	0.50

续表

参评因素		分级及分值											
有效磷	分级	400	300	200	110	80	60	40	30	20	15	10	5
	分值	70	80	90	100	98	96	92	90	85	80	60	40
	隶属度	0.70	0.80	0.90	1.00	0.98	0.96	0.92	0.90	0.85	0.80	0.60	0.40
速效钾	分级	400	320	240	160	120	100	80	60				
	分值	100	98	93	85	82	78	70	50				
	隶属度	1.00	0.98	0.93	0.85	0.82	0.78	0.70	0.50				
有效锌	分级	2.0	1.5	1.2	1.0	0.8	0.5	0.3					
	分值	100	92	87	85	80	70	55					
	隶属度	1.00	0.92	0.87	0.85	0.80	0.70	0.55					
有效硼	分级	1.8	1.5	1.2	1.0	0.8	0.5	0.2					
	分值	100	95	87	85	80	70	55					
	隶属度	1.00	0.95	0.87	0.85	0.80	0.70	0.55					
耕层质地	分级	中壤	轻壤	重壤	沙壤	沙土							
	分值	100	95	80	70	55							
	隶属度	1.00	0.95	0.80	0.70	0.55							
土体构型	分级	壤均质	壤质黏心	黏质壤心	沙质壤心	黏均质	沙质黏心	壤质沙心	黏质沙心	沙均质			
	分值	100	90	87	80	77	70	65	63	58			
	隶属度	1.00	0.90	0.87	0.80	0.77	0.70	0.65	0.63	0.58			
盐渍化程度	分级	无	轻度	中度	重度	盐土							
	分值	100	85	70	50	30							
	隶属度	1.00	0.85	0.70	0.50	0.30							

通过模拟共得到正直线型、戒上型、戒下型三种类型的隶属函数。其中有机质、速效钾等属于戒上型隶属函数;土体构型、耕层质地、盐渍化程度、矿化度等属于正直线型隶属函数。然后根据隶属函数计算各参评因素的单因素评价评语,以有机质为例绘制的散点图和模拟曲线如图 5-6 和图 5-7 所示。

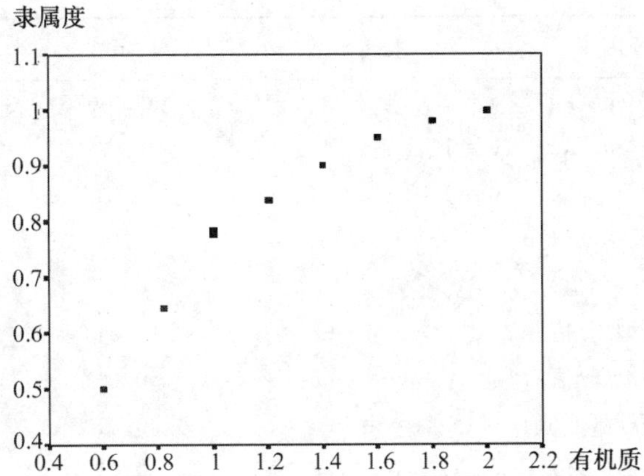

图 5-6　有机质与隶属度关系散点图

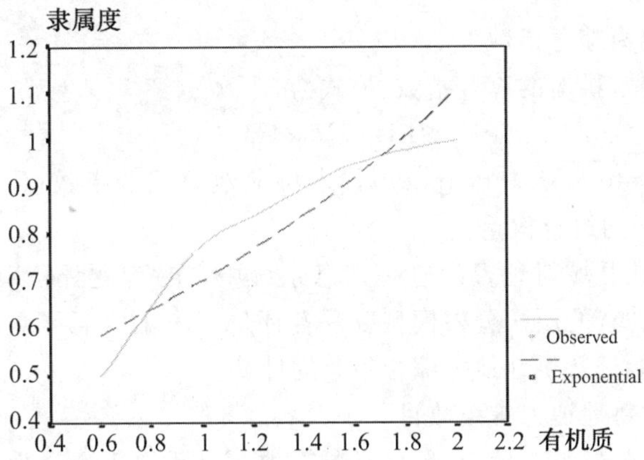

图 5-7　有机质与隶属度关系曲线

其隶属函数为戒上型，形式为：

$$y=\begin{cases}0 & (x\leqslant x_t)\\ 1/[1+A(x-C)^2] & (x_t<x<C)\\ 1 & (C\leqslant x)\end{cases}$$

各参评因素类型及其隶属函数如表 5-9 所示。

表 5-9　参评因素类型及其隶属函数

函数类型	参评因素	隶属函数	A	C	U_t
戒上型	有机质(%)	$y=1/[1+A(x-C)^2]$	0.543	1.822	0.35
戒上型<110	有效磷(mg/kg)	$y=1/[1+A(x-C)^2]$	0.0000992	80.159	3
戒下型>110			0.00000742	111.967	450

续表

函数类型	参评因素	隶属函数	A	C	U_t
戒上型	速效钾(mg/kg)	$y=1/[1+A(x-C)^2]$	0.0000076	327.836	15
戒上型	有效锌(mg/kg)	$y=1/[1+A(x-C)^2]$	0.245	1.924	0.1
戒上型	有效硼(mg/kg)	$y=1/[1+A(x-C)^2]$	0.251	1.879	0.1
正直线型	灌溉保证率(分值)	$y=Ax$	0.01	100	0
正直线型	矿化度(分值)	$y=Ax$	0.01	100	0
正直线型	土体构型(分值)	$y=Ax$	0.01	100	0
正直线型	耕层质地(分值)	$y=Ax$	0.01	100	0
正直线型	盐渍化程度(分值)	$y=Ax$	0.01	100	0
正直线型	地貌类型(分值)	$y=Ax$	0.01	100	0

二、耕地地力等级的确定

(一)计算耕地地力综合指数

用指数和法来确定耕地的综合指数,公式为:

$$\mathrm{IFI}=\sum F_i \times C_i$$

其中,IFI(Integrated Fertility Index)代表耕地地力综合指数;F_i代表第 i 个因素评语;C_i代表第 i 个因素的组合权重。

具体操作过程:在县域耕地资源管理信息系统中,在“专题评价”模块中编辑立地条件、物理性状和化学性状的层次分析模型以及各评价因子的隶属函数模型,然后选择“耕地生产潜力评价”功能进行耕地地力综合指数的计算。

(二)确定最佳的耕地地力等级数目

计算耕地地力综合指数之后,在耕地资源管理信息系统中选择累积曲线分级法进行评价,根据曲线斜率的突变点(拐点)来确定等级的数目和划分综合指数的临界点,将莘县耕地地力共划分为 6 个级别,各等级耕地地力综合指数和分布图如表 5-10 和图 5-8 所示。

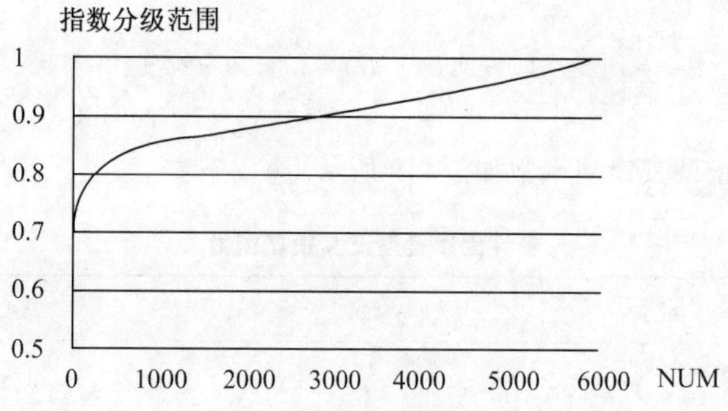

图 5-8　莘县综合指数分布图

表 5-10 莘县耕地地力等级综合指数

IFI	>0.96	0.92～0.96	0.89～0.92	0.86～0.89	0.81～0.86	<0.81
耕地地力等级	一级地	二级地	三级地	四级地	五级地	六级地

三、图件的编制

为了提高制图的效率和准确性，在地理信息系统软件 MAPGIS 的支持下，进行莘县耕地地力评价图及相关图件的自动编绘处理，其步骤大致分以下几步：扫描矢量化各基础图件→编辑点、线→点、线校正处理→统一坐标系→区编辑并对其赋属性→根据属性赋颜色→根据属性加注记→图幅整饰输出。此外还充分利用了 ARCVIEW 和 ARCGIS 强大的空间分析功能，将评价图与其他图件进行叠加，从而生成其他专题图件；将评价图与行政区划图叠加，进而计算各行政区划单位内的耕地地力等级面积等。

(一)专题图地理要素底图的编制

专题地图的地理要素内容是专题图的重要组成部分，用于反映专题内容的地理分布，并作为图幅叠加处理等的分析依据。地理要素的选择应与专题内容相协调，考虑图面的负载量和清晰度，应选择基本的、主要的地理要素。

以莘县最新的土地利用现状图为基础，对此图进行了制图综合处理，选取主要的居民点、交通道路、水系、境界线等及其相应的注记，进而编辑生成 1∶50000 各专题图地理要素底图。

(二)耕地地力评价图的编制

以耕地地力评价单元为基础，根据各单元的耕地地力评价等级结果，对相同等级的相邻评价单元进行归并处理，得到各耕地地力等级图斑。在此基础上，分两个层次进行图面耕地地力等级的表示：一是颜色表示，即赋予不同耕地地力等级以相应的颜色。二是代号表示，用罗马数字Ⅰ、Ⅱ、Ⅲ、Ⅳ、Ⅴ、Ⅵ表示不同的耕地地力等级，并在评价图相应的耕地地力图斑上注明。将评价专题图与以上的地理要素图复合，整饰得出莘县 1∶50000 耕地地力评价图。

(三)其他专题图的编制

对于有机质含量、速效钾、有效磷、有效锌等其他专题要素地图，则按照各要素的分级分别赋予相应的颜色，同时标注相应的代号，生成专题图层。之后与地理要素图复合，编辑处理生成专题图件，并进行图幅的整饰处理。

四、面积的量算

面积的量算可通过与专题图相对应的属性库的操作直接完成。对耕地地力等级面积的量算，则可在 FOXPRO 数据库的支持下，对图件属性库进行操作，检索相同等级的面积，然后汇总得出各类耕地地力等级的面积，根据莘县图幅理论面积进行平差，得到准确的面积数值。对于不同行政区划单位内部、不同的耕地利用类型等的耕地地力等级面积的统计，则通过耕地地力评价图与相应的专题图进行叠加分析，由其相应属性库统计获得。

第六章　耕地地力分析

本次耕地地力分析，按照农业部耕地质量调查和评价的规程及相关标准，结合当地实际情况，选取了对耕地地力影响较大、区域内变异明显、在时间序列上具有相对稳定性、与农业生产有密切关系的11个因素，建立评价指标体系。以土壤图与土地利用现状图叠加形成评价单元，应用模糊综合评判方法，通过综合分析，将全县耕地共划分为6个级别，根据评价结果进行耕地地力的系统分析。

第一节　耕地地力等级与分布

一、耕地地力等级面积统计

利用MAPGIS软件，对评价图属性库进行操作，检索统计耕地各等级的面积和图幅总面积。以2009年莘县耕地总面积为基准，按面积比例进行平差，统计得出各耕地地力等级面积。

莘县耕地总面积为93253.59hm^2，各等级耕地比例相对均衡，以二级地和三级地为主，这两个等级耕地占耕地总面积的比例均超过20%，两者面积之和占到了总耕地面积的48.44%；其次是五级地、四级地和一级地，各占耕地总面积的16.41%、16.13%和12.27%，面积最小的是六级地，占耕地总面积的6.75%（见表6-1）。

表6-1　　莘县耕地地力评价结果面积统计

等　级	一级地	二级地	三级地	四级地	五级地	六级地	总　计
面积（hm^2）	11443.91	23649.47	21522.43	15041.5	15299.8	6296.48	93253.59
百分比（%）	12.27	25.36	23.08	16.13	16.41	6.75	100

二、耕地地力空间分布分析

（一）耕地地力等级分布

莘县属黄泛平原，地势平坦，土层深厚。海拔49～35.7m。西南高，东北低，南北地面坡降1/6000，东西坡降1/4000。由于历史上黄河多次改道、泛滥，形成了高中有洼、洼中有岗的微地貌，主要由河滩高地、沙质河槽地、缓平坡地、河间浅平洼地、河道决口扇形地等组成。地势平坦，耕地面积较大，土层深厚，土壤大多数为潮壤土和盐潮土，西北部存在部分风沙土。耕层以轻壤和中壤为主，还有少量的风沙土和重壤，障碍层次主要为夹沙，农田基础设施配套良好，灌排能力较好。总体来看，莘县耕地地力较好，主要分布在中部地区，前三等级面积之和占到了总耕地面积的60.71%。一级地和二级地主要分布于莘县中部地区，该区农业基础设施配套成型，测土配方施肥项目也首先在这一区域展开。三级地和四级地主要分布南部地区，在北部地区也有零散分布，属于只要加大资金投入，完善基础设施，改善生产条件，产量就能大幅提高的中产田类型，有一定的改良利用潜力。五级地和六级地主要分布在莘县的西南部和西北部，这部分耕地耕层以风沙土、沙壤为主还有部分轻壤，有些地区有轻度和重度盐渍化现象，还有少量的肥力较低，属于低产田类型。

（二）耕地地力等级的行政区域划分

将耕地地力等级分布图与莘县行政区划图进行叠加分析，从耕地地力等级行政区域分布数据库中，按权属字段检索出各等级的记录，统计出各级地在各乡镇（街道办）的分布状况，如表6-2所示。

一级地、二级地所占比例较高的为十八里铺镇、莘亭街道办事处、俎店乡、董杜庄镇等乡镇（街道办）；三级地、四级地所占比例较高的为古城镇、魏庄镇、朝城镇、樱桃园乡、河店镇等乡镇（街道办）；五级地、六级地所占比例较高的主要为观城镇、王奉镇、大王寨镇等乡镇（街道办）。

表6-2 莘县耕地地力等级行政区域分布

行政区域		一级地	二级地	三级地	四级地	五级地	六级地	总计
魏庄镇	面积(hm^2)	8.26	877.68	1851.48	1202.14	381.86	27.84	4349.26
	百分比(%)	0.19	20.18	42.57	27.64	8.78	0.64	100
河店镇	面积(hm^2)	174.96	1008.89	1218.05	829.24	120.67	0	3351.81
	百分比(%)	5.22	30.1	36.34	24.74	3.6	0	100
大王寨镇	面积(hm^2)	0	13.68	141.17	243.79	1226.73	1484.19	3109.56
	百分比(%)	0	0.44	4.54	7.84	39.45	47.73	100
王奉镇	面积(hm^2)	0	0	0	394.41	1851.95	2929.58	5175.94
	百分比(%)	0	0	0	7.62	35.78	56.6	100
燕店镇	面积(hm^2)	658.08	1970.99	493.47	92.26	0	0	3214.8
	百分比(%)	20.47	61.31	15.35	2.87	0	0	100
莘亭街道办事处	面积(hm^2)	409.51	1972.53	519.89	82.63	64.64	0	3049.2
	百分比(%)	13.43	64.69	17.05	2.71	2.12	0	100
张鲁镇	面积(hm^2)	449.90	1967.74	1090.46	913.43	816.01	0	5237.54
	百分比(%)	8.59	37.57	20.82	17.44	15.58	0	100
燕塔街道办事处	面积(hm^2)	672.30	1278.65	518.91	0	0	0	2469.86
	百分比(%)	27.22	51.77	21.01	0	0	0	100
东鲁街道办事处	面积(hm^2)	226.54	1298.56	518.85	123.52	62.21	0	2229.68
	百分比(%)	10.16	58.24	23.27	5.54	2.79	0	100

续表

行政区域		一级地	二级地	三级地	四级地	五级地	六级地	总 计
俎店乡	面积(hm^2)	878.6	1387.01	497.66	62.74	0.00	0.00	2826.01
	百分比(%)	31.09	49.08	17.61	2.22	0	0	100
董杜庄镇	面积(hm^2)	1552.2	1735.7	444.08	20.68	7.52	0	3760.18
	百分比(%)	41.28	46.16	11.81	0.55	0.2	0	100
莘州街道办事处	面积(hm^2)	1340.24	590.4	64.78	10.03	0	0	2005.45
	百分比(%)	66.83	29.44	3.23	0.5	0	0	100
十八里铺镇	面积(hm^2)	2863.78	1807.79	616.33	321.71	34.43	0	5644.04
	百分比(%)	50.74	32.03	10.92	5.7	0.61	0	100
妹冢镇	面积(hm^2)	1530	2322.1	848.79	190.76	37.46	0	4929.11
	百分比(%)	31.04	47.11	17.22	3.87	0.76	0	100
张寨镇	面积(hm^2)	42.65	1124.59	1492.01	954.40	597.56	11.82	4223.03
	百分比(%)	1.01	26.63	35.33	22.6	14.15	0.28	100
徐庄镇	面积(hm^2)	7.21	499.2	2049.33	800.64	76.91	0	3433.29
	百分比(%)	0.21	14.54	59.69	23.32	2.24	0	100
朝城镇	面积(hm^2)	333.87	1473.19	2031.80	719.79	46.51	0	4605.16
	百分比(%)	7.25	31.99	44.12	15.63	1.01	0	100
王庄集镇	面积(hm^2)	0	564.51	961.06	834.41	1361.47	139.78	3861.23
	百分比(%)	0	14.62	24.89	21.61	35.26	3.62	100
古城镇	面积(hm^2)	0	438.55	1624.08	2255.19	957.52	14.81	5290.15
	百分比(%)	0	8.29	30.7	42.63	18.1	0.28	100
柿子园乡	面积(hm^2)	0	339.21	2020.41	1146.86	113.67	0	3620.15
	百分比(%)	0	9.37	55.81	31.68	3.14	0	100
观城镇	面积(hm^2)	0	0	13.29	822.79	3279.72	465.46	4581.26
	百分比(%)	0	0	0.29	17.96	71.59	10.16	100
樱桃园镇	面积(hm^2)	0	164.72	1922.89	1584.58	1259.57	0	4931.76
	百分比(%)	0	3.34	38.99	32.13	25.54	0	100
大张家镇	面积(hm^2)	0	135.31	388.72	1054.88	1815.92	608.51	4003.34
	百分比(%)	0	3.38	9.71	26.35	45.36	15.2	100
古云镇	面积(hm^2)	0	55.97	135.75	654.27	1847.84	657.95	3351.78
	百分比(%)	0	1.67	4.05	19.52	55.13	19.63	100

第二节 耕地地力等级分述

一、一级地

(一)面积与分布

一级地综合评级指数高于 0.96，耕地面积为 11443.91hm^2，占总耕地面积的

12.27%。其中水浇地 9015.18hm²,占一级地面积的 78.78%;菜地 2428.74hm²,占一级地面积的 21.22%(见表 6-3)。

表 6-3 一级地各土地利用类型面积

利用类型	评价单元(个)	面积(hm²)	占总耕地面积(%)	占一级地面积(%)
水浇地	565	9015.18	9.67	78.78
菜地	275	2428.74	2.6	21.22
总计	840	11443.91	12.27	100

一级地主要分布于十八里铺、莘州、董杜庄、俎店、燕店等乡镇(街道办),其中以十八里铺镇分布面积最大,为 2863.78hm²,占该镇耕地面积的 50.74%,占一级地的25.02%。此外,燕塔、张鲁、莘亭等乡镇(街道办)也有少量或零星分布;大王寨、王奉、王庄集、古城、柿子园、观城、樱桃园、大张家和古云等乡镇(街道办)无一级地的分布。

(二)主要属性分析

一级地土壤类型以石灰性潮壤土和脱潮壤土为主,兼有少量硫酸盐潮土和硫酸盐草甸盐土。土壤表层质地为轻壤和中壤,土体构型以壤均质、壤质黏心、黏腰为主,还有少量的沙心、沙腰和沙底,无明显障碍层次,少部分含有夹沙障碍层。微地貌以缓平坡地为主,还有少量的河滩高地和河间浅平洼地,土层深厚,土壤理化性状良好,基本无盐渍化现象,可耕性强。地下水主要为 0.5~2g/L 的弱矿化度水,大部分地区无盐渍化现象,董杜庄镇和十八里铺镇有少量的轻度和中度盐渍化。农田水利设施较为完善,灌排条件好,灌溉保证率达到 100%。土壤养分各养分含量很高,尤其是有机质、有效磷和速效钾的含量远远超出全县的平均含量水平(见表 6-4)。

表 6-4 一级地主要养分含量

项 目	有机质(g/kg)	有效磷(mg/kg)	速效钾(mg/kg)	有效锌(mg/kg)	有效硼(mg/kg)
平均值	17.1	103.7	312	3.33	1.11
范围值	13.5~28.9	31.8~282.3	141~644	0.84~6.81	0.57~1.9
含量水平	高	高	高	高	较高

(三)存在问题

一是土壤肥力与高产、高效农业的需求还有一定差距;二是灌溉农田时存在大水漫灌现象,造成水资源的浪费以及土壤盐渍化现象的发生;三是该地区有些土体构型为沙腰和沙底,不利于土壤的保水和保肥;四是该地区点源污染程度有所加重,影响耕地的质量和农产品的品质,受上游影响,徒骇河灌区有时受到污染。

(四)改良利用

一级地是全县综合性能最好的耕地,各项评价指标均属良好,土层厚,排灌性好,易于耕作,养分含量高,保肥、保水性好,适于各种作物生长。一级地利用方向是发展高产、优质、高效农业,如无公害蔬菜基地、日光温室、反季节瓜果栽培以及优质高产小麦等。为此，应搞好以下工作：农业部门应结合配方施肥、粮棉油高产创建、标准粮田建设等项目，加大宣传力度，转变观念，提高认识，加大农业投入，提升农业综合生产能力；增施有机肥，增加土壤有机质含量，实施平衡施肥，防止土壤污染，适量补施微肥，提高耕地质量；加大检测力度，确保农业用水灌溉、施肥、用药安全，搞好无公害生产。

二、二级地

（一）面积与分布

二级地综合评价指数为0.92～0.96，耕地面积为23649.47hm^2，占全县总耕地面积的25.36%，二级地是占莘县耕地面积比例最大的一个地级。其中水浇地20915.52hm^2，占二级耕地面积88.44%；菜地2733.95hm^2，占二级耕地面积的11.56%（见表6-5）。

表6-5　二级地各土地利用类型面积

利用类型	评价单元(个)	面积(hm^2)	占总耕地面积(%)	占二级地面积(%)
水浇地	1167	20915.52	22.43	88.44
菜地	269	2733.95	2.93	11.56
总计	1436	23649.47	25.36	100

二级耕地主要分布在妹冢、燕店、莘亭、十八里铺、张鲁、董杜庄等乡镇（街道办），其中以妹冢镇分布面积最大，为2322.1hm^2，占该镇耕地面积的47.11%，占二级地的9.82%。朝城、东鲁、燕塔、河店、张寨、魏庄等乡镇（街道办）也有少量或零星分布。王奉镇和观城镇无二级地的分布。

（二）主要属性分析

二级地土壤类型以石灰性潮壤土和脱潮壤土为主，兼有少量硫酸盐潮土和硫酸盐草甸盐土。土壤表层质地为轻壤和中壤。土体构型以厚黏心、厚黏腰和均质为主，部分地区为含风沙土体构型。微地貌以缓平坡地、河滩高地为主，含有少量河漫滩和背河槽状洼地。二级地土层深厚，可耕性强，土壤理化性状良好，绝大部分无盐渍化现象，在俎店、燕塔、十八里铺等几个乡镇（街道办）有少量轻度和中度盐渍化现象。地下水大部分为0.5～2g/L的弱矿化度水，农田水利设施较为完善，灌排条件较好，灌溉保证率均在100%的水平上。土壤养分均比较理想（见表6-6）。

表6-6　二级地主要养分含量

项　目	有机质(g/kg)	有效磷(mg/kg)	速效钾(mg/kg)	有效锌(mg/kg)	有效硼(mg/kg)
平均值	14.39	64.6	212	2.53	1.08
范围值	10.6～26.8	16.8～226.6	102～503	0.82～6.13	0.33～2.3
含量水平	中偏上	中偏上	较高	中偏上	中偏上

（三）存在问题

二级地主要存在问题是部分耕地环境质量欠佳，部分地区土体构型夹沙或沙均质，存在漏水、漏肥情况。在俎店、燕塔、十八里铺等几个乡镇(街道办)有少量轻度和中度盐渍化现象,十八里铺等乡镇(街道办)地下水矿化度偏高,有盐碱化威胁。

(四)改良利用

增施有机肥料,一方面可以培肥地力,另一方面可以改善土壤中偏沙的状况,改良土体构型;与农田基本建设相结合,兴修水利,尽量不利用矿化度较高的地下水灌溉农田,杜绝大水漫灌等不科学的灌溉方式,大力推行节水灌溉、水肥一体化技术。

三、三级地

(一)面积与分布

三级地综合评价指数为0.89～0.92,耕地面积为21522.4hm²,占全县总耕地面积的23.08%,是占全县耕地面积比例仅次于二级地的一个地级。其中水浇地19978.87hm²,占三级地面积的92.83%;菜地1543.56hm²,占三级地的7.17%(见表6-7)。

表6-7　三级地各土地利用类型面积

利用类型	评价单元(个)	面积(hm²)	占总耕地面积(%)	占三级地面积(%)
水浇地	1199	19978.87	21.42	92.83
菜地	163	1543.56	1.66	7.17
总计	1362	21522.43	23.08	100

三级耕地主要分布在徐庄、魏庄、朝城、柿子园、古城等乡镇(街道办),其中以徐庄镇分布面积最大,为2049.33hm²,占三级地的9.32%。张寨、河店、莘亭等乡镇(街道办)少量或零星分布,王奉镇无三级地分布。

(二)主要属性分析

三级地土壤类型以石灰性潮壤土和脱潮壤土为主,兼有少量硫酸盐潮土、硫酸盐草甸盐土和草甸半固定风沙土。耕层质地以轻壤和中壤为主,伴有少量的沙壤和风沙土。土体构型主要为壤均质、厚黏腰,还有少量的沙底、沙心和沙腰。微地貌类型以缓平坡地、河滩高地、背河槽平洼地为主。土壤理化性质较好,农田基础设施良好,灌排能力较好,灌溉保证率均在100%的水平上。地下水矿化度多在0.5～2g/L之间,在俎店乡、柿子园乡和徐庄镇有少量轻度和中度盐渍化现象。同一级地相比,土壤有机质、有效磷和速效钾有着明显的降低,总体看养分含量在全县处于一个中等偏下的水平(见表6-8)。

表6-8　三级地主要养分含量

项　目	有机质(g/kg)	有效磷(mg/kg)	速效钾(mg/kg)	有效锌(mg/kg)	有效硼(mg/kg)
平均值	13.4	45.4	167	2.01	1.08
范围值	8.4～22.9	9.3～206.1	76～442	0.39～5.93	0.3～2.58
含量水平	中等	中偏下	中偏下	中偏下	中等

(三)存在问题

三级地部分耕地质地部分为沙壤或风沙土,容易造成养分的流失,同时少部分耕地土壤偏黏,透水、透气性差,不利于作物的生长。部分乡镇(街道办)地下水矿化度偏高,有盐碱化威胁,影响作物的正常生长,土壤养分含量较低,尤其是魏庄镇等土壤有机质、速效钾含量偏低,而徐庄镇部分偏黏地块速效钾含量偏高。

(四)改良利用

增施有机肥料,合理耕作与灌溉,逐步消除土壤盐渍化,保障作物的正常生长;实施配方施肥,进一步提高土壤肥力。

四、四级地

(一)面积与分布

四级地综合评价指数为0.86～0.89,耕地面积为15041.5hm^2,占全县总耕地面积的16.13%。其中水浇地13879.27hm^2,占四级地面积的92.27%;菜地1162.23hm^2,占四级地面积的7.73%(见表6-9)。

表6-9 四级地各土地利用类型面积

利用类型	评价单元(个)	面积(hm^2)	占总耕地面积(%)	占四级地面积(%)
水浇地	850	13879.27	14.88	92.27
菜地	97	1162.23	1.25	7.73
总计	947	15041.5	16.13	100

四级地主要分布在古城、魏庄、樱桃园等乡镇(街道办),其中以古城镇分布面积最大,为2255.19hm^2,占该镇耕地面积的42.63%,占四级地面积的14.99%。张寨、柿子园、河店、张鲁、大张家等乡镇(街道办)有少量或零星分布,燕塔街道办事处无四级地分布。

(二)主要属性分析

四级地土壤类型以石灰性潮壤土和脱潮壤土为主,兼有少量硫酸盐潮土、硫酸盐草甸盐土和草甸半固定风沙土。表层质地以轻壤和中壤为主,含有少量的风沙土和沙壤。土体构型主要有壤均质、厚黏心、厚黏腰,还有少量的厚沙心和厚沙底。土体构型中夹沙层次比较明显。微地貌类型主要为缓平坡地、河滩高地和河间浅平洼地,还有少量的沙质河槽地和背河槽状洼地。土壤中明显存在盐渍化现象,在古城镇和徐庄镇的部分地区盐渍化程度达到中度或重度水平。地下水矿化度主要为0.5～2g/L,并有部分2～5g/L的中矿化度水。农田基础设施较好,灌排能力良好,灌溉保证率在100%的水平上。同一级地相比,土壤养分含量偏低,尤以有效磷最为明显(见表6-10)。

表6-10 四级地主要养分含量

项　目	有机质(g/kg)	有效磷(mg/kg)	速效钾 mg/kg)	有效锌(mg/kg)	有效硼(mg/kg)
平均值	12.3	36	143	1.79	1.05
范围值	7.3～24.4	6.7～170.4	74～490	0.62～5.68	0.34～2.62
含量水平	中偏下	低	较低	低	中等

(三)存在问题

该级地土体构型中有较多的壤质沙心和沙均质,对土壤保水、保肥有一定影响,同时还有少量的壤质黏腰或壤质黏心,土壤通透性较差,不利于作物生长。土壤轻度盐渍化较为明显,影响作物的生长;土壤养分含量偏低,尤其是沙壤地块的有效磷、有机质和速效钾的含量偏低。

(四)改良利用

增施有机肥,深耕土壤,提高土壤的物理化学性能;利用弱矿化水、淡水资源,采用管灌等方式合理灌溉,避免大水漫灌,以减轻土壤盐渍化的程度;增施或补施钾肥、磷肥、微肥,进一步提高土壤养分含量。

五、五级地

(一)面积与分布

五级地综合评价指数为0.81～0.86,耕地面积为15299.8hm^2,占全县总耕地面积的16.41%。其中水浇地14704.84hm^2,占该级面积的96.11%;菜地594.96hm^2,仅占该级面积的3.89%(见表6-11)。

表6-11 五级地各土地利用类型面积

利用类型	评价单元(个)	面积(hm^2)	占总耕地面积(%)	占五级地面积(%)
水浇地	801	14704.84	15.77	96.11
菜地	61	594.96	0.64	3.89
总计	862	15299.8	16.41	100

五级地主要分布在观城、大王寨、王奉、大张家、王庄集、古云等乡镇(街道办),其中观城镇分布面积最大,为3279.72hm^2,占该镇耕地面积的71.59%,占五级地面积的21.44%。张鲁、魏庄、河店等乡镇(街道办)有少量或零星分布,燕店镇、燕塔街道办事处、俎店镇和莘州街道办事处无五级地的分布。

(二)主要属性分析

五级地土壤类型以石灰性潮壤土、草甸半固定风沙土和脱潮壤土为主,兼有少量硫酸盐潮土和硫酸盐草甸盐土。土壤表层质地以轻壤、沙壤、风沙土为主,还有少量的中壤。土体构型主要为壤均质、沙均质、壤质黏心、壤质黏腰,土壤中存在明显的夹沙层次。微地貌类型主要以河滩高地为主,伴有少量的沙质河槽地和缓平坡地。灌溉保证率均在100%的水平上。地下水主要为0.5～2g/L的弱矿化水,还有少量的2～5g/L的中度矿化水,部分地区耕层有轻度和中度盐渍化现象。土壤养分状况不是很理想,尤其是有效磷和速效钾的含量处在全县低水平,有机质含量水平也不理想(见表6-12)。

表 6-12 五级地主要养分含量

项　目	有机质(g/kg)	有效磷(mg/kg)	速效钾(mg/kg)	有效锌(mg/kg)	有效硼(mg/kg)
平均值	11.2	24.7	112	1.34	0.86
范围值	5.4～15.3	7～213.8	60～358	0.49～5.09	0.39～2.09
含量水平	偏低	极低	极低	低	较低

(三)存在问题

一是土壤构型中存在夹沙层次或沙均质,理化性状不良,土壤保水、保肥能力差,影响作物生长;二是土壤盐渍化较为明显,地下水矿化度较高;三是土壤养分含量整体偏低,对作物产量影响较大;四是受上游影响,徒骇河灌区有时受到污染。

(四)改良利用

应多施用有机肥、磷肥和钾肥,搞好秸秆还田,提高土壤肥力;搞好农田基本建设,改善灌溉条件,防止使用污染河水灌溉农田;在作物生长期科学合理施肥,促进作物的稳产和增产;调整种植业结构,种植绿肥等,改善生态环境。

六、六级地

(一)面积与分布

六级地综合评价指数低于 0.81,耕地面积仅为 6296.48hm^2,占全县总耕地面积的 6.75%。其中水浇地 6193.87hm^2,占该级面积的 98.37%;菜地 102.6hm^2,仅占该级面积的 1.63%(见表 6-13)。

表 6-13 六级地各土地利用类型面积

利用类型	评价单元(个)	面积(hm^2)	占总耕地面积(%)	占六级地面积(%)
水浇地	291	6193.87	6.64	98.37
菜地	10	102.6	0.11	1.63
总计	301	6296.48	6.75	100

六级地主要分布在王奉镇和大王寨镇,大张家、古云、观城和王庄集等乡镇(街道办)也有零星分布,燕店、莘亭、张鲁、燕塔、东鲁、俎店、董杜庄、莘州、十八里铺、妹冢、徐庄、朝城、柿子园和大张家等乡镇(街道办)无六级地的分布。

(二)主要属性分析

六级地土壤类型以草甸半固定风沙土和脱潮壤土为主,兼有少量硫酸盐潮土和硫酸盐草甸盐土。土壤表层质地以风沙土和沙壤为主,有少量轻壤和中壤土。土体构型主要为沙均质,含有少量壤质黏腰和厚黏心。微地貌类型为河滩高地和沙质河槽地。地下水以 0.5～2g/L 的弱矿化度水为主,除少部分存在轻度和中度盐碱化,土壤盐碱化现象不明显。灌溉保证率一般达到 80%水平,特殊大旱年份部分地块灌溉保证率均达到 50%。同一级地相比,土壤养分状况很不理想,各养分均处于低水平(见表 6-14)。

表 6-14　六级地主要养分含量

项　目	有机质(g/kg)	有效磷(mg/kg)	速效钾(mg/kg)	有效锌(mg/kg)	有效硼(mg/kg)
平均值	9.6	20.6	85	1.22	0.78
范围值	5.2～12.6	5.6～56.6	51～175	0.45～3.06	0.26～1.21
含量水平	低	极低	极低	低	较低

(三)存在问题

一是土壤以沙壤或风沙土为主,保水、保肥能力较差,影响作物生长;二是地下水位较高,土壤存在盐碱化威胁;三是土壤养分普遍较低,制约作物的生长和发育。

(四)改良利用

多施用有机肥,培肥地力,改善土壤的理化性质;进一步加强对农田基础设施的完善和维护,提高灌溉保证率;合理利用地下水资源灌溉,避免盐分在土壤表层的大量积累,加剧土壤盐渍化;增施无机和有机肥料,改善土壤贫瘠的状况。

七、评价结果的符合性检验

根据上述评价结果以及每年的农户调查表,给每个等级耕地赋予一个粮食产量水平,便于与农业部分级标准相衔接(见表 6-15)。

表 6-15　莘县耕地地力等级与粮食产量水平对应表

等　级	一级地	二级地	三级地	四级地	五级地	六级地
粮食产量(kg/667m²)	＞1100	950～1100	850～950	750～850	650～750	＜650
面积(hm²)	11443.91	23649.47	21522.43	15041.5	15299.8	6296.48
百分比(%)	12.27	25.36	23.08	16.13	16.41	6.75

为了验证评价结果,莘县农业局 10 名中高级农艺师进行了研讨,对评价结果进行了符合性检验。大家一致认为莘县耕地地力等级评价比较切合莘县的实际,为下一步指导农业生产提供了科学依据。

第三节　菜地地力等级与分布

本次菜地地力分析,按照农业部菜地质量调查和评价的规程及相关标准,结合莘县实际情况,选取了对菜地地力影响较大、区域内变异明显、在时间序列上具有相对稳定性、与农业生产有密切关系的 11 个因素,建立评价指标体系。以土壤图与土地利用现状图叠加形成评价单元,应用模糊综合评判方法,通过综合分析,将全区菜地共划分为 6 个级别,根据评价结果进行菜地地力的系统分析。

一、菜地地力等级面积统计

利用 MAPGIS 软件,对评价图属性库进行操作,检索统计菜地各等级的面积和图幅总面积。以2008年莘县蔬菜保护地总面积为基准，按面积比例进行平差，统计得出各菜地地力等级面积。

莘县蔬菜保护地总面积为8566.05hm²，各等级菜地比例相对均衡，以一级地和三级地为主，占菜地总面积的比例均超过20%，两者面积之和占到了总菜地面积的44.2%；其次是四级地、二级地和五级地，各占菜地总面积的19.12%、16.79%和16%，面积最小的是六级地，占菜地总面积的3.89%（见表6-16）。

表10-16　莘县菜地地力评价结果面积统计

等　级	一级地	二级地	三级地	四级地	五级地	六级地	总计
面积（hm²）	1970.2	1438.06	1815.63	1638.06	1370.54	333.56	8566.05
百分比（%）	23	16.79	21.2	19.12	16.00	3.89	100

二、菜地地力空间分布分析

（一）菜地地力等级分布

莘县地势平坦，菜地面积较大，土层深厚，土壤大多数为潮壤土和盐潮土，西北部存在部分风沙土。耕层以沙壤和轻壤为主，还有少量的中壤、重壤，障碍层次主要为夹沙和浅黏，农田基础设施配套良好，灌排能力较好。总体来看，莘县菜地地力较好，前三等级面积之和占到了总菜地面积的60.99%。一级地和二级地主要分布于莘县中部地区。三级地和四级地主要分布北部地区，位于一级地、二级地的边缘地带，在南部地区也有零散分布，属于只要加大资金投入，完善基础设施，改善生产条件，产量就能大幅提高的中产田类型，有一定的改良利用潜力。五级地和六级地主要分布在莘县的北部及西南部地区，这部分菜地耕层以沙壤为主，部分地区肥力较低，属于低产田类型。

（二）菜地地力等级的行政区域划分

将菜地地力等级分布图与莘县行政区划图进行叠加分析，从菜地地力等级行政区域分布数据库中，按权属字段检索出各等级的记录，统计出各级地在各乡镇（街道办）的分布状况（见表6-17）。

一级地、二级地所占比例较高的为十八里铺、莘州、燕店、董杜庄等乡镇（街道办）；三级地、四级地所占比例较高的为魏庄、燕店、河店等乡镇（街道办）；五级地、六级地所占比例较高的主要为魏庄、河店、张寨等乡镇（街道办）。

表 6-17 莘县菜地地力等级行政区域分布

行政区域		一级地	二级地	三级地	四级地	五级地	六级地	总 计
魏庄镇	面积(hm^2)	0	50.94	370.93	646.27	549.94	35.26	1653.34
	百分比(%)	0	3.08	22.44	39.09	33.26	2.13	
河店镇	面积(hm^2)	7.77	62.84	216.79	190.71	223.83	6.76	708.7
	百分比(%)	1.1	8.87	30.59	26.91	31.58	0.95	
大王寨镇	面积(hm^2)	0	0	0	7.18	38.82	83.03	129.02
	百分比(%)	0	0	0	5.56	30.09	64.35	
燕店镇	面积(hm^2)	127.44	390.75	380.96	275.88	38.9	0	1213.93
	百分比(%)	10.5	32.19	31.38	22.73	3.2	0	
莘亭街道办事处	面积(hm^2)	16.85	68.97	33.36	29.01	13.17	0	161.36
	百分比(%)	10.44	42.74	20.67	17.98	8.16	0	
王奉镇	面积(hm^2)	0	0	0	0	6.82	23.1	29.92
	百分比(%)	0	0	0	0	22.79	77.21	
张鲁镇	面积(hm^2)	38.51	73.68	36.93	34.31	139.88	9.84	333.15
	百分比(%)	11.56	22.12	11.08	10.3	41.99	2.95	
燕塔街道办事处	面积(hm^2)	76.13	107.13	40.31	7.21	0	0	230.78
	百分比(%)	32.99	46.42	17.47	3.12	0	0	
东鲁街道办事处	面积(hm^2)	53.7	73.45	81.11	38.02	7.58	0	253.86
	百分比(%)	21.15	28.93	31.95	14.98	2.99	0	
俎店乡	面积(hm^2)	139.28	54.19	21.86	24.49	0	0	239.82
	百分比(%)	58.08	22.6	9.12	10.21	0	0	
董杜庄镇	面积(hm^2)	208.04	127.02	153.63	34	0	0	522.69
	百分比(%)	39.8	24.3	29.39	6.5	0	0	
莘州街道办事处	面积(hm^2)	361.01	188.05	19.19	52.93	11.06	0	632.24
	百分比(%)	57.1	29.74	3.04	8.37	1.75	0	
十八里铺镇	面积(hm^2)	726.45	123.29	96.7	45.49	3.21	0	995.14
	百分比(%)	73	12.39	9.72	4.57	0.32	0	
妹冢镇	面积(hm^2)	147.47	53.26	29.06	6.27	0	0	236.06
	百分比(%)	62.47	22.56	12.31	2.66	0	0	
张寨镇	面积(hm^2)	0	16.48	215.46	41.81	205.11	23.06	501.92
	百分比(%)	0	3.28	42.93	8.33	40.87	4.59	

续表

行政区域		一级地	二级地	三级地	四级地	五级地	六级地	总计
朝城镇	面积(hm^2)	67.55	36.22	18.72	14.14	0	0	136.63
	百分比(%)	49.44	26.51	13.7	10.35	0	0	
王庄集镇	面积(hm^2)	0	11.79	62.8	90.41	32.75	99.96	297.71
	百分比(%)	0	3.96	21.1	30.37	11	33.58	
古城镇	面积(hm^2)	0	0	8.79	29.08	11.5	0	49.37
	百分比(%)	0	0	17.8	58.9	23.29	0	
柿子园乡	面积(hm^2)	0	0	0	26.18	28.29	3.73	58.2
	百分比(%)	0	0	0	44.98	48.61	6.41	
观城镇	面积(hm^2)	0	0	0	0	7	4.23	11.23
	百分比(%)	0	0	0	0	62.33	37.67	
樱桃园镇	面积(hm^2)	0	0	6.97	25.21	0	7.18	39.36
	百分比(%)	0	0	17.71	64.05	0	18.24	
大张家镇	面积(hm^2)	0	0	22.06	19.46	52.68	37.41	131.61
	百分比(%)	0	0	16.76	14.79	40.02	28.42	

第四节　菜地地力等级分述

一、一级地

(一)面积与分布

一级地综合评级指数高于 0.97,菜地面积为 1970.2hm^2,一级地是莘县菜地面积最大的一等级地,占总菜地面积的 230%(见表 6-18)。

表 6-18　一级菜地面积

利用类型	评价单元(个)	面积(hm^2)	占总菜地面积(%)
菜地	218	1970.19	23
总计	218	1970.19	23

一级地主要分布于十八里铺、莘州、董杜庄、俎店、妹冢、燕店等乡镇(街道办),其中以十八里铺镇分布面积最大,为 726.45hm^2,占该镇菜地面积的 73%,占一级地的 36.87%。此外,燕塔、朝城、张鲁、莘亭等乡镇(街道办)也有少量或零星分布,大王寨、王奉、张寨、古城、王庄集、柿子园、观城、樱桃园、大张家等乡镇(街道办)无一级地的分布。

(二)主要属性分析

一级地土壤类型以石灰性潮壤土和脱潮壤土为主,兼有少量硫酸盐潮土和硫酸盐草甸盐土。土壤表层质地为轻壤和中壤,土体构型以壤均质和壤质黏心为主,还有少量的沙心、沙腰和沙底,无明显障碍层次,少部分含有夹沙障碍层。微地貌以缓平坡地为主,还有少量的河滩高地,土层深厚,土壤理化性状良好,可耕性强。地下水主要为0.5～2g/L的弱矿化度水,大部分地区无盐渍化现象,莘州街道办事处、十八里铺镇和燕塔街道办事处有少量的轻度盐渍化。农田水利设施较为完善,灌排条件好,灌溉保证率达到100%。土壤各养分含量很高,尤其是有机质、有效磷和速效钾的含量远远超出全县菜地的平均含量水平(见表6-19)。

表6-19 一级地主要养分含量

项目	有机质(g/kg)	有效磷(mg/kg)	速效钾(mg/kg)	有效锌(mg/kg)	有效硼(mg/kg)
平均值	18.2	130.4	376	3.69	1.15
范围值	14.5～28.9	40.5～245.5	169～644	1.22～6.81	0.62～1.9
含量水平	高	高	高	高	较高

二、二级地

(一)面积与分布

二级地综合评价指数为0.94～0.97,菜地面积为1438.06hm^2,占全县总菜地面积的16.79%(见表6-20)。

表6-20 二级地各土地利用类型面积

利用类型	评价单元(个)	面积(hm^2)	占总菜地面积(%)
菜地	168	1438.06	16.79
总计	168	1438.06	16.79

二级地主要分布在燕店、莘州、董杜庄、十八里铺、燕塔等乡镇(街道办),其中以燕店镇分布面积最大,为390.75hm^2,占该镇菜地面积的32.09%,占二级地的27.17%。河店、妹冢、魏庄等乡镇(街道办)也有少量或零星分布。大王寨、王奉、古城、王庄集、柿子园、观城、樱桃园、大张家等乡镇(街道办)无二级地的分布。

(二)主要属性分析

二级地土壤类型以石灰性潮壤土和脱潮壤土为主,兼有少量硫酸盐潮土。土壤表层质地为轻壤和中壤。土体构型以厚黏心和均质为主,部分地区为含风沙土体构型。微地貌以缓平坡地、河滩高地为主,含有少量河间浅平洼地和决口扇形地。土层深厚,可耕性强,土壤理化性状良好,部分地区有盐渍化现象,在莘州、十八里铺等几个乡镇(街道办)有少量的轻度和中度盐渍化现象。地下水大部分为0.5～2g/L的弱矿化度水,农田水利设施较为完善,灌排条件较好,灌溉保证率均在100%的水平上。土壤养分均比较理想(见

表 6-21)。

表 6-21　　二级地主要养分含量

项　目	有机质(g/kg)	有效磷(mg/kg)	速效钾(mg/kg)	有效锌(mg/kg)	有效硼(mg/kg)
平均值	14.9	104.3	286	3.32	1.12
范围值	12.4～26.8	33.9～282.3	147～520	0.98～6.12	0.58～2.01
含量水平	中偏上	中偏上	较高	中偏上	中等

三、三级地

(一)面积与分布

三级地综合评价指数为 0.91～0.94,菜地面积为 1815.63hm^2,占全县总菜地面积的 21.2%,是全县菜地面积仅次于一级地的一个等级(见表 6-22)。

表 6-22　　三级地各土地利用类型面积

利用类型	评价单元(个)	面积(hm^2)	占总菜地面积(%)
菜地	163	1815.64	21.2
总计	163	1815.64	21.2

三级地主要分布在燕店、魏庄、河店和张寨等乡镇(街道办),其中以燕店镇所占面积最大,为 380.96hm^2,共占三级地的 20.98%。王庄集、燕塔、张鲁等乡镇(街道办)有少量或零星分布。王奉镇、柿子园乡、观城镇无三级地分布。

(二)主要属性分析

三级地土壤类型以石灰性潮壤土和脱潮壤土为主,兼有少量硫酸盐潮土和硫酸盐草甸盐土。耕层质地以轻壤和中壤为主,伴有少量的沙壤。土体构型主要为壤均质、厚黏心,还有少量的沙心和沙腰,障碍层次主要为夹沙。微地貌类型以缓平坡地和河滩高地为主,还有少量的背河槽平洼地和河间浅平洼地。土壤理化性质较好,农田基础设施良好,灌排能力较好,灌溉保证率均在 100%的水平上。地下水矿化度多在 0.5～2g/L 之间,在燕塔街道办事处有轻度盐渍化现象,在俎店乡、魏庄镇及燕店镇有中度盐渍化现象。同一级地相比,土壤有机质、有效磷和速效钾有着明显的降低,总体看养分含量在全县处于一个中等偏下的水平(见表 6-23)。

表 6-23　　三级地主要养分含量

项　目	有机质(g/kg)	有效磷(mg/kg)	速效钾(mg/kg)	有效锌(mg/kg)	有效硼(mg/kg)
平均值	13.5	89.5	231	2.88	1.1
范围值	10.6～22.2	18.5～224.5	123～468	0.92～5.63	0.33～2.19
含量水平	中偏下	中偏下	较低	中偏下	中等

四、四级地

(一)面积与分布

四级地综合评价指数为0.89～0.91,菜地面积为1638.06hm²,占全县总菜地面积的19.12%(见表6-24)。

表6-24 四级地各土地利用类型面积

利用类型	评价单元(个)	面积(hm²)	占总菜地面积(%)
菜地	175	1638.05	19.12
总计	175	1638.05	19.12

四级地主要分布在魏庄镇、燕店镇和河店镇,其中以魏庄镇分布面积最大,为646.27hm²,占该镇菜地面积的39.09%,占四级地面积的39.45%。王庄、莘州和东鲁等乡镇(街道办)有少量或零星分布,王奉镇和观城镇无四级地分布。

(二)主要属性分析

四级地土壤类型以石灰性潮壤土和脱潮壤土为主,兼有少量硫酸盐潮土。表层质地以轻壤为主,含有少量的中壤和沙壤。土体构型主要有壤均质和厚黏心,还有少量的厚沙心和厚沙底。土体构型中夹沙层次比较明显。微地貌类型主要为缓平坡地和河滩高地,还有少量的背河槽状洼地和河间浅平洼地。土壤中存在盐渍化现象,在王庄集镇、魏庄镇和燕店镇的部分地区盐渍化程度达到中度水平。地下水矿化度主要是0.5～2g/L,并有部分2～5g/L的中矿化度水。农田基础设施较好,灌排能力良好,灌溉保证率在100%的水平上。同一级地相比,土壤养分含量含量偏低,尤以有效磷最为明显(见表6-25)。

表6-25 四级地主要养分含量

项　目	有机质(g/kg)	有效磷(mg/kg)	速效钾(mg/kg)	有效锌(mg/kg)	有效硼(mg/kg)
平均值	12.3	36	143	1.79	1.05
范围值	7.3～24.4	6.7～170.4	74～490	0.62～5.68	0.34～2.62
含量水平	偏下	极低	低	低	中偏下

五、五级地

(一)面积与分布

五级地综合评价指数为0.84～0.89,菜地面积为1370.54hm²,占全县总菜地面积的16%(见表6-26)。

表6-26 五级地各土地利用类型面积

利用类型	评价单元(个)	面积(hm²)	占总菜地面积(%)
菜地	117	1370.54	16.00
总计	117	1370.54	16.00

五级地主要分布在魏庄镇、河店镇、张寨镇、张鲁镇，其中魏庄镇分布面积最大，为 549.94hm^2，占该镇菜地面积的 33.26%，占五级地面积的 47.42%。大张家、燕店、大王寨等乡镇(街道办)有少量或零星分布，燕塔街道办事处、俎店乡、董杜庄镇、妹冢镇、朝城镇和樱桃园镇无五级地的分布。

(二)主要属性分析

五级地土壤类型以石灰性潮壤土和脱潮壤土为主，兼有少量草甸半固定风沙土。土壤表层质地以轻壤和沙壤为主，还有少量的风沙土和中壤。土体构型主要以壤均质和壤质黏心为主，还有少量的沙腰和沙底，土壤中存在明显的夹沙层次。微地貌类型主要为河滩高地，伴有少量的沙质河槽地、缓平坡地、背河槽洼地和河间浅平洼地。灌溉保证率均在 100%的水平上。地下水主要为 0.5～2g/L 的弱度矿化水，还有少量的 2～5g/L 的中度矿化水，仅古城镇和燕店镇有中度盐渍化现象。土壤养分状况不是很理想，尤其是有效磷和速效钾的含量处在全县低水平，有机质含量水平也不理想(见表 6-27)。

表 6-27　　五级地主要养分含量

项　目	有机质(g/kg)	有效磷(mg/kg)	速效钾(mg/kg)	有效锌(mg/kg)	有效硼(mg/kg)
平均值	10.2	77	188	2.75	1.06
范围值	6.6～14.7	7.2～180.9	79～490	0.76～5.68	0.53～2.62
含量水平	低	偏低	极低	偏低	偏低

六、六级地

(一)面积与分布

六级地综合评价指数低于 0.84，仅为 333.56hm^2，占总全县菜地面积的 3.89%(见表 6-28)。

表 6-28　　六级地各土地利用类型面积

利用类型	评价单元(个)	面积(hm^2)	占总菜地面积(%)
菜地	34	333.56	3.89
总计	34	333.56	3.89

六级地主要分布在王庄集镇和大王寨镇，大张家、魏庄、王奉和张寨等乡镇(街道办)也有零星分布，燕店镇、莘亭街道办事处、燕塔街道办事处、东鲁街道办事处、俎店乡、董杜庄镇、莘州街道办事处、十八里铺镇、妹冢镇、朝城镇和柿子园乡无六级地的分布。

(二)主要属性分析

六级地土壤类型以风沙土和脱潮壤土为主，兼有少量石灰性潮壤土。土壤表层质地以轻壤为主，有少量沙壤和风沙土。土体构型主要为壤均质，还有少量的沙均质和厚沙心。微地貌类型为河滩高地和沙质河槽地，还有少量的缓平坡地。地下水以 0.5～2 g/L 的弱矿化度水为主，无盐渍化现象。灌溉保证率均达到 100%的水平上。同一级地相比，土壤养分状况很不理想，养分均处于低水平(见表 6-29)。

表 6-29 六级地主要养分含量

项目	有机质(g/kg)	有效磷(mg/kg)	速效钾(mg/kg)	有效锌(mg/kg)	有效硼(mg/kg)
平均值	10.3	36.1	122	1.6	0.94
范围值	5.4～12.7	9～213.8	58～357	0.65～3.85	0.59～1.72
含量水平	极低	极低	极低	极低	较低

七、蔬菜地的合理利用

通过对有关数据的处理和分析，基本摸清了当前蔬菜生产中成本构成—化肥、农药施用量及品种比例、蔬菜地理化性状、土壤及水污染状况，为今后蔬菜生产基地建设、搞好绿色无公害蔬菜生产提供了依据。为了更好地搞好蔬菜标准化生产，对蔬菜地的合理利用提出几点建议。

(一)合理布局，深化农业结构调整

按照“南部乡镇(街道办)有新突破、中部乡镇(街道办)有新提升、北部乡镇(街道办)有新亮点”的发展思路，深入推进农业结构调整，大力发展现代农业，农业发展水平和档次逐步提升，在原有的基础上，不断推陈出新，增加名、特、稀、优品种的引进和种植试点，执行标准化生产操作规程，确保产品达到绿色食品标准，并适当开发有机食品的生产。

(二)搞好测土配方施肥，改善和提高土壤品质

搞好测土配方施肥，合理配置各种养分比例，根据 25 种蔬菜 1000kg 产量吸收 N ∶ P_2O_5 ∶ K_2O 为1∶0.34∶1.23 的情况来衡量，当前蔬菜生产中 N∶P_2O_5∶K_2O 为1∶0.99∶0.88，磷多而钾少。一般地力条件下，每亩合理施肥量为有机肥 3000～4000kg，纯氮 30～40kg，P_2O_5 15～20kg，K_2O 25～35kg，$ZnSO_4$ 1.5kg，硼砂1～2kg。

莘县大棚施肥目前均以鸡粪为主，由于其碳氮含量比较少，养分供应快，不利于土壤有机质的积累，故应搞好积肥造肥，增施优质堆肥、沤肥等农家肥，并实施秸秆还田，增加作物秸秆的施用量，使有机质含量稳步提高，最好的办法是鸡粪＋秸秆＋秸秆腐熟剂。

(三)进一步推行标准化生产，建立集约化、标准化生产基地

目前，全县蔬菜地生产的现状是分散经营模式，产品的质量便得不到有效保证。由于经营管理体制不同，产品质量也有好有差。解决这一问题的有效方法是建设适度规模的生产基地，建立集约化经营的无公害蔬菜生产基地，扶持蔬菜专业合作社，以出口企业为龙头，实行标准化生产，完善统一供种、统一防治病虫害、统一供应药物、统一收获、统一加工的“五统一”，以确保产品无公害或达到绿色产品标准。

进一步扩大莘县蔬菜标准化基地的示范效应。在标准化生产上，进一步完善各种作物生产的质量标准和生产技术规程，使农民在生产过程中有标准衡量，操作过程有据可依。要进一步加大宣传培训力度，使广大农民了解标准，自觉执行标准。同时，积极推行市场准入制，实行优质优价，鼓励农民自觉生产优质产品。还要完善监测机构，随时对农资、农产品进行抽样监测，达到净化农资市场、农产品市场的目的。

第七章　耕地资源管理信息系统数据库建设

第一节　建库单位组成

莘县耕地资源管理信息系统数据库建设工作，是测土配方施肥工作的重要组成部分，是实现科学种田，促进粮食稳产，实现科学施肥经常化、普及化的重要工作，是实现农业耕地地力评价成果资料统一化、标准化的重要计划，是实现综合农业信息资料共享的技术手段。莘县耕地资源管理信息系统数据库建设，对最新的土地利用现状调查成果，第二次土壤普查的土壤、地貌、矿化度等，以及本次耕地地力评价工作中采集的土壤化学分析成果进行了汇总，建立了一个集空间数据库和属性数据库的存储、管理、查询、分析、显示为一体的数据库，为科学种田及施肥、农业的可持续发展，深化农业科学管理工作服务。

一、建库单位组成

为加快莘县耕地地力评价及耕地资源管理信息系统数据库建设，依据农业部县域耕地资源管理信息系统数据库建设要求，由多年来一直从事农业测土施肥管理、研究、耕地地力评价、数据库建设等有一定经验的单位组成联合工作组。

山东省土壤肥料总站：负责耕地地力评价及建库工作组织、协调、标准制订、土壤图成果资料的归属核查处理等。

山东农业大学资源与环境学院：负责耕地地力评价图、土壤化学微量元素系列图及研究报告编制等。

山东天地亚太国土遥感有限公司：负责土地、土壤、矿化度、地貌、灌溉分区等图件扫描矢量化及几何校正处理等编图工作，耕地地力评价所有建库资料统一化、标准化处理，空间数据库和属性数据库建设，耕地地力评价成果图件修改编辑及图件输出、数据库建设报告编制等工作。

二、建库工作的软硬件环境

(一)主要硬件

计算机 10 台；HP 5000 和 HP 3500 绘图仪各 1 台。

(二)软件

MAPGIS 6.7 软件 10 套；ARCGIS 9.2 软件 2 套；县域耕地资源管理信息系统软件 2 套；ENVI 4.5 遥感图像处理与分析软件 1 套。

第二节 建库内容及建库工作中主要问题的处理

一、建库内容

依据农业部耕地地力评价数据库建设的要求，莘县耕地资源管理信息系统数据库包括空间数据库和属性数据库两部分内容。属性数据库依据县域耕地资源管理信息系统数据字典、建库县提供的有关资料、山东省第二次土壤普查土种归属表及土壤分类代码编制。空间数据库包括土地利用现状图、土壤图、矿化度图、灌溉分区图、地貌图、耕地地力调查点点位图、耕地地力评价等级图、土壤化学微量元素系列图等。

二、建库工作中的主要问题

莘县耕地资源管理信息系统数据库建设工作由于涉及的内容多，加之部分资料为第二次土壤普查的资料，与县域耕地资源管理信息系统数据字典的要求对比存在以下问题：

(1)第二次土壤普查的土壤、地貌、矿化度等成果均为纸介质图，因图纸折叠和自然伸缩的影响，图件变形大，形成较大的误差。

(2)土地利用现状图为2006年以前的现状，近年来交通用地和蔬菜地出现较大的变化等。

(3)莘县土壤图中的土种名称与山东省土种归属要求不一致。

(4)莘县的地貌图为微地貌图，与县域耕地资源管理信息系统数据字典中地貌划分的名称不能一一对应。

(5)已有资料坐标系不统一问题，如第二次土壤普查图件为1954年北京坐标系，土地利用现状图或行政区划图为1980年西安坐标系等。

(6)已有成果资料专业内容和地名注释错漏等。

(7)没有统一的土壤分类与代码。

三、建库工作中有关问题的处理

(1)依据1∶50000标准分幅地形图，对所有建库的纸介质成果图全部进行几何校正处理，以消除纸介质成果图的误差。

(2)依据较新的航天卫星资料对近年来变化的公路、铁路等进行修改补充。

(3)为使莘县土种的名称与省归属要求相对应，在耕地资源管理信息系统数据库建设前，首先对土壤图中所有图斑内容进行了检查统计，对错漏注释及边界问题进行修改补充及编制土种归属表，最后由省土肥站进行土种归属复查处理。为方便县域土壤图的利用和对比，建库后的图中仍保留了原县域土壤图的土种代码，编制了省标、县土壤名称及代码对比表。属性挂接为县域土种代码。

(4)由于县域耕地资源管理信息系统数据字典中划分的地貌名称少，其地貌名称不能一一对应，在建库时尽量选择与数据字典中相近的地貌名称进行编码，为方便地貌图的利用和对比，在地貌图中保留了原地貌图的名称和代码，图例中增加了建库数据字典中规定的地貌名称、代码与县原地貌名称、代码的对比表，属性挂接为数据字典中规定的地貌名称和代码。

(5)对已有资料坐标系不统一问题，依据数据库建设要求，所有成果全部统一到高斯—克吕格投影，6度分带，1954年北京坐标系中。

(6)对已有成果资料专业内容和地名注释错漏问题，全部打印成图件和文字进行全面检查和补充，依据检查稿逐条进行修改。

(7)对没有统一的土壤分类与代码问题，编制了全省统一的土类、亚类、土属代码及县域土种代码。

由于20世纪80年代山东省第二次土壤普查汇总时没有制定全省统一的县域土壤代码，无法满足目前全国开展的耕地地力评价及县域耕地资源管理信息系统建库工作统一化、标准化和科学实施测土施肥的需要。为了满足其建库和科学施肥工作的需要，依据县域耕地资源管理信息系统数据字典中土壤类型代码要求及山东省第二次土壤普查土种归属的要求，以满足本次建库工作的需要为基础，编制了山东省第二次土壤普查分类的土类、亚类、土属、土种的代码。其中土类、亚类、土属的代码以山东省第二次土壤普查土种归属表为准，土种代码以每个县级为单元，按土种的顺序编制。

分类原则与方法：本次编码工作以山东省第二次土壤普查土种归属的要求为基础，以科学性、完整性、统一化、标准化、可扩展性等为原则，在山东省第二次土壤普查土种归属分类单元中仅对土类、亚类 、土属的三个层级进行编码。第四个层级的土种编码，每个县域为独立的单元编码。

代码结构：采用四个层次的编码方法对山东省第二次土壤普查县域成果进行编码，其代码结构为土类、亚类、土属、土种四个层次。

编码方法：土类代码用第一层两位，用阿拉伯数字表示(每一个土类用二个阿拉伯数字表示，从“01”开始)。亚类代码用第二层两位阿拉伯数字表示，从“01”开始。土属代码用第三层两位阿拉伯数字表示，从“01”开始。土种代码用第四层两位阿拉伯数字表示，按每个县域的土种顺序从“01”开始。

第三节 数据库标准化

一、标准引用

县域耕地资源管理信息系统数据字典中规定的国标及行业有关技术标准：

1. GB/T 2260—2002 《中华人民共和国行政区划代码》

2. NY/T 309—1996 《全国耕地类型区、耕地地力等级划分标准》

3. NY/T 310—1996 《全国中低产田类型划分与改良技术规范》
4. GB/T 17296—2000 《中国土壤分类与代码》
5. 全国农业区划委员会 《土地利用现状调查技术规程》
6. 国土资源部 《土地利用现状变更调查技术规程》
7. GB/T 13989—1992 《国家基本比例尺地形图分幅与编号》
8. GB/T 13923—1992 《国土基础信息数据分类与代码》
9. GB/T 17798—1999 《地球空间数据交换格式》
10. GB/T 3100—1993 《国际单位制及其应用》
11. GB/T 16831—1997 《地理点位置的纬度、经度和高程的标准表示方法》
12. GB/T 10113—2003 《分类与编码通用术语》
13. GB/T 10114—2003 《县级以下行政区划代码编制规则》
14. GB/T 9648—1988 《国际单位制代码》
15. 农业部 《全国耕地地力调查与评价技术规程》
16. 农业部 《测土配方施肥技术规范(试行)》(2008 年)
17. 农业部 《测土配方施肥专家咨询系统编制规范(试行)》
18. 山东省县域土种归属标准
19. 山东省县域耕地地力评价标准
20. 山东省第二次土壤普查土种归属及代码等

二、空间坐标系及建库平台

(一)空间数据坐标系

投影:高斯—克吕格,6 度分带。1954 年北京坐标系,1956 年黄海高程系。比例尺:1∶50000。

(二)数据库采集模板和数据库文件格式

为使所有建库资料达到统一化和标准化,以及满足所有成果图件的输出和耕地资源地力评价工作的需要,对建库资料的扫描矢量化和几何校正处理工作均采用 MAPGIS 平台,数据库的文件格式为 MAPGIS 的点、线、面文件。待数据库成果评审验收和修改后,将 MAPGIS 的点、线、面格式转换为 shape 格式,由 ARCGIS 平台进行数据库规范化处理,最后将数据库资料导入县域耕地资源管理信息系统。

第四节　数据库结构

一、空间数据库图层划分

空间数据库图层划分是严格按照县域耕地资源管理信息系统数据字典要求分层的，每层只反映属性相同的内容。莘县耕地资源管理信息系统数据库建设包括土地利用现状图、第二次土壤普查成果和耕地地力评价等三部分内容，其全省空间数据库图层划分情况如表 7-1 所示。

表 7-1　　耕地资源管理信息系统空间数据库分层表

序号	图层代码	图层名称	序号	图层代码	图层名称
1	AD101	行政区划图	18	SP103	耕层土壤有效磷等值线图
2	AD102	县乡村位置图	19	SP104	耕层土壤速效钾等值线图
3	AD103	行政界线图	20	SP105	耕层土壤缓效钾等值线图
4	AD201	辖区边界图	21	SP106	耕层土壤有效锌等值线图
5	AD202	装饰边界图	22	SP108	耕层土壤有效钼等值线图
6	GE103	面状水系图	23	SP109	耕层土壤有效铜等值线图
7	GE104	线状水系图	24	SP110	耕层土壤有效硅等值线图
8	GE105	道路图	25	SP111	耕层土壤有效锰等值线图
9	GE201	坡度图	26	SP112	耕层土壤有效铁等值线图
10	GE203	地貌类型分区图	27	SP201	耕层土壤 pH 等值线图
11	LM102	灌溉分区图	28	SP113	耕层土壤交换性钙等值线图
12	LU101	土地利用现状图	29	SP114	耕层土壤交换性镁等值线图
13	SB101	土壤图	30		耕层土壤有效硫等值线图
14	SB203	地下水矿化度等值线图	31		耕层土壤水解性氮等值线图
15	SB302	耕地地力调查点点位图	32		耕地地力评价等级图
16	SP101	耕层土壤有机质等值线图	33		耕层土壤有效硼等值线图
17	SP102	耕层土壤全氮等值线图			

注：本表为山东省统一的分层情况，莘县为部分图件。

二、属性数据库结构

属性数据结构内容严格按县域耕地资源管理信息系统数据字典及建库县提供的资料编制。属性数据库结构如表 7-2 所示。

表 7-2 耕地资源管理信息系统属性数据库结构表

图 名	属性数据结构	字段类型
行政区划图	内部标识码:系统内部 ID 号	长整型,9
	实体类型:point,polyline,polygon	文本型,8
	实体面积:系统内部自带	双精度,19,2
	实体长度:系统内部自带	长整型,10
	县内行政码:根据国家统计局“统计上使用的县以下行政区划代码编制规则”编制	长整型,6
县乡村位置图	内部标识码:系统内部 ID 号	长整型,9
	实体类型:point,polyline,polygon	文本型,8
	X 坐标:无,Y 坐标:无	双精度,19,2
	县内行政码:根据国家统计局“统计上使用的县以下行政区划代码编制规则”编制	长整型,6
	标注类型:村标注,乡标注,县标注	字符串,6
行政界线图	内部标识码:系统内部 ID 号	长整型,9
	实体类型:point,polyline,polygon	文本型,8
	实体长度:系统内部自带	长整型,10
	界线类型:根据国家基础信息标准填写	文本型,40
辖区边界图	内部标识码:系统内部 ID 号	长整型,9
	实体类型:point,polyline,polygon	文本型,8
	实体面积:系统内部自带	双精度,19,2
	实体长度:系统内部自带	长整型,10
	要素代码:依据《国家基础地理信息数据分类与代码》编制要素代码	长整型,5
	要素名称:依据《国家基础地理信息数据分类与代码》编制要素名称	文本型,40
	行政单位名称:单位的实际名称填写	文本型,20
装饰边界图	内部标识码:系统内部 ID 号	长整型,9
面状水系图	内部标识码:系统内部 ID 号	长整型,9
	实体类型:point,polyline,polygon	文本型,8
	实体面积:系统内部自带	双精度,19,2
	实体长度:系统内部自带	长整型,10
	要素代码:依据《国家基础地理信息数据分类与代码》编制要素代码	长整型,5
	要素名称:依据《国家基础地理信息数据分类与代码》编制要素名称	文本型,40
	面状水系码:自定义编码	字符串,5
	面状水系名称:依据 2006 年 10 月版山东省地图册编制	字符串,20
	湖泊贮水量:依据 1∶50000 地形图	字符串,8

续表

图　名	属性数据结构	字段类型
线状水系图	内部标识码:系统内部ID号	长整型,9
	实体类型:point,polyline,polygon	文本型,8
	实体长度:系统内部自带	长整型,10
	要素代码:依据《国家基础地理信息数据分类与代码》编制要素代码	长整型,5
	要素名称:依据《国家基础地理信息数据分类与代码》编制要素名称	文本型,40
	线状水系码:自定义编码	长整型,4
	线状水系名称:依据2006年10月版山东省地图册编制	文本型,20
	河流流量:无	长整型,6
道路图	内部标识码:系统内部ID号	长整型,9
	实体类型:point,polyline,polygon	文本型,8
	实体长度:系统内部自带	长整型,10
	要素代码:依据《国家基础地理信息数据分类与代码》编制要素代码	长整型,5
	要素名称:依据《国家基础地理信息数据分类与代码》编制要素名称	文本型,40
	公路代码:根据国家标准《公路路线命名编号和编码规则命名和编号规则》编制	文本型,11
	公路名称:根据国家标准《公路路线命名编号和编码规则命名和编号规则》编制	文本型,20
地貌类型分区图	内部标识码:系统内部ID号	长整型,9
	实体类型:point,polyline,polygon	文本型,8
	实体面积:系统内部自带	双精度,19,2
	实体长度:系统内部自带	长整型,10
	地貌类型:数据引用自"中国科学院生物多样性委员会地貌类型代码库"(四类码)	文本型,18
灌溉分区图	内部标识码:系统内部ID号	长整型,9
	实体类型:point,polyline,polygon	文本型,8
	实体面积:系统内部自带	双精度,19,2
	实体长度:系统内部自带	长整型,10
	灌溉水源:县局提供数据	文本型,10
	灌溉水质:无	文本型,4
	灌溉方法:县局提供数据	文本型,18
	年灌溉次数:县局提供数据	文本型,2
	灌溉条件:无	文本型,4
	灌溉保证率:无	长整型,3
	灌溉模数:无	双精度,5,2
	抗旱能力:无	长整型,3

续表

图 名	属性数据结构	字段类型
土地利用现状图	内部标识码:系统内部ID号	长整型,9
	实体类型:point,polyline,polygon	文本型,8
	实体面积:系统内部自带	双精度,19,2
	实体长度:系统内部自带	长整型,10
	地类号:国土资源部发布的《全国土地分类》三级类编码	长整型,3
	平差面积:无	双精度,7,2
土壤图	内部标识码:系统内部ID号	长整型,9
	实体类型:point,polyline,polygon	文本型,8
	实体面积:系统内部自带	双精度,19,2
	实体长度:系统内部自带	长整型,10
	土壤国标码:土壤类型国标分类系统编码	长整型,8
地下水矿化度等值线图	内部标识码:系统内部ID号	长整型,9
	实体类型:point,polyline,polygon	文本型,8
	实体长度:系统内部自带	长整型,10
	地下水矿化度:依据县级矿化度图实际数据填写	双精度,5,1
耕地地力调查点点位图	内部标识码:系统内部ID号	长整型,9
	实体类型:point,polyline,polygon	文本型,8
	X坐标:北京54坐标系	双精度,19,2
	Y坐标:北京54坐标系	双精度,19,2
	点县内编号AP310102:自定义编号	长整型,8
行政区基本情况数据表	县内行政码SH110102:根据国家统计局“统计上使用的县以下行政	长整型,6
	区划代码编制规则”编制	字符串,6
	省名称:山东省	字符串,8
	县名称:××市,××区,××县	字符串,18
	乡名称:××乡,××镇,××街道	字符串,18
	村名称:××村,××委员会	字符串,20
	行政单位名称:××市,××区,××县,××乡,××镇,××街道,	
	××村,××委员会	字符串,7
	总人口:无	字符串,7
	农业人口:无	字符串,7
	非农业人口:无	双精度,11,2
	国民生产总值GNP:无	字符串,20
县级行政区划代码表	行政单位名称:××市,××区,××县,××乡××镇××街道××村××委员会	长整型,6
	县内行政码SH110102:根据国家统计局“统计上使用的县以下行政区划代码编制规则”编制	长整型,9

续表

图　名	属性数据结构	字段类型
土地利用现状地块数据表	内部标识码:系统内部 ID 号	长整型,9
	地类号:国土资源部发布的《全国土地分类》三级类编码	字符串,3
	地类名称:国土资源部发布的《全国土地分类》三级类名称	字符串,20
	计算面积:无	双精度,7,2
	地类面积:无	双精度,7,2
	平差面积:无	双精度,7,2
	报告日期:无	日期型,10
土壤类型代码表	土壤国标码:土壤类型国标分类系统编码	字符串,8
	土壤国标名:土壤类型国标分类系统名称	字符串,20
耕地地力调查点基本情况及化验结果数据表	灌溉水源:县提供数据	字符串,10
	灌溉方法:县提供数据	字符串,18
	调查点国内统一编号:自定义编号	字符串,14
	调查点县内编号:自定义编号	字符串,8
	调查点自定义编号 AP310103:自定义编号	字符串,40
	调查点类型:耕地地力调查点	字符串,20
	户主联系电话:区号一本地电话号码	字符串,13
	调查人联系电话:区号一本地电话号码	字符串,13
耕地地力调查点基本情况及化验结果数据表	调查人姓名:××××	字符串,8
	调查日期:采集当天日期	日期型,10
	≥0℃积温:无	字符串,5
	≥10℃积温:无	字符串,5
	年降水量:县提供数据	字符串,4
	全年日照时数:无	字符串,4
	光能辐射总量:无	字符串,4
	无霜期:县提供数据	字符串,3
	干燥度 CW210107:无	双精度,4,2
	东经:县提供数据	双精度,9,5
	北纬:县提供数据	双精度,8,5
	坡度:地形坡度海拔:海拔高度	双精度,6,1
	坡向:缺少数据	双精度,4,1
	地形部位:数据引用自 NY/T 309－1996《全国耕地类型区、耕地地力等级划分》和 NY/T 310－1996《全国中低产田类型划分与改良技术规范》	字符串,4
	田面坡度:依据田面实际坡度	字符串,50
	灌溉保证率:无	双精度,4,1
	排涝能力:无	字符串,3
	梯田类型:无	字符串,2
	梯田熟化年限:无	字符串,10

续表

图　名	属性数据结构	字段类型
耕地地力调查点基本情况及化验结果数据表	保护块面积:无	字符串,3
	土壤侵蚀类型:无	双精度,7,2
	土壤侵蚀程度:无明显侵蚀,轻度侵蚀	字符串,8
	污染源企业名称:无	字符串,20
	污染源企业地址:无	字符串,50
	液体污染物排放量:无	字符串,50
	粉尘污染物排放量:无	双精度,6,1
	污染面积 LE220105:无	双精度,6,1
	污染物类型:无	双精度,9,2
	污染范围:无	字符串,20
	污染造成的损害:无	字符串,40
	距污染源距离:无	字符串,30
	污染物形态:无	字符串,5
	污染造成的经济损失:无	字符串,4
	省名称:山东省	字符串,9
	县名称:××市,××区,××县	字符串,8
	乡名称:××乡,××镇,××街道	字符串,18
	村名称:××村,××委员会	字符串,18
	户主姓名	字符串,8
	土壤类型代码(国标):根据县提供数据填写	字符串,8
	土类名称(县级):县提供数据	字符串,20
耕地地力调查点基本情况及化验结果数据表	亚类名称(县级):县提供数据	字符串,20
	土属名称(县级):县提供数据	字符串,20
	土种名称(县级):县提供数据	字符串,20
	剖面构型:土层符号代码表、土层后缀符号代码表、剖面构型数据编	字符串,10
	码表是根据《中国土种志》整理	字符串,8
	质地构型:无	字符串,2
	耕层厚度:县提供数据	字符串,10
	障碍层类型:无	字符串,3
	障碍层出现位置:无	字符串,3
	障碍层厚度:无	字符串,30
	成土母质:数据引用于《土壤调查与制图》(第二版),农业出版社	字符串,6
	质地:中壤土,重壤土,沙壤土	双精度,4,2
	容重:县提供数据	字符串,2
	田间持水量:县提供数据	双精度,4,1
	pH:依据土壤化学分析 pH 耕地地力等级评价成果填写	双精度,4,1
	CEC:依据土壤化学分析 CEC 值耕地地力等级评价成果填写	双精度,5,1

续表

图 名	属性数据结构	字段类型
耕地地力调查点基本情况及化验结果数据表	有机质:依据土壤化学分析有机质值耕地地力等级评价成果填写	双精度,6,3
	全氮:依据土壤化学分析全氮值耕地地力等级评价成果填写	字符串,5
	全磷:依据土壤化学分析全磷值耕地地力等级评价成果填写	双精度,5,1
	有效磷:依据土壤化学分析有效磷值耕地地力等级评价成果填写	字符串,4
	缓效钾:依据土壤化学分析缓效钾值耕地地力等级评价成果填写	字符串,3
	速效钾:依据土壤化学分析速效钾值耕地地力等级评价成果填写	双精度,5,2
	有效锌:依据土壤化学分析有效锌值耕地地力等级评价成果填写	双精度,4,2
	水溶态硼:依据土壤化学分析水溶态硼值耕地地力等级评价成果填写	双精度,6,2
	有效硅:依据土壤化学分析有效硅值耕地地力等级评价成果填写	双精度,4,2
	有效钼:依据土壤化学分析有效钼值耕地地力等级评价成果填写	双精度,5,2
	有效铜:依据土壤化学分析有效铜值耕地地力等级评价成果填写	双精度,5,1
	有效锰:依据土壤化学分析有效锰值耕地地力等级评价成果填写	双精度,6,1
	有效铁:依据土壤化学分析有效铁值耕地地力等级评价成果填写	双精度,6,1
	交换性钙:依据土壤化学分析交换性钙值耕地地力等级评价成果填写	双精度,5,1
	交换性镁:依据土壤化学分析交换性镁值耕地地力等级评价成果填写	双精度,5,1
	有效硫:依据土壤化学分析有效硫值耕地地力等级评价成果填写	双精度,5,1
	盐化类型:无	字符串,20
	1m 土层含盐量:无	双精度,5,1
	耕层土壤含盐量:无	双精度,5,1
	水解性氮:依据土壤化学分析水解性氮值耕地地力等级评价成果填写	双精度,5,3
	旱季地下水位:无	字符串,3
	采样深度:县提供数据	字符串,7
耕层土壤有机质等值线图	内部标识码:系统内部 ID 号	长整型,9
	实体类型:point,polyline,polygon	文本型,10
	实体长度:系统内部自带	长整型,10
	有机质:依据土壤化学分析有机质值耕地地力等级评价成果填写	双精度,5,1
耕层土壤全氮等值线图	内部标识码:系统内部 ID 号	长整型,9
	实体类型:point,polyline,polygon	文本型,10
	实体长度:系统内部自带	长整型,10
	全氮:依据土壤化学分析全氮值耕地地力等级评价成果填写	双精度,4,2
耕层土壤有效磷等值线图	内部标识码:系统内部 ID 号	长整型,9
	实体类型:point,polyline,polygon	文本型,10
	实体长度:系统内部自带	长整型,10
	有效磷:依据土壤化学分析有效磷值耕地地力等级评价成果填写	双精度,5,1

续表

图 名	属性数据结构	字段类型
耕层土壤速效钾等值线图	内部标识码:系统内部 ID 号	长整型,9
	实体类型:point,polyline,polygon	文本型,10
	实体长度:系统内部自带	长整型,10
	速效钾:依据土壤化学分析速效钾值耕地地力等级评价成果填写	长整型,3
耕层土壤缓效钾等值线图	内部标识码:系统内部 ID 号	长整型,9
	实体类型:point,polyline,polygon	文本型,10
	实体长度:系统内部自带	长整型,10
	缓效钾:依据土壤化学分析缓效钾值耕地地力等级评价成果填写	长整型,4
耕层土壤有效锌等值线图	内部标识码:系统内部 ID 号	长整型,9
	实体类型:point,polyline,polygon	文本型,10
	实体长度:系统内部自带	长整型,10
	有效锌:依据土壤化学分析有效锌值耕地地力等级评价成果填写	双精度,5,2
耕层土壤有效钼等值线图	内部标识码:系统内部 ID 号	长整型,9
	实体类型:point,polyline,polygon	文本型,10
	实体长度:系统内部自带	长整型,10
	有效钼:依据土壤化学分析有效钼值耕地地力等级评价成果填写	双精度,4,2
耕层土壤有效铜等值线图	内部标识码:系统内部 ID 号	长整型,9
	实体类型:point,polyline,polygon	文本型,10
	实体长度:系统内部自带	长整型,10
	有效铜:依据土壤化学分析有效铜值耕地地力等级评价成果填写	双精度,5,2
耕层土壤有效硅等值线图	内部标识码:系统内部 ID 号	长整型,9
	实体类型:point,polyline,polygon	文本型,10
	实体长度:系统内部自带	长整型,10
	有效硅:依据土壤化学分析有效硅值耕地地力等级评价成果填写	双精度,6,2
耕层土壤有效锰等值线图	内部标识码:系统内部 ID 号	长整型,9
	实体类型:point,polyline,polygon	文本型,10
	实体长度:系统内部自带	长整型,10
	有效锰:依据土壤化学分析有效锰值耕地地力等级评价成果填写	双精度,5,1
耕层土壤有效铁等值线图	内部标识码:系统内部 ID 号	长整型,9
	实体类型:point,polyline,polygon	文本型,10
	实体长度:系统内部自带	长整型,10
	有效铁:依据土壤化学分析有效铁值耕地地力等级评价成果填写	双精度,5,1
耕层土壤 pH 等值线图	内部标识码:系统内部 ID 号	长整型,9
	实体类型:point,polyline,polygon	文本型,10
	实体长度:系统内部自带	长整型,10
	pH:依据土壤化学分析 pH 耕地地力等级评价成果填写	双精度,4,1

续表

图　名	属性数据结构	字段类型
耕层土壤交换性钙等值线图	内部标识码:系统内部 ID 号	长整型,9
	实体类型:point,polyline,polygon	文本型,10
	实体长度:系统内部自带	长整型,10
	交换性钙:依据土壤化学分析交换性钙值耕地地力等级评价成果填写	双精度,6,1
耕层土壤交换性镁等值线图	内部标识码:系统内部 ID 号	长整型,9
	实体类型:point,polyline,polygon	文本型,10
	实体长度:系统内部自带	长整型,10
	交换性镁:依据土壤化学分析交换性镁值耕地地力等级评价成果填写	双精度,5,1
耕层土壤有效硫等值线图	内部标识码:系统内部 ID 号	长整型,9
	实体类型:point,polyline,polygon	文本型,10
	实体长度:系统内部自带	长整型,10
	有效硫:依据土壤化学分析有效硫值耕地地力等级评价成果填写	双精度,5,1
耕层土壤水解性氮等值线图	内部标识码:系统内部 ID 号	长整型,9
	实体类型:point,polyline,polygon	文本型,10
	实体长度:系统内部自带	长整型,10
	水解性氮:依据土壤化学分析水解性氮值耕地地力等级评价成果填写	双精度,5,3
耕地地力评价等级图	内部标识码:系统内部 ID 号	长整型,9
	实体类型:point,polyline,polygon	文本型,10
	实体面积:系统内部自带	双精度,19,2
	等级(县内):‘120’	文本型,2
耕层土壤有效硼等值线图	内部标识码:系统内部 ID 号	长整型,9
	实体类型:point,polyline,polygon	文本型,10
	实体长度:系统内部自带	长整型,10
	有效硼:依据土壤化学分析有效硼值耕地地力等级评价成果填写	双精度,4,2
土壤全盐含量分布图	内部标识码:系统内部 ID 号	长整型,9
	实体类型:point,polyline,polygon	文本型,10
	实体长度:系统内部自带	长整型,10
	全盐:依据土壤化学分析全盐值耕地地力等级评价成果填写	双精度,4,1
耕层土壤有效镁等值线图	内部标识码:系统内部 ID 号	长整型,9
	实体类型:point,polyline,polygon	文本型,10
	实体长度:系统内部自带	长整型,10
	有效镁:依据土壤化学分析有效镁值耕地地力等级评价成果填写	长整型,2
耕层土壤有效钙等值线图	内部标识码:系统内部 ID 号	长整型,9
	实体类型:point,polyline,polygon	文本型,10
	实体长度:系统内部自带	长整型,10
	有效钙:依据土壤化学分析有效钙值耕地地力等级评价成果填写	长整型,2

第五节　建库工作方法

一、数据库质量控制

数据库质量涉及三个方面的工作：一要满足耕地地力评价工作的需要；二要满足耕地资源管理信息系统数据库建设的需要；三要满足建库所有成果图件输出的需要。为满足以上三个方面的要求，在数据库建设工作开展前，首先在有关国标、部标和行业标准的基础上，制订了统一的工作平台、工作方法和流程；成果图件图名、图例和色彩编制要求；成果质量检查工作方法。对耕地地力评价基础性图件首先在建库单位初步检查后，交项目县进行全面检查和修改补充错漏内容，返回建库单位对所有成果图件安排专人进行全面检查和修改，从而保证了数据库的成果质量。

二、建库工作有关规定

为保证建库工作的按时及保质完成，成立了建库项目组。

建库项目组：设立技术负责一人，全面负责建库工作有关规程的学习，日常建库工作安排、工作进度、质量检查、建库数据库资料汇总、MAPGIS 格式建库成果经 ARCGIS 规范化处理，导入县域耕地资源管理信息系统等工作。

质量检查组：安排具有工作经验的人员成立检查组，负责所有建库资料的质量检查及修改工作。

制订建库工作标准：在建库工作前，首先对建库图形子图的大小、线的粗细及线型、面的色彩搭配，图件分层，工作方法和流程下发到每一个建库工作人员手中，统一了建库图形扫描矢量化的技术要求。

最终成果检查：所有成果图待评审验收后，依据专家意见，由建库组和耕地地力评价组依据专家和甲方意见进行成果图和数据库修改补充，最后输出成果图件和导入县域耕地资源管理信息系统。

三、建库资料精度及建库工作流程

（一）建库资料精度

为保证建库资料的数学精度，首先形成大于莘县范围的 1∶50000 标准图幅理论图框，拼接形成县域的 1∶50000 理论图框，以 1∶50000 标准分幅地形图为基础，在地形图和县域土地利用现状图上选择同名地物点（主要为农村道路交叉点等）为几何校正点，为保证县域图件的精度，莘县选不少于 30 个几何校正点，每一个几何校正点选择地形图附近的四个公里网交叉点，将其校正到县域的理论图框上，形成满足 1∶50000 精度要求的县域地理底图。以该图为基础，将所有建库成果图件校正到县域地理底图上。

（二）建库工作流程

第一步：首先按照建库工作的基本要求对土地利用现状、土壤、矿化度、灌溉分区、地貌、采样点位等图件进行扫描矢量化和几何校正处理、建库组错漏自查和交甲方进行错漏检查、返回建库组修改及编辑、拓扑检查、属性挂接处理等。

第二步：将以上成果交耕地地力评价组进行耕地地力评价工作。

第三步：耕地地力评价组将其评价成果资料再返回建库组，由建库组按照县域耕地资源管理信息系统数据库建设要求，对所有建库成果资料进行全面的质量检查及编辑处理、拓扑处理、属性挂接，最后由 MAPGIS—ARCGIS—县域耕地资源管理信息系统及时输出成果图件。

（三）主要空间数据库说明

行政区划图（地理底图）：以土地利用现状图为背景，分别提取乡镇（街道办）、村庄、主要工矿企业建设用地，主要道路、河流、境界、行政区划等内容。参考地图或 1∶50000 地形图，对主要道路、双线河流等地物进行连接并加注地物注记。依据卫星影像等资料，对近年来增加的主要道路进行更新。

土壤图：依据土壤调查研究报告、土壤志、山东省土壤分类归属标准，编制土种归属对比表和省标与县级对比表图例。在土壤图上保留土壤图原始代码，属性挂接为新编的县域土种代码，可满足各级政府工作的需要。

地貌图：由于地貌图为微地貌图，为满足各级政府使用及建库工作的需要，在地貌图中保留了原地貌代码，其属性尽量对应到数据字典中的名称及代码，在图例中增加了对比表，满足了各项工作的需要。

（四）属性库编制方法

严格按照建库数据字典中的要求及建库单位提供的资料编制各种成果图属性代码。

第六节　建库成果

莘县耕地资源管理信息系统数据库建设成果包括农业部规定格式的数据库和 MAPGIS 格式的成果共计 25 幅图（见表 7-3）。

表 7-3　莘县耕地资源管理信息系统数据库建设成果表

序号	成果图名称	备注
1	莘县土地利用现状图	
2	莘县地貌图	
3	莘县土壤图	
4	莘县矿化度含量分布图	
5	莘县耕地地力调查点点位图	
6	莘县灌溉分区图	
7	莘县土壤 pH 分布图	
8	莘县耕地地力评价等级图	
9	莘县土壤缓效钾含量分布图	

续表

序号	成果图名称	备注
10	莘县土壤碱解氮含量分布图	
11	莘县土壤交换性钙含量分布图	
12	莘县土壤交换性镁含量分布图	
13	莘县土壤全氮含量分布图	
14	莘县土壤速效钾含量分布图	
15	莘县土壤有机质含量分布图	
16	莘县土壤有效硅含量分布图	
17	莘县土壤有效磷含量分布图	
18	莘县土壤有效硫含量分布图	
19	莘县土壤有效锰含量分布图	
20	莘县土壤有效钼含量分布图	
21	莘县土壤有效硼含量分布图	
22	莘县土壤有效铁含量分布图	
23	莘县土壤有效铜含量分布图	
24	莘县土壤有效锌含量分布图	
25	莘县菜地地力评价等级图	根据 8 分析评价

莘县耕地资源管理信息系统数据库建设包括空间数据库和属性数据库两部分内容。空间数据库全部是按照县域耕地资源管理信息系统数据字典要求进行的。属性数据库由于部分资料难以收集到(如土地平差面积等),属性数据仅按照县域耕地资源管理信息系统数据字典要求编制了部分内容。再者,例如耕地地力评价土壤采样点位图,利用 GPS 坐标展绘到地理底图上点与实际点位误差较大,达不到精度要求,所以耕地地力评价土壤调查采样点位图是依据野外采样点位图经扫描矢量化后形成,属性挂接为 GPS 定点的坐标。

第二篇 耕地培肥与改良利用对策

第八章 耕地资源合理利用

第一节 耕地资源的现状与特征

据莘县国土资源局土地利用现状更新调查结果，至 2009 年末，全县实有耕地面积为 93253.59hm^2，与第二次土壤普查时的 97381.57hm^2 相比，面积减少 4127.65hm^2，减少 4.24%，土地保有量减少的主要原因是由于大量建设用地没有得到有效补充。

一、耕地状况

(一)耕地土壤类型

全县共分潮土、盐土、风沙土 3 个土类；6 个亚类；12 个土属；74 个土种。按土壤表层质地分，壤质土占 82.4%，是发展农业生产的理想土壤。与上次土壤普查相比，流动及半固定风沙化土壤已转化为固定风沙土或偏沙壤土，盐碱化土壤面积骤减，面积较小。从地域看，莘县西北及西南部多为沙质或沙质壤土，中部为壤土，东部多为中壤土或以上。

(二) 耕地地力状况

根据这次调查结果，将全县耕地分为 6 级(见表 8-1)。

表 8-1 莘县耕地地力评价结果面积统计

等　级	一级地	二级地	三级地	四级地	五级地	六级地	总　计
面积(hm^2)	11443.91	23649.47	21522.43	15041.5	15299.8	6296.48	93253.59
百分比(%)	12.27	25.36	23.08	16.13	16.41	6.75	100

(三) 土壤养分状况

这次调查化验分析的项目有：土壤全氮、碱解氮、有效磷、速效钾、缓效钾、交换性钙、交换性镁、有效硫、有效锌、有效钼、有效硼、有效铜、有效铁、有效硅、有效锰。

总的看，粮田土壤有机质含量不高，大部分有效磷含量丰富，部分沙地速效钾含量较低，但不同乡镇（街道办）、村庄、农户之间差异大。

从菜地分析结果来看，不同土质及农户之间差异大。种植年限越长，养分含量越高且比例越不协调。总的来看，有机质含量偏低，有效磷偏高；部分大棚微量元素相对缺乏。

二、耕地利用状况

2009年末，全县耕地面积为93253.59hm^2，农作物播种面积达到170283hm^2，其中：小麦56640hm^2、玉米56143hm^2、棉花7822hm^2、花生7554hm^2、蔬菜34135hm^2。

莘县耕地资源利用特点主要表现为三个方面。

(1)作物布局区域化明显。中北部以保护地蔬菜和粮食为主，南部以粮食为主。马西地区以林木、果树、花生为主。同时，种植的作物品种也形成了集中连片的生产区，如河店镇的洋香瓜、番茄；燕店镇、魏庄镇的秋黄瓜、洋香瓜；十八里铺镇、燕塔街道办、莘州街道办的秋黄瓜、芸豆；董杜庄镇的西瓜、张寨镇的韭菜、莘亭街道办的露地菜等。

(2)综合耕地复种指数达154.5%。粮食作物以小麦、玉米一年两熟为主，小麦、玉米播种面积占粮田播种面积的93.5%。西北部花生、棉花多为一年一熟。西南部乡镇（街道办）为小麦、玉米或花生一年两熟。蔬菜栽培模式多为一年两作。

(3)蔬菜生产的设施化高。截至2009年，莘县冬暖式大棚、塑料大拱棚两者占蔬菜种植总面积的90%。

第二节　耕地利用与管理现状

莘县耕地利用现状第一节已论述，本节就耕地利用进行回顾，简要介绍肥料投入情况及存在问题及建议。

一、耕地的合理利用与管理简要历史回顾

1959年，莘县进行第一次土壤普查，对当时的土地平整、兴修水利、用养结合起到了一定的推动作用。1981年进行第二次土壤普查，开展了包括土壤的形成、分类、物理性质和养分状况的全面普查，共采集耕层土样1469个，剖面土壤1176个，获取化验数据14008个。第二次土壤普查编绘了1∶50000的莘县土壤图、土地利用现状及地貌图、耕地评价图、土壤改良利用分区图、耕层质地及土体构型图、土壤有机质含量分布图、全氮和碱解氮含量分布图、有效磷含量分布图、速效钾含量分布图等。

第二次土壤普查科学系统地分析论述了自然条件和人为生产活动对土壤发生发育的影响，各类土壤的生成、发育、特性、分类及分布，全面评述了土壤肥力状况和生产性能，科学地对土壤资源进行质量评价，分析了存在的问题，制定了土壤改良利用分区规划和因地制宜土壤改良培肥的措施，并认真总结了形成高产田的土壤条件，为其后磷肥的大面积推广应用、氮磷配合施用、配方施肥和秸秆还田技术的推广应用提供了科学依据。从20世纪80年代中后期开始，莘县逐年加大对农业的投入，组织实施了国家商品粮基地县、棉花生产基地县和农业综合开发等重大建设项目，大面积对莘县盐碱地进行了土地改良，开发利用，综合治理。通过这些项目的实施，解决了农田排灌问题，实现旱能浇、涝能排；土地

平整，田间面貌整齐美观，土地风蚀化、盐碱化问题得到解决；土壤结构、养分含量有明显改善和提高。近十年来，随着经济不断发展，秸秆直接、间接还田量逐年增加，土壤有机物增加，加之精耕细作，改善了土壤理化性状，盐碱危害逐年减轻。原来的盐碱荒地全部被开发利用，多数变成高产田。随着农业种植结构的不断调整和适应市场经济增加农民收入的需要，地力培肥更加受到重视，配方施肥得到逐步推广。农民认识的逐步提高，促进了耕地的用、养结合，基本形成用地、养地的良性循环。

二十多年来，随着经济的发展，道路建设、工业、房地产业对耕地的占用不断增加，政府加大了对荒地的开发利用力度，加快进行盐碱地改良、荒沙地改造等基本建设，进一步完善农田的林网化及水利条件的配套，也有效地提高了耕地质量。

二、耕地施肥状况分析

(一)有机肥施肥现状

1.粮田有机肥施用：

莘县近几年秸秆还田面积较大，据 2009 年土肥站调查，秸秆还田面积：小麦达到 95%以上，玉米为 85%以上。但由于受经济利益的驱动，目前大田中有机肥的施用越来越少，有的粮田甚至整年不用有机肥，成为名副其实的“卫生田”。主要原因是：第一，大部分青年农民经常外出打工，且收入较高，而堆沤有机肥比较麻烦，故积极性不高，致使粮田大部分不施农家肥。第二，即使有农家肥、畜禽粪，随着农业结构调整，大部分都施入大棚蔬菜地。目前大田施有机肥的约为 17.5%，每公顷施用量平均为 15000kg，施用范围数量为 6000～30000kg/hm^2。

2.大棚蔬菜有机肥施用

大棚蔬菜地土壤有机质来源于三个方面：一是作物根系残留土中形成的有机质；二是秸秆还田；三是施用的有机肥。瓜菜作物根系残留量少，形成的有机质微忽其微。目前大棚蔬菜生产过程中很少实行秸秆还田，用秸秆加畜禽粪堆沤的土杂肥也很少，因而要维持和提高大棚瓜菜地土壤有机质含量，需注意有机肥料的施用，增施有机肥是保护地有机质的主要来源。据调查，一般农户每亩大棚施鸡粪 3000～5000kg，高的 10000kg。鸡粪是一种速效性有机肥料，其碳氮比较低，所含有机物质易分解，对改良土壤、增加土壤有机质含量作用较小，加上目前市场销售的鸡粪质量较差，从而导致了大棚菜地土壤有机质含量提高缓慢。在鸡粪施用方法上，也存在一些不正确做法，未经腐熟的鲜鸡粪含有大量的病原菌容易污染土壤，加重大棚蔬菜的病虫害，同时施入未经充分腐熟的鲜鸡粪，在大棚密封的冬季易造成烧根和熏苗现象发生。

据莘县土肥站 2008 年调查，85%的大棚户施鸡粪，10%的棚户施其他有机肥(秸秆堆沤肥、其他家禽粪、商品有机肥、生物有机肥、生物有机无机复混肥)，1%的棚户施用沼液，2%的棚户不施有机肥。近两年，施用商品有机肥、生物有机肥、生物有机无机复混肥的农户及施用量迅速上升。

(二)化肥施用现状

莘县目前主要种植的作物为小麦、玉米和蔬菜，化肥种类主要是尿素、磷酸二铵、复合肥、各种冲施肥等。小麦：一般每亩基施复合肥 30～60kg，返青期追施 20～40kg 尿素。

玉米：有一小部分农户在夏玉米播种时，施用种肥，一般每亩用复合肥或二铵 7.5～15kg，然后在玉米大喇叭口期追施 20～50kg 尿素；大部分农户采取“一炮轰”的施肥方式，在拔节至大喇叭口期每亩追施尿素或复合肥 30～50kg。

粮田施肥出现两极分化：中部、北部乡镇（街道办）以及较富裕的农户施肥量比 2005 年前都有增加，特别是小麦春季追肥每亩施尿素 40kg，高的 50kg；玉米追肥一次，每亩施尿素或复合肥 50～60kg。而西南、西北部的一部分农户施肥量偏小，小麦基肥每亩只施磷酸二铵 20～30kg，玉米追肥只施二铵或复合肥 20～30kg。

莘县玉米“321”施肥方式点评：

“3”：指 3 次技术标准施肥，一般在高产攻关试验田进行。例如 2008 年以来，我县实施玉米高产创建项目，在核心示范区内的 $6667m^2$ 高产攻关示范田就进行了至少 3 次标准施肥。

“2”：指 2 次常规技术施肥，占农户的 10%～20%。有两种情况，一是种肥＋穗肥，有越来越多的农户采用，适宜一般地块，推荐配方肥，能实现稳产高产；二是拔节肥＋穗肥，一般劳动力多的农户用，产量高。

“1”：指 1 次省工施肥，占农户的 80%～90%。一是小口至大口一次“炮轰式”施肥，一般地块不求产量高，只求省事，产量不很低就行。二是缓控释肥，占农户的 2%，有越来越多的农户采用，播种时一次施肥，中低产田、沙地效果很明显，高产田一般平产。

随着化肥的大量施用，作物产量并不因化肥量的增加而相应提高，甚至某些高产地块出现增肥不增产的现象。大量的调查表明，莘县近几年粮食产量徘徊不前，除自然灾害，与盲目施肥有直接关系。施用化肥效益降低的主要原因：一是肥料结构不合理。除有机肥料质差量少，化肥品种单一是重要因素。与肥力指标相比，氮、磷、钾化肥比例欠佳，直接影响了化肥的效益。据莘县土肥站 2006～2009 年连续调查，从小麦施肥比例来看，施 $N:P_2O_5:K_2O$ 的比例 1∶0.5∶0.2，与小麦吸收的比例 1∶0.33∶1 相比，显然是磷多、钾不足；玉米施肥比例 1∶0.4∶0.23 与玉米吸收比例 1∶0.48∶0.8 相比，磷、钾均不足。再如马西部分乡镇（街道办）的农民至今仍偏爱施磷酸二铵，致使部分大田中有效磷含量较高；全县大棚土壤有效磷平均达到 157mg/kg，也是由于施肥习惯造成的。二是化肥用量增多，有机肥不足，诱发土壤缺少部分微量元素。三是在施肥技术上不能因地制宜。

调查中发现，莘县大棚蔬菜施用的氮、磷、钾比例与作物需要的氮、磷、钾比例严重失调，大棚番茄吸收的氮、磷、钾比例 1∶0.29∶1.57，而施用的氮、磷、钾比例为 1∶1.56∶1.07；大棚黄瓜吸收氮、磷、钾的比例为 1∶0.49∶1.37，而施用氮、磷、钾的比例为 1∶1.32∶0.62。对保护地蔬菜养分投入情况调查表明，保护地蔬菜每亩氮素平均投入量为 123kg N，磷素投入量为 121kg P_2O_5，钾素投入量为 108kg K_2O，养分投入比例平均为 1∶0.99∶0.88。根据 25 种蔬菜 1000kg 产量吸收 $N:P_2O_5:K_2O$ 为 1∶0.34∶1.23 的情况来衡量，养分的投入比例与蔬菜的吸收比例严重失衡，磷高而钾低，磷素比例远大于蔬菜的吸收比例，磷和氮素大量积累，相对而言势必会导致蔬菜生长中其他中微量元素的缺乏，因而会导致蔬菜生长障碍。但从 2005 年开始，莘县大棚蔬菜施肥出现了一些变化，主要是追肥，冲施高氮高钾的冲施肥或复合肥，如十八里铺镇、莘州街道办事处等本身土壤中速效钾含量较高，大量连续冲施含硝酸根及钾离子的肥料，使大棚土壤中速效钾含量一般都在 500～600mg/kg 甚至以上，高的达 1000mg/kg 以上。在保护地蔬菜生产中，养分投入比例失调也导致蔬菜易发生病害，如土壤中磷的大量累积，能造成蔬菜缺 Zn、Mn、Fe、Ca 等，引起生理性病害，原因是 P 与 Zn、Ca 等产生拮抗作用，造成植物难以吸收利用。

肥料利用率低，肥效差。目前我国化肥的当季利用率氮素为 30％～35％，磷为 10％～20％，钾为 35％～50％，平均当季化肥利用率为 30％左右，而发达国家达到 50％～60％。由于化肥利用率低，不但加剧了化肥供需矛盾，而且造成极大的人力、财力、物力浪费，还污染环境。而根据近几年的田间肥料试验结果，莘县大田化肥的当季利用率氮素为 14.25％～21.5％，磷为 6.01％～20.49％，钾为 17.65％～43.44％，多年大棚保护地肥料利用率更低。

（三）历年肥料投入情况及粮食产量变化

据莘县统计部门提供的资料，1989 年至 2011 年间施肥情况如表 8-2 所示。

表 8-2　　历年来肥料投入情况

年份	化肥总用量（折纯，吨）	农用化肥施用量（折纯，吨）			
		氮肥	磷肥	钾肥	复合肥
1980	17998				
1981	24375				
1982	24977	15447	6626	1312	1582
1983	28771				
1984	37301				
1985	38469	25323	6868	1494	4784
1986	36567	24424	7445	782	3916
1987	28363				
1988	36727				
1989	40822	25984	7246	2716	4876
1990	41768	27535	6261	3019	4953
1991	42600	28200	6800	3000	4600
1992	46796	31603	6521	4316	4536
1993	45731	30389	6229	4434	4679
1994	45932	29760	6888	2553	6731
1995	47313	30442	7162	2608	7101
1996	50030	31227	7018	3671	8114
1997	48396	30613	6950	2128	8705
1998	53970	32143	7115	5124	9588
1999	56200	32642	7189	5171	11198

续表

年份	化肥总用量（折纯，吨）	农用化肥施用量（折纯，吨）			
		氮肥	磷肥	钾肥	复合肥
2000	63697	34252	8112	8993	12340
2001	61151	33252	7815	8098	11986
2002	58070	29698	7495	6537	14340
2003	63736	28271	6951	4949	23565
2004	66552	29421	6877	7173	23081
2005	65436	28853	6848	7048	22687
2006	57594	26690	6487	7137	17280
2007	59479	24474	5473	8137	21395
2008	64197	24007	6040	6050	28100
2009	73442	20235	3982	7347	41878
2010	89983	22017	4061	8074	55831
2011	79432	23205	4512	9396	42319

注：表中空格为统计部门未提供。

可以看出，莘县化肥总用量持续增加，主要原因是农作物种植结构的调整，经济作物及蔬菜种植面积的增加。由于推广科学施肥技术，2000 年以来，氮肥及磷肥用量有逐年减少趋势，钾肥及复合肥除去原料涨价，影响用量，总的趋势是用量增加。

1980 年，莘县小麦产量 98.5kg/667m^2，玉米 172.5kg/667m^2，总产 134850 吨。30 年来，粮食产量的大幅度提高，一方面得益于农作物品种的更新、农田水利建设，另一方面得益于地力水平提高、化肥品种的增多、科学施肥技术水平的提高。2009 年，小麦平均产量 405.6kg/667m^2，玉米平均产量达 465kg/667m^2。田间试验证明，2006 年起莘县实施配方施肥项目，对粮食的增产作用达 5%～15%。粮食产量变化情况如表 8-3 所示。

表 8-3　莘县粮食产量情况

年份	小麦单产（kg/666.7m^2）	小麦种植面积（hm^2）
1980	98.50	42546.67
1981	138.50	39693.33
1982	214.50	34453.33
1983	274.50	38020
1984	310	40680
1985	294.50	49926.67
1986	277	58940

续表

年份	小麦单产($kg/666.7m^2$)	小麦种植面积(hm^2)
1987	278	56100
1988	292.4	56800
1989	299.36	57100
1990	249.99	66773.33
1991	301.45	60193.33
1992	275.01	60068
1993	263.43	62766.67
1994	290.63	63989
1995	300.78	63067
1996	316.99	60955
1997	337	60118
1998	302	60000
1999	348.99	62061
2000	321.50	58667
2001	312	56421
2002	313.5	56000
2003	320.67	49663
2004	380.13	48588
2005	373.8	55773
2006	378.42	56067
2007	383.87	59625
2008	405.53	56480
2009	405.65	56640
2010	436.52	56717.87
2011	448.7	56995.93
2012	454.2	57377.07

(四)肥料施用中存在的问题

目前在肥料施用中还存在诸多问题和误区。

(1)盲目性、随机性是当前肥料施用中的主要问题。不是以产定肥、按需配肥而是买啥用啥、有啥上啥、没有不上，主要是因为受传统观念的束缚，缺乏施肥原理和以肥定产及施肥重要性的认识，不注重产投比，以致造成用肥不对路、产量低、效益差的结果，在生产实践中，屡见不鲜的问题是，农民无论种什么作物，都施同种、同量肥料；无论氮、磷、钾有效含量多少，都施同等重量的肥料；对所种的地块土壤营养含量摸不清，盲目施肥。特别是经济条件好的农户，更是认为多施肥能增产。重用地、轻养地，重化肥、轻农家肥和生物肥。农家肥与化肥同等重要不可代替，优势互补，有机肥料、无机肥料和生物肥料配合作用，对作物稳产、高产，培肥地力，增强农业后劲，改善农田生态环境，缓解化肥比例失调，生产无公害无污染合格的A级、AA级绿色食品具有重要意义。为了更好地保持和提高土壤肥力，发扬我国重视有机肥的传统，使农业可持续发展和环境保护达到完美的结合，应重视推广有机、无机、生物相结合的新型肥料。

(2)施肥方法不当。我国自20世纪80年代末90年代初开始，推广了叶面肥料、缓释/控释肥料、微生物肥料、有机无机生物复混肥以及有机废弃物产业化的研究与开展，也取得了一些进展，但目前市场上出现的一些所谓新型肥料，多数科技含量不高，增产效果不稳定，甚至不增产。施肥方法要改进，提倡有机肥与化肥配合施，基肥、底肥、种肥与苗后追肥相结合，尿素深施等，今后应大力推广新型肥料的施用技术。

(3)肥料品种结构不合理，土壤养分失衡。肥料品种结构不合理主要表现在有机肥与化肥生产施用数量及比例不相适应(横向比不适宜)。近年来农业生产实践表明，有机肥投入仍在继续下降，尤其大田表现突出。肥料品种结构不合理还表现化肥氮、磷、钾、锌、硼、锰等营养元素的施用极不合理(纵向比不合理)。单纯施用化肥造成土壤板结，破坏土壤结构，生产能力低下。养分间不平衡是指普遍重视施用氮、磷化肥，轻视钾肥施用，忽视中微量元素施用。特别是大棚菜地过量施肥现象严重，粮果田相对不足。由于蔬菜效益较高，多数菜农化肥投入量过大，造成部分大棚，特别是多年大棚土壤氮、磷、钾有一定的盈余积累，不仅破坏了土壤理化性状，还降低了肥料利用率。由于受传统的习惯影响，有的菜农偏施尿素等酰胺态氮肥，有的菜农偏施美国二铵等含磷极高的复合肥，使土壤中氮、磷含量偏高，引起严重的次生盐渍化，成为影响大棚菜高产的障碍因素。

(4)氮素大量淋失。蔬菜追肥基本上是采用随水追肥的方式。在大量施用氮肥的情况下，铵态氮肥虽能被土壤胶体吸附，但吸附量有限，大量的铵离子将进行硝化作用，迅速转化成硝态氮而随水下移，到达根系难以吸收的深度；硝态氮肥则由于土壤胶体不能吸附而极易随水大量淋失，进入地下水，既造成养分损失又污染了地下水源。由于菜农缺乏科学施肥的指导和环境保护的意识，使这种不合理的施肥现象始终得不到纠正，结果肥料增产边际效益下降，化肥利用率极低，产投比不高，过量投入的肥料还致使环境受到污染。

三、2006～2010年耕地保护工作回顾

(一)耕地保护情况

县政府每年与乡镇(街道办)签订耕地保护责任状，强化领导责任，规划期内全县增加耕地483hm²。2010年末，耕地总量93261.74hm²。其中水浇地93146.66hm²，旱地115.08hm²；规划期内实际占用耕地232.8hm²，符合土地利用总体规划；实际补充耕地460.5hm²，超额完成任务。建立了耕地储备库，对建设占用耕地的实行先补后占，开展储备库的电子信息备案及核实工作。

(二)基本农田保护

对划定的基本农田严格按要求实地核查，调整后的基本农田保护面积为83096.64hm^2。莘县建立了基本农田数据库，健全了基本农田保护档案资料，完成了基本农田上图任务。

(三)耕地质量建设

依据《基本农田保护条例》及有关耕地质量和保护规定，莘县加强了耕地质量建设，现有基本农田地力良好。莘县对93253.59hm^{2}耕地分等定级，高产田11443.93hm^2，中产田60213.4hm^2，低产田21596.26hm^2。农业局土肥站全面负责耕地质量监测工作，在全县建立了20个耕地质量监测点。规划期内，通过秸秆还田、测土配方施肥、增加有机肥等措施，进一步提高了有机质含量，达到了培肥地力的效果。

四、耕地资源利用存在问题

新中国成立之后，莘县对土地进行了几次大规模的开垦整治，尤其是对沙地、盐碱地的治理取得了巨大的成就，绝大部分风沙盐碱地变成了粮田或林地。但由于历史诸多原因，各种类型土地的开发利用程序不一，又缺乏统一的规划和有效的控制，在耕地利用方面还存在很多问题。

(1)耕地承载重，人地矛盾日益突出。全县总人口人均耕地仅为0.093hm^2，农业人均占有耕地0.106hm^2，而1980年为0.153hm^2；近年来新农村建设大量占用耕地，但农村宅基腾不出来；房地产大规模开发，又使大量耕地被占用，加之人口的急剧增长，人地矛盾日益突出，另外，各类园区、开发区、招商引资、农户私自建房、道路建设等占用了耕地；农业结构调整(主要是大量养禽棚)等也过多地挤占了耕地。

(2)耕地不断减少，后备资源缺乏。长期以来由于建设用地的占用，耕地面积呈逐年减少的趋势。莘县是平原，人们为了扩大种植面积，全县绝大部分荒滩地已被开垦，耕地面积增长的潜力较小，限制了耕地资源的开发，农业土地利用只能在深度开发上做文章，没有外延扩展的可能。

(3)部分耕地质量有恶化趋势，主要表现为化肥施用量过大，特别是大棚瓜菜，施肥量是大田的5倍以上，致使部分大棚受次生盐渍化危害严重，面源污染加大。受河流上游企业排污影响，部分水域沿岸滩涂耕地污染严重，而水体流动致使耕地遭受污染。

(4)存在着违法用地、变相租地及执法不严的现象，据国土局2011年统计，违法占地大约80hm^2。

(5)还没有真正建立农用地等级和产能动态监测体系，基本农田划定和保护措施还不完善，窑厂私自取土时有发生，致使耕地保护压力巨大。

第三节 莘县耕地改良的现状与效果

一、莘县盐碱地综合改良

莘县属黄泛平原，地势平坦，土层深厚，由于历史上黄河多次改道、泛滥，形成了高中有洼、洼中有岗的微地貌。与上次土壤普查相比，盐碱化土地面积骤减，由 4027hm^2 降为 1288.13hm^2，尽管盐碱地的减少与近 30 年来地下水位降低有直接关系，但盐碱地综合改良技术也同时发挥了较好的应用。

（一）大搞农田水利基本建设

莘县农田水利基本建设 30 多年来取得了明显成就，截至 2009 年，全县共有机井 19265 眼，使 90%以上的农田能够及时灌溉，引黄灌区的扩大，使盐碱地面积缩小。同时开挖排灌沟渠，增强农田排灌能力。

（二）大力发展节水灌溉

实行畦灌，避免大水漫灌；积极完成小范围的土地平整；大面积采用地面软管输水灌溉办法（即小白龙）和铺设低压硬管，最大限度地减少渠系损失和水资源的浪费。水务部门对引黄水量统一科学调配，使有限的水资源得到了最大限度的利用。

（三）农业改良措施

措施主要有增施有机肥、深耕改土与秸秆还田；实施配方施肥、避免盲目施肥。种植耐盐作物、牧草、植树造林。莘县 20 世纪 80 年代每年棉花种植面积达到 4.67×10^4 hm^2 左右，盐碱地种棉花成为习惯。近 30 年来，耐盐作物品种的引进与推广，使农作物产量大幅度提高，马西部分乡镇（街道办）前几年还发展了紫花苜蓿等牧草。

（四）农业项目带动盐碱地改良

20 世纪 80 年代以来，农、林、水等项目的实施控制了盐碱地的发展。一是彭楼引黄工程的建成，大大提高了灌溉能力，使全县有效控制灌溉面积达到 7.03×10^4 hm^2。二是联合国 2606 项目及莘县创建国家级生态建设示范县等大大改善了马西的生态条件，沙碱面积减小。2006～2007 年，仅大王寨镇粮林兼作面积就增加了 1000hm^2。全县有林地中，速生丰产林面积为 5200hm^2，防护林面积为 6000hm^2，经济林面积为 4400hm^2。三是各类农业综合开发、中低产田开发以及盐碱地综合开发等项目的实施也带来了明显效果。四是农业部门的测土配方施肥项目、标准粮田建设项目、现代农业生产发展资金小麦产业项目、粮棉油高产创建项目等综合效果也较明显。特别是自 2006 年实施测土配方施肥项目，平均每亩节本增效 50 元，累计减少用肥 6000 吨（折纯）。

二、莘县设施农业耕地土壤退化改良

（一）设施农业耕地土壤存在的问题

（1）建新棚时，熟土推墙，不回填。

（2）土壤养分及比例严重失调，土壤物理性质下降。主要表现：肥料投入结构不合理，盲目施肥现象严重，施肥量偏大，化肥利用率逐年降低。总的来看，莘县保护地土壤有机质含量偏低，有效磷偏高；部分大棚微量元素相对缺乏。

（3）多年老棚过量施肥造成土壤次生盐渍化，有害生物滋生，特别是土传病害及其他病害严重发生，肥害事故也常发生。

（4）化肥、农药的使用不合理，造成在土壤中残留和污染；特别是重金属污染严重，导致蔬菜产量和品质下降。

(二)莘县设施农业耕地土壤退化改良

近两年,莘县大力实施蔬菜测土配方施肥,提出并推广了洋香瓜、西瓜、黄瓜、西葫芦、韭菜、芸豆、茄子、辣椒、番茄、山药等主要瓜菜测土配方施肥技术,效果较为明显。总的主体技术以蔬菜配方施肥技术为中心,结合生产标准要求(无公害、绿色食品或有机食品)和病虫害预防综合治理。

(1)合理轮作。正确的轮作倒茬,可使土壤中的养分、水分得到合理利用,同时还可减少病虫危害,根据莘县实际建立了合理的保护地蔬菜间套轮作模式。

(2)增施有机肥。大力提倡施用有机肥料,多用充分腐熟的优质畜禽粪等厩肥。推广玉米秸秆+畜禽粪+酵素菌来沤制土杂肥。

(3)配施生物菌肥。近几年在蔬菜配方施肥技术方案中,生物菌肥作为配方施肥的重要组成部分推广。

(4)配方施肥。要注意氮、磷、钾的合理搭配,严格控制化肥的用量,尤其要减少氮素化肥的用量;注意微量元素肥料及氨基酸型叶面肥的施用;推广施用多元复合肥和有机无机复合肥。

(5)讲究施肥方法。要根据不同种类蔬菜的生育特性、需肥规律、土壤供肥状况以及肥料的种类与养分含量,科学地计算施肥量,并根据不同的栽培方式、不同的栽培季节以及土壤、水分等条件灵活掌握。有条件的地方发展滴灌、微灌,实施水肥一体化。

(6)客土改田。根据土壤的性质不同,采用客土改田方法:对于黏重的土壤,适当地掺入沙土等改良材料;对沙碱土可采用开沟、淋盐、风沙土掺泥等方法来改良土壤的性状。

(7)防止土壤污染。严格禁止使用城市垃圾生产的有机肥和浇灌各种污水。科学合理地使用农药防治蔬菜病虫害。

(8)合理施用土壤调理剂、土壤改良剂。

(9)土壤改良与施肥、防治病虫害紧密结合。

三、莘县沙地综合治理

莘县成土母质为黄河冲积物,河流泛滥形成沉积物自然分选,使马颊河流域及以西的乡镇(街道办)多为风沙土,面积为 10328.7hm^2。经过近 30 年的治理,全县流动风沙土、半固定风沙已经很少,并且向固定风沙土或沙质壤土转化。

风沙土侵蚀类型以风力侵蚀为主,雨季伴有轻微的水力侵蚀。因雨季在当地农田覆盖率达到 95%以上,水力侵蚀在这里忽略不计,只考虑风力侵蚀因素。经过多年的综合治理,水土流失面积减少,治理前水土流失面积为 259.05 km^2(含风沙土、沙质壤土、沿河流域面积)。据粗略调查,2009 年底仍有水土流失面积 118.65 km^2,其中轻度侵蚀面积为 57.85 km^2,中度侵蚀面积为 50.43 km^2,强度侵蚀面积为 10.37 km^2。侵蚀程度有明显减轻,治理前强度侵蚀面积占水土流失面积的 53.79%,中度侵蚀面积占水土流失面积的 38.76%,轻度侵蚀面积占水土流失面积的 7.45%。2009 年,强度侵蚀面积占水土流失面积的 9%,中度侵蚀面积占水土流失面积的 43%,轻度侵蚀面积占水土流失面积的 48%。经测算,2009 年水土流失的侵蚀模数为 2250.18t/(km^2 · a),侵蚀量为 1.916×10^{6}t。

多年来,莘县坚持“生态立县、有效改善农业生产条件”的发展思路,坚持从实际情况出发，因地制宜，遵循自然规律，大力开展植树种草，治理沙地，建设生态农业，取得了巨大成就。2002 年，莘县被国家环保局命名为国家级生态示范区。

（一）沙地治理成就

1. 联合国 2606 项目

1982 年，世界粮食计划署投资 2000 万美元，以马西林场为基础，在马颊河以西 4 个乡镇（街道办）营建 2606 项目林，造林面积超 $7.33\times10^4 hm^2$。2606 项目成为莘县的一个重要窗口。莘县马西林场位于莘县西北部，马颊河以西，地处冀鲁豫三省交界处，场区南北长 6km，东西宽 1.2km，经营总面积为 727.52 km^2，分设 7 个营林区，49 个林班，有林地面积为 600hm^2，其中防护林 566.67hm^2（乡土树种毛白杨 166.67km^2，刺槐 16.67km^2，速生杂交杨 366.67 km^2），经济林 16.67hm^2（主要品种为苹果、梨、桃、葡萄）。林木总蓄积量为 $4\times10^4 m^3$，森林覆盖率达 90%。年产果品 1000 多吨，出圃苗木 100 多万株。不仅在防风治沙、改善气候、促进农业丰产丰收等方面发挥了显著效益，而且为社会提供了大量的林产品。同时这里丰富的森林资源规模大、林相好，形成了多种景观。特别是夏季，浓荫蔽地，绿盖遮天，风清气爽，环境宜人，被称为“马西绿洲”。2001 年被批准为“城市自然保护区”，目前正在建设联合国 2606 项目莘县平原森林生态区。

2. 风沙片治理情况

莘县自 1984 年成立水土保持机构至 20 世纪末，不仅对 21.469km^2 的阮庄沟小流域、33.304km^2 的道庄沟小流域、17.64 km^2 的武家河引水渠小流域等省补助资金小流域进行了水土流失综合治理，还充分发挥广大人民群众坚持面上治理，到 20 世纪末基本锁住了风沙，沙区群众的生活水平有了一定提高。

自 2000 年以来，随着国家专项资金的投入，莘县加大了水土流失重点治理工程建设，以治理质量为着力点，以彻底改善生态环境、提升沙区群众生活水平为目标，先后对邹巷、信庄、北十户、邢疃沟、富裕集、宋村、西王庄、田六总计 8 个风沙片进行了高标准、高质量治理，共治理面积 33.62 km^2，其中土地整改 1135hm^2，建水土保持林 745.97hm^2，建果园 379hm^2，建农田林网 1101.67hm^2，打机井 123 眼，挖排灌沟渠 12.2km，建小型桥涵 11 座，共完成投资 662.28 万元。对 11.05km^2 的大张、古云沉沙池区也同步治理，已治理 5.11km^2。

（二）存在问题

（1）由于人与自然和谐相处的理念还没有完全树立起来，虽然政府与社会对水土保持、风沙土治理的重视程度有了较大提高，但缺乏时间上的紧迫感和迫切性。

（2）国家投入有限、地方配套资金到位率低，影响到治理工作的开展。

（3）随着经济的发展，越来越多的建设项目占用耕地，再加上植树造林用伐无计划，如果造育不平衡，沙漠化趋势将加重。

（4）科技投入少，与科研单位、高等院校等缺乏交流，科技方面的支持较少。

（5）水土保持监测工作相对滞后 水土保持监测设备、手段落后，无论是开发建设项目还是小流域综合治理，都不能及时监测，降低了治理措施的针对性和技术含量。

（6）群众植树造林的积极性降低。近两年由于木材价格下降，再加上粮菜价格上涨较快，造林的比较效益降低。

(三)沙地综合治理

1.大搞植树造林,发展高标准果园

目前,王奉、大王寨、张鲁、魏庄等乡镇(街道办)共有林地 5742.3km^2,其中王奉镇、大王寨镇分别占全县林地面积的 11.85%和 15.45%。大王寨镇果园面积为480.67 km^2,占全县果园面积的 31.2%。

2.项目带动、综合治理效果明显

特别是 2606 项目的实施以及近 10 年的水土保持综合治理项目,通过治理:一方面,完善了当地的农业基础设施,林区面积大大增加,增强了土壤蓄水能力;另一方面,调整了土地利用结构和农业产业结构,人均基本农田、人均经济果林增加、粮食总产量提高,增加了农民的收入。

3.大搞农田水利基本建设

目前,全县 90%以上的农田能够得到及时灌溉,特别是彭楼引黄灌区的建设,使莘县西部及马西大部分村庄农田用上黄河水。

4.农业改良措施

措施主要有增施有机肥、深耕改土与秸秆还田;实施配方施肥、避免盲目施肥,选用抗旱节水作物品种,马西部分乡镇(街道办)前几年发展了紫花苜蓿等牧草。

第四节　耕地资源合理利用的对策

一、影响耕地质量的主要障碍因素

(一)旱

主要是水资源不足。莘县马西地区水资源相对不足,尽管有彭楼引黄工程,但大旱之年一般只引水一次。因此,目前马西部分乡镇(街道办)的粮食产量受限因子不是土壤养分,而是水分。马西地区遇干旱年份,粮食减产幅度较大,一般减产 20%～40%。

(二)沙

马西地区极个别地方用林无计划,应注意沙漠化。

(三)盐

莘县还有近 1288.13hm^{2}的盐碱地,有 5 个容易发生次生盐渍化的条带。十八里铺镇、莘州街道办等一些大棚次生盐渍化已经很严重。

(四)质地黏重

这部分耕地的表土或通体为黏质土(包括重壤和黏土),或表土以下有厚黏心。这类耕地主要为涝洼地区,主要分布在东鲁、十八里、徐庄、古城等乡镇(街道办)。质地黏重,透性差,呈季节性积水,土性冷,供肥迟缓,保肥性好,发老苗、不发小苗;湿黏干硬,不易耕作,旱则裂缝,伤根跑墒,土壤黏重板结,扎根受阻。

(五)隔　层

土体中有沙、黏、犁底层,影响土体水分和土壤养分运动。

(六)地力差异大,养分不平衡

在粮食作物生产上,部分粮田土壤有机质不高。特别是家庭联产承包责任制实施后,农民大多使用小型农机具,如旋耕犁等,以浅耕和旋耕作为主要耕作方式,造成土壤耕层普遍变浅。据土肥站调查,莘县大田作物耕层厚度平均为 13cm 左右,70%低于 15cm。耕作层变浅导致有效耕层土壤量显著减少,结构变差,犁底层加厚,容重变大,土壤保水和保肥能力下降,作物根系下扎困难,极易造成农作物倒伏和早衰,耕层变浅已成为作物稳产高产的主要制约因素之一。耕地养分相差悬殊,不同乡镇(街道办)、村庄、农户之间差异大。主要表现:一是作物之间养分施用不平衡。蔬菜、棉花、果品等作物的经济效益不同,养分的投入明显不同,致使作物之间土壤养分含量差异较大。二是栽培方式不同,土壤养分不平衡。三是区域之间土壤营养元素不平衡。因各地施肥习惯不同,不同乡镇(街道办)土壤养分表现出一定的区域性。

二、耕地改良利用对策及措施

(一)增加经济投入,加大耕地保护力度

农业是既要承担自然风险又要承担市场风险的脆弱产业,保护农业是国民经济发展中面临的重大问题。由于调控体制不健全,受比较利益驱使,各层次资金投入重点向非农业倾斜,资金投入不足已成为农业生产发展的主要制约因素。要达到农业增产的途径就要增加耕地投入,加强中低产田改造,不断提高耕地的质量,从而提高耕地利用的经济效益。莘县宜进一步加强对耕地改良利用的投入,通过对耕地的改良逐步消除制约耕地生产力的限制因素,培肥地力,改善农业生产条件和农田生态环境。同时,要实行最严格的耕地保护制度,加大保护耕地的力度。

(二)平衡施肥,用养结合,增施有机肥料,培肥地力

长期以来,莘县在耕地开发利用上重利用,轻培肥,重化肥,轻有机肥,虽然全县化肥的施用量逐年增加,但大田中有机肥投入量却逐年减少,且投入的化肥以氮、磷肥为主,引起土壤养分特别是有机质含量的下降和矿质养分的失衡。因此要持续提高中低产耕地的基础地力,为农作物生长创造高产基础,必须将用地与养地妥善结合起来,广辟有机肥源,重视有机肥的施用,提倡使用有机、无机复混肥。同时应利用耕地地力评价成果,科学指导群众施肥,采用科学优化配方施肥,重视合理增施有机肥、钾肥及微肥,不断培肥地力,实现中低产耕地的持续利用。

1.增施有机肥

培育高肥力土壤的中心问题,是增加土壤有机质的含量。目前看,有机肥投入太少,大田有机质的提升得益于秸秆还田,但仍不能满足农作物需要。增施有机肥,还需提高有机肥的质量和数量。一是要充分利用全县畜牧业发达的优势,养畜和肥田相结合。2009 年,全县 100.3 万人,生猪存栏 47.12 万头、牛存栏 8.01 万头、羊存栏 35.45 万只、家禽存栏 5437.98 万只;生猪出栏 91.34 万头、牛出栏 5.87 万头、羊出栏 63.12 万只、家禽出栏 5.2 亿只,可产生大量的排泄物,是很好的有机肥源。有条件的地方,应积极推广粮肥间作或轮作。二是积极发展农村户用沼气,加强人粪尿的管理,杜绝晒粪干等不科学的现象,积肥造肥与文明建设相结合,提高人畜粪尿的利用率。三是充分利用杂草秸秆等有机

物质,对大牲畜和猪圈勤起勤垫,改变积肥中“黄土搬家”的不良做法。四是秸秆还田。事实证明,秸秆还田是培肥土壤的有效途径。

2.合理施用化肥,协调土壤中氮、磷、钾的比例

随着化肥的大量施用,作物产量并不因化肥量的增加而相应提高,甚至某些高产地块出现增肥不增产的现象。合理施用化肥就是要根据土壤性质、养分含量、作物种类、产量水平和肥料的特性来确定合理施肥的数量、种类和时间,以调节土壤中养分含量,保持协调比例,达到低成本、高效益的目的。总的原则是:调节土壤速效养分比例,立足土壤养分状况,因缺补缺,突出重点,协调施肥配比,改进施肥技术。据此,中低产田的土壤要增氮、稳磷、补钾,以无机促有机;高产地块在稳氮、控磷的基础上,应注意钾肥和微肥的施用。同时,不同的土壤类型和作物种类也可直接影响着化肥的施用效果。沙壤土对肥料的吸附力低,并且漏肥、漏水,在肥料施用上应少吃多餐。全县土壤锌、硼元素相对较贫乏;玉米、小麦对锌,花生、棉花对硼均有较强的敏感性,施肥时应重视这些特征。化肥的效益,既取决于上述施肥原则,又取决于科学的施肥方法。如化肥与有机肥堆制施用、碳铵全层深施、磷肥集中施、根外追肥等。

3.大力推行秸秆还田,合理耕作

玉米秸秆作为重要的有机肥资源,直接还田利用,对维持土壤养分平衡、改良土壤、培肥地力具有十分重要的作用。在目前有机肥积造不足的情况下,玉米秸秆还田是一项积极有效的增产措施。但如操作不当,就会产生负效应,具体表现为部分秸秆还田后的麦田出现出苗率低、苗黄、苗弱,甚至死苗现象,不但不增产,反而减产。分析其原因主要有:一是碳氮比失调。秸秆本身碳氮比为(65～100)∶1,而适宜微生物活动的碳氮比为(20～30)∶1,秸秆还田后,微生物在分解残体时与麦苗争夺土壤中的有效氮,造成土壤中氮素不足,麦苗因缺氮而黄化、苗弱,生长不良。二是秸秆粉碎不符合要求。有的地块粉碎后的秸秆过长,其长度大于10cm,不利于耕翻,影响播种。三是土壤大小孔隙比例不合理。秸秆还田后,土壤变得过松,大孔隙过多,导致跑风,土壤与种子不能紧密接触,影响种子发芽扎根,使小麦扎根不牢,甚至出现吊根现象。

为避免出现以上现象,在实施玉米秸秆还田时,应注意以下几点:一是注意提高粉碎质量。粉碎长度小于10cm,且要撒匀。一定要用旋耕机作业2遍,使秸秆和土壤充分混合拌匀。此外,还要用铧式犁将秸秆连同化肥、农家肥翻入20cm以下的土壤内,以利于播种。二是注意配合施氮、磷、钾肥料。秸秆还田后,增施速效氮肥,可降低秸秆还田后土壤中的碳氮比,利于微生物活动,高产田按比例施氮、磷、钾肥料,适当增施速效氮,可满足小麦生长的需要,提高产量。三是注意浇足塌墒水。秸秆还田的地块,土壤易架空,会影响小麦的正常生长。为塌实土壤,加速秸秆腐化,整好地后要浇好塌墒水。如果怕影响适期播种,也要在播后及时浇水。另外要注意:不具备深耕条件时,要细粉碎、多旋耕(最好旋耕3遍)、浇透水,适当增加10%的播量。

旋耕的利弊:旋耕速度快,整地质量好,在全县应用面积大,但耕层浅,表层残存秸秆多,易引起小麦扎根浅,抗旱、抗倒能力差,同时也影响下茬玉米等夏播作物的产量。经过多年旋耕的麦田,应建立每旋耕3年、深耕1年的耕作制度,促进小麦生产的良性循环。

提倡深耕:掩埋有机肥料、玉米秸秆、杂草和病虫有机体;打破犁底层,疏松耕层,松

散土壤；降低土壤容重，增加孔隙度，改善通透性，促进好气性微生物活动和养分释放；提高土壤渗水、蓄水、保肥和供肥能力；深耕达到23cm以上，耕后细耙，粉碎坷垃，达到上虚下实的整地标准。一般旋耕2～3年，深耕1年为宜。

总之，根据作物不同的生物学特点进行合理的耕作。只要建立每旋耕3年：深耕1年的耕作制度，并结合增施有机肥、整平地面、科学肥水等措施，就能增厚活土层，加速土壤熟化，达到培肥地力的目的。

（三）加强水利建设，改善灌溉条件

水是作物生长的必要条件，灌排条件与耕地的基础地力有着密切的关系，因而可以通过采取以下措施，实现自然降水的空间聚集，改善区域农田的土壤水分状况，推广节水灌溉技术，改善和扩大灌溉面积。

(1)健全灌溉工程，井河并用，改善灌区输水、配水设备，加强灌溉作业管理，改进地面灌溉技术，采用增产、增值的节水灌溉方法和灌溉技术。加强水利建设，修筑田埂，防止水土冲刷；安排好水利规划，修好水渠，制止渗漏，加强管理，提高引灌水的利用率。

(2)改善土壤结构，增加土壤的蓄水能力，通过对土壤增施有机物料(如施用有机肥，秸秆还田等)和应用土壤改良剂，改良土壤结构，增强土壤结构的稳定性，提高土壤对降水的入渗速率和持水量。

（四）采用农业措施改良土壤质地，改善土体结构

对于沙化土壤，可以采用以肥改沙的方法，一方面增加土壤中的养分含量，另一方面增加土壤中的有机胶体，对改良土壤沙化和提高土壤肥力有显著的作用。此外选择适宜性的作物种植，既能改善土壤性质又能获得较好的经济效益，因地制宜地发展当地名优产品，是适应自然、提高经济效益的有效措施。

（五）集约化利用耕地资源，发展生态型可持续农业，改善生态环境

耕地生态环境质量的高低是保证农作物持续稳产、高产、优质、高效的重要前提。根据莘县资源优势以及生态环境的特点，因地制宜地利用耕地资源，通过合理轮作、科学间套种等措施，提高复种指数，努力提高耕地资源的利用率；注重多物种、多层次、多时序、多级功能、多种产业的有机结合，农、林、牧、副、渔并举，建立生态型可持续农业系统，达到经济、生态和社会效益的高度统一。此外，应重新审视耕地承包到户政策所致的耕地经营权分散在新形势下出现的不利于耕地资源规模集约经营的缺点，努力探讨建立“公司＋农户”或各种专业化合作组织等耕地规模集约经营模式，提高全县耕地资源的集约经营程度和经济效益。

第五节　蔬菜大棚次生盐渍化改良措施

近年来，随着农业结构的调整，莘县蔬菜大棚种植面积迅速增加。到2011年底，全县瓜菜播种面积达到$6\times10^4 hm^2$，成为京九沿线著名的绿色“菜园子”。由于保护地栽培不同于露地栽培，一般保护地栽培3年以后，土壤物理性状已发生很大变化，尤其是土壤次生盐渍化比较明显。土壤次生盐渍化是指由于不合理的施肥、灌溉等管理不当使土壤含盐量增加，从而引起作物生长发育受到抑制，产量和品质降低的现象。随着大棚种植年限

的延长，出现作物生长不良、病虫害严重，施肥不增产反而减产的现象越来越重，盐渍化已成为大棚蔬菜生产的一个重要障碍因子。了解大棚土壤盐渍化情况，对于科学指导蔬菜生产、实现大棚土壤的可持续利用具有重要意义。

一、大棚土壤次生盐渍化的基本特征

（一）土壤次生盐渍化的表观现象及其对作物的危害

次生盐渍化土壤干燥时其表面会出现白色盐霜，土壤发生板结，破碎后呈灰白色粉末状；土壤湿润时，颜色发暗。当土壤含盐量超过 10g/kg 时，土面会有块状紫红色胶状物（紫球藻）出现。在土壤次生盐渍化条件下，作物会出现明显的生理性干旱和生长不良反应。如一般作物在土壤盐分含量达到 1.5 g/kg 时，其正常生长就会受到影响；达到 2～5 g/kg 时，根系吸水困难；高于 4g/kg 时，体内水分易外渗，生长速率显著下降，甚至导致死亡。蔬菜受害时，最初表现为生长矮小，发育迟缓，产量降低，严重者叶片开始干枯变褐，边缘变枯黄，根毛变褐或腐烂，不能立苗，植株枯萎死亡。如黄瓜遭受盐害时，常常是苗老而不发，根系生长受阻，侧根少而粗短，根间钝似截断状，土壤表层根系呈锈红状，龙头（茎生长点）萎缩，心叶褪绿，植株早衰，细尾瓜、苦瓜等较多；番茄苗期若受高浓度盐类物质危害，则会引起幼苗老化并产生畸形果。

（二）大棚土壤盐分离子的组成特点

由于大棚土壤次生盐渍化的形成受其特殊棚室环境和人为水肥管理措施的影响，故其盐分组成与滨海及内陆盐渍土存在着明显的差异。在引起大棚土壤次生盐渍化的 8 种盐分离子（K^+、Na^+、Ca^{2+}、Mg^{2+}、HCO_3^-、Cl^-、SO_4^{2-}、NO_3^-）中，除 HCO_3^- 外，其余 7 种离子的含量在大棚土壤中均比露地高。Na^+ 已不是土壤中的主要盐分离子，有的棚 Ca^{2+}、Mg^{2+} 比 Na^+ 高；阴离子以 SO_4^{2-} 为主，与大棚栽培中施用化肥的种类和用量有关（见表 8-4）。

表 8-4　　蔬菜大棚盐分含量及 8 大离子组成

野外编号	盐分(g/kg)	NO_3^-(‰)	HCO_3^-(‰)	Cl^-(‰)	Ca^{2+}(‰)	Mg^{2+}(‰)	Na^+(‰)	K^+(‰)	SO_4^{2-}(‰)
Csc2010021	2.18	0	0.18	0.32	0.464	0.029	0.625	0.3	0.918
Csc2010034	1.18	0	0.22	0.18	0.32	0.048	0.5	0.125	0.593
Dsc2010028	1.46	0	0.17	0.12	0.504	0.029	0.25	0.075	0.568
Dsc2010032	1.29	0	0.16	0.16	0.184	0.112	0.375	0.288	0.639
Dsc2010046	0.81	0	0.16	0.18	0.2	0.01	0.375	0.1	0.345
Dsc2010054	0.99	0	0.23	0.25	0.096	0.088	0.5	0.1	0.304
Dsc2010062	1.21	0	0.17	0.22	0.24	0.146	0.5	0.1	0.596
Dsc2010066	0.96	0.046	0.3	0.27	0.048	0.044	0.625	0.05	0.151
Dsc2010069	0.69	0	0.16	0.11	0.144	0.078	0.25	0.075	0.277
Esc2010003	0.744	0	0.158	0.085	0.096	0.303	0.125	0.1	0.38
Esc2010008	0.643	0	0.153	0.099	0.096	0.059	0.125	0.05	0.077
Nsc2010001	1.938	0	0.21	0.239	0.336	0.098	0.25	0.188	0.423
Nsc2010004	0.818	0	0.205	0.091	0.152	0.039	0.125	0.05	0.07
Nsc2010017	1.584	0	0.158	0.135	0.16	0.083	0.25	0.175	0.375

续表

野外编号	盐分(g/kg)	NO_3^-(‰)	HCO_3^-(‰)	Cl^-(‰)	Ca^{2+}(‰)	Mg^{2+}(‰)	Na^+(‰)	K^+(‰)	SO_4^{2-}(‰)
Nsc2010028	0.886	0	0.143	0.057	0.056	0.288	0.125	0.038	0.306
Nsc2010030	1.236	0	0.185	0.16	0.128	0.102	0.25	0.05	0.185
Nsc2010031	1.469	0	0.121	0.185	0.32	0.068	0.188	0.075	0.345
Psc2010006	0.837	0	0.173	0.148	0.144	0.039	0.25	0.025	0.138
Xsc2010004	0.81	0.012	0.22	0.13	0.112	0.098	0.25	0.15	0.248
Xsc2010005	2.466	0	0.151	0.192	0.592	0.444	0.188	0.1	0.981
Ysc2010014	2	0.025	0.16	0.32	0.36	0.151	0.5	0.15	0.656

注:由于取样时间为7月底,大棚处于晾棚期,受几次降雨影响,测定值可能偏低。

(三)大棚土壤的积盐特征及其变化规律

土壤全盐含量高、盐分表聚是大棚土壤次生盐渍化的主要特征。由于大棚土壤不受雨水淋洗,施入的多余肥料则全部残留于土壤中并逐年累积,因此,随着大棚使用年限的不断延长,土壤中盐分的累积量也不断增加,且由于棚内温度相对较高,土壤蒸发量大,盐分离子便会随着土壤水分的向上运动而逐渐向表层迁移、积聚。据调查,大棚土壤总盐量是露地的2.1~13.4倍,0~5cm的表层土壤含盐量占土壤剖面总盐量的40%~75%,多数土壤表层盐分含量超过了1.5 g/kg的临界值,出现了不同程度的次生盐渍化。据化验,莘县蔬菜大棚土壤盐分含量平均1.25g/kg,多年老棚达3.6g/kg,比露地土壤含盐量分别高168.9 %、714.8%,且表土层(0~5cm)盐分含量比亚表土层(5~20cm)高62 %;在大棚栽培初期,土壤盐分向0~5cm表层积聚,随使用年限的延长,盐分积聚层的厚度亦随之增加,在0~30cm土层内,盐分都有不同程度的积聚。新建大棚如果农户盲目大量施肥,经1年种植后,土壤表层含盐量较露地增加1倍,种植5年后,土壤盐分则较露地增加了4~5倍,表土层(0~5cm)含盐量在3g/kg左右。

二、大棚土壤次生盐渍化的成因及其影响因素

(一)土　壤

土壤本身含盐量高,大棚所在位置为历史的盐碱地,加上用不良地下水溉灌,含氯化物硫酸盐,又含苦卤,可在短期内发生盐渍化。

土壤盐碱危害在莘县分布有五大条带,即王奉道庄村、罗庄村,到耿楼村至冠县梁堂为第一条带,长10km,宽0.5~1.5km;张鲁镇的北小丈、马村、东西王庄、张炉、洼流村东南、井王庄村、牛王庄村及河店盐场、小三门至冠县潘庄为第二条带,长31km,宽1~1.5km;妹冢镇的安庄、张乙屯、店子,到十八里铺镇的周庄、高庄村北、李庄村南、铺张村、到康夏庄、东鲁街道(办事处)的黄河村至孙庄村为第三条带,长20km,宽1.5km;柿子园乡的王观、朝城的甄庄村、孙花园、韩马庄至徐庄的冯尧村、店子村为第四条带,长20km,宽1.5km;樱桃园镇的高庄、谷疃村、古城镇瓦屋村至舍利寺村西为第五条带长15km,宽1km。这五大盐碱条带,多为历史土壤形成,但种植在五大盐碱条带上的大棚的土壤次生盐渍化表现速度较快。

莘县蔬菜地土壤盐分含量平均为1.25g/kg,远高于露地土壤盐分含量(0.74g/kg)。

按照土壤不同盐渍化程度的划分标准，含盐低于 1g/kg 为非盐渍化土，对作物不产生盐害；含盐 1～3g/kg 为盐渍化土，对作物略有影响；含盐 3～5g/kg 为中度盐土，对盐分敏感作物产量有影响，但对耐盐作物无多大影响；含盐 5～10g/kg 为重度盐土，耐盐作物有收成，但影响一般作物的种子发芽，而且严重缺苗，严重影响产量。据调查，莘县大棚土壤，属盐渍化土的占 40%，属于中度的占 30%，属于重度的占 5%，其中以东鲁街道办、莘州街道办、十八里铺镇土壤盐渍化最为严重。

在莘县盐碱危害条带上的大棚土壤征状可概括为两大类。

(1)遇水泥泞，土粒分散，平时固结，坚实不暄，水气不通土壤质地含沙粒 5/7，多含 HCO_3^-、NO_3^-、Ca^{2+} 和 Mg^{2+}，盐分含量一般在 1.8～2.5g/kg。其土壤剖面是：上下黏层，中间夹沙土层。其为害损伤植物皮脂，侵蚀植物根系，重者绝产，枝稍焦枯，叶片黄小，尖顶不发，瓜菜烂秧、烂果，豆类蔬菜黑根、落叶，效益极差。此地只生长小藜、猪芽草，称为“碱壤”，一般含 NO_3^-、HCO_3^- 较多，总盐量并不很高。

(2)坚而不骼，水气通畅，潮湿时地出卤水(氯化物)、芒硝(硫酸钠)之物，小苗难活。轻者植株不能正常吸收水分，叶枯黄，根锈似铁，瓜果畸形、脱落，根溃黑烂，称为“盐壤”，剖面为上下有沙层，中间夹黏土层，土壤耕层含盐量较高，一般为 3～10g/kg，盐分组成以硫酸盐氯化物为主，pH 多为 8～8.2，适生猪芽草、猪毛菜，Cl^- / SO_4^{2-} 之比等于或大于 1。

(二)温　度

大棚栽培条件下，由于作物生长环境密闭，棚室内部的温度和湿度明显高于露地。高温、高湿的环境条件促进了土壤固相物质的快速分解与盐基离子的释放，同时也提高了硝化细菌的活性，使土壤中残留的 NO_3^- 含量增加，从而加重了土壤的次生盐渍化，成为导致大棚土壤次生盐渍化的一个重要因素。

(三)地下水水位及其矿化度

大棚栽培条件下，由于不合理的耕作栽培措施所造成的土壤水文条件恶化、地下水位上升、土壤水分蒸发剧烈等也是引发土壤次生盐渍化的重要原因，且土壤的积盐程度与地下水水位及其矿化度的高低密切相关。当地下水位相同时，其矿化度越高，土壤积盐量就越大，大棚土壤的次生盐渍化就越易产生。在莘县五大盐碱条带上，地下水矿化度多为 2～5g/L，为中矿化水，占总面积的 7.2%。

(四)施　肥

生产上盲目大量施肥和偏施氮肥是造成大棚土壤次生盐渍化的另一重要因素。多数研究认为，设施栽培中氮肥用量大，土壤中硝酸盐积累较多，并且种植时间越长，积累量越多，同时土壤中硝酸盐残留量与总盐浓度呈明显正相关。长期大量施用中性盐类(含 Cl^-、SO_4^{2-})的化学肥料和含 NO_3^- 的复合化肥，也可形成次生盐渍化土壤。菜农为保证蔬菜养分供应，大量施用化肥，致施用肥量过大，土壤全盐含量增加。菜农又不了解土壤中氮磷、钾及全盐的含量多少才最为合适，对蔬菜的生长最为有利，不知道如何施肥才能保证土壤中全盐含量既不超标，又能促进蔬菜的优质高产，只是一味地大量施肥。大多数菜农只知道蔬菜在开花结果期对钾肥的需求量最大，于是大量冲施高钾肥料，结果因为施肥量大，施肥过多，导致在土壤中 K^+、SO_4^{2-}、NO_3^- 等积累过多，发生次生盐渍化。

从表 8-5 可以看出，大棚施肥量是大田的 5 倍，并且远远超过大棚蔬菜生长过程的平均需要量 1440kg/hm²。肥料过量施用，造成肥料当季利用率低，养分在土壤中大量积累。由此可见，大棚栽培条件下肥料的高投入是大棚土壤中养分与可溶性盐分增加的一个根本原因。

表 8-5　莘县大棚土壤施肥调查情况

类型	氮(kg/hm²)	五氧化二磷(kg/hm²)	氧化钾(kg/hm²)	合计(kg/hm²)
大棚	1847	1522	1511	4880
大田	427	360	183	973

此外，人畜禽粪便的生施、多施也对土壤的次生盐渍化造成了一定的影响。由于大棚内温度高，人畜粪尿迅速分解后，大量的氨被挥发掉，一些硫化物、硫酸盐、有机盐和无机盐等残留于耕层土壤中，造成大棚内土壤盐化板结。

(五)大棚类型及其使用方式

大棚土壤盐分含量会因大棚类型的不同而有所差异。玻璃温室和连栋大棚是全年性覆盖大棚，由于缺乏雨水淋洗作用，加之土壤水分经常性的向上运动并不断地从地表蒸发，使得土壤终年处于积盐过程中，因而盐害发生早且重，通常种植 2～3 年即出现盐害。据测定，此类大棚种植 3 年以上的耕层土壤含盐量可超过 2.08g/kg。而普通塑料大棚(包括日光温室)由于受季节性揭棚和雨水的淋洗作用，盐分含量在 1 年中会出现明显的季节性消积变化现象，即冬春覆棚时表土盐分积累，夏季揭棚后，表土含盐量明显下降。但随着使用年限的增长，整个土体内盐分仍呈逐年累积趋势，所以土壤积盐的潜在威胁较大，若不注意防治，一般使用 5 年左右便会出现明显的盐害。

除上述各种影响因素，设施土壤次生盐渍化的形成还与大棚栽培条件下的连作重茬、灌水频繁以及无法引入大型耕作机械造成的耕层变浅等因素有关，这些都加剧了土壤次生盐渍化的形成。

(六)科学种棚水平低，对土壤肥料的性质了解不深，在土地上只用不养

在施肥上，重施化肥，轻施有机肥和微生物肥料。缺乏有机肥、化学肥料和微生物肥的合理搭配施用，从而导致土壤生态平衡，土性变坏，肥力下降，土壤次生盐渍化严重，病害频繁发生。

三、次生盐渍化的改良措施

(一)推行配方施肥技术，合理施用氮、磷、钾化肥

合理选择肥料品种，常用化肥的致盐能力由高到低的排列顺序为：氯化铵＞氯化钾＞硝酸铵＞硝酸钾＞硫酸钾＞尿素＞三元复合肥＞二元复合肥。由此可见，含氯化肥的致盐能力较强，在大棚土壤施用时要特别注意氯化物、硝酸盐、硫酸盐肥料的施用量。根据蔬菜氮、磷、钾的吸收量和产量水平，确定氮、磷、钾的施用量；忌氯瓜菜禁止施用含氯化肥；叶菜类、根菜类蔬菜不得施用硝态氮肥。提倡施用配比合理的蔬菜专用肥料。还要注重配施中微量元素，矫治生理缺素障害。莘县蔬菜配方施肥原则是增有机、调盐分、稳氮控磷、稳钾、补微、巧施生物肥。多年大棚要控制磷、钾肥用量，适量补微。

1.增施有机肥料，注意控制和减少化肥用量

保护地土壤要培肥地力。获得较高产量、提高产品品质，应增加有机肥用量，施有机肥提供的营养占总养分的比重接近50%。最好是施用纤维素多(即碳氮比高)的有机肥，可大大增强土壤肥力，这样既利于大棚蔬菜侧根的伸展，又可提高大棚土壤的有机质含量。禁用含兽药残留超标的畜禽类粪便和工业污染的垃圾。杜绝施用生鸡粪，最好的办法是用玉米秸秆+畜禽粪+酵素菌来沤制。

2.配施微生物肥料，可以减少化肥用量，缓解土壤障害问题

尤其在高肥力土壤上，配施复合微生物肥料，能降低化肥用量，还可比常规施肥增产10%左右。近几年试验证明，莘县盐渍化较重的保护地连续施用一种新型复合生物解盐菌后，土壤含盐量逐年降低20%以上；同时，病害也减轻，预防蔬菜死棵效果达70%以上。

3.正确施用冲施肥

对于冬春日光温室蔬菜追肥可以随水冲施，但要控制水量不可过少或过量，以促使养分分布均匀。对深根性蔬菜进行沟施或穴施，施用前先将冲施肥稀释到一定倍数，均匀分配到事先挖好的沟或穴内，再浇少量水即可。施用冲施肥要根据种植区内的土壤供肥能力、基肥施用量以及作物的需肥特点，确定合适的冲施肥品种。追肥一般很难深施，故应严格控制每次施用量，宁可增加追肥次数，以满足蔬菜对养分的需要，不可一次施肥过多，造成土壤溶液的浓度升高。

4.提倡根外追肥

保护地栽培中，由于根外追肥不会给土壤“添麻烦”，应大力提倡。尿素和磷酸二氢钾，还有一些微量元素都可作为根外追肥。

(二)合理轮作，避免重茬

如采用果菜类和叶菜类轮作，葱蒜类和瓜果类轮作，深根系作物和浅根系作物轮作，可均衡利用土壤中的养分，避免土壤养分的偏耗，提高土壤养分利用率，有效减少生理性病害的发生。

种植要合理：充分利用现有土壤状况，选择适宜蔬菜种类。通常蔬菜耐盐性普遍较弱，相对来说，甘蓝、萝卜、菠菜、大白菜、油菜、南瓜的耐盐性较强，大葱、大蒜、芫荽、胡萝卜、茄子、番茄、芹菜、西葫芦次之，莴苣、菜豆、洋葱、黄瓜、西瓜、香瓜、甜椒最差。同一种蔬菜不同品种间、不同生育阶段耐盐性均有差异，一般幼苗期对盐分最敏感，随着幼苗的生长对盐的耐力逐渐增强，至开花期忍受力又下降。

作物除盐：土壤中所积聚的盐分大部分是作物的养分，所以流失或挥散都很可惜，因此可利用休闲期栽培一茬吸肥力强的作物，以吸收残留的养分。以玉米为例，根系较深，吸肥力强，是比较理想的除盐作物。可以在夏季休闲期蔬菜收获后种植一茬玉米，采取菜粮轮作的栽培模式，经过一茬玉米的生长，可使土壤含盐量大大降低，为下茬蔬菜的生长创造良好的土壤条件。

(三)撤膜淋雨、灌水

利用换茬空隙，撤膜淋雨溶盐或灌水洗盐。夏熟蔬菜收获后，揭去薄膜，在雨季如有数十天可不盖膜，日晒雨淋，对于消除土壤障碍有显著效果；或在高温季节进行大水漫灌，地面盖膜使水温升高，这样不仅可以洗盐，而且还可以杀死病菌与地下害虫，有利于下茬

蔬菜高产、稳产。

(四)采用先进的灌溉技术

采用地下渗灌、滴灌等灌溉技术，实行水肥一体化，可以将肥料溶解于水中直接灌向作物根部，既提高了肥料利用率，又可以在一定程度上预防和缓解土壤积盐，还可以防止表土板结和杂草生长。

(五)改良土壤质地

深翻可把富含盐类的表土翻到下层，把相对含盐量较少的下层土壤翻到上层，可大大减轻盐害。并结合整地，适量掺沙，改善土壤结构，增强土壤的通透性，活化土壤。

(六)适当施用土壤改良剂

近几年，莘县土肥站老站长王代春同志研制了一种土壤改良肥，并进行了试验示范，取得了明显效果。在施有机肥的基础上，增施改良肥 50～100kg/667m^2，可使土壤理化性状得到改善，含盐量降低，蔬菜病害减轻。

(七)严格执法，净化肥料市场

严打假冒伪劣化肥，认真执行无公害蔬菜肥料施用准则，尤其要规范含氯离子和硝酸根离子的肥料进入蔬菜大棚，其原因是，我县这两大类物质过剩，如再滥用，必然造成严重的土壤次生盐渍化。

第六节　耕地污染防治的对策与建议

据国家环保总局 2010 年统计，目前全国受污染的耕地约有 $1\times10^7hm^2$，其中，污水灌溉污染耕地 $2.2\times10^6hm^2$，固体废弃物堆存占地和毁田已超过 $1.5\times10^5hm^2$，合计占耕地总面积的 10%以上，并且多数集中在经济较发达的地区。据报道，受镉、砷、铬、铅等重金属污染的耕地面积近 $2\times10^7hm^2$，约占总耕地面积的 20%，其中工业“三废”污染耕地 $1\times10^7hm^2$。国土资源部认为，耕地污染已对中国经济社会造成巨大危害。据估算，我国每年被重金属污染的粮食达 1.2×10^7t，造成直接经济损失超过 200 亿元。土壤污染造成有害物质累积在农作物中，并透过食物链进入人体引发各种疾病，危害人体健康。在人们更加关注农产品质量安全、亟需健康有机食品的今天，防止耕地污染，制止有害肥料、农药的滥用，制定严格的保护耕地措施，管好、用好莘县有限的耕地资源，将部分现有生产无公害蔬菜的基地转化、培育成绿色食品或有机食品基地刻不容缓，这是农业科技推广工作者的期盼，也是土肥推广工作者的责任。

一、耕地污染的特点

耕地污染，主要表现为土壤环境的污染。土壤环境是一个开放体系，与其他环境要素间进行着物质和能量的交换。据研究，大气、水等其他环境要素的污染 90%最终都要归于土壤污染，土壤污染的影响是最根本性的。因而耕地环境污染情况比较复杂，具有隐蔽性和滞后性。大气、水和废弃物污染等问题一般都比较直观，通过感官就能发现。而土壤污染则不同，它往往要通过对土壤样品进行分析化验和农作物的残留检测，甚至通过研究对人畜健康状况的影响才能确定。因此，土壤污染从产生污染到出现问题通常会滞后较长的时间,因此,土壤污染问题一般都不太容易受到重视。如日本富山骨痛病,经过了10～20年之后才被人们所认识。

(一)耕地污染具有累积性

污染物质在耕地土壤中不像在大气和水体中那样容易扩散和稀释,而是容易在耕地土壤中不断积累从而超标,并且使耕地土壤污染具有很强的地域特性。

(二)耕地污染具有不可逆转性耕地污染和破坏一旦发生,往往难以消除和恢复,甚至具有不可逆转性 。例如重金属的污染、地下水的污染就很难消除;有机化学物质的污染需要较长的时间才能降解;由于植被破坏造成的水土流失、土壤沙漠化或者物种的灭绝,也很难恢复或者根本无法恢复。

(三)耕地污染具有难治理性

大气和水体受到污染,切断污染源之后通过稀释和自净化作用有可能使污染问题得到解决,但是耕地土壤中的难降解污染物则很难靠稀释作用和自净化作用来消除。土壤污染一旦发生,仅仅依靠切断污染源的方法往往很难恢复,有时要靠换土、淋洗土壤等方法才能解决,其他治理技术可能见效较慢。因此,治理耕地污染土壤通常成本较高、周期较长。

二、耕地污染的危害

(1)耕地被污染后会产生诸多不利的影响。一是粮食及农产品安全受到威胁,进而影响人类自身健康;二是耕地的生产能力下降,造成产量、效益的下滑;三是耕地的复种能力下降,部分耕地有可能丧失耕作能力;四是对生态环境质量造成严重损害,耕地的生态功能和农村景观会受到侵害。

(2)被污染的耕地,在流行病学上被视为特别危险的物质。被污染的耕地是蚊蝇孳生和鼠类繁殖的场所,而蚊、蝇和鼠类又是许多传染病的媒介,能传播伤寒、副伤寒、痢疾、病毒性肝炎等传染病。这些传染病的病原体随病人和带菌者的粪便以及他们的衣物、器皿的洗涤污水污染土壤;通过雨水的冲刷和渗透,病原体又被带进地面水或地下水中,进而引起这些疾病的暴发流行。

(3)耕地被有毒化学物污染后,人、畜通过饮水和食物可引起中毒,进而影响居民的健康。主要是通过农作物、地面水或地下水对人体产生影响。在生产过磷酸钙工厂的周围,土壤中砷和氟的含量显著增高;铅、锌冶炼厂周围的土壤,不仅受到铅、锌、镉的严重污染,而且还受到含硫物质所形成的硫酸的严重污染。任意堆放的含毒废渣以及被农药等有毒化学物质污染的土壤,通过雨水的冲刷、携带和下渗,会污染水源。

(4)耕地被放射性物质污染后,通过放射性衰变,能产生α、β、γ射线。这些射线能穿透人体组织,使机体的一些组织细胞死亡。这些射线对机体既可造成外照射损伤,又可通过饮食或呼吸进入人体,造成内照射损伤,使受害者头昏、疲乏无力、脱发、白细胞减少或增多,发生癌变等。污染土壤的有机废弃物还容易腐败分解,散发出恶臭,污染空气。有机废弃物或有毒化学物质又能阻塞土壤孔隙,破坏土壤结构,影响土壤的自净能力;有时还能使土壤处于潮湿污秽状态。最直接的例子是2011年日本福岛大地震核污染,我们应从中吸取教训。

三、污染的原因分析

(一)从耕地污染源分析

(1)生产性污染源。

(2)工业生产中排放的“三废”、交通运输工具排放的废弃物。工业废水、废气和废渣，尤其是化工、橡胶、造纸等行业的排放物使得大量的耕地被污染。使用含重金属的废水或河水灌溉耕地，而造成土壤污染；含有重金属的粉尘落入土壤，造成耕地污染，国家2010年对$3\times10^5hm^2$基本农田区土壤有害重金属抽样监测发现，有$3.6\times10^4hm^2$土壤重金属超标，超标率达12.1%；使用含重金属的废渣作为肥料造成耕地污染；使用含重金属的农药制剂造成土壤污染；工矿企业排出的尾矿废渣、污泥和城市垃圾在地表堆放或处置过程中通过扩散、降水淋滤等直接或间接地影响土壤，使耕地受到不同程度的污染。

(3)农田施用的农药、地膜和过量化肥。长期以来，我们以这样一个事实为荣：中国用不足世界10%的耕地养活了世界上22%的人口；然而我们忽略了另一个事实：中国的化肥施用量超过了全世界总量的1/3。统计显示，1980年至今，我国粮食单产水平提高了56%，而化肥投入量增长了225%；同期，德国、法国等发达国家粮食单产水平提高了51%～52%，而化肥投入量则减少了31%～47%。2004年调查，农药施用量1.32×10^6t，化肥施用量4.412×10^7t。2010年调查，施肥比例失调，氮、磷、钾肥的施用比例为1∶0.39∶0.22，而世界平均为1∶0.6∶0.4。有机肥施用量仅占肥料施用总量的25%，而合理比例应为40%左右。大部分残留的化肥农药进入了水体、土壤及农产品中，并直接威胁到人类的健康。近20年来，我国的农用薄膜用量和覆盖面积已居世界首位。2003年的用量超过6×10^5t，2008年，仅地膜残留量就达1.21×10^5t，在发达地区尤甚。莘县2010年农膜残留量为19.95t。另外，广大农民使用农药后，大量的农药塑料包装物散落在田间地头，也应该引起重视。

(4)放射性污染源。主要是工业、科研和医疗机构排放的液体或固体放射性废弃物，还有大气核爆炸降落的污染物、原子能和平利用所排出的液体和固体的放射性废弃物。

(5)生活性污染源。主要是人、畜的粪尿，生活污水和农村的医疗垃圾等，每年产生量约为1.2×10^8t的农村生活垃圾几乎全部露天堆放；畜禽养殖业粪便产生量2.43×10^8t，尿液产生量1.63×10^6t。几乎所有的农村卫生所的医疗垃圾都没有进行分类，那些与普通生活垃圾混在一起的医疗垃圾基本上都是随便倒掉，破坏了农村的环境卫生，对农民的危害很大。由于城市周围理想的垃圾填埋场已经很少了，因此现在很多的垃圾填埋场已经远离了城市，深入到了农村，给农村的环境造成了恶劣的影响，不仅占用了大量的农田，而且造成了大气污染和耕地污染，进而危害到人类及各种生物的生存环境。据2008年统计，我国生活源废气排放：二氧化硫1.994×10^6t，烟尘1.8351×10^6t，氮氧化物5.82×10^6t。

(二)从耕地污染物分析

1.病原体

主要来自含病原体的人畜粪便、垃圾、生活污水、医院污水、工业废水的污染。凡直接施用未经无害化处理的人畜粪肥和污水灌溉或利用其底泥施肥，都会使耕地土壤受到病原体的污染。

2.有毒物质

(1)重金属元素:铂、汞、铅、锌等。(2)农药:我国现有农药品种600多个,常用品种300个左右,年产量2×10^6 t(折纯),对居民健康危害较大的是有机磷农药、有机氯农药及某些含金属的农药。(3)致癌物质:苯、芘等。(4)近几年,一些不法肥料厂商利用未经无害化处理的城市垃圾及企业下水道污泥或下脚料生产有机肥,虽然经检验主要养分标示含量合格,但由于肥料中含有不明有毒物质,对土壤造成了严重污染,也使大棚蔬菜生长受到严重影响。

3.放射性物质

核爆炸可产生半衰期较长的放射性元素,例如锶90半衰期为28年,铯137半衰期为30年,都可在土壤中蓄积而长期污染土壤。

(三)从耕地土壤污染的类型分析

1.水型污染

主要是工业废水和生活污水污染土壤。水型污染多是因污水灌田造成的,通过灌田使有害物质污染土壤,轻者使农作物生长受抑制,甚至死亡,更重要的是,有的农作物大量富集某些有害物质,致使人食用后引起中毒。

2.气型污染

大气中的污染物经降雨和沉降污染土壤。主要污染物有铅、铜、砷和氟等。污染常呈现以污染源为中心的椭圆形或带状分布。

3.固体废弃物污染

如垃圾、粪便、工业废渣、化肥、农药等污染土壤。其特点是污染范围比较局限或固定,并可通过风吹和雨淋冲刷污染较大范围的土壤和水体。土壤被某些重金属和农药污染后,有的被土壤吸附,有的变成难溶解的盐类,能较长期地残留在土壤中。如DDT在土壤中分解95%需要10年时间,氯丹需要4年时间。

四、控制耕地污染的措施与方法

现在从全国看,部分耕地存在不同程度的污染,少数耕地存在重金属、农残超标现象。国家环境保护"十二五"规划已经明确提出加强土壤环境保护,推进重点地区污染场地和土壤修复,提高农村环境保护工作水平。因此,我们必须加强耕地质量监测及预测工作,建立污染监测体系,在全县建立土壤污染长期定位监测点,定期采集样品进行监测,掌握全县污染状况、动态变化及其规律,提出控制和消除污染的措施。2008年,全国进行了污染源普查工作,同时进行了农业污染源普查,2012年,又启动了全国农产品产地重金属污染普查工作。

农业可持续发展的问题从来没有像现在迫切地摆在人们面前,农村环境污染及耕地退化的严重性远远超出了人们的预料。这些问题对我国农业发展的制约和影响是致命的,也是亟待解决的。

(一)完善立法并使之具有可操作性

为了保护农业生态环境和控制农业污染,我们国家为此出台了一系列相应的法律法规。

一是目前我国已制定有关环境保护、治理污染的国家法律有6部，资源保护的法律有9部，国家有关环境资源保护的行政法规30多部，环境资源保护方面的行政规章有400多个，但耕地污染防治至今在环境保护和自然资源保护中一直很欠缺。我国现行有关耕地污染防治的法律法规都是原则性、概括性的规定，散见于《环境保护法》《农业法》《农产品质量安全法》《土地管理法》《水污染防治法》《大气污染防治法》《固体废弃物污染环境防治法》《矿产资源法》《基本农田保护条例》和《土壤环境质量标准》当中。可见，制定《土壤污染防治法》是迫切解决的。

我们应该看到，现有的土壤与污染控制相关法律分散且不系统，缺乏针对性，可操作性不强，存在明显的滞后性，不能满足中国土壤工作的实际需要。在土壤监管能力方面也很薄弱。主要是土壤监管措施和监管体系不完善，缺乏污染场地信息管理系统；土壤管理中缺少完整的风险评价和风险管理体系。从技术角度上说，土壤污染治理技术尚不成熟，现有的土壤污染治理措施代价较高，净化周期长，而且效果不甚理想。大部分技术仍停留在实验室模拟研究阶段，缺乏具体的工程实践经验。

二是近年来政府连续颁布实施了《无公害农产品管理办法》和《农业环境管理办法》。使重点区域化肥、农药用量逐年增加的趋势得到控制，畜禽粪便污染得到一定缓解。

三是针对目前我国在实施农业环境保护建设项目上，还存在着资金分散、部门分割、重复建设和资源浪费等现象，各级地方政府积极整合农业环境建设的各项资金，打破部门和地区界限，以项目建设为中心，以治理大环境、大流域为重点，开展农业生态环境建设综合治理。同时修订和完善农业环境标准体系，严格依法行政，加强执法监督，切实保证可持续发展的各项法律制度得以实施，以加强农业生态保护、实施农业可持续发展。

（二）坚持农业的可持续发展，发展生态农业是必由之路

要把生态农业作为制定农业发展规划的战略方针，制定“生态农业发展纲要”，在规划中，做到生态农业模式化、工程化。莘县应重点做以下几个方面工作：一是加大推广生态农业技术的力度。主要包括：生物肥料、有机无机肥料、缓控释肥等新型肥料，可降解农膜等新材料技术和精量施肥技术、污水降解技术、废弃物沼气处理技术、畜禽粪便处理技术、秸秆综合利用技术、农膜回收等新技术，积极推行水、肥料、农药综合管理技术，特别是在果园、大棚推广水肥一体化技术，提高利用效率，降低和控制污染。研究表明，滴灌施肥在降低氮肥用量2/3的情况下，仍可提高作物产量30%，同时地下水硝态氮含量降低了60%。二是大力推广以秸秆覆盖、保水保土为中心的保护性耕作技术，这是解决莘县农业资源与环境恶化问题的重要举措。三是推行节约资源、环境友好的农业生产方式，如膜下滴灌节水模式、精确施肥防止面源污染模式，推广配方施肥、使用缓释肥料，改进施肥方法，使肥料供给和作物生长发育需求相一致，达到高产、优质、节本、不造成面源污染的目的。四是建立建全无公害农产品法律法规及检测体系，完善农业生态环境检测、评价及预警系统，强化农产品生产基地及产品安全管理，创建具有环保特色的无公害农产品生产示范基地及品牌。此外，还要建立和完善农村农业环境综合整治定量考核制度、农用化学品环境安全管理制度、农村经济模式与农村自然资源利用方向评估制度等。

(三)控制化学农药的使用

化学农药的大量使用,可导致农产品污染,影响人体健康,成为生产绿色食品及无公害食品的主要限制因素,影响出口创汇农业的发展。但目前非化学防治方法还不能完全代替化学防治方法。对化学农药,只要安全合理使用,在防治病虫害中仍能起重要的作用。控制化学农药施用应抓好以下措施:一是制定农药安全使用法规,加强执法力度和环境监测。对已颁布的《农药管理条例》、《农药安全使用标准》、《农药安全使用规定》、《农药合理使用准则》等,应与发展绿色食品及无公害食品施用农药要求结合起来,完善实施细则。二是严格执行农业部关于农药禁用、限用的规定,大力推广高效、低毒、低残留农药。在综合防治方面,可根据作物的生长特性和病虫害的为害规律,结合栽培技术与田间管理,进行综合治理,从而提高植物的防虫、抗病的能力,把病虫害控制在最低危害程度。主要措施包括五个方面。

1.加强植物检疫

严格按照国家规定,对植物检疫性有害生物进行普查,防止从其他国家或地区传入新的危险性病虫杂草,并限制当地的危险性病虫杂草向外传播蔓延,以减少病虫害的发生,减少不必要的农药防治。

2.提高农业防治水平

合理应用栽培管理技术措施,促进作物的正常生长发育,以达到控制和消灭病虫害的目的。

合理轮作:连作易使病虫害数量累积使危害加剧,通过轮作可改变病虫的生态环境而起到预防效果。

深耕细作:可促进作物生长发育,同时也可直接杀死病虫,如冬耕晒垡。

清洁田园:田间的杂草及病虫残株落叶,往往是病虫隐蔽及越冬的场所,成为下年病虫来源。将病株落叶收集烧毁,清除田间杂草,可以减少病虫害发生的基数。

调节播种期:有些病虫害和作物某个生长发育阶段的物候期有着密切关系,如这一生长发育阶段避过病虫大量浸染危害的时期,可避免或减轻该种病虫的危害程度。

合理施肥:通过合理施肥,可促进作物的生长发育,增强其抗病虫的能力或避开病虫的危害期。一般来说,增施磷、钾肥可以增强植物的抗病性,偏施氮肥对病虫发生影响最大。

选育抗病虫品种:不同品种的作物对病虫害的抵抗能力往往差别很大,选育抗病虫优质、高产品种是一项经济有效的措施。

3.生物防治

应用自然界某些有益生物来消灭或控制某些病虫害的发生。如利用食蚜瓢虫来防治蚜虫,利用抗生菌产生的抗生素防治病害等。

4.物理机械防治

如人工及机械捕杀、诱杀等。

5.药物防治

采用药剂拌种、土壤消毒、喷雾、熏蒸、诱杀等措施进行防治病虫。目前农药种类较多,应注意根据病虫害的特性正确选用。使用药剂防治时,也要注意人畜安全及残毒。

五、防治耕地污染的综合措施

(一)土壤污染的预防措施

由于土壤污染很难治理,重金属污染不可逆转。因此,耕地资源管理更需要“先防后治、防重于治”。要严格执行《山东省河海流域污染物排放标准》,并加强对污水灌溉与土地处理系统、固体废弃物的土地处理管制。建设工业园区,引进项目,一定注意环评优先,避免对土壤及河流的污染。到 2011 年为至,莘县成功地取缔了妹冢镇所有编织袋回收加工塑料颗粒作坊,说明县委、县政府治污的决心还是很大的。

建立土壤污染检测、预测与评价系统。以土壤环境标准或基础和土壤环境容量为依据,定期对辖区土壤环境质量进行检测,建立系统的档案材料,参照国家环评权威机构建议和我国土壤环境污染物目录,确定优先检测的土地污染物和测定标准办法。按照优先污染次序进行调查、研究。加强土壤污染物总浓度的控制与管理。

发展清洁生产。发展清洁生产工艺,加强“三废”治理,有效地消除、消减、控制重金属污染发展。

(二)污染土壤的治理措施

不同类型的土壤污染,其具体治理措施不完全相同,对已经污染的土壤要根据污染实际情况进行改良。

1. 重金属污染土壤的治理措施

土壤中重金属的显著化学行为是不移动性、累积性、具有不可逆性的特点。因此,对受重金属污染土壤治理要根据污染程度的轻重进行改良。从降低重金属的活性,减少它的生物有效性入手,加强土、水管理。

第一、通过农田的水分调控、调节土壤 Eh 值(氧化还原电位)来控制土壤重金属的毒性。

第二、使用有机物质等改良剂。重金属的毒性与土壤 pH 关系密切。许多重金属如镉、铜、贡、锌、铅等,在 $pH>7$ 的碱性土壤中易形成氢氧化物沉淀,能降低毒性。向土壤施加有机物,一方面可为微生物提供能源,促进土壤的还原进程,使重金属以硫化物形式沉淀;另一方面可以提供阴离子配位体,使土壤溶液中的活性重金属形成络合物和螯合物,降低活性。

第三、生物修复。在污染严重的土壤中,土壤污染物质可以通过生物降解或者植物吸收而被净化。如蚯蚓能处理农药、重金属等有害物质。土壤中红酵母和蛇皮癣菌降解剧毒性的多氯联苯分别达到 40%和 30%。对于已经污染比较严重的土壤,可以种植非食用的、吸收重金属能力强的植物,如羊齿类铁角蕨属的某些植物,对土壤中的镉吸收很强,连续种植多年,可降低土壤中 50%的含镉量。

2. 有机物(农药)污染土壤的防治措施

对于有机物、农药污染的土壤,除合理施用农药、采用病虫害综合防治、改进农药剂型等以预防为主的系列技术措施,对污染土壤的治理应从加速土壤中农药的降解入手。增施有机肥料可以有效提高土壤缓冲能力,增大对重金属、农药的吸附能力。腐殖质可以增大污染物的可溶性,随灌溉水和雨水流出土壤。另外,有机质能改良土壤,活化土壤微生物，增加对污染物的降解。

延伸阅读资料之一：
国务院常务会议要求严格保护耕地和水源地土壤环境

新华社北京2012年10月31日电 国务院总理温家宝昨日主持召开国务院常务会议，研究部署土壤环境保护和综合治理工作。会议指出，按照国务院部署，有关部门历时6年开展了全国土壤污染状况调查。结果表明，全国土壤环境状况必须引起高度重视，工矿业、农业等人为活动是造成土壤污染的主要原因。会议提出，要将保护土壤环境、防治和减少土壤污染、保障农产品质量安全、建设良好人居环境作为当前和今后一个时期的主要目标，进一步摸清土壤环境质量状况，建立土壤环境质量调查、监测制度，构建土壤环境质量监测网，完善相关政策、法规和标准，实施"土壤环境保护工程"，加快形成国家土壤环境保护体系，逐步改善土壤环境质量。会议确定了以下主要任务：(一)严格保护耕地和集中式饮用水水源地土壤环境。确定土壤环境优先保护区域，建立保护档案和评估、考核机制。国家实行"以奖促保"政策，支持工矿污染整治、农业污染源治理。(二)加强土壤污染物来源控制。强化农业生产过程环境监管，控制工矿企业污染，加强城镇集中治污设施及周边土壤环境管理。(三)严格管控受污染土壤的环境风险。开展受污染耕地土壤环境监测和农产品质量检测，强化污染场地环境监管，建立土壤环境强制调查评估制度。(四)开展土壤污染治理与修复。以受污染耕地和污染场地为重点，实施典型区域土壤污染综合治理。(五)提升土壤环境监管能力。深化土壤环境基础调查，强化土壤环境保护科技支撑。会议要求落实企业保护土壤环境的主体责任。充分发挥市场机制作用，吸引社会资金参与土壤环境保护。引导和鼓励公众积极参与和支持土壤环境保护。

2013年1月24日，国务院办公厅发布《近期土壤环境保护和综合治理工作安排》，严格控制新增土壤污染，削减污染存量。

第七节 耕地地力提升对策

一、粮田地力提升

(一)测土配方施肥，提高肥料利用率

当前，土壤肥力、化肥用量和作物产量三者之间矛盾突出。土壤肥力低，施肥又偏重氮、磷化肥，导致土壤养分失衡，因而生产中增肥不增产、增产不增收的现象逐年加重，严重影响了作物的产量和品质。推广测土配方施肥技术，加大农民培训力度，让农民了解作物营养特点，调整养分比例和化肥品种，掌握科学施肥技术，提高农民科技素质是提高肥料利用率和施肥效益的重要途径。

(二)增施有机肥料，提高土壤肥力

一是要广辟有机肥源，大力发展畜牧业，实行"过腹还田"。二是积造各种堆沤肥料，合理利用人粪尿、草木灰及城镇生活垃圾等，施用商品有机肥，进一步提升农田土壤有机质含量。三是要大力推广秸秆还田技术，实行小麦高留茬或应用催腐剂堆沤腐熟后还田，加大地力培肥力度。四是实行轮作换茬，采用小麦、玉米、花生两年三作的种植方式，因为不同作物的需肥特点不同，通过轮作换茬，可以使土壤养分互补，有利于平衡土壤养分，从而达到“地越种越肥、肥越用越少、效益越来越高”的目的。

二、菜田地力提升

(一)增施有机肥料

菜田土壤有机质不足是莘县菜地土壤存在的重要问题。增施充分腐熟的有机肥，可提高土壤有机质含量，增强对污染物的吸附能力和络合能力，能有效遏制重金属对作物的毒害。同时，施有机肥比施化肥硝酸盐含量降低45%左右，对菜田土壤环境的污染小。因此，增施有机肥料是蔬菜可持续生产的重要措施，也是发展无公害、绿色蔬菜基地建设的重要内容。提高蔬菜地土壤有机质含量可采取以下措施：

(1)调整有机肥施用品种，由原来单纯施用鸡粪，改为鸡粪配合施用土杂肥、腐熟秸秆等。但在有机肥施用前，尤其畜禽类，必须进行腐熟和无害化处理，以防止造成对蔬菜的伤害和因有害元素、污染物的积累，造成土壤的环境污染。

(2)进行秸秆还田，将小麦、玉米秸秆直接覆盖或掩埋在蔬菜行间，或将秸秆堆腐后翻于蔬菜地。

(二)合理配比氮、磷、钾肥，协调土壤养分平衡

(1)合理确定肥料施用量。不能片面地追求高产量，盲目大量施用肥料，要科学、合理地确定肥料用量。

(2)控制氮肥用量。合理的化肥用量，除了能提高蔬菜的产量，对蔬菜的品质也有一定作用。而当前氮素化肥施用量普遍过高，尤其是在保护地蔬菜上。因此，应选用低硝态氮肥、减少蔬菜中硝酸盐的含量(食用蔬菜中硝酸盐含量不超过标准允许量，一般控制在432mg/kg以下)。在氮肥的施用上，无机氮和有机氮的比例为1∶1，生长期短的蔬菜以氮素的70%作基肥，生长期长的以氮素的40%作基肥，深施基肥、底施种肥、沟施或穴施追肥，生长后期不施速效氮肥。

但对于不同投入水平的菜田，需要采取不同的应对策略：连续多年施用高量有机肥和氮素化肥的菜地，土壤中氮素富集量较多，应控制氮素化肥用量，适当降低氮素循环强度，这样既有利于产量的提高，也利于降低土壤氮素过多的损失和土壤的恶化。对于投入肥料不足的菜田，特别是偏施氮素化肥而不注意施有机肥的菜田，应注意增加有机氮的投入，提高氮素循环强度。

氮素投入在蔬菜的产量和品质方面起着十分重要的作用。早在20世纪90年代初期，发达国家对生产和进口蔬菜的品质已经制定了严格的标准，这一标准的制定使得菜农对氮素的投入格外谨慎，因为在氮素投入过量的情况下所造成的地下水硝酸盐污染问题是法律规定所不允许的。因此，研究人员十分重视合理氮素的推荐方法，而如今欧盟的主要成员国都有自己的氮肥推荐系统。几乎所有的推荐系统的理论核心都是在一定的作物生产水平上的平衡施肥模式，这是在蔬菜栽培时合理施肥应当借鉴的模式。

菜田土壤经过多年的培肥，土壤中残存的无机态速效养分含量较高，尤其是土壤无机

氮累积现象比较普遍。必须充分利用这些养分,减少蔬菜对肥料的依赖,提高肥料利用率,减少无机氮在土壤中的进一步积累及其被淋洗到地下水的水平。

(3)合理施用磷、钾肥。土壤磷、钾的积累与局部缺乏并存,是莘县菜地存在的主要问题。由于磷、钾在土壤中具有比较稳定的特点,一般可 2～3 年测定一次土壤养分状况,作为磷、钾施肥的依据。莘县较大面积菜地磷素含量增长过快,应以降低磷肥施用量为主,钾素高低差距较大,应区别对待。将菜田按磷、钾素有效养分含量高低进行分级,通过不断的调控,将磷 、钾维持在一个合理范围内。

(三)矫正施用微量元素肥料

土壤微量营养是蔬菜作物必需的,但需要保持一定适宜范围,才有利于蔬菜的生长,过高、过低均不利于蔬菜的发育。因此,施用微肥一定要注意合理的用量问题。

(四)保护地应适当减少化肥用量,合理配肥

目前温室超量施肥现象比较普遍,因此要采取必要的措施,搞好技术宣传和培训,提高菜农的认识,减少化肥投入。大棚蔬菜由于栽培品种和播种时期不一样,所用肥料种类和数量不一样,瓜果类蔬菜如番茄、辣椒、黄瓜等,因需钾量较大,在施好氮磷钾复合肥的同时,应注意喷施磷酸二氢钾等叶面肥,但初果期施肥量不能太大,复合肥每次一般为 15～20kg/667m^2,不超过 30kg/667m^2。

(五)对温室盐渍化土壤进行除盐(见第五节)

(六)实行水肥一体化

采用水肥一体化施肥技术,优化水肥管理。即在加压灌溉条件下将施肥与灌溉结合在一起(如滴灌、渗灌、喷灌等),可节省化肥 40%～50%。

水肥一体化与传统施肥相比,具有以下几个主要特点:

(1)有效性高。节水灌溉施肥施用的化肥及其他营养元素能在溶液的状态下,在相当长的时间内保持有效性,其浓度符合作物吸收要求,从而提高了化肥的有效利用率。

(2)施肥均匀,养分均衡。因为在施肥时,肥料是在对作物进行营养诊断的基础上按需配置的,肥料的供应和水的供应相一致,可使肥料均匀分布在作物根系的附近,更好地满足了作物对养分的需求。

(3)养分供应充分且迅速。由于灌溉施肥完全处于人为监控下,对其消耗变化能充分了解,可以随时调整补充,作物能以最快途径获得养分,并能定量按需得到满足。

(4)节省化肥,减少污染。可避免由于施肥过量、漫灌、水肥流失和渗漏引起的地下水质污染和土壤板结等问题。

三、果园地力提升

果园地力提升主要在于对果树养分资源综合管理。果树养分资源综合管理就是在深入了解果园养分资源特征和果树营养特性基础之上,运用多种养分资源管理手段,以高产、优质、高效和环保为目标,最大限度实现经济效益、生态效益和社会效益的最佳化。通过果园养分资源综合管理提升果园地力的对策与策略主要包括四点。

(一)坚持以有机肥为主、化肥为辅的原则,加大有机肥的施用

根据莘县目前果园土壤的肥力状况,果园有机质含量低是制约莘县果树生产的重要

因素，因此，增施有机肥料对于果树产量和品质的提高是非常必要的。在增加土壤有机质方面有以下几个途径；一是增施腐熟的农家肥，包括人粪尿、圈肥、堆沤肥等；二是推广果园秸秆还田，主要方式包括果园地秸秆覆盖或秸秆垄沟深埋等，充分利用作物秸秆资源，培肥地力；三是实行果园生草，果园生草可采用全园生草、行间生草和株间生草等方式，草种主要包括三叶草等矮秆绿肥及各种豆科类植物。生草可在果园地面长期生长，多年不用耕翻，待生草长至30～40cm高时，用机械或人工割草，并保留地上部5～10cm，将割下的草盖在树盘下可增加土壤有机质，提高土壤保水、保肥能力。

（二）实施果园平衡施肥技术，大力推广科学施肥

实施平衡施肥，首先要改变果农传统的单一施肥方式及观念。根据莘县果园土壤养分含量的现状，充分应用这次地力调查的成果，积极贯彻“稳氮肥、补磷肥、增钾肥、配微肥”的方针，合理调整肥料中大中微量元素的配比。对氮肥应力求定量准确，监控施用磷、钾肥，并应考虑肥料当季效应和后效的协调。矫正施用中微量元素，通过土壤、植株测试及肥料效应试验验证，对缺乏这些养分的果园进行矫正施肥。对不同果园采取不同的施肥模式，以利于促使苹果向高产优质方向发展。其次要改进施肥方法，大力推广氮肥深施、磷肥与有机肥堆沤作基施，杜绝肥料地面撒施，从而有效地提高肥料的利用率，同时减少过量施肥对环境的污染。然后要大力推广果树叶面喷肥技术，叶面喷肥用量少、见效快，尤其是一些中微量元素肥料更适宜作叶面喷肥。最后要实行水肥管理一体化，通过喷灌、滴灌、渗灌等灌溉方式，把速溶性肥料带入土壤。

（三）完善果园土壤肥力定期监测

对全县果园土壤实行定点监测，可随时掌握果园土壤时空变化情况以及生产活动对土壤性状和肥力的影响，从而科学合理地提出应对措施，及时调整果农在施肥中存在的不合理现象，更加科学地指导果业生产。

（四）建立优势产业基地，推动优势产业基地持续发展

莘县自然条件优越，光热资源丰富，具有发展优势果业基地的良好基础。随着人们食品安全意识的不断增强，对无公害产品、绿色基地建设要求越来越高。另外，市场经济的发展，果业国际竞争越来越激烈，对水果的品质要求增高。因此，发展无公害、绿色优势林果产业势在必行，应围绕苹果等发展一批无公害精品水果基地。同时，强化环境监测，控制和消除工业“三废”排放，从根本上防治果园污染、切实加强污水的监测和管理、科学合理施用、化学肥料、严格控制化学农药的使用等，确保安全生产，保证果树高产优质。

第九章　耕地资源改良利用分区

第一节　基于GIS下的莘县耕地改良利用分区研究

耕地是农业生产和农业可持续发展的重要基础。耕地维持着作物生产力、影响着环境的质量和动植物甚至人类的健康。自1980年第二次土壤普查以来，随着农村经营体制、耕作制度、作物品种、种植结构、产量水平和肥料施用等方面的显著变化，耕地利用状况也发生了明显改变。近年来，虽然对部分耕地实施了地力监测，但至今对区域中低产耕地状况及其障碍因素等缺乏系统性、实用性的调查分析，使耕地利用与改良难以适应新形势农业生产发展的要求。因此，开展区域耕地地力调查评价，摸清区域中低产耕地状况及其障碍因素，有的放矢地开展中低产耕地的科学改良利用，挖掘区域耕地的生产潜力，对于莘县耕地资源的可持续利用具有十分重要的意义。

一、耕地改良利用分区原则与分区系统

（一）耕地改良利用分区原则

耕地改良利用区划的基本原则是：从耕地自然条件出发，主导性、综合性、实用性和可操作性相结合。按照因地制宜、因土适用合理利用和配置耕地资源，充分发挥各类耕地的生产潜力，坚持用地与养地相结合，近期与长远相结合的原则进行。以土壤组合类型、肥力水平、改良方向和主要改良措施的一致性为主要依据，同时考虑地貌、气候、水文和生态等条件以及植被类型，参照历史与现状等因素综合考虑进行分区。

（二）耕地改良利用分区系统

根据耕地改良利用原则，将影响耕地利用的各类限制因素归纳为耕地自然环境要素、耕地土壤养分要素和耕地土壤物理要素，将全县耕地改良利用划分为三个改良利用类型区，即耕地自然环境条件改良利用区、耕地土壤培肥改良利用区、耕地土体整治改良利用区，并分别用大写字母E、N和P表示。各改良利用类型区内，再根据相应的限制性主导因子，续分为相应的改良利用亚类。

二、耕地改良利用分区方法

（一）耕地改良利用分区因子的确定

耕地改良利用分区因子是指参与评定改良利用分区类型的耕地诸属性。由于影响的因素很多，根据耕地地力评价，遵循主导因素原则、差异性原则、稳定性原则、敏感性原则，

进行了限制性主导因素的选取。考虑与耕地地力评价中评价因素的一致性、各土壤养分的丰缺状况及其相关要素的变异情况，选取耕地土壤有机质含量、耕地土壤有效磷含量、耕地土壤速效钾含量、耕地土壤有效锌含量和耕地土壤有效硼含量因素作为耕地土壤养分状况的限制性主导因子；选取灌溉保证率、盐渍化水平作为耕地自然环境状况的限制性主导因子；选取耕层质地条件和土体构型条件作为耕地土壤物理状况的限制性主导因子。

（二）耕地改良利用分区标准

依据农业部《全国中低产田类型划分与改良技术规范》，根据莘县耕地地力评价资料，综合分析目前全省各耕地改良利用因素的现状水平，同时针对影响莘县耕地利用水平的主要因素，邀请具有土壤管理经验的相关专家进行分析，制定了耕地改良利用各主导因子的分区及其耕地改良利用类型的确定标准。具体分级标准如表 9-1 所示。

表 9-1　耕地改良利用主导因子分区标准

耕地改良利用区划	限制因子	代号	分区标准
耕地土壤培肥改良利用区（N）	有机质（o,g/kg）	No	＜12
	有效磷（p,mg/kg）	Np	＜15
	速效钾（k,mg/kg）	Nk	＜100
	有效锌（zn,mg/kg）	Nzn	＜0.5
	有效硼（b,mg/kg）	Nb	＜0.5
耕地自然环境条件改良利用区（E）	灌溉保证（i,%）	Ei	灌溉保障率低于 50%
	盐渍化（s）	Es	盐渍化程度轻度以上
耕地土体整治改良利用区（P）	耕层质地（t）	Pt	风沙土、沙壤、壤土等
	土体构型（c）	Pc	土体中有障碍层次

（三）耕地改良利用分区方法

地理信息系统（GIS）是 20 世纪 60 年代开始迅速发展起来的地理学研究新技术，是多学科交叉的产物。地理信息系统的定义由两个部分组成：一方面，地理信息系统是一门科学，是描述、存储、分析和输出空间信息的理论和方法的一门新兴交叉学科；另一方面，地理信息系统是一个技术系统，是以地理空间数据库为基础，采用地理模型分析方法，适时提供多种空间的动态地理信息，为地理研究和地理决策服务的计算机技术系统。其基本特点是以图层的形式储存各类空间，不同的图层相互叠加形成完整的地理地图。

在 GIS 支持下，利用耕地地力评价单元图，根据耕地改良利用各主导因子分区标准在其相应的属性库中进行检索分析，确定各单元相应的耕地改良利用类型，通过图面编辑生成耕地改良利用分区图，并统计各类型面积比例。

三、耕地改良利用分区专题图的生成

（一）耕地土壤培肥改良利用分区图的生成

根据耕地土壤养分限制因素分区标准把莘县耕地有机质分为两类，即有机质改良利用区和有机质非改良利用区，有机质改良利用区以代号 No 标注；同样，有效磷改良利用区用代号 Np 标注，速效钾改良利用区用代号 Nk 标注，有效锌改良利用区用符号 Nzn 标注，有效硼改良利用区用代号 Nb 表示，编辑生成耕地土壤培肥改良利用分区图。结果如图 9-1 所示。

（二）耕地自然环境条件改良利用分区图的生成

根据耕地自然环境条件限制因素分区标准进行莘县耕地改良利用分区。灌溉保证条件分为灌溉保证条件改良利用区和灌溉保证条件非改良利用区，改良利用区用代号 Ei 标注；盐渍化程度分为盐渍化改良利用区和盐渍化非改良利用区，盐渍化改良利用区以代号 Es 标注。在 GIS 下检索生成耕地自然环境条件改良利用分区图。结果如图 9-2 所示。

图 9-1 耕地土壤培肥改良利用分区图

图 9-2 耕地自然环境条件改良利用分区图

（三）耕地土体整治改良利用分区图的生成

根据耕地土地条件限制因素分区标准，耕层质地条件改良利用区用符号 Pt 标注，土体构型改良利用区用符号 Pc 标注。在 GIS 下检索生成耕地土体整治改良利用分区图。结果如图 9-3 所示。

图 9-3　耕地土体整治改良利用分区图

四、耕地改良利用分区结果分析

（一）耕地土壤培肥改良利用分区面积统计及问题分析

莘县耕地土壤培肥改良利用分区各改良利用类型面积及其比例如表 9-2 所示。

表 9-2　　莘县耕地土壤培肥改良利用分区面积统计表

改良利用分区	No	Np	Nk	NoNp	NoNk	NoNpNk	非改良区	总　计
面积（hm^2）	13448.76	2955.81	1635.94	2550.19	7700.53	4005.64	60956.71	93253.59
百分比（%）	14.42	3.17	1.75	2.73	8.26	4.3	65.37	100

由图 9-1 和表 9-2 可以看出，莘县土壤养分状况较好，土壤养分不需培肥改良的耕地占耕地总面积的 65.37%，需要培肥改良的土地呈片状分布，主要分布在莘县的西北部和西南部地区。其中缺乏有机质的耕地面积为 13448.76hm^2，占耕地总面积的 14.42%；缺乏磷肥的耕地面积为 2955.81hm^2，占耕地总面积的 3.17%；缺乏钾肥的耕地面积为 1635.94hm^2，占耕地总面积的 1.75%。缺乏有机质和有效磷的耕地面积为 2550.19hm^2，占耕地总面积的 2.73%；缺乏有机质和速效钾的耕地面积为 7700.53hm^2，占耕地总面积

的 8.26％；缺乏有机质、有效磷和速效钾的耕地面积为 4005.64hm²，占耕地总面积的 4.3％。从各类型面积比例看出，莘县耕地土壤培肥改良的主要方向为有针对性地增施有机肥料和钾肥。莘县土壤中锌素和硼肥含量较高，不需培肥改良。

（二）耕地自然环境条件改良利用分区面积统计及问题分析

莘县耕地自然环境条件改良利用区各改良利用类型面积及其比例如表 9-3 所示。

表 9-3　莘县耕地自然环境条件改良利用分区面积统计表

改良利用分区	Es	非改良区	总　计
面积（hm²）	10702.93	82550.66	93253.59
百分比（％）	11.48	88.52	100

由图 9-2 和表 9-3 可以看出，莘县耕地自然环境条件较好，地形平坦，灌溉条件很好，不需改良，仅需要改良部分耕地的盐渍化现象。在莘县，非改良区为 82550.66hm²。土壤盐渍化需要改良的耕地面积为 10702.93hm²，占耕地总面积的 11.48％。可见，莘县耕地自然环境条件改良利用的主要方向为改善土壤的盐渍化现象。

（三）耕地土体整治改良利用分区面积统计及问题分析

莘县耕地土体整治改良利用区各改良利用类型面积及其比例如表 9-4 所示。

表 9-4　莘县耕地土体整治改良利用分区面积统计表

改良利用分区	Pt	Pc	PtPc	非改良区	总　计
面积（hm²）	12770.72	54753.69	1279.99	24449.19	93253.59
百分比（％）	13.69	58.71	1.37	26.22	100

由图 9-3 和表 9-4 可以看出，莘县耕地土体结构一般，主要是莘县地处下游，耕层以风沙土或沙壤为主。需要改良的耕地也主要集中在沙质土壤或土壤中含有夹沙层。耕层质地需要改良的耕地面积为 14050.71hm²，占耕地总面积的 15.07％。土体构型需要改良的面积为 56033.68hm²，占总面积的 60.09％。所以，莘县土体整治的重点应着力改善土壤偏沙的特点，宜采取秸秆还田、增施有机肥料、深耕等措施，改良偏沙的土壤表层质地及不良的土体结构，这将是莘县耕地土体整治改良的主要方向。

第二节　莘县耕地资源的合理利用与开发

通过分析莘县土地利用资源的特点，针对不同等级耕地地力存在的障碍因素，根据莘县农业生产的地域性，将全县耕地划分为 3 个改良区，即西部沙壤粮林果多经区、东部低洼粮棉菜生产区、中部壤土粮菜主产区。每个改良区又分为 2 个亚区。改良利用分区是将障碍因素相近、改良措施相似、利用方向一致的耕地划在一起，并适当保持地域上连片，以便于统一规划、统筹安排。

一、西部沙壤粮林果多经区

本区多为河滩高地，表层土壤质地为风沙土、沙壤土，又分为2个亚区。

(一)西北林果多经区

以马颊河为界，包括王奉、大王寨及魏庄西部、马颊河以西的张鲁镇西北部，耕地面积为12205.96hm^2，占全县耕地的13.09%，在地力分级类型中属五级地六级地，少部分属四级地。沙性强，地不平，土壤保肥水差，有机质含量低，部分地块缺钾。产量受限因子主要是水，其次是肥。粮田土壤有机质含量平均10.4g/kg，碱解氮51mg/kg，有效磷21.8mg/kg，速效钾99mg/kg，养分属中低等地力水平，地下水位低，水利条件较差，易受干热风危害，林木、苹果种植面积较大，其次为春花生。

改良利用的主要措施：增施有机肥，大力推广秸秆还田，改良土壤，培肥地力；实施配方施肥。以有机肥为主，化肥为辅。化肥施用上，采用少吃多餐的办法，合理施肥。注意增氮稳磷，适当补钾补微，提高肥料的利用率；搞好农田水利基本建设，多引黄河水，井河并用，发展节水灌溉；种植抗旱品种，推广节水栽培技术；大力发展林果、牧草。

发展利用方向：依托联合国2606项目搞好莘县平原森林生态区建设，大力开展植树造林、伐育结合，粮林间作，防止土壤沙漠化；发展标准化生产基地，主要是无公害精品水果基地、无公害出口花生基地；适度发展棚菜。

(二)西南粮棉多经区

西南粮棉多经区包括古云镇、大张镇，观城镇，樱桃园镇及王庄集镇西部的(以丈樱路为界)，耕地面积为15510.92hm^2，占全县耕地的16.63%，在地力分级类型中属五级地、六级地，少部分属四级地。土壤以沙土、沙壤土为主，有机质含量低，部分地块缺钾，物理性状差。粮田土壤有机质含量平均11.5 g/kg，碱解氮53mg/kg，有效磷18.5mg/kg，速效钾107mg/kg。主要种植作物为小麦、玉米、棉花。

改良利用及主要措施：增施有机肥，大力推广秸秆还田，改良土壤，培肥地力；实施配方施肥。以有机肥为主，化肥为辅。注意增氮稳磷，适当补钾补微，提高肥料的利用率。

发展利用方向：在仙鹤湖水力风景区，改善沉沙地区生态环境，保护和发展湖区林网，进一步发展其生态旅游功能；以发展粮棉、花生为主，稳定面积，提高单产；在油区适当发展高标准蔬菜大棚及精品果园；金堤河沿岸适度发展水产养殖。

二、东部低洼粮棉菜生产区

本区多为缓平坡地或浅平洼地，表层土壤质地为中壤土或黏壤土，少量为盐土，又分为2个亚区。

(一)东北粮菜生产区

范围为临商路以东，包括东鲁街道办、莘亭街道办东部、莘州街道办东部、十八里铺镇东部。耕地面积为7579.03hm^2，占全县耕地的8.13%，在地力分级类型中属一至三级地，少部分属四级地。部分地块次生盐渍化严重，特别是大棚蔬菜。部分地块水质差。粮田土壤有机质含量平均13.8g/kg，碱解氮64mg/kg，有效磷27mg/kg，速效钾161mg/kg。主要种植作物为小麦、玉米、蔬菜。

改良利用及主要措施：完善水利设施，节水灌溉，采用畦灌、滴灌、喷灌等灌溉方式，发展节水农业；增施有机肥，推广秸秆还田，改良土壤，培肥地力。同时要整平地面，进一步发展机械化作业，提高生产效率；推广配方施肥，合理施用化肥，平衡土壤养分。本区的蔬菜地由于连年种菜，土壤养分较高，化肥用量应适当减少，特别是蔬菜区，注意次生盐渍化，增施有机肥及生物菌肥，大棚蔬菜要充分利用当地的沼液。

发展利用方向：粮菜兼顾，适当发展高标准蔬菜大棚，粮菜间作轮作。一是建设好鲁西现代农业示范园，充分发挥高标准蔬菜大棚示范基地的作用，发展有机蔬菜基地，该区地理位置优越，发展有机蔬菜基地潜力很大。二是巩固莘亭街道办事处的葱蒜及芫荽基地。三是十八里铺镇东部的老盐碱地，现在部分地块还需注意改良，适度发展棉花及抗盐作物。

(二)东南粮棉多经区

仲子庙干渠以东，包括徐庄镇中东部、古城镇的东部。耕地面积约为4052.24hm²，占全县耕地总面积的4.35%，在地力分级类型中多属三级地、四级地，其余属五级地、六级地。土壤类型以潮土、褐土化潮土为主，其次是盐化潮土。地势平坦，土层深厚。粮田土壤有机质平均14.3g/kg，碱解氮64mg/kg，有效磷27.6mg/kg，速效钾147mg/kg，土壤养分中等。土壤质地以中壤为主，也有部分盐碱地，松紧适中，适种各种作物，地下水丰富，潜水埋深3～5m，地下水位高，用水不当易造成次生盐渍化。部分地块物理性状差，次生盐渍化严重，排水差，部分村排灌不配套，大旱年份浇不上水。主要种植作物为小麦、玉米、棉花。

改良利用及主要措施：灌排配套，井灌河排，合理利用河水，防治大水漫灌，注意次生盐渍化；增施有机肥料，推广秸秆还田，深耕深松，改良土壤，培肥地力；推广配方施肥，合理施用化肥，平衡土壤养分。

发展利用方向：稳定粮棉面积，发展专用小麦、玉米；适度发展水产养殖，特别是名、优、特稀水产品的养殖，提高水产养殖效益。

三、中部壤土粮菜主产区

本区多为缓平坡地，土壤质地主要为壤土，其次为沙壤土，又分为2个亚区。

(一)中北瓜菜主产区

北区包括张寨镇、妹冢镇、董杜庄镇、俎店乡、燕店镇、河店镇、燕塔街道办、张鲁镇和魏庄的东半部及以临莘路以西的莘亭街道办、莘州街道办、十八里铺镇的西半部。耕地面积为35790.47hm²，占全县耕地的38.38%，在地力分级类型中多属一级地、二级地，其次属三级地、五级地，少量属四级地、六级地。表层质地多为壤质土，其次为沙壤土。土层深厚，土壤肥力高，粮田养分平均有机质含量13.9g/kg，碱解氮64mg/kg，有效磷30.4mg/kg，速效钾149mg/kg；菜地养分平均有机质：16.8g/kg，碱解氮89mg/kg，有效磷152.7mg/kg，速效钾378mg/kg，土壤养分中等偏上。地下水埋深3～7m。主要障碍因素是耕作层浅。莘州街道办、十八里铺镇部分地块物理性状差，次生盐渍化严重，特别是大棚蔬菜。

改良利用及主要措施：完善水利设施，灌排配套，采取切实可行措施，防止污染河水灌溉耕地;增施有机肥料,推广秸秆还田,改良土壤,培肥地力;平整土地,深耕,打破犁底层,做到 2～3 年深耕或深松 1 次;推广配方施肥,合理施用化肥,平衡土壤养分,大棚蔬菜注意次生盐渍化。

发展利用方向:合理规划,瓜、菜、菌生产要专业化、区域化。本区是莘县瓜菜生产的主产区,要巩固和发展好以下基地:河店镇的洋香瓜、番茄;燕店、魏庄的秋黄瓜、洋香瓜;十八里、燕塔街道办、莘州街道办的秋黄瓜、芸豆、西葫芦;董杜庄的西瓜、张寨的韭菜、莘亭的露地菜等。

目前,莘县已经具备生产有机瓜菜的各项条件,只要生产管理规范,生产绿色有机瓜菜不是难事。建议本区有重点地发展绿色有机瓜菜基地,提高瓜菜档次,打出莘县绿色有机瓜菜的品牌,进一步提高瓜菜生产效益。

(二)中南粮棉主产区

此区包括朝城镇、柿子园乡、以丈樱路为界的王庄集镇中东部、樱桃园镇中东部和以仲子庙干渠为界的古城镇中西部、徐庄镇西半部。耕地面积约为 18114.97hm^2,占全县耕地总面积的 19.43%,在地力分级类型中主属三级地、四级地,其次属一级地、二级地,很少属五级地、六级地。地势平坦,土层深厚。粮田土壤有机质平均含量 13.6g/kg,碱解氮 56mg/kg,有效磷 22.4mg/kg,速效钾 124mg/kg,土壤养分中等。土壤质地以壤土为主,松紧适中,适种各种作物,地下水丰富,地下水位高,用水不当易造成次生盐渍化。大部分地块有机质含量低,部分地块物理性状差,次生盐渍化严重,部分村排灌不配套,大旱年份浇不上水。

改良利用及主要措施:完善水利设施,灌排配套,注意次生盐渍化,提高灌排保证率;增施有机肥料,推广秸秆还田,改良土壤,培肥地力;平整土地,深耕,打破犁底层,做到 2～3 年深耕或深松 1 次;实行科学种田,轮作换茬,改革耕作制度。合理选择农作物品种,如棉花、小麦、大豆、油料作物等;推广配方施肥,合理施用化肥,平衡土壤养分,走"有机培肥、无机补偿"的改土培肥途径。

发展利用方向:稳定粮食面积,发展专用小麦、玉米,适度发展粮菜轮作;食用菌发展继续上规模、上档次,搞好深加工,发展适度规模经营;因地制宜地发展水产养殖。

第三篇　测土配方施肥技术

第十章　测土配方施肥指标体系的建立

测土配方施肥是以肥料田间试验和土壤测试为基础，根据作物需肥规律、土壤供肥性能和肥料效应，在合理施用有机肥料基础上，提出氮、磷、钾及中微量元素等肥料的施用品种、数量、施肥时期和施用方法的一套施肥技术体系。

莘县的测土配方施肥起源于20世纪80年代，通过土壤普查，在试验、示范的基础上初步建立了莘县主要作物的土壤养分丰缺指标及推荐施肥指标体系。二十多年来随着生产条件的不断改变，农民施用的肥料品种、施肥方式都已发生了巨大变化，主要粮油作物的产量水平、栽培方式以及土壤肥力水平也都发生了变化。原有的土壤养分丰缺指标、施肥指标体系和推荐施肥技术体系已经远远不能适应当前生产的需要，已不能正确指导农业生产，更不能精确指导科学施肥。

测土配方施肥包括土样采集检测、确定肥料配方、配方肥生产、配方肥供应、施肥技术指导五个环节。其中，确定科学合理的肥料配方是关键，确定肥料配方又要以测土配方施肥的技术指标体系作为技术支撑，所以说，测土配方施肥的核心技术是建立施肥指标体系。因此，必须通过大量的试验建立和完善不同作物的测土配方施肥技术指标体系。

第一节　田间试验与大田示范方案设计

一、试验示范实施的基本情况

莘县测土配方施肥试验主要采用“3414”试验设计（肥效参数试验）以及大田校验示范。

“3414”是指氮、磷、钾3个因素、4个水平、14个处理。该方案设计吸收了回归最优设计中处理少、效率高的优点，是测土配方施肥推荐使用的田间试验方案。4个水平的含义：“0水平”指不施肥；“2水平”指当地最佳施肥量的近似值；“1水平”为2水平×0.5；“3水平”为2水平×1.5（该水平为过量施肥水平），如表10-1所示。该方案除了可应用14个处理进行氮、磷、钾三元二次效应方程的拟合，还可以分别进行氮、磷、钾中任意二元或一元效应方程的拟合。例如进行氮、磷、钾二元效应方程拟合时，选用处理 2～7，11，12，可求得以 K_2 水平为基础的氮、磷二元效应方程，选用处理 2，3，6，11，可求得以 P_2K_2 水平为基础的氮肥效应方程；选用处理 4，5，6，7，可求得以 N_2K_2 水平为基础的磷肥效应方程；选用处理 6，8，9，10 可求得在 N_2P_2 水平为基础的钾肥效应方程。

表 10-1　"3414"试验方案处理

试验编号	处理	N	P	K
1	$N_0P_0K_0$	0	0	0
2	$N_0P_2K_2$	0	2	2
3	$N_1P_2K_2$	1	2	2
4	$N_2P_0K_2$	2	0	2
5	$N_2P_1K_2$	2	1	2
6	$N_2P_2K_2$	2	2	2
7	$N_2P_3K_2$	2	3	2
8	$N_2P_2K_0$	2	2	0
9	$N_2P_2K_1$	2	2	1
10	$N_2P_2K_3$	2	2	3
11	$N_3P_2K_2$	3	2	2
12	$N_1P_1K_2$	1	1	2
13	$N_1P_2K_1$	1	2	1
14	$N_2P_1K_1$	2	1	1

自 2006 年以来，莘县已经在小麦、玉米、棉花等主要粮油作物和大蒜、白菜、黄瓜等主要经济作物上完成了"3414"类田间肥料试验 65 处、肥效校验试验 70 处。

二、建立测土配方指标体系的准备工作

(一)"3414"试验中第二个水平的确立

采用"3414"试验，其第二个水平的确定非常重要。如果第二个水平太低，则可能造成肥料效应方程出现外推的情况，最佳施肥量超出第三水平。如果第二个水平太高，就会造成施肥水平远离最佳施肥量，不能反映最佳施肥量的情况。莘县在确定试验的"2 水平"时，参考了省土肥总站试验方案及近年来的田间试验结果，根据试验田获得的目标产量确定设计了第二个水平。

(二)氮肥基追比例

莘县的小麦磷、钾肥基本上全作为基肥施用。在氮肥的施用上，习惯上将小麦的基肥和追肥按各占 50％的比例来分配，玉米还普遍采用"一炮轰"的施肥习惯。现代施肥理念是土壤肥料中的氮素供应水平应与作物各时期对氮素的需求同步，以提高氮肥的利用率。

近年来,莘县耕地的土壤肥力和栽培制度已经发生了较大的变化,要使测土配方施肥试验能够指导大田生产,对传统的基肥和追肥比例进行修整是十分必要的。为此,针对基肥和追肥比例问题安排了试验进行确定。

(三)重复的设置

由于"3414"完全试验占用耕地面积较大,安排重复比较困难,因此,"3414"试验没设重复。"3414"部分实施试验(一般为6个处理)设置三次重复。肥效校验试验每个处理面积在667m²以上,不设置重复。

(四)试验地块的选择

在试验点的选择上,注意了随机性和代表性。按照高、中、低产田大体上各占1/3的比例,选择平坦、整齐、肥力均匀、具有代表性的不同肥力水平的地块,试验地避开了靠近道路、堆肥、渠道等场所的特殊地块,覆盖了莘县的高、中、低不同肥力的土壤条件,又兼顾了交通便利和农户的科技水平,同时,试验由县土肥站技术人员亲自指导操作,这样达到了既保证试验的准确率和代表性,又使试验起到了典型示范的作用。

(五)基础采样

肥料试验的基础采样是试验成功的基础。为此,所有试验都采集基础土样和植株样,每个试验点都采集15个样点的混合土壤样品,化验试验地块土壤养分含量,包括有机质、碱解氮、有效磷、速效钾、中微量元素、pH等土壤理化性状,同时进行植株营养诊断和测定。为保证试验的完整和准确,所有试验田样都由土肥站技术人员亲自采集,并对试验的基础样品都保留了副本,以备样品复查,检验试验的正确性。

第二节 土壤丰缺指标、施肥参数和最佳施肥量的确定

通过对"3414"试验结果资料进行统计分析,可以得出肥料利用率、土壤养分校正系数、作物养分需要、土壤养分丰缺指标等施肥参数。

一、丰缺指标的获取

(1)将某一较大的生态区域内的所有田间试验按土壤类型分类汇总。对某一特定作物,至少有30个点的"3414"完全试验或部分实施田间试验。

(2)计算各试验中缺氮、磷、钾的相对产量。根据缺素区产量与试验设计中的最佳施肥水平下的产量相比较计算相对产量,对"3414"试验而言:

缺氮的相对产量={处理2($N_0P_2K_2$)产量/处理6($N_2P_2K_2$)产量}×100%

缺磷的相对产量={处理4($N_2P_0K_2$)产量/处理6($N_2P_2K_2$)产量}×100%

缺钾的相对产量={处理8($N_2P_2K_0$)产量/处理6($N_2P_2K_2$)产量}×100%

(3)将每处试验的相对产量与土壤养分测定值配对。

(4)选择回归模型,对配对数据进行回归分析,建立两者的函数关系。常用模型 $y=a+b\times\ln x$ 或 $y=x/(ax+b)$,模型选定通常以相关系数大小为依据。

(5)利用函数计算相对产量分别为50%、70%、90%、95%时对应的土壤养分值。

(6)依据土壤养分的分级评价标准(见表10-2),建立养分丰缺指标。

表 10-2 土壤养分的分级评价标准

相对产量(%)	<50	50～70	70～90	90～95	>95
评价	极低	低	中	高	极高

二、试验参数的计算方法

(1)目标产量。可采用平均单产法来确定。平均单产法是利用施肥区前三年平均单产和年递增率为基础确定目标产量。其计算公式是：

目标产量($kg/667m^2$)=(1+递增率)×前3年平均单产($kg/667m^2$)

莘县作物产量的递增率确定为10%。

(2)作物需肥量。通过对正常成熟的农作物全株养分的分析，测定各种作物100kg经济产量所需养分量，乘以目标产量即可获得作物需肥量。其计算公式是：

作物目标产量所需养分量(kg)=(目标产量/100)×100kg经济产量所需养分量

(3)肥料利用率。其计算公式是：

肥料利用率(%)=[(施肥区作物吸收的养分量－不施肥区作物吸收的养分量)/肥料养分量]×100%

(4)土壤养分供给量。其计算公式是：

土壤养分供给量(kg)=土壤养分测定值×0.15×校正系数

土壤养分测定值以mg/kg表示，0.15为该养分在每亩150吨耕层土中(0～20cm)换算成$kg/667m^2$的系数(下同)。

校正系数(%)=[缺素区作物地上部分吸收该元素量(kg)/该元素土壤测定值(mg/kg)]×0.15

(5)土壤养分利用系数。其计算公式是：

土壤养分利用系数=(不施肥区农作物某养分吸收量/土壤养分测定值)×0.15

(6)地力产量贡献率。其计算公式是：

地力产量贡献率(%)=(无肥区产量/习惯施肥区产量)×100%

(7)肥料产量贡献率。其计算公式是：

肥料产量贡献率(%)=[(施肥区产量－无肥区产量)/施肥区产量]×100%

(8)配方施肥潜在增产率。其计算公式是：

配方施肥潜在增产率(%)=[(配方施肥处理产量－习惯施肥区产量)/习惯施肥区产量]×100%

(9)配方施肥的纯效益。其计算公式是：

配方施肥的产出增加值=(配方施肥的处理产量－习惯施肥对照产量)×农产品单位价格

配方施肥的纯效益增加值=配方施肥的产出增加值+配方施肥的肥料节本值

计算施肥参数时，按试验地地力水平将各试验点归类，分别计算高中低肥力所有试验点施肥参数的平均值。

三、适宜施肥量分析

不同生产条件下的适宜施肥量主要以“3414”试验结果资料的回归分析来获取。主要目的是建立产量与施肥量之间的二次回归方程，然后通过方程确定最大施肥量与最佳施肥量，根据施肥量预测产量。运用“3414”完成实施方案的 14 个处理，建立 N、P、K 三个因素与产量的三元二次效应方程，部分实施方案（选择完全施肥方案的部分处理）可建立某一个或某两个因素与产量的一元二次或二元二次效应方程。

（一）三元二次肥料效应回归分析

标准的“3414”试验的三元二次方程：

$$y=b_0+b_1x_1+b_2x_2+b_3x_3+b_4x_1^2+b_5x_2^2+b_6x_3^2+b_7x_1x_3+b_8x_1x_3+b_9x_2x_3$$

最高施肥量自变量 $x_j(j=1,2,3,\cdots)$ 的边际效应等于 0。

$$b_1+2b_4x_1+b_7x_2+b_8x_3=0$$

$$b_2+2b_5x_2+b_7x_1+b_9x_2=0$$

$$b_3+2b_6x_3^2+b_8x_1+b_9x_2=0$$

求解上述方程组，获取最高施肥量 x_1,x_2,x_3。

最佳施肥量自变量 $x_j(j=1,2,3,\cdots)$ 的边际效应等于肥料价格与产出品价格值比。

$$b_1+2b_4x_1+b_7x_2+b_8x_3=P_{x1}/P_y$$

$$b_2+2b_5x_1+b_7x_1+b_9x_2=P_{x2}/P_y$$

$$b_3+2b_6x_3+b_8x_1+b_9x_2=P_{x3}/P_y$$

求解上述方程组，获取最佳施肥量 x_1,x_2,x_3。

本书实验数据统计分析计算采用现成的计算机软件来完成，包括利用中国肥料信息网等网络工具和 Excel 进行计算。

（二）一元二次肥料效应回归分析（以磷、钾为例）

先逐点计算每处试验条件下的适宜施肥量，利用方案中 $N_2P_0K_2$、$N_2P_1K_2$、$N_2P_2K_2$、$N_2P_3K_2$（$N_2P_2K_0$、$N_2P_2K_1$、$N_2P_2K_2$、$N_2P_2K_3$）的四个处理，分析最佳施磷（钾）量。

步骤 1：通过散点图观察产量随施肥量的变化，如无规律，则暂时按该点不需施肥处理。

步骤 2：简单计算不同处理产量的差异。如不超过 5%，则视为该点不需施肥，最佳施肥量为零。如施肥处理与不施肥处理产量的差异超过 5%，但施肥处理间产量差异不超过 5%，则最佳施肥量为最低设计施肥水平。

步骤 3：如产量变化有规律，则进行一元回归分析。回归方法：一是 Excel 散点图添加趋势线法；二是 Excel 回归计算法。

步骤 4：用回归方程计算最佳施肥量。

利用极值原理，计算最大施肥量：

$$\frac{\partial x}{\partial n}=0,\frac{\partial y}{\partial p}=0,\frac{\partial y}{\partial k}=0$$

利用极值原理，计算最佳施肥量：

$$\frac{\partial y}{\partial n}=\frac{p_n}{p_y},\frac{\partial y}{\partial p}=\frac{p_p}{p_y},\frac{\partial y}{\partial k}=\frac{p_k}{p_y}$$

（三）不同生产条件下的适宜施肥量分析

（1）计算不同产量水平的最佳施肥量。将试验点按高、中、低产量水平分类，统计计算每一产量水平所有试验点最佳施肥量的变幅和平均值。

（2）计算不同土壤养分等级情况下的最佳施肥量。将试验点按土壤养分等级分类，统计计算每一土壤养分等级内所有试验点最佳施肥量的变幅和平均值。

土壤养分等级标准：按某作物的丰缺指标分析分级。

目前，"3414"有关分析也可用扬州土肥站开发的测土配方施肥数据管理系统的功能进行分析，输入相关试验参数，就能直接出结果，相当方便；也有"3414"相关的软件，可以试用。

第三节　小麦测土配方施肥指标体系

一、小麦主要施肥参数的分析计算

（一）生产小麦 100kg 籽粒需肥量

生产小麦 100kg 籽粒需氮量参数的取得，主要结合试验田植株全量养分（全氮、全磷、全钾）分析进行的。对在各类试验（包括"3414"完全试验、"3414"不完全试验、肥效校验试验）中采集的植株样品进行化验，通过计算得到平均每生产 100kg 籽粒吸收养分的全氮、全磷、全钾总量。莘县 100kg 小麦籽粒平均需肥量 N 2.96kg、P_2O_5 1kg、K_2O 2.5kg，与全国以前常用的 100kg 小麦籽粒需肥量（N 3kg、P_2O_5 1.25kg、K_2O 2.5kg）相比，氮、钾相当，磷有所增加。

（二）土壤养分利用系数

通过对莘县肥效小区试验的土壤养分利用系数的汇总分析，小麦在土壤碱解氮 50～100mg/kg、有效磷 10～50mg/kg、速效钾 70～150mg/kg 条件下，土壤养分平均利用系数如表 10-3 所示。

表 10-3　莘县小麦栽培土壤养分利用系数

产量水平	氮素利用系数	磷素利用系数	钾素利用系数
≥450 kg/667m²	0.67	0.42	0.55
≤450 kg/667m²	0.53	0.62	0.56

（三）肥料利用率

通过对肥效小区试验的肥料利用率汇总分析，在土壤碱解氮 50～100mg/kg、有效磷 5～50mg/kg、速效钾 70～160mg/kg 条件下，莘县肥料利用率情况如表 10-4 所示。

表 10-4 莘县农田肥料利用率

类型	氮肥利用率(%)	磷肥利用率(%)	钾肥利用率(%)
棉花配方施肥	21.5	20.49	43.44
棉花习惯施肥	14.39	13.93	30.18
小麦中高产田	14.25	6.01	17.65
玉米中高产田	16.01	14.4	19.89
平均	16.54	13.7	27.79

数据来源:莘县土肥站 2006～2008 年小麦、玉米肥料试验及 2011 年棉花肥料利用率试验。

分析:相比一般资料的数据,我们的数据是绝对偏低不少,但同时我们认为也是可信的:资料数据应该是 20 年以前的数据,那时土壤养分含量很低,所以,肥料利用率高些。氮肥利用率低的主要原因是盲目增加施用量及不正确的施肥方法如撒施等。磷肥利用率低的主要原因是,多年来连续施用磷酸二铵,使土壤中有效磷含量处于中高水平。钾肥利用率低的主要原因是除部分为沙地及沙壤缺钾地块,大部分是富钾地块,再加上近年来连续推广秸秆还田技术,增加了土壤钾素的供应。

现在肥料利用率数值的主要特点应是由于土质、养分含量、施肥情况、产量水平造成不同地块差异较大,有的可能差几倍。尽管这样,大部分地块数值还是偏低的,特别是大棚蔬菜,如何进一步提高肥料利用率,是我们思考和研究的主要问题。

二、小麦测土配方施肥丰缺指标

(一)土壤氮素丰缺指标及氮推荐用量

根据试验结果和莘县农田养分的实际情况,将小麦田土壤肥力等级划分为五个等级,即极高、高、中、低、极低。土壤供氮等级越高,相对产量越高,氮推荐用量越低(见表 10-5)。

表 10-5 土壤碱解氮丰缺指标及氮推荐用量

肥力等级	相对产量(%)	碱解氮含量(mg/kg)	推荐用量(kg/667m^2)
极高	＞95	＞120	10
高	90～95	90～120	11～13
中	75～90	50～90	13～15
低	50～75	30～50	15～17
极低	＜50	＜30	16～18

(二)土壤磷素丰缺指标及磷推荐用量

莘县小麦田有效磷含量等级划分与土壤氮素一样,划分为五个等级,即极高、高、中、低、极低。处于供磷极高的麦田,土壤有效磷含量高于 50mg/kg,磷推荐用量为 0～3kg/667m^2,长期施用磷酸二铵的地块建议不再施用或隔年再施。处于供磷极低等级的麦田，土壤有效磷含量低于 10mg/kg，磷推荐用量为 10～12kg/667m²。处于供磷中等等级的麦田，土壤有效磷含量为 20～40mg/kg，磷推荐用量为 6～8kg/667m²（见表 10-6）。

表 10-6　　土壤有效磷丰缺指标及磷推荐用量

肥力等级	相对产量(%)	有效磷含量(mg/kg)	磷推荐用量(kg/667m²)
极高	＞95	＞50	0～3
高	90～95	40～50	4～6
中	75～90	20～40	6～8
低	50～75	10～20	8～10
极低	＜50	＜10	10～12

（三）土壤钾素丰缺指标及钾推荐用量

莘县小麦田速效钾含量等级划分为五个等级。如处于供钾极高等级的中等产量麦田，土壤速效钾含量高于 150mg/kg，建议不施钾肥。处于供钾极低等级的麦田，土壤速效钾含量低于 50mg/kg，钾推荐用量为 12～15kg/667m²。处于供钾中等的麦田，土壤速效钾含量为 90～120mg/kg，钾推荐用量为 5～8kg/667m²（见表 10-7）。

表 10-7　　土壤速效钾丰缺指标及钾推荐用量

肥力等级	相对产量(%)	速效钾含量(mg/kg)	钾推荐用量(kg/667 m²)
极高	＞95	＞150	0
高	90～95	120～150	2～4
中	75～90	80～120	5～8
低	50～75	50～80	8～10
极低	＜50	＜50	10～12

三、基肥和追肥比例

为了确定小麦氮肥中基肥和追肥的比例，安排了小麦氮肥不同基肥、追肥比例试验，试验处理为 N 14kg/667m²、P_2O_5 6kg/667m²、K_2O 8kg/667m²，氮肥的基肥比例分别设置为 70%、60%、50%、40%、30%（见表 10-8）。

表 10-8　　小麦氮肥、基肥、追肥比例试验结果

基肥比例	产量水平(kg/667m²)		
	高产田	中产田	低产田
70%	562.6	411.8	348.8
60%	592.5	433.7	366.4

续表

基肥比例	产量水平(kg/667m²)		
	高产田	中产田	低产田
50%	626.4	436.7	356.4
40%	605.4	464.5	330.6
30%	601.3	416.2	322.2

在试验的基础上，确定了莘县不同肥力小麦田氮肥基肥和追肥比例。高产水平小麦田，基肥占50%，50%的氮肥用于春季追肥，施用时间适当后移，一般在拔节期开始施；中等产量水平小麦田，基肥40%、追肥60%；低产产量水平小麦田，基肥要占到总施氮肥量的60%（见表10-9）。

表10-9　土壤肥力分级与小麦氮肥基追比例的参考方案

土壤肥力	全氮含量(g/kg)	小麦产量水平(kg/667m²)	基肥比例(%)	追肥比例(%)
低	<0.7	<400	60	40
中	0.7～1.2	400～500	40	60
高	>1.2	>500	50	50

四、小麦的最佳施肥量分析

(一)磷最佳施肥量

根据小麦试验计算出最佳施肥量。将试验点按土壤磷素的丰缺指标和小麦不同产量分类汇总，统计出土壤磷素不同含量水平下最佳施肥量的平均值（见表10-10）和小麦不同产量水平（指试验中缺磷素处理区）最佳施肥量的平均值（见表10-11）。

表10-10　小麦不同磷素含量水平磷的最佳施肥量

分级标准	极低	低	中	较高	高
相对产量(%)	<50	50～75	75～90	90～95	>95
土壤磷素含量(mg/kg)	<10	10～20	20～40	40～50	>50
施磷量(kg/667m²)	5.8	6.5	7.5	5.6	3

表10-11　小麦不同产量水平磷的最佳施肥量

产量水平	低产	中产	高产
产量(kg/667m²)	<400	400～500	>500
施磷量(kg/667m²)	5.5	6.8	5.2

（二）钾最佳施肥量

根据小麦试验计算出最佳施肥量。将试验点按土壤钾素的丰缺指标和小麦不同产量水平分类汇总，统计出土壤钾素不同含量水平下最佳施肥量的平均值（见表 10-12）和小麦不同产量水平（指试验中缺钾素处理区）最佳施肥量的平均值（见表 10-13）。

表 10-12　　小麦不同钾素含量水平钾的最佳施肥量

分级标准	极低	低	中	较高	高
相对产量（%）	＜50	50～75	75～90	90～95	＞95
土壤钾素含量（mg/kg）	＜50	50～80	80～120	120～150	＞150
施钾量（$kg/667m^2$）	5.6	4.8	4.5	3.5	2.2

表 10-13　　小麦不同产量水平钾的最佳施肥量

产量水平	低产	中产	高产
产量（$kg/667m^2$）	＜400	400～500	＞500
施钾量（$kg/667m^2$）	5.5	4	2.2

第四节　玉米测土配方施肥指标体系

一、玉米主要施肥参数的分析计算

（一）生产玉米 100kg 籽粒需氮量

通过对玉米肥料试验植株样品全量养分（全氮、全磷、全钾）进行化验，计算得到每生产 100kg 籽粒吸收养分的总量。通过试验得出，莘县玉米每生产 100kg 籽粒产量需要吸收养分量为 N 2.62kg，P_2O_5 0.89kg，K_2O 2.28kg。莘县 100kg 玉米籽粒需肥量与全国以前常用的 100kg 玉米籽粒需肥量 N 2.57kg，P_2O_5 0.86kg，K_2O 2.14kg 相比，氮、磷、钾大致相当。

（二）土壤养分利用系数

通过对莘县肥效小区试验的土壤养分利用系数的汇总分析可知，玉米在土壤碱解氮 50～100mg/kg、有效磷 5～50mg/kg、速效钾 70～150mg/kg 条件下，土壤养分平均利用系数如表 10-14 所示。

表 10-14　　莘县玉米栽培土壤养分利用系数

产量（$kg/667m^2$）	氮素利用系数	磷素利用系数	钾素利用系数
≥650	0.81	0.78	0.67
450～650	0.69	0.63	0.62
≤450	0.74	0.43	0.62

（三）肥料利用率（见小麦）

二、玉米测土配方施肥丰缺指标

（一）土壤氮丰缺指标及氮推荐用量

玉米氮含量等级按照农田养分的实际情况划分为五个等级，即极高、高、中、低、极低（见表 10-15）。

表 10-15 玉米土壤碱解氮丰缺指标及氮推荐用量

肥力等级	相对产量（%）	碱解氮（mg/kg）	氮推荐用量（kg/667 m^2）
极高	＞95	＞120	10
高	90～95	90～120	10～12
中	75～90	50～90	12～14
低	50～75	30～50	14～16
极低	＜50	＜30	16～18

（二）土壤磷丰缺指标及磷推荐用量

玉米田土壤有效磷等级按照农田养分的实际情况划分为五个等级（见表 10-16）。

表 10-16 玉米土壤有效磷丰缺指标及磷推荐用量

肥力等级	相对产量（%）	有效磷（mg/kg）	磷推荐用量（kg/667 m^2）
极高	＞95	＞50	0～3
高	90～95	40～50	4～6
中	75～90	20～40	6～8
低	50～75	10～20	8～10
极低	＜50	＜10	10～12

（三）土壤钾丰缺指标及钾推荐用量

玉米田土壤速效钾等级按照莘县农田养分的实际情况划分为五个等级（见表 10-17）。

表 10-17 玉米土壤速效钾丰缺指标及钾推荐用量

肥力等级	相对产量（%）	速效钾（mg/kg）	钾推荐用量（kg/667 m^2）
极高	＞95	＞150	0
高	90～95	120～150	2～4
中	75～90	80～120	5～8
低	50～75	50～80	8～10
极低	＜50	＜50	10～12

三、玉米的最佳施肥量分析

(一)磷最佳施肥量

根据玉米试验计算出最佳施肥量。将各试验点按土壤磷素的丰缺指标和玉米不同产量水平汇总,统计出土壤磷素不同含量水平下最佳施肥量的平均值(见表10-18)和玉米不同产量水平(指试验中缺磷素处理区)最佳施肥量的平均值(见表10-19)。

表10-18　玉米不同磷素水平磷的最佳施肥量

分级标准	极低	低	中	较高	高
相对产量(%)	<50	50～75	75～90	90～95	>95
土壤磷素含量(mg/kg)	<10	10～20	20～40	40～50	>50
施磷量(kg/667m^2)	6.2	7.5	8.5	6	3

表10-19　玉米不同产量水平磷的最佳施肥量

产量水平	低产	中产	高产
产量(kg/667m^2)	<450	450～650	>650
施磷量(kg/667m^2)	6.5	7.6	3.5

(二)钾最佳施肥量

根据玉米试验计算出最佳施肥量,将试验点按土壤钾素的丰缺指标和玉米不同产量水平分类汇总,统计出土壤钾素不同含量水平下最佳施肥量的平均值(见表10-20)和玉米不同产量水平(指试验中缺钾素处理区)最佳施肥量的平均值(见表10-21)。

表10-20　玉米不同钾素含量水平钾的最佳施肥量

分级标准	极低	低	中	较高	高
相对产量(%)	<50	50～75	75～90	90～95	>95
土壤钾含量(mg/kg)	<50	50～80	80～120	120～150	>150
施钾量(kg/667m^2)	3	4	3.5	2.8	1.2

表10-21　玉米不同产量水平钾的最佳施肥量

产量水平	低产	中产	高产
产量(kg/667m^2)	<450	450～650	>650
施钾量(kg/667m^2)	5	3.5	2

第五节 其他作物测土配方施肥指标体系参考

一、花生测土配方施肥丰缺指标

(一)土壤氮丰缺指标及氮推荐用量

花生为豆科作物,生育中后期生长的根瘤中含有具备固氮作用的根瘤菌,可以替代部分氮素化肥。因此,氮推荐用量略低于小麦与玉米等禾本科作物(见表 10-22)。

表 10-22 花生土壤碱解氮丰缺指标及氮推荐用量

肥力等级	相对产量(%)	碱解氮含量(mg/kg)	氮推荐用量(kg/667m^2)
极高	>95	>120	3
高	90~95	100~120	4
中	75~90	70~100	6
低	50~75	40~70	8
极低	<50	<40	10

(二)土壤磷丰缺指标及磷推荐用量(见表 10-23)

表 10-23 花生土壤有效磷丰缺指标及磷推荐用量

肥力等级	相对产量(%)	有效磷含量(mg/kg)	磷推荐用量(kg/667m^2)
极高	>95	>50	1~2
高	90~95	40~50	4~6
中	75~90	20~40	6~8
低	50~75	10~20	8~10
极低	<50	<10	10~12

(三)土壤速效钾丰缺指标及钾推荐用量(见表 10-24)

表 10-24 花生土壤速效钾丰缺指标及钾推荐用量

肥力等级	相对产量(%)	速效钾含量(mg/kg)	钾推荐用量(kg/667m^2)
极高	>95	>150	0~2
高	90~95	120~150	2~4
中	75~90	80~120	4~8
低	50~75	50~80	8~12
极低	<50	<50	12~15

二、棉花测土配方施肥指标体系

近10年来，莘县棉花种植面积一直很小，缺乏系统研究。结合莘县情况及外地经验，提出棉田养分丰缺指标(见表10-25)。

表10-25　棉田土壤养分丰缺指标

项　目	丰　富	较　高	中	低	缺　乏
有机质(g/kg)	>20	15～20	10～15	8～10	<8
碱解氮(mg/kg)	>120	100～120	70～100	40～70	<40
有效磷(mg/kg)	>50	50～40	20～40	10～20	<10
速效钾(mg/kg)	>150	120～150	80～120	50～80	<50

三、大棚瓜菜及苹果树测土配方施肥指标体系

由于大棚瓜菜及苹果树试验研究难度较大，相关资料还不完善，所以测土配方施肥起步较晚。目前，正在进行蔬菜氮磷钾控制试验。在初步试验基础上，结合有关资料介绍，提出土壤养分分级指标(见表10-26和表10-27)供参考。

表10-26　莘县苹果园养分丰缺指标

项　目	丰　富	较　高	中	低	缺　乏
有机质(g/kg)	>20	15～20	10～15	8～10	<8
碱解氮(mg/kg)	>120	100～120	80～100	60～80	<60
有效磷(mg/kg)	>50	40～50	20～40	10～20	<10
速效钾(mg/kg)	>200	150～200	100～150	70～100	<70

表10-27　莘县大棚瓜菜养分丰缺指标

项　目	丰　富	较　高	中	低	缺　乏
有机质(g/kg)	>40	30～40	20～30	10～20	<10
碱解氮(mg/kg)	>200	150～200	90～150	50～90	<50
有效磷(mg/kg)	>200	150～200	80～150	50～80	<50
速效钾(mg/kg)	>500	400～500	200～400	100～200	<100

第十一章 肥料配方设计与技术应用

确定科学合理的肥料配方是测土配方施肥工作的重要环节，也是测土配方施肥技术的具体体现。将田间土壤样品测定的大量数据进行优化，按照不同地区养分分布的特点和作物对养分的吸收规律，设计出适宜区域作物的肥料配方，并结合测土配方施肥技术指标体系进行区域配肥，将配方肥应用到农田。近年来，随着计算机技术和信息技术的快速发展与广泛应用，施肥配方趋向系列化、多样化，灵活性、适应性、可操作性更强，区域配肥和推荐施肥技术发挥的作用将更大。

第一节 肥料配方设计的基本环节

在运用全球卫星定位系统（GPS）进行土壤采样与测试的基础上，综合考虑行政区划、土壤类型、土壤质地、气象条件、地质结构、作物需肥规律等因素，借助信息技术生成区域性土壤养分空间变异图和县域施肥分区，优化设计不同分区的肥料配方。

一、GPS 定位指导下的土壤样品采集

见第三章第一节。

二、土壤测试与土壤养分空间数据库的建立

将土样带回化验室中风干，测定土壤养分。土壤养分含量的测定应该按规范的标准步骤进行，一个点的土壤养分含量的差异可能会导致整个区域土壤养分图出现偏差。为了保证数据录入工作的准确性，应有专人负责，测定一批数据及时录入计算机，规范的数据录入能有效地提高工作效率和减少返工的几率。土壤养分的测定值保存在 Excel 表中。

土壤样品及时处理化验后，将土壤测试数据和空间位置建立对应关系，形成空间数据库，以便于能在 GIS 中进行分析。

三、土壤养分分区图的制作

基于区域土壤养分分级指标，以地理信息系统（GIS）为操作平台，使用 Krigging 等方法进行土壤养分空间插值，制作土壤养分分区图。对于土壤有机质、氮、磷、钾、锌、硼、钼等养分数据，首先按照野外实际调查点进行整理，建立了以各养分为字段、以调查点为记录的数据库，之后进行了土壤采样样点图与分析数据库的连接，在此基础上对各养分数据进行自动的插值处理。莘县县域耕地资源系统数据库于 2011 年建立，2012 年完善并开

始运行。

在测土配方施肥工作中,土壤养分图的用途主要是为了直接服务于区域配肥,因此,土壤养分的分级应以土壤养分丰缺指标为依据,不需要为了突出空间变异而划分过多等级。

四、分区配方制定与施肥推荐

根据土壤养分的空间分布特点,结合作物养分需求规律以及施肥决策系统,生成县域施肥分区图和分区域的肥料配方。设计配方时,应掌握以下技术原则:

(一) 区域氮素总量控制与分期调控

土壤氮素具有总体稳定和局部变异的双重特点。依据前者,可将一定区域范围内作物全生育期氮肥施用总量控制在一个合理的范围内;依据后者,可以在这个范围的基础上,根据作物氮素吸收规律,对不同生育期的氮肥用量进行分配。结合已有的研究结果,可以从三个方面实现区域氮素的总量控制、分期调控:一是通过长期定位试验和多年多点的分散肥料试验的汇总,确定一定区域范围内作物平均施氮量。例如,莘县多年多点肥料试验表明,对于中等供氮土壤,小麦—玉米轮作每季作物氮肥用量应控制在 210~240kg/hm^2,如果在小麦播种时和拔节期两次施氮,比例可为 40∶60,如果在小麦播种、返青和拔节三次施氮,基追比例可为 40∶20∶40。二是通过一定区域农田生态系统氮素平衡来确定作物氮肥供应总量。对于农田生态系统来说,氮素的输入项主要包括化肥、有机肥(包括秸秆还田)、环境氮素(包括大气沉降、灌溉水、生物固氮等)、种子及秧苗带入的氮素;氮素的输出主要包括收获作物带走的氮素和氮素损失量两个部分,其中氮素损失又包括氮素淋洗、氨挥发和硝化反硝化损失等。三是通过作物目标产量和氮素吸收总量确定一定区域内氮素施用总量。对于莘县来说,形成 100kg 籽粒小麦需吸收氮量变化的范围为 2.8~3.2kg。对于目标产量为 6000~8000 kg/hm^2 的小麦籽粒产量来说,氮肥施用总量应控制在 180~240kg/hm^2,该方法获取的区域氮肥施用总量略低于根据试验汇总的区域氮肥施用总量。

(二)区域磷、钾衡量监控

与土壤氮素变异特征不同,土壤磷、钾具有连续变异的特点,这一变异的大小和方向由磷肥、钾肥施用量和作物需求量之间的动态平衡决定。因此,可以根据一定区域范围内土壤有效磷、速效钾的测试值和作物多年施肥的反应,确定较长时段(一般 3~5 年)磷、钾的相对恒定用量,将作物根层土壤有效磷、速效钾水平构建或保持在一个适宜的水平上,该水平既可以满足高产优质作物对磷、钾供应的需求,又可避免过量投入造成的资源浪费。具体来讲,当土壤有效磷、速效钾处于较低水平时,区域磷、钾管理的目标除增加作物产量,还应稳步提高土壤有效磷、速效钾的水平,故磷、钾肥用量要投入大于产出;当土壤有效磷、速效钾处于适宜水平时,区域磷、钾管理的目标应增加作物产量,维持土壤有效磷、速效钾的水平,故磷、钾肥用量投入等于产出;当作物根层土壤有效磷、速效钾处于较高水平时,区域磷、钾管理的目标应控制磷、钾肥用量,逐年降低土壤有效磷钾含量,直至适宜水平,故磷、钾肥用量投入小于产出。

在实际生产中,磷、钾肥一般作为基肥一次性施入,磷、钾分期调控主要考虑轮作周期内磷、钾分配比例。在区域磷、钾分期调控中不能仅仅考虑小麦或玉米当季作物,而应将小麦—玉米轮作周期的磷、钾通盘考虑，统一运筹。小麦对磷敏感，可 2/3 左右磷肥用在小麦上，1/3 左右磷肥用在玉米上；钾则不同，可将 40%左右钾肥用在小麦上，60%左右钾肥用在玉米上。

（三）区域中微量元素的因缺补施

微量元素施肥原则与大量元素不同，在确定了土壤丰缺临界值的基础上，一般微肥用量相对固定。因此，可以通过土壤测试或田间缺素试验确定区域土壤的微量元素缺乏程度。莘县进行区域配方设计时，对于微量元素缺乏地块或高产田考虑配施锌硼，经济作物注意硅钙肥的施用，但不推荐只含碳酸钙镁的肥料。一般对某种微素敏感的作物，可叶面喷施补充。

第二节　区域施肥配方设计

一、肥料配方设计的基本流程

在确定施肥区域后，根据施肥分区养分丰缺指标，考虑农民的施肥习惯，制定区域内的推荐施肥方案和肥料配方，再经过肥料配方田间对比试验的验证，才能最终确定肥料配方，应用到农业生产中去，基本流程如图 11-1 所示。

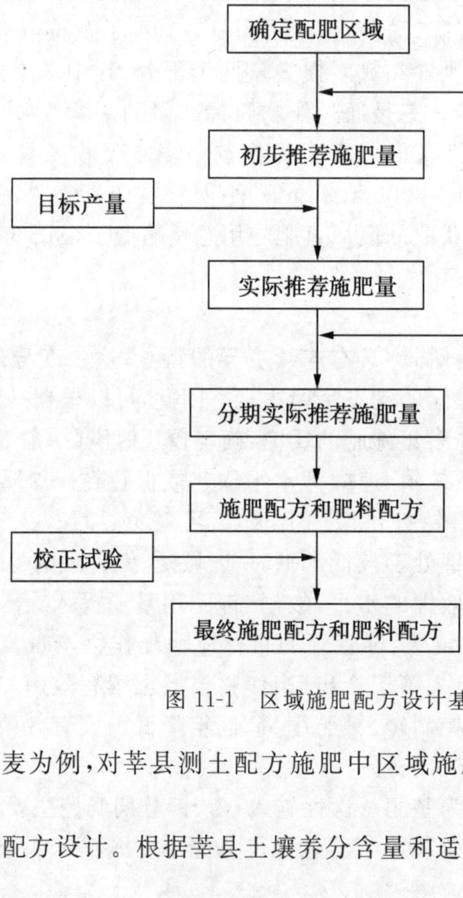

图 11-1　区域施肥配方设计基本流程

下面以小麦为例，对莘县测土配方施肥中区域施肥配方的设计方法、步骤进行具体说明。

小麦区域配方设计。根据莘县土壤养分含量和适宜施肥量的情况看，土壤磷、钾建议各分为两个等级。分级标准为：

土壤有效磷：中低＜50mg/kg，高≥50mg/kg。

土壤速效钾：中低＜120mg/kg，高≥120mg/kg。

按照以上分级标准，小麦施肥配方推荐时，氮肥的推荐主要采用以产定氮法：

$$N=0.025\times 目标产量(kg)+4.0$$

磷、钾肥的推荐则根据土壤养分状况综合分析结果，分别拟定不同配方，即中低磷、钾类型区，高磷、高钾类型区，高磷、中低钾类型区，中低磷、高钾类型区四种类型。图 11-2 是小麦施肥配方设计的流程图。

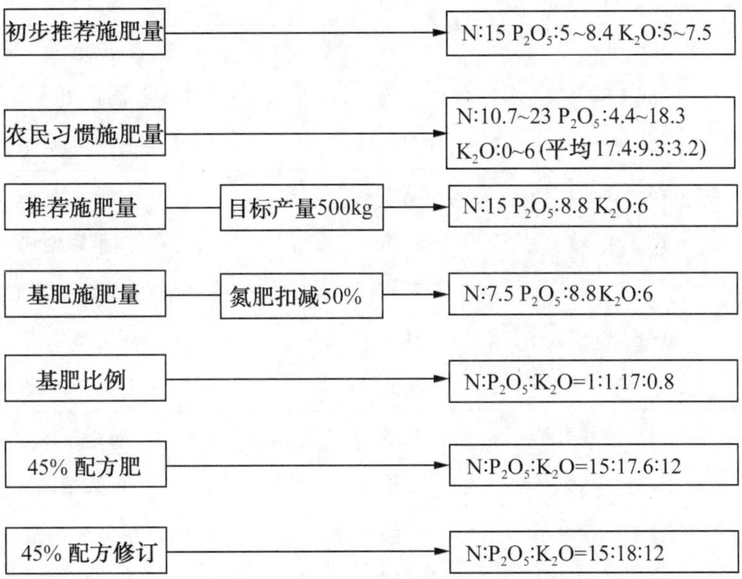

图 11-2　小麦施肥配方设计流程(养分适宜的一般地块)

二、莘县主要农作物施肥配方

根据莘县土壤养分状况和主要种植作物的需肥规律及特点，提出并优化了小麦、玉米、花生、果树、蔬菜的主要肥料配方，供农民选购肥料时参考(见表 11-1)。

表 11-1 莘县测土配方施肥主要农作物施肥配方

适用作物	配方($N-P_2O_5-K_2O$)	施肥方式	推荐施用范围
小麦	12—18—15	基施	中磷低钾区(西北部沙地)
	17—18—10	基施	高磷高钾区(高产田)
	15—18—12	基施	中磷中钾区(一般地块)
	15—20—10	基施	中低磷高钾区(中南部)
	32—0—8	追施	高产田
	32—4—4	追施	高产田
玉米	26—6—8	追施	一般地块
	30—5—5	追施	高产田
	27—5—8(缓控释)	种肥同播	中低产田沙地
花生	15—18—12	基施	一般地块
	15—20—10	基施	高钾、低磷地块
	12—6—12*	基施	高磷、中低钾重茬地块
果树	12—18—15	基施	一般类型果园
	12—6—12*	基施	一般类型果园
蔬菜	15—15—15(硫基)	基施	一般类型区
	15—18—12(硫基)	基施	一般类型区
	15—10—20(硫基)	基施	高磷低钾大棚
	12—6—12(硫基)*	基施	一般蔬菜大棚
	15—6—9(硫基)**	基施	叶菜类大棚***
	12—0—18(水溶肥)	冲施或喷施	一般蔬菜多年老棚
	12—10—18(水溶肥)	冲施或喷施	一般蔬菜大棚
	20—10—30(水溶肥)	冲施或喷施	一般蔬菜大棚
	15—15—30(水溶肥)	冲施或喷施	低磷低钾大棚
	13—6—40(水溶肥)	冲施或喷施	高磷低钾大棚

注:1. 带*者,为生物型有机无机复混肥,有机质含量≥30%。

2. 带**者,可在莘城以南朝城以北大棚或叶菜类蔬菜用。

3. 带***者,可在魏庄、河店、燕店或高磷大棚用。

4. 本套配方不包括中微量元素及生物菌肥。

5. 小麦田玉米秸秆还田地块另加尿素 5~10kg/667m^2。小麦高产创建田可用 20—17—8 配方,秸秆还田后不用加尿素。所有秸秆还田地块建议使用秸秆腐熟剂。

6. 蔬菜类配方中,后 5 个为高效水溶肥,除冲施,也可喷施。

7. 在实际生产中,以上述配方为基础,根据情况可微调,用相近配方,比如,小麦高产田基肥可用 18—18—9,中低磷高钾区可用 15—22—8,追肥可用 30—0—5 等。

第三节 测土配方施肥分区及应用

莘县自2006年开始实施测土配方施肥项目以来，取得了显著成绩，2010～2011年成为测土配方施肥技术普及及整建制推进工作省级示范县。几年来，充分利用耕地地力评价的成果，提出了适合全县的配方施肥分区，在此基础上，划出5个区域提出不同作物配方施肥方案，每种作物提出2～3个配方，每村又根据地力水平、目标产量提出1～2个配方及相应的施肥量，同时把本区域的主要作物施肥建议制作成瓷砖式建议卡，村村黏贴上墙，极大地提高了测土配方施肥技术的宣传效果。

一、配方施肥分区的原则

土壤类型、质地、地力等级分布和土壤养分含量的相对一致性；耕地利用现状和种植业区划的相对一致性；化肥用量、施用比例、肥效、农作物产量的相对一致性；行政区划的相对完整性。

二、配方施肥分区依据

由于莘县是黄河冲积平原，根据耕地地力评价成果，充分考虑地形地貌、土壤母质、土体构型、表层质地、耕地利用现状、排灌条件、农作物种类、长势产量、管理水平、土壤养分状况等因素来划分施肥分区。

（一）土壤类型及分布规律

莘县属黄泛冲积平原，地势平坦，土层深厚，海拔49～35.7m；由于历史上黄河多次改道、泛滥，形成了高中有洼、洼中有岗的微地貌；全县共分潮土、盐土、风沙土3个土类、6个亚类、12个土属；74个土种；按土壤表层质地分，壤质土占82.4%，是发展农业生产的理想土壤。

从土壤表层质地看，以马颊河以北为界的马西地区主要以风沙土为主，灌溉保证率相对较低，土壤保水、保肥能力差。西南部乡镇（街道办）以沙壤土、沙土为主，中部多为沙壤土、轻壤土，东部多为中壤土、轻壤土，一部分为重壤土，灌溉保证率较高。因此，莘县施肥分区可以初步确定为4个：Ⅰ西北区、Ⅱ西南区、Ⅲ中部区、Ⅳ东部区。

（二）农作物种植主要分布区域

小麦、玉米、花生、蔬菜是莘县种植的主要作物，其次是棉花及果树。截至2010年，全县耕地面积为93253.59hm^2，农作物播种面积达到155933.3hm^2，其中小麦41800hm^2、玉米40333.3hm^2、棉花15133.3hm^2、蔬菜56000hm^2。

莘县耕地利用区域特点主要表现在作物布局区域明显。莘县是农业大县，多次被评为粮食生产大县，小麦、玉米各乡镇（街道办）均种植，但由于种植业结构的调整，中南部粮食作物种植面积较大，林木、果树、花生、棉花在马西部分乡镇（街道办）种植面积较大，西南部部分乡镇（街道办）花生较多，中北部以保护地蔬菜和粮食作物为主。

蔬菜种植以大拱棚及冬暖式大棚为主。目前莘县的瓜菜种类约40多个，种植面积比较大的有：黄瓜、甜瓜、西瓜、西葫芦、茄子、番茄（含樱桃番茄）、辣（甜）椒、芸豆、豆角、白菜、韭菜、葱(大葱、圆葱)、大蒜等品种,主要分布在中北部乡镇(街道办)。目前,全县形成了燕店、河店、魏庄的香瓜及秋延迟黄瓜基地,董杜庄、妹冢、俎店的早春西瓜豆角基地,莘亭晚秋香菜及葱蒜,燕塔、莘州、十八里铺的黄瓜、西葫芦、芸豆基地,河店的大红番茄,张寨的无公害韭菜等十几个成方连片的优质瓜菜基地。

(三)耕地主要理化性状及其区域分布

我们对全县2006～2007年纳入耕地地力评价的土壤测试数据按粮田、大棚蔬菜、粮菜兼作进行分类汇总(养分含量结果前面已述,本处略)。

总的看,莘县大田主要养分分布规律有以下特点:养分含量为:黏土＞壤土＞沙土。从大范围区域看,养分含量从西向东依次增高,西北部乡镇(街道办)最低,其次是西南部,东部最高。所以,以此可以分区更细些。

三、配方施肥分区

在大体确定施肥区域后,根据莘县近几年配方施肥试验得出的养分丰缺指标,考虑农民的施肥习惯,制定区域内的推荐施肥方案和肥料配方,再经过肥料配方田间对比试验的验证,才能最终确定肥料配方,应用到生产中去。以小麦为例,小麦区域配方设计时,根据莘县粮田养分丰缺指标、土壤养分含量和适宜施肥量的情况看,土壤磷、钾建议分级标准为:土壤有效磷:中低(＜20mg/kg),为增磷区,适宜(20～50mg/kg),为稳磷区,高(≥50mg/kg),为控磷区;土壤速效钾:中低(＜100mg/kg),为补钾区,适宜(100～150mg/kg),为稳钾区,高(≥150mg/kg),可不施钾。按照以上分级标准,小麦施肥配方推荐时,氮肥的推荐主要采用以产定氮法:N＝0.025×目标产量(kg)＋4.0,磷、钾肥的推荐则根据土壤养分状况综合分析结果,分别拟定不同配方,即中低磷、钾类型,高磷、高钾类型,高磷、中低钾类型,中低磷、高钾类型四种类型等。

根据以上设计,再按照土壤类型、质地、养分含量、作物布局等,将全县划分为5个施肥分区:中北丰产控磷稳钾区 、中南丰产控磷稳钾区 、东部稳产稳磷稳钾区、西北旱作稳磷补钾区 、西南沙壤增磷补钾区。

在每个区域内,依照土壤肥力状况、主要作物需肥特点、目标产量等因素制定更小范围的小配方。按照大配方小调整的原则,制定施肥方案,然后将施肥方案发放到村或以瓷砖形式粘贴上墙。同时将全县的几个主要农作物的施肥配方交给省招标企业生产配方肥。以莘县中北丰产控磷稳钾区及西北旱作稳磷补钾区为例说明(配方施肥分区图及施肥方案见附录)。

(一)中北丰产控磷稳钾区

此区包括张寨镇、妹冢镇、董杜庄镇、俎店乡、燕店镇、河店镇、燕塔办,张鲁和魏庄的东半部及以临莘路为界莘亭街道办、莘州街道办、十八里铺镇的西半部。耕地面积为35790.47hm^2,占全县耕地的38.38%。表层质地多为壤质土,其次是沙壤土。土层深厚,土壤肥力高,土壤养分中等偏上。主要障碍因素是耕作层浅。莘州街道办、十八里铺镇部分地块物理性状差,次生盐渍化严重,特别是大棚蔬菜,老棚有效磷偏高。

施肥建议:增施有机肥,大力实施秸秆还田,粮田除低磷地块,一般不再单独施磷酸二铵,小麦高产田推广氮肥后移技术,配方肥以15—18—12为主,玉米推广“一增四改”及高产省工栽培技术，配方肥以 30—5—5 为主。

蔬菜施肥：多年大棚不再施磷酸二铵，多施生物有机肥，合理施用专用配方肥；提倡施用生物型有机无机复混肥，基肥施用建议魏庄、河店、燕店用 12—6—12 配方；莘亭以南、朝城以北大棚或叶菜类蔬菜用 15—6—9 配方；配方肥施用，在魏庄、河店、燕店或高磷大棚用 15—10—20 硫酸钾型配方肥，莘亭以南中部乡镇(街道办)大棚用 15—18—12 配方。

(二)西北旱作稳磷补钾区

以马颊河为界，包括王奉、大王寨及魏庄西部、马颊河以北的张鲁镇西北部，耕地面积为 12205.96hm^2，占全县耕地的 13.09%。沙性强，地不平，土壤保肥水差，有机质含量低，部分地块缺钾。产量受限因子主要是水，其次是肥。养分属中低等地力水平，地下水位低，水利条件差，易受干热风为害。

施肥建议：增施有机肥，大力推广秸秆还田，改良土壤，培肥地力。实施配方施肥。以有机肥为主，化肥为辅，增施中微量元素肥料。化肥施用上，采用少吃多餐的办法，合理施肥。注意增氮稳磷，适当补钾补微，提高肥料的利用率。

小麦、花生配方肥以 12—18—15 为主，注意微肥施用，秸秆还田地块，增施 10kg/667m^2 尿素；玉米推广“一增四改”技术，配方肥可用 24—8—8，大力推广 26—6—8 的玉米专用缓控释肥。

四、实际应用

在实际工作中，一个县 1～2 个施肥配方一管到底的做法不符合实际。因此，分区指导配方施肥具有较强的针对性及重要的实际意义。第一，瓷砖式施肥方案上墙，坚固耐用，不怕风吹雨淋，只要不是人为破坏，可保留 3～5 年甚至 10 年；第二，由于瓷砖位置大都在村办公室、公开栏、临街人多的地方，所以宣传作用强；第三，简明实用，方便咨询。如果群众有不明白的地方，可以按上边标注的电话号码打电话进行技术或配方肥的咨询。实际上，此电话成了县农业局的科技热线，群众不仅咨询配方施肥、配方肥的问题，还咨询大棚蔬菜、病虫害防治、假冒伪劣农资等问题。第四，极大地减少测土配方施肥非示范区挨家挨户发放施肥建议卡的工作量。在整建制推进工作中，把小麦与玉米两个施肥建议卡合而为一，在所有整建制推进村中，一村一卡，户户发放，作为大配方小调整的补充。

下一步，测土配方施肥项目进行到一定阶段或者说经济条件好的乡镇(街道办)，推广测土配方施肥专家系统终端(触摸屏系统)来进一步解决发放建议卡工作量大、效果差的问题。条件具备时，乡镇(街道办)或村建立配肥站实现真正意义上的精准测土配方施肥。莘县 2011 年在 5 个乡镇(街道办)建立了测土配方施肥触摸屏，2012 年达到 12 台，受到农民的欢迎。2013 年以后将普及，并在平板电脑和智能手机上应用测土配方施肥专家系统。

第四节 测土配方施肥技术应用效果

莘县自 2006 年实施测土配方施肥项目以来，效果显著，主要体现在施肥结构发生了变化，土壤养分向相对协调的方向发展，极大地提高了农业生产的社会效益、经济效益和生态效益。

一、施肥结构发生了明显变化

国家测土配方施肥项目的实施,已引起了全社会的积极响应,农民对测土配方施肥技术的认知程度显著增强,对这项工作的开展和效果反映强烈。农民传统的施肥习惯正在改变,肥料结构投入不合理、不依地力、不分作物盲目施肥、单一施肥或过量施肥的习惯正在逐步得到遏制,农民的施肥观念正在发生变化,自觉接受新技术的意识正在提高,施肥技术正在由"经验型"向"标准型""定量型"转变。

经过连续5年对莘县100多个农户和大量示范区的小麦、玉米、花生、苹果、蔬菜等作物的施肥情况进行跟踪调查,可以看出,随着测土配方施肥工作的开展,投入农田的肥料结构出现了变化。总体上,氮肥、磷肥用量下降,而有机肥、钾肥和微肥用量有不同程度的增加,肥料结构正在趋于合理,平均增减情况如表11-2所示。

表11-2　肥料施用量变化情况

作物	有机肥增减量（$kg/667m^2$）	N增减量（$kg/667m^2$）	P_2O_5增减量（$kg/667m^2$）	K_2O增减量（$kg/667m^2$）	微肥增减量（$kg/667m^2$）
小麦	520	－1.24	－3.15	3.14	0.18
玉米		－1.39	－2.47	2.81	0.14
棉花	206	－1.34	－2.05	2.31	0.1
花生	210	－1.41	－2.2	2.46	0.1
苹果	230	－2.24	－3.58	3.72	0.4
蔬菜	630	－6.72	－8.52	10.84	0.3
平均	359	－2.39	－3.66	4.21	0.4

二、土壤养分不断协调

莘县自2006年建立了20个耕地地力监测点,连续6年对土壤中的有机质、碱解氮、有效磷、有效钾含量进行了监测。可以看出,随着测土配方施肥工作的不断深入,土壤养分状况已经开始发生变化,平均增减情况如表11-3所示。

表11-3　耕地土壤养分变化情况

成分 项目	有机质		碱解氮		有效磷		有效钾	
	增减值(g/kg)	增减率(%)	增减值(mg/kg)	增减率(%)	增减值(mg/kg)	增减率(%)	增减值(mg/kg)	增减率(%)
变化量	1.39	10.94	14	18.42	11.9	59.8	10	8.77

(1)碱解氮缓慢上升,速效钾稳定,有效磷上升明显。主要是近几年大力宣传配方施

肥技术，复合肥及配方肥施用量增加。

除沙地及旱薄中低产地块，提出了稳氮、控磷、稳钾的配方施肥原则。按目标产量合理施用氮肥，避免盲目施氮，随意加大氮肥用量；控磷：两层意思，低磷地块适当补充，使有效磷含量快速增加，高磷地块（＞50mg/kg）不再施磷酸二铵，改用配方肥，或隔年施磷。稳钾：按目标产量，一般地块用复合肥或配方肥 35～50kg/667m^2 就能满足小麦、玉米需要，不需单独施用钾肥。

(2)有机质上升得益于小麦、玉米秸秆还田。根据监测及有关田间试验，小麦秸秆还田 250kg/667m^2，玉米秸秆还田 750kg/667m^2，可使有机质提升 0.3g/kg。

三、效益显著

（一）经济效益

莘县自 2006 年测土配方施肥项目以来，累计推广应用测土配方施肥技术面积达 1×10^{5}hm^2。经过对示范区考察，与农民习惯施肥相比，测土配方施肥后节本增效效果十分显著(见表 11-4)。

表 11-4　测土配方施肥节本增效情况(2006～2011 年)

作物	配方区产量 (kg/667m^2)	比常规增产 (kg/667m^2)	增产率 (%)	增产值 (元/667m^2)	节肥 (kg/667m^2)	节本增效 (元/667m^2)	推广面积 (10^4×667m^2)	经济效益 (万元)
小麦	465	30	6.9	50	1.25	61.5	80	4920
玉米	561.5	31.5	5.9	75.6	1.05	81.6	45	3672
棉花	98.5	8	8.1	64	1.08	70	2	140
花生	420	24	5.7	168	1.15	174.9	6	1049
果树	2400	154	6.4	207	2.1	219.6	2	439.2
瓜菜	4000	300	7.5	420	5	480	15	7200

通过项目的实施，提高了农业综合生产能力，促进了农业节本增效和农民增收。测土配方施肥技术推广，已成为各地社会主义新农村建设的重要内容，为农民收入的增加注入了新的活力。

（二）社会效益

通过项目的实施，广大农民真正在田间地头享受到了全方位的免费检测和技术指导服务，享受到了测土配方施肥技术应用的成果。随着中央对"三农"工作力度的不断加大，国内许多知名肥料生产企业、经营单位寻求围绕"三农"拓宽发展空间的结合点。测土配方施肥项目搭建了肥料生产企业、农业技术推广部门、肥料经营单位与农民群众之间的对接平台。在这个平台上，多方位对接并融为一体，形成了强大合力。经过投标筛选的配方肥定点生产企业，一方面严格控制产品质量，进行技术改造，更新企业发展理念，给企业发展注入新活力；另一方面又因产品质量优、价格廉而赢得了政府、农业技术推广部门、肥料经营单位、农民群众的赞誉，无形资产及效益大幅度增加。配方肥配送中心打破了传统经营理念，实现了从"经营利润"向"经营信誉"转变的高级发展阶段。配方肥委托供应点在为农民服务中获得了成就感，自觉地承担起了咨询、指导等工作。农民群众是测土配方施肥的最大受益者，不仅得到了现实的利益，更重要的是施肥、购肥观念发生了深刻变化。随着配方肥的研制和推广，更多的肥料生产企业和农资经营户主动要求参与测土配方施肥工程，遏制了哄抬物价和以假充好现象的发生，净化了农资市场，农民真正用上了物美价廉的放心肥，没了后顾之忧。测土配方施肥已跨越了纯技术的内涵，成为全社会共同参与的施肥技术革命。变配方施肥为施配方肥，这是农民用肥观念的一场重大变革。测土配方施肥技术推广自始至终受到了各级的重视和支持，进一步推动了测土配方施肥由技术措施上升为政策措施，由部门行为上升为政府行为，引起了全社会的共识，国家开展的测土配方施肥补贴项目利国惠农，已深入人心。

（三）生态效益

测土配方施肥项目的实施，大大降低了莘县农田持续高质量的氮、磷投入，农田土壤氮、磷养分盈余量大幅度下降，氮、磷养分流失到环境中的程度得到降低，减弱了对生态环境的影响，极大地减轻了农业面源污染问题，为莘县生态城市建设、减少碳排放、发展低碳经济发挥不可替代的作用。由于测土配方施肥是基于环境友好下养分综合管理理念的体现。因此，测土配方施肥项目不断向纵深发展，将有利于莘县耕地土壤质量的提高，农产品品质的改善，生态环境效益将逐步显现出来，测土配方施肥工作必将展现出更加广阔的推广及应用前景。

第十二章　主要农作物测土配方施肥技术

第一节　小麦配方施肥技术

一、小麦配方施肥原则

在增施有机肥的基础上，坚持推广秸秆还田技术，不断培肥地力。化肥遵循“重施基肥，巧施追肥”原则，对于高产地块，稳氮钾、控磷、补微；中低产地块增氮、稳磷、稳钾，进行平衡施肥。

二、小麦施肥量的确定

依据测土配方施肥的原理，针对测土结果，确定了小麦施肥量的理论计算方法。

经验模式法：

$$NT = 0.025 \times YM + CN$$

$$PT = 0.015 \times YM + (15 - PS) \times 0.1 + CP$$

式中：NT、PT 为每亩氮、磷推荐量，YM 为目标产量，PS 为耕层土壤有效磷测定值，CN、CP 为基础参数。

高产田有机质低于 12g/kg、中低产田有机质低于 9g/kg，CN=4，CP=2。其他情况 CN=2，CP=1。

土壤速效钾含量高于 150mg/kg 或每亩单产低于 400kg，不施钾肥。

小麦产量高于 $400kg/667m^2$ 的地块，每增加 50kg 小麦，建议每亩增施纯 N 0.25kg，P_2O_5 0.1kg，K_2O 0.3kg，或增加配方肥 5kg；低于 $400kg/667m^2$ 的地块，每减少 50kg 小麦，建议每亩减施纯 N 0.20kg，P_2O_5 0.1kg，K_2O 0.25kg。小麦施肥方法：氮肥 40% 基施，60% 追施；中量元素考虑所选化肥品种，一般不需要单独施用；微量元素按丰缺程度适当增减（见表 12-1）。

表 12-1　小麦推荐施肥量

目标产量 ($kg/667m^2$)	氮(mg/kg)	土壤有效磷(mg/kg)			土壤速效钾(mg/kg)		
		<20	20～50	>50	<80	80～150	>150
400	12～14	6	5	3	5	0	0
450	14～16	9	8	5	8	5	0
550	16～18	10	9	7	10	8	5

三、小麦的需肥量和需肥规律

小麦是莘县的主要作物之一，常年播种面积在 60000hm^2 以上，总产量占粮食总产 40%～50%，是保证粮食战略安全的关键作物。小麦正常生长发育需氮、磷、钾、铁、锌、铜、锰等多种元素。在氮、磷、钾三要素中，相对需氮、钾较多，需磷较少。冬小麦生育期长达 250～260 天，大致每生产 100kg 需吸收 N 约 3kg，P_2O_5 1～1.5kg，K_2O 2～4kg，三者的吸收比例为 3∶1∶3。莘县经过试验得出的结果是每生产 100kg 需吸收 N 2.96kg，P_2O_5 1.24kg，K_2O 2.73kg，三者的吸收比例为 2.39∶1∶2.2。小麦对氮、磷、钾的吸收量因土壤、气候、品种特性和栽培条件而有所变化。

小麦氮素的吸收有两个高峰阶段：一是出苗到拔节阶段（越冬期和返青期），吸收氮素占吸氮总量的 40%左右；二是拔节到孕穗阶段，占吸氮总量的 30%～40%。小麦在分蘖期吸收磷素和钾素分别占各自吸收总量的 30%左右，拔节以后吸收速度急剧增长。磷素在孕穗到成熟期吸收最多，约占吸收总量的 40%，钾素的吸收以拔节到孕穗开花阶段最多，占吸收总量的 60%左右，到开花时对钾素的吸收达到最大量。

四、施肥时期及方法

（一）高产地块

养分含量一般为：有机质≥12g/kg、碱解氮≥70mg/kg、速效磷≥30mg/kg、速效钾≥120mg/kg。高产田由于肥水条件较好，产量的高低取决于肥水施用是否得当，针对当前高产田氮肥施用较足的状况，宜采用施足有机肥、稳氮钾、控磷、补微的原则。一般亩产量 500kg 的地块，施有机肥 3000kg，施用配方肥（15—18—12 或 17—18—10）50kg 作基肥，亩施硫酸锌 2kg，硼砂 0.5kg 或网联肥宝 0.5～1kg。玉米秸秆还田的地块，必须深耕 30cm，可取配方肥用量的上限或配施 5kg 尿素。小麦返青至起身期追施 20kg 尿素，提高小麦的品质。

（1）调控氮肥用量，优化分配模式。每亩产 500kg 以上的高产田，需施纯氮 20～25kg，施氮过量，易导致小麦贪青晚熟、倒伏，产量和品质下降。在肥料分配上，高产田属于正常播种的地块，氮肥基追比例控制在 3∶7 左右。延迟播种的地块，适当增加基肥比例，促早发壮苗。

在高产田大力推广小麦氮肥后移延衰增产技术。就是在小麦高产田中将追施氮肥时间适当向后推迟，一般后移至拔节期，土壤肥力高的地片若种植的是分蘖成穗率高的品种，可以移至拔节期至旗叶露尖时，同时要将氮素化肥作底肥的比例减少到 50%，追肥比例增加到 50%，土壤肥力高的麦田底肥比例可减为 30%～50%，追肥比例为 50%～70%。

（2）控制磷肥用量、巧施叶面肥。高产麦田每亩施磷 6～10kg。钾中等水平地区，高产麦田每施钾 8kg。土壤速效钾含量相对较高地块，建议高产田每亩施钾 5kg。施用小麦专用配方肥，配比也较合理，同时含氮、磷、钾养分，各乡镇（街道办）根据莘县配方施肥分区提出的配方推广应用。

在灌浆初期，连喷两次 0.3%～0.4%的磷酸二氢钾溶液，可预防干热风，增产 5%

以上。

（二）中低产地块

针对莘县大部分中产麦田肥料施用不足、肥料品种单一的情况，建议每 667m^2 施纯氮 15kg，施磷 6～8kg，氮肥基追比例控制在 4∶6，施钾 5kg，土壤速效钾含量相对较高的地块（＞150mg/kg）可不施钾。一般每亩施有机肥 1500～2000kg，施用小麦配方肥（12－18－15）35～40kg，锌肥 1～2kg 或网联肥宝 0.5～1kg 作为基肥，起身至拔节期追施 15～20kg 尿素。

延伸阅读资料之二：土壤深耕、深松技术

一、深　耕

（一）技术原理和作用

深耕是土壤耕作的重要内容之一，是农业生产中经常运用的重要技术措施。深耕（确切说是深耕翻）就是利用机械的作用，加深耕层，疏松土壤，增加土壤的孔隙度，形成土壤水库，增强雨水渗入速度和数量，避免产生地面径流，打破犁底层，熟化土壤，使耕层厚而疏松，结构良好，通气性强，土壤中水、肥、气、热相互协调，利于种子发芽，作物根系生长好，数量多；可以掩埋有机肥料，清除残茬杂草，消灭寄生在土壤中或残茬上的病虫。

（二）技术规范、作业质量要求和实施要点注意事项

1. 技术规范

（1）把握好土壤适耕性。土壤适耕性以土壤含水量表示，以土壤含水量 15％～20％为宜。

（2）耕深一般大于 20cm。

（3）减少开闭垄，闭垄高度应小于 10cm，开垄宽度应小于 35cm，深度小于 10cm。

（4）实际耕幅与犁耕幅一致，避免漏耕、重耕。

（5）立垡、回垡率小于 3％。

（6）耕深稳定性、植被覆盖率、碎土率应符合设计标准。

2. 作业质量要求

耕地质量应达到：深、平、透、直、齐、无、小七字要求。

（1）深：达到规定深度，深浅一致。

（2）平：地表平坦，犁底平稳。

（3）透：开墒无生埂，翻垡碎土好。

（4）直：开墒要直，耕幅一致，耕的整齐。

（5）齐：犁到头，耕到边，地头、地边整齐。

（6）无：无重耕、漏耕，无斜子、三角，无“桃形”。

（7）小：墒沟小，伏脊小。

3. 实施要点和注意事项

(1)耕深应掌握在适宜为度,应随土壤特性、微生物活动、作物根系分布规律及养分状况来确定,一般的以打破犁底层为宜。耕翻过深会造成土壤自下而上的提墒能力减弱,影响种子发芽和幼苗生长;有机肥被埋压在深土层,肥效利用晚;生土被翻到地面上,对幼苗生长不利。

(2)做好作业前的准备工作:机具必须合理配套,正确安装,正式作业前必须进行试运转和试作业;耕层浅的土地,要逐年加深耕层;深耕的同时应配合施用有机肥,以利于培肥地力;休闲地在耕翻后应及时耙耱、镇压;一般2~3年深耕一次。

4.适用机具

深耕翻一般使用铧式犁,常用的有:ILS-130型单铧犁、ILS-220悬挂二铧犁、IL-330悬挂中型三铧犁、ILQ-425轻型悬挂四铧犁等。

二、深　松

(一)技术原理

深松是疏松土层而不翻转土层,保持原土层不乱的一种土壤耕作法,是使用拖拉机等动力机械配带深松机进行农田作业的一种方式。

(二)机械深松原因

土壤的质量成为制约粮食增产的重要因素。据调查,莘县土地耕作以秸秆还田加旋耕机作业为主,土壤耕层只有10~15cm,土壤板结严重,阻力不断增大,犁底层的土壤变得硬脆,同时,厚硬的犁底层也阻碍着土壤上下水气的贯通和天然降水的储存,导致土壤中蚯蚓等生物的大量减少,土壤毛细管和土壤养分输送能力破坏,难以维持植株正常生长及对水、肥、气、热的需求;机车多次进地,土壤压实,降雨径流现象十分突出,土壤蓄水保墒能力明显不足。因此,实施农机深松作业,建设高产、稳产标准粮田,提高粮食综合生产能力,对促进全县农业发展有着重要的作用。

(三)深松的作用与好处

1.深松可以加深耕层,打破犁底层,增加耕层厚度,能改善土壤结构,使土壤疏松通气,提高耕地质量。

2.增强雨水入渗速度和数量,提高土壤蓄水能力,促进农作物根系下扎,提高作物抗旱、抗倒伏能力。经试验对比,深耕、深松一次,每亩耕地的蓄水能力达到$10m^3$以上,土壤蓄水能力是浅耕的2倍,可使不同类型土壤透水率提高5~7倍,可促进作物增产40~70kg。

3.深松不翻转土层,使残茬、秸秆、杂草大部分覆盖于地表,既有利于保墒,减少风蚀,又可以吸纳更多的雨水,还可以延缓径流的产生,削弱径流强度,缓解地表径流对土壤的冲刷,减少水土流失,有效地保护土壤。

4.土地深松后,可增加肥料的溶解能力,减少化肥的挥发和流失,从而提高肥料的利用率。

(四)深松技术的质量标准要求深松作业时,耕作深度在25~35cm之间,耕作间距应小于70cm,一般在40~50cm,根据农田的耕作要求,深松应每2~3年轮作一次。农用动力要与作业机具配套;保持耕层土壤适宜的松紧度和创造合理的耕层构造为目标,合理采用深松方式方法;“三漏田”不适宜深松。作业时间应选择在前茬作物收获后立即进行。深松机械有单独的深松机,也可以在铧式犁架上安装深松铲进行作业。松土方式有格压松土式和振动松土式。我国研制的深松机有单柱式(包括凿式和铲式两种、如 IS-735 型深松机)和倒梯形全方位式(如 ISQ 系列全方位深松机,新研制的还 ISY-210 凿形带翼铲深松机)。

深松技术已经广泛应用于小麦、玉米、马铃薯、棉花、甘蔗、大豆等农作物的生产试验。目前,我国使用的深松机普遍存在结构简单、功能单一、使用寿命短、维修费用高的现状。

延伸阅读资料之三:小麦宽幅播种技术

小麦宽幅精播技术是一项高产栽培新技术。2008~2009 年先后在河南、安徽、江苏、河北、山东等地安排试验、示范 4 万余亩,结果表明,宽幅精播技术比传统播种技术增产 10%以上。

一、小麦宽幅精播技术的特点

小麦宽幅精播栽培技术是在精量、半精量播种技术的基础上,以扩播幅、增行距、促匀播为核心,改密集条播为宽幅精播的农机和农艺相结合的高产栽培技术。该技术的特点是:一是扩大了播幅,将播幅由传统的 3~5cm 扩大到 7~8cm,改传统密集条播籽粒拥挤一条线为宽播幅种子分散式粒播,有利于种子分布均匀,提高出苗整齐度,无缺苗断垄、无疙瘩苗现象出现。二是增加了行距,将行距由传统的 15~20cm 增加到 26~28cm,较宽的行距有利于机械追肥,可以改变全县农民撒施肥料的落后习惯,实行条施深施,既节省了肥料,又提高了肥料利用率,同时较大的空间也促进了光能利用率提高。三是播种机有镇压功能,能起到一次性镇压土壤,耙平压实;播后形成波浪形沟垄,具增加雨水积累的优点。四是播量相对准确,一般亩播量控制在 6~9kg 之内,有利于培育健壮个体,构建合理群体,具有明显的增产效果。五是农机与农艺配套,主要是通过使用小麦宽幅精播机配合该项技术的实施。

二、小麦宽幅精播机的特点

小麦宽幅播种机是山东农业大学于振文和董庆裕教授与郓城县工力有限公司联合研制生产的,从 2006 年开始研制,2009 年获得国家专利。目前已生产了四代产品。

第一代为一垄双行无后轮镇压;第二代为前二后四楼腿安装后带镇压轮;第三代为单楼腿双管式,翻斗清机,换种方便;第四代为 8 行、9 行多功能中大型小麦宽幅精播机。第四代由拖拉机配套作业,可一次完成筑埂、施肥、播种、镇压等全部工序。其中小麦 8 行,施肥 4 行,行距、畦宽可自行调整。

以第三代为例,采用双管单腿开沟器,内装分离器(挡板)、单孔单粒原轴式排种器,双排式安装,有镇压器。其最大的特点是:

(1)性能好。按照规定量播种,播量准确,每亩地播量可调整为 6~9kg。

(2)播幅宽。6～10cm,改密集条播为宽幅精播,播种均匀,籽粒分散,个体占地空间大,克服了籽粒入土争肥、争水的矛盾,利于根多苗壮,弥补了传统播种机播种缺苗断垄现象,无疙瘩苗。

(3)行距大。22～26cm,利于小麦个体健壮,群体合理,边际优势好,成穗率高,特别是后期绿叶面积大,功能期长,不早衰,落黄好,穗数多,粒大饱满,产量高。

(4)有镇压器。可以防止小麦籽粒悬空,促进营养和水分的吸收,提高抵御干旱和低温冻害的能力。

三、小麦宽幅精播栽培技术要点

(1)品种的选用。选用具有高产潜力、分蘖成穗率高、亩产能达 600～700kg 以上的高产优质中等穗型或多穗型品种,如烟农 19、济麦 22 等,对所选的地块要求地力水平高,土、肥、水条件良好。

(2)培肥地力。坚持测土配方施肥,重视秸秆还田,增施氮素化肥,培肥地力;采取有机无机肥料相结合,氮、磷、钾平衡施肥,增施微肥。全生育期亩追施纯氮 16kg,磷(P_2O_5)7.5～12kg,钾(K_2O)7.5kg,硫酸锌 1kg。将全部的有机肥、磷肥、钾肥和 50%的氮肥,作为底肥一次性施入。秸秆还田的中产地块可以不用追施钾肥,第二年小麦拔节期再追施 50%氮肥。化肥要深施,杜绝地表撒施。

(3)坚持深耕深松、耕耙配套,重视防治地下害虫。因为近两年地下害虫增多,特别是金针虫危害严重,建议先用辛硫磷颗粒配置毒土,耕地时撒施,杜绝以旋代耕,至少要保证隔 1～2 年深耕一次。

(4)坚持适期足墒播种。播期在 10 月 5 日～10 月 12 日。播量在 6～9kg。

(5)冬前化学除草,浇好越冬水,确保小麦安全越冬。

(6)早春划锄增温保墒,提倡返青初期搂枯黄叶扒苗青棵。

(7)追施氮肥适当后移,重视叶面喷肥,延缓小麦植株衰老,最终达到调控群体与个体矛盾,协调穗、粒、重三者关系,以较高的生物产量和经济系数达到小麦高产的目标。

四、小麦宽幅精播机使用介绍

(一)小麦宽幅精播机的使用与调整

1.培训播种机手

首先要认真学习宽幅精播机使用说明书,熟悉播种机性能、可调节的部位、运行中的规律等,只有播种机手熟悉掌握了宽幅精播机机械性能和作业技能,才能有效地掌握播种量、播种深浅度、下种均匀度,才能提高播种质量,实现一播全苗的要求。

2.选择牵引动力

例如第三代 6 行小麦宽幅精播机,应用 11～13kW 拖拉机进行牵引。

3.调整行距

行距大小与地力水平、品种类型有直接关系,小麦宽幅精播机应根据当地生产条件自行调整。

4.播种深度

调整播种深度最好先把播种机开到地里空跑一圈，看一看各楼腿的深浅情况，然后再进行整机调整或单个楼腿调整。一般深度调整有整机调整、平面调整和单腿调整。所谓整机调整是在6行腿平面调整的基础上，调整拖拉机与播种机之间的拉杆；平面调整就是在地头路上把6行腿同落地上，达到各楼腿高度一致，然后固定“U”形螺圈；单腿调整就是单行腿深浅进行调整，特别是车轮后边楼腿要适当调整深些。

5.调整播量

(1)首先松开种子箱一端排种器的控制开关，然后转动手轮调整排种器的拨轮，当拨轮伸出一个窝眼排种孔时，播种量约为3.5kg/667m^2，前后两排窝眼排种孔应调整使数目一致，当播种量定为7kg/667m^{2}时，应调整前后两排二个窝眼排种孔，以此类推。播种量调整后，要把种子箱一端排种控制锁拧紧，否则会影响播种量。

(2)种子盒内毛刷螺丝拧紧，毛刷安装长短是影响播种量是否准确的关键，开播前一定要逐一检查，播种时一定要定期检查。当播到一定面积或毛刷磨短时，应及时更换或调整毛刷，否则会影响播种量和播种出苗的均匀度。

(3)确定播种量最准确的方法是称取一定量的种子进行实地播种。

6.翻斗清机，更换品种

前支架左右上方有两个控制种子斗的手柄，当播完一户或更换种子时，将两个控制手柄松开，让种子斗向后翻倒，方便清机换种。

(二)小麦宽幅精播机田间操作与调整

(1)播种机出厂经过长途运输，安装好的部件在运输过程中易造成螺丝松动或错位等现象，机手在播种前应对购买的播种机进行“三看三查”：一看种子箱内12个排种器窝眼排种孔是否与播种量相一致；查一查排种开关是否锁紧，毛刷螺丝是否拧紧，排种器两端卡子螺丝是否拧紧。二看行距是否分布均匀，是否符合要求；查一查每腿的“U”形螺栓是否松动，排种塑料管是否垂直，有没有漏出楼腿或弯曲等现象。三看播种深浅度；查一查6行腿安装高度是否一致，开空车跑上一段，再一次进行整机调整和单楼腿调整，以达到深浅一致，下种均匀。

(2)播种速度是播种质量的重要环节，速度过快易造成排种不匀、播量不准、行幅过宽、行垄过高等问题，建议播种时速为5km/h(大约为2挡速)较为适宜。

(3)对秸秆还田量较大或杂草多、湿度过黏的地块，播种时间应安排在下午，避免土壤湿度过大，造成拥土，影响正常播种。

(三)小麦宽幅精播机使用注意事项

(1)机具严禁倒退，否则将损坏排种器和毛刷。

(2)使用前应检查各紧固件是否拧紧，各转动部位是否灵活。

(3)工作时排种器端部的锁紧螺母及各个排种器两端的固定卡不许松动，否则会影响播种量。

(4)机具在播种期间需重新调整播种量时，一定要把排种器壳内的种子清理干净再进行调整，否则，排种器播轮挤进种子后，将损坏排种器。

(5)工作过程中，链轮、链条要及时加油。

(6)机具长期不用时，应将耧斗内的种子和化肥清理干净，各运动部件涂上防锈油，置于干燥处，不允许长期雨淋、暴晒。

第二节 玉米配方施肥技术

一、玉米施肥量的确定

采用经验模式法：

$$NT=0.02\times YM+CN$$

$$PT=0.02\times(YM-400)+(15-PS)\times 0.15+CP$$

式中：NT、PT 为每亩氮、磷推荐量，YM 为目标产量，PS 为耕层土壤有效磷测定值，CN、CP 为基础参数。

土壤有机质高于 12g/kg 时，CN=2；土壤有机质为 9～12g/kg 时，CN=4；土壤有机质低于 9g/kg 时，CN=5。

YM 大于 400kg/667m^{2}时，施用磷肥，低于 400kg/667m^{2}时，不施磷肥。

钾肥用量的确定：重点实施了“增钾、补锌”的配方施肥技术。土壤速效钾含量高于 100mg/kg 或每亩产量低于 400kg，不施钾肥；土壤速效钾 85～100mg/kg 施 K_2O 4kg；70～85mg/kg 每亩施 K_2O 6kg；低于 70mg/kg 施 K_2O 8kg(见表 12-2)。

表 12-2　　玉米推荐施肥量

目标产量(kg/667m^2)	氮(mg/kg)	土壤有效磷(mg/kg)			土壤速效钾(mg/kg)		
		<15	15～30	>30	<75	75～100	>100
400	10～12	6～7	5～6	1～2	5	3	0
500	12～14	8	7	3	6	5	3
600	14～16	9	8	4	9	7	5

二、玉米的需肥量和需肥规律

玉米正常生长发育需氮、磷、钾、铁、锌、铜、锰等多种元素。夏玉米是高产作物，需肥量大，每生产 100kg 籽粒需吸收 N 2.5～2.7kg，P_2O_5 1.1～1.4kg，K_2O 3.2～3.8kg，三者比例为 1∶0.36∶1.1。莘县经过试验得出的结果是每生产 100kg 需吸收 N 2.62kg，P_2O_5 0.89kg，K_2O 2.28kg，三者的吸收比例为 1∶0.34∶0.87。不同品种、产量水平及栽培方式有差异，一般玉米全生育期每亩需要施 N 10～16kg、P_2O_5 3～5kg、K_2O 5～8kg。玉米幼苗生长慢，吸收量不超过 10%，拔节期到开花期生长加快，吸收氮素占总吸收量的 45%，穗期吸收氮素占总吸收量的 32%，之后养分吸收减慢。

三、施肥时期及方法

针对目前玉米施肥现状，莘县一般高产地块配方施肥的原则是稳氮、控磷、稳钾、补锌，中低产田要稳氮、稳磷、增钾、补锌，合理施用玉米配方肥、玉米专用缓控释肥，提倡用种肥。

目标产量每亩产650kg以上的高产田，施用配方肥50～70kg，亩产量500～600kg的中产地块，一般施用配方肥40～50kg，亩产量500kg以下的低产地块，地力基础差，追肥数量少，一般每亩施用配方肥35～40kg。

(1)根据莘县土壤测试结果，对土壤养分含量高的地块，一般取最低限，反之取最高限。高磷地块(有效磷大于50mg/kg)不提倡再单独施二铵。

(2)一般养分适宜的地块选用26—6—8玉米专用肥，对于大王寨、王奉、大张、古云等乡镇(街道办)偏沙的地块，养分含量低，取高限。有效磷含量稍低的十八里、柿子园、王庄集、大张、古云等乡镇(街道办)的部分地块用24—8—8，高产田用30—5—5。

(3)对于微量元素缺乏或者长期没有施用过专用肥的玉米田，每亩可施锌肥1～2kg，也可在苗期喷喷2次0.1%的硫酸锌。

(4)若播种施入种肥或缓控释肥，种、肥左右相隔5cm，严禁种肥混播；若施用种肥，每亩用量5～10kg，下次追肥可在大喇叭口期前将剩余配方肥施入；若两次追肥，一次在苗期期(占总施肥量的40%)，一次在大喇叭口期(占总施肥量的60%)。

(5)中低产地块及旱薄沙地用玉米缓控释肥(27—5—8)，可在播种或苗期一次性施入，每亩施35～40kg，省工、省时，效果明显。

延伸阅读资料之四:缓控释肥应用

一、缓控释肥分类

缓控释肥是一种根据作物不同生长阶段对营养需求而释放养分的新型肥料，具有控制肥料养分释放、肥料周期长等特征，可减轻农民劳动强度，提高肥料的利用率，降低生产成本和提高作物产量。中科院南京土壤研究所的研究结果表明，每年我国有1.235×10^{6}t氮通过地表水径流到江河湖泊，4.94×10^{5}t氮进入地下水，2.99×10^{6}t氮进入大气。长江、黄河和珠江每年输出的溶解态氮无机氮达到了9.75×10^{5}t，在这些氮素中，90%来自农业，而氮肥占了50%，从而造成严重的农业面源污染、水体富营养化、土壤板结等现象，同时通过反硝化作用还向大气释放出一氧化二氮等温室气体，造成温室效应。因此，发展具有较高肥效利用率的缓控释肥料，能减少速效化肥的使用量，有效地保护生态环境。

(一)物理型缓控释肥

物理型缓控释肥料就是通过简单的物理过程处理，使肥料具有缓控性。物理型缓控释肥料大多为包膜肥料，一般通过一些手段如加热、喷涂、干燥等在肥料颗粒表面喷涂一层或几层惰性物质，形成致密的低渗透性膜，因而能控制水进入肥料核心以及养分溶液从膜内向外部扩散的速度，进而延缓肥料中养分的释放速度。常见的包涂材料主要分为有机和无机两种，无机化合物作为包膜材料的有硫黄、金属氧化物和金属盐、无机化学肥料等。而有机物作为包膜材料的有石蜡、烯烃聚合物或共聚物、不饱和油、天然橡胶等。就目前缓控释氮肥的研究来看，包膜型缓控释肥料的制造过程不涉及化肥的化学反应，通过包膜材料成分和厚度的调整，来控制肥料养分释放速度，该类肥料受外界环境因素影响较小，能灵活地调节其释放特性，制造工艺方法简单易行，在技术和经济上具有较大优势。

（二）化学型缓控释肥

化学型缓控释氮肥养分释放机理比较复杂，综合概括包括两类：一是化学添加物不与目标肥料结合；二是化学添加物与肥料结合形成新物质。在化学添加物不与目标肥料结合的情况中又包括两种形式，一种形式是在目标肥料中添加阻溶性物质。以缓释尿素为例，在尿素中添加含铜、锌、锰化合物及植物所需的其他微量元素的无机盐、有机物等，这些物质可使尿素的溶解速度减慢，从而减缓养分的释放速度；另一种形式是在目标肥料中添加养分释放抑制物质，如在尿素中混加脲酶活性抑制剂、硝化抑制剂。加入脲酶抑制剂能降低脲酶的活性，从而使尿素的分解速度变慢，即减慢氨化过程。加入硝化抑制剂能选择性地抑制亚硝酸菌、硝酸菌、脱氮菌的活性，从而减少氮肥的硝化和脱氮作用，主要硝化抑制剂有卤代苯酚、硝基苯铵、卤化苯铵、硫脲、甲硫铵酸、吡啶、嘧啶、硫脲、双氰胺（DCD）等。另一类是化学添加物与目标肥料结合形成新物质，如甲醛与尿素在特定条件下缩合生成脲甲醛；乙醛与尿素在酸性环境下生成环状结构物质；异丁醛和尿素反应生成的亚异丁基双脲（IBDU）等，这类缓控释氮肥的养分释放机理是该化合物在外界环境条件的影响下（如生物作用、土壤 pH、水分含量、温度等）分解，特定化合物与尿素之间的化学键断开，重新生成尿素和特定化合物，然后尿素再释放出植物生长所需的氮素。其释放速度取决于组合物键的性质、立体化学结构、疏水性、降解难易度、肥料形状、表面积与体积之间的比率及微生物的作用等。

二、应用缓控释肥料注意的问题

我国从事缓控释肥料研发时间较短，但发展速度快，每年以 30%的速度增长，是世界上最大的缓控释肥生产和消费大国。缓控释肥料已经成为我国化肥行业发展的新方向，近年来我国出台了一系列措施促进整个行业的发展，“十二五”国家科技支撑计划项目、国家中长期科技发展规划纲要等都把缓控释肥作为重点发展的领域。控释技术从探索阶段的无机物包裹大粒碳铵技术和肥包肥技术发展到了现阶段的树脂包衣技术。这也让很多企业看到了其中的无限商机，纷纷上马缓控释肥，使得产品质量良莠不齐，行业发展稍显混乱。许多达不到控释效果的肥料，也被冠以“控释肥料”在市场上销售，严重地损害了农民的利益。

目前市场上的大部分缓控释肥只能说是掺混肥（BB 肥）。大多企业能做到对尿素进行硫包衣，然后再和磷肥和钾肥进行掺混。而包硫尿素，技术上早就成熟，并且已经推广应用了很多年。如今，包硫尿素和其他肥料掺混，摇身一变就变成了戴着高科技光环的缓控释肥。这样的缓控释肥料，充其量只能对氮元素进行缓慢释放，无法使其他元素缓释或者控释，因而说不是严格意义上的缓释肥料，更不用提有什么控释作用。不少自称生产控释肥的大企业，其产品的技术水准也让人质疑。目前世界控释肥技术已经发展到了第三代，但目前国内大多数厂家的技术还停留在第一代，这其中不乏市场上一些响当当的企业，他们跟国外企业的差距非常大。这些厂家推出的全包衣的控释肥，由于技术问题，存在着生产能耗高、包衣率低、浪费严重且材料不环保等严重缺陷，其推广应用还有很长的一段路要走。下一步必须用国家标准挤炒作"水分"，全面推开，严格执行国家标准。另外，将缓控释肥的成本降到农民能接受，并且确保包衣材料对环境没有危害。采用完全环保、可降解的无溶剂材料，对氮、磷、钾三元素都能进行包衣，最大程度地减少包衣材料浪费，并且还要让农民在大田上完全用得起。

近年来，莘县缓控释肥料施用量逐年增加，特别是在玉米上应用面积增长较快，但也出现了一些问题。一是烧苗问题，由于缓控释肥料一般养分含量高，有的只是对部分氮肥进行了缓控释放处理，且包被材料不一，如果肥料与种子隔离不好，会发生烧种、烧苗现象。二是脱肥问题，缓控释肥料在玉米上要作基肥或定苗后的提苗肥及早施用，以防因显效慢造成玉米前期脱肥。生育后期也要注意观察玉米长势长相，如果发生叶片发黄等脱肥现象时，要及时适量追施速效氮肥。

延伸阅读资料之五：玉米"一增四改"高产栽培技术

"一增四改"核心内容：合理增加密度、改套种为直播、改种耐密型品种、改粗放用肥为配方施肥、改人工种植为机械化作业。配套技术为种子包衣、秸秆还田、病虫草害综合防治、灾情应变、适当晚收等。

合理增加密度。亩留苗4000～4500株。3叶期间苗，5叶期定苗。及时查苗、补苗，拔除小弱苗，提高群体整齐度，保证植株个体健壮。

选择紧凑耐密型玉米良种，如郑单958、浚单20、莘州158等主导品种。

抢茬直播、精量播种。小麦收割后，抢茬直播，满足生育期要求。

改粗放施肥为配方施肥。玉米高产田及技术攻关田要巧施种肥、轻施苗肥、重施穗肥、补施粒肥。

改人工作业为机械化作业。运用精量播种机代替人工粗放播种，行距60cm，株距25～27cm。播种后根据墒情及时浇蒙头水。注意精量播种要求种子发芽率不低于96%。还要实行机械化收获，保证秸秆还田质量。

防治病虫草害。

适当晚收：玉米成熟时，苞叶干枯，籽粒乳线基本消失，基部黑层出现，籽粒已完全硬化并显现出本品种固有的色泽；若收获过早，会严重影响玉米产量。据试验，玉米从苞叶发黄到成熟还需10～15天时间，苞叶发黄时形成的产量仅占总产量的80%。因此，要适当晚收，但又要保证下茬小麦有一个适宜播期，实现玉米、小麦双增产。

第三节　花生配方施肥技术

一、花生施肥量的确定

采用经验模式法：

$$NT=0.023\times YM$$

$$PT=0.015\times YM+(15-PS)\times 0.1+1$$

式中:NT 、PT 为每亩氮、磷推荐量,YM 为目标产量,PS 为耕层土壤有效磷测定值。

钾肥用量的确定:土壤速效钾含量大于 150mg/kg,不施钾肥;土壤速效钾 120～150mg/kg,施 K_2O 1.5kg;100～120mg/kg,施 K_2O 2.5kg;90～100mg/kg,施 K_2O 5kg;80～90mg/kg 施 K_2O 7kg;70～80mg/kg 施 K_2O 10kg;低于 70mg/kg 施 K_2O 12kg。

二、花生对营养元素的吸收特点

花生是需肥量较大的作物之一,对氮、磷、钾、钙、硫、铁以及钼吸收量较大。有资料介绍,一般每生产 100kg 荚果需要吸收 N 6.8kg,P_2O_5 1.3kg,K_2O 3.8kg,CaO 1.5～3.5kg,硫 0.45kg,铁 0.16kg。花生对各种营养元素的吸收因不同生育时期而异,肥大的子叶中含有较多的营养物质,幼苗期对氮、磷、钾的吸收量也较少;花针期开始显著增加,结荚期达到吸收高峰。花生花针期是植株营养的高峰期,需要较多的钾,而结荚期是蛋白质等营养物质的积累期,也是氮、磷的吸收高峰期。

三、花生合理施肥技术

花生施肥总体上应掌握以下基本原则:重施基肥,适量追肥,有机肥为主,化肥为辅,大量、中量及微量元素相结合。

(一)基　肥

用量一般占施肥量的 80%左右,中等地力耕地一般每亩施经过彻底腐熟的优质农家肥 2000～3000kg 和 60%的氮肥、70%的磷、钾肥。有机肥施用量少时,可把有机肥和化肥混合均匀,集中条施在垄下;有机肥施用量多时,可以在整地起垄前撒施耙匀,然后起垄;也可以把 2/3 的有机肥撒施,1/3 有机肥与化肥混匀,集中条施在垄下。一般亩产 350kg 花生荚果普施花生配方肥(15-18-12 或相近配方)50kg 即可。

(二) 种　肥

根据基肥施用情况,可用 5%的氮肥作种肥,但一定注意种、肥隔离,以防烧苗,在花生上不能用高塔造粒或含硝态氮的高氮复合肥。

(三) 追肥。苗期追肥以氮肥为主,出苗后 15～20 天,结合中耕追施 5%～10%的氮肥;花针期重追一次肥,剩余的 30%氮、磷、钾肥全部用上。适宜于花生的氮肥种类有硫酸铵、尿素,不宜施氯化铵,氯化铵明显抑制花生根瘤菌固氮。

(四)微量元素肥料

花生对钼较敏感,钼有促进根瘤固氮的作用,利于花生增产,在苗期和盛花期喷施 0.1%～0.2%的钼酸铵溶液;也可以每亩用 2g 钼氨酸(配成 0.1%～0.2%的溶液)拌种。此外,花生对硼肥也较敏感,可在起垄时每亩施 0.5kg 的硼砂;也可以用 0.2%的硼砂溶液喷施,并注意叶面喷施氨基酸钙水溶液。

覆膜春花生追肥困难,也可将全部化肥作基肥和种肥施用。

第四节 苹果配方施肥技术

一、苹果施肥量的计算

在苹果栽培中，施肥是最基础的技术环节，直接影响苹果的产量和品质。生产中，可参考以下计算公式：

$$NT = YM \times 0.412/40$$

$$PT = (YM \times 0.00068 - CP \times PS) \times 2.3/0.22$$

$$KT = (YM \times 0.00513 - CK \times KS) \times 1.2/0.45$$

式中：NT 、PT、KT 为每亩氮、磷、钾推荐量，YM 为目标产量，PS 为土壤有效磷测定值，KS 为土壤速效钾测定值，CP、CK 为基础参数。

磷肥：测试值低于 50 时，CP＝0；测试值为 50～100 时 CP＝0.0225；测试值高于 100 时，CP＝0.015；当 PT 计算值低于 0 时，不施磷肥，或施用少量磷肥。

钾肥：测试值低于 120 时，CK＝0，钾肥推荐量为 KT＝YM×0.00513×1.2/0.45；测试值为 120～250 时，CK＝0.045；测试值为 250～320 时，CK＝0.0375；测试值高于 320 时，CK＝0.0345；当钾推荐量 KT 计算值低于 0 时，不施钾肥，或施用少量钾肥。

二、苹果树的营养特点

(一)果树多年生长，各时期对养分的要求不同

果树生长期大致可以分为幼树期、初果期、盛果期和衰老期。幼树期(开花结果之前)：该期需肥量较少，但对肥料非常敏感。要多施有机肥，要施足磷肥，适当配施钾肥，控制施用氮肥。初果期(开花结果—形成产量之前)：是营养生长到生殖生长转化的时期。若营养生长长势较强，以磷肥为主，配施钾肥，少施氮肥；若营养生长较弱，以磷肥为主，适当增加氮肥的施用，配施钾肥。盛果期(大量结果时期)：施肥目的是促进优质丰产，维持健壮树势，根据产量和树势适当调节氮、磷、钾比例，同时要注意微量元素肥料的施用，果树是多年生植物，要注意钙肥和镁肥等中量元素肥料的施用。衰老期：偏施氮肥，以延长结果时间，维持产量。

(二) 储藏营养对果树生长有重要作用

果树储藏营养的特性，使得施肥对果树的直接效果降低，但通过施肥增加果树储藏营养水平，对果树丰产稳产具有重要作用。在整个生长季节，应重视平衡施肥和根外追肥，同时注意疏花疏果、控制新梢过旺生长，以减少养分的无效消耗。果实收获后到落叶前及早施用基肥，是增加储藏营养的关键措施。

(三)营养生长与生殖生长对养分的吸收竞争激烈

在生命周期中，幼树良好的营养生长是开花结果的基础。在有机肥充足的果园可以少施氮肥多施磷肥，但在贫瘠土壤上要重视施用氮肥，同时要加强根外追肥。当营养生长进行到一定阶段(苹果的标志是树干周长在 20cm 以上)，要及时促进营养生长向生殖生长的转化，土壤施肥以磷、钾为主，少施氮肥；叶面施肥早期以氮为主，中后期以磷、钾为

主。盛果期果树要氮、磷、钾配合,增加氮、钾用量,以满足果实生长和维持健壮树势的需要。

三、果树施肥技术

(一)果树的施肥原则

第一,用地与养地相结合,有机与无机相结合;第二,改土养根与施肥相结合;第三,平衡施肥;第四,合理施用生物菌肥、微量元素肥料和中量元素肥料。

(二)果树年周期营养的施肥时期

以盛果期果树为例,基肥施用时期:秋季果实收获后立即施用基肥,以有机肥为主,配合施用氮、磷、钾化肥,根据长势调节氮、磷、钾的施用比例,注意施用微量元素和中量元素肥料。早春萌芽前后:追施氮肥,若上年秋季没有施用基肥,可在早春补施。花芽分化前追肥对提高产量的效果最明显,莘县苹果花芽分化一般在6月中旬前后,施肥应在5月底或6月初,以氮磷为主,配施钾肥。果实膨大期:施肥以磷、钾为主,一般不再施用氮肥。

(三)苹果对矿质营养的需求

苹果对矿质营养元素吸收量的顺序为:钙>钾>氮>镁>磷。氮、磷、钾是苹果生长必需的,也是构成果实的主要矿质营养,消耗量大,土壤供给不足,需要持续周期性补充。钙和镁主要存在于根、茎、叶中,果实中含量很少,并且莘县土壤一般情况下钙和镁的含量较丰富,不需要每年施用钙镁肥料。微量元素养分硼、锌、铁、锰、铜、钼也是苹果生长必需的营养元素,就莘县土壤来说,锌和硼是最需及时补充的养分,铁、锰、铜较丰富。苹果对氮的需求分为三个时期:第一时期,从萌芽到新梢快速生长为大量需氮期;第二时期,新梢生长后期到采收前为稳定需氮期;第三时期,果实采收后到落叶为氮素储备期。苹果树周年营养对磷的需求平稳,基本无高峰和低谷,对钾的需求量以果实膨大期最大。

(四)幼年期苹果树施肥

对于新栽果园幼年期苹果树每亩每年应施用有机肥3000～4000kg。如果土壤养分含量水平在中等范围内,每株年施用N 0.2～0.3kg,N 、P_2O_5、K_2O比例为1∶1.2～1.3∶1,化肥用量随树龄逐年增加。如果在老果园土壤上更新果园,应根据土壤肥力高低调节N、P_2O_5、K_2O的施用量及其比例(N、P_2O_5、K_2O比例一般掌握在1.0∶1.0∶0.8)。全年的有机肥和化肥可以在秋季一次施入。

(五) 初果期苹果树施肥

保持有机肥施用充足,每亩每年施用N 15～22kg,施肥量随树龄逐年增加,N、P_2O_5、K_2O比例为1∶0.8∶1。施肥时期分为三次:第一次施肥,秋季基肥,将全年的有机肥,全年N、P_2O_5、K_2O各30%与有机肥一起施入。施用微肥数量为每株20g硼砂和100g硫酸锌,与有机肥同时施用。如果基肥没有施用微量元素肥料,可根据需要进行根外追肥。第二次施肥(次年3月萌芽前),全年N的40%,P_2O_5的30%,K_2O的20%。第三次施肥(6月花芽分化期),N的30%,P_2O_5的40%,K_2O的50%。

(六) 盛果期苹果树施肥

根据资料介绍,在中等肥力土壤上,每1000kg苹果产量推荐施用N 7～9kg,N、P_2O_5、K_2O比例为1∶0.5∶1.1。在土壤某一养分含量过高或者过低的情况下,可以适当调节 N、P_2O_5、K_2O 三者的施用比例。第一次施肥(秋季基肥):全年的有机肥,全年 N、P_2O_5、K_2O 的各 20%,微肥可以与基肥一起施入(微肥一次施用可以持续 2～3 年有效)。第二次施肥(次年 3 月春季萌芽前):全年 N 的 50%,P_2O_5的 30%。第三次施肥(6 月果实膨大期):全年 N 的 30%,P_2O_5的 30%,K_2O 的 40%。第四次施肥(9 月果实营养储存期):P_2O_5的 20%,K_2O 的 40%。

在需要施用钙肥的情况下,可以在果实膨大期喷洒硝酸钙,一般喷 3～4 次,浓度为 0.3%。需要施用镁肥时,硫酸镁的喷洒浓度为 0.08%～0.15%。硝酸钙和硫酸镁也可以作基肥施用。在基肥没有施用微肥时,初花期和盛花期喷洒 0.3%的硼砂溶液 2～3 次;在盛花期后 2～3 周,每隔 7～10 天喷洒 0.2%～0.3%硫酸锌溶液一次,共喷洒 3 次。

延伸阅读资料之六:其他果树施肥技术

一、葡　萄

(一)基　肥

秋季果实采收后或 8 月下旬至 9 月上中旬施入。施肥量按每生产 1kg 葡萄施 1.5～2.5kg 优质农家肥计算,每亩施 3000～5000kg,45%复合肥 50～100kg/667m^2。

(二)追　肥

每年 3～4 次,第一次对坐果容易的品种,在萌芽前后追施氮肥,对落花重的巨峰等品种,此期禁止施用速效性氮肥;第二次在幼果膨大期追施以氮肥为主、磷肥为辅的复合肥料;第三次在浆果着色前期,追施磷、钾肥。这次追肥距果实采收期不得少于 30 天;第四次在果实采收后追施氮、磷、钾混合肥,这次追肥可结合秋施基肥(与基肥混合)进行。结果树一般每生产 100kg 葡萄需追施纯氮 1.2kg、纯磷(P_2O_5)1kg、纯钾(K_2O)1.6kg。

(三)叶片喷肥

全年 4～5 次,在生长前期 2 次,以氮肥为主;后期 2～3 次,以磷、钾肥为主。常用肥料及浓度:尿素 0.3%～0.5%,磷酸二氢钾 0.3%～0.5%,硼砂 0.1%～0.3%。最后一次叶面喷肥在距果实采收期 20 天以前进行。

二、梨

(一)基　肥

秋季 8 月下旬至 9 月上中旬施入,以农家肥为主,施肥量按生产 1kg 梨施 1.5～2kg 优质农家肥计算,每生产 2000kg 果实,需施优质厩肥 4000kg;加磷肥(P_2O_5,12%计)50kg,硫酸钾 16kg。或加 45%复合肥 50kg/667m^2。

(二)追　肥

在萌芽开花期、花芽分化前期、果实迅速膨大期追肥,每亩施尿素 10～15kg,施肥量应以当时的土壤条件和施肥特点确定。结果树一般每生产 100kg 梨需追施纯氮 0.94kg、纯磷(P_2O_5)0.77kg、纯钾(K_2O)1.2kg。根据果园土壤类型,可适当补充钙、硼、锌等微量元素。

(三)叶面喷肥

全年4～5次，在生长前期2次，以氮肥为主；后期2～3次，以钾肥为主。常用肥料及浓度：尿素0.3%～0.5%，磷酸二氢钾0.2%～0.3%，硼砂0.1%～0.3%。最后一次叶面喷肥在距果实采收期20天以前进行。

三、桃

(一)基　肥

秋季8月中下旬至9月上旬施入，以农家肥为主，混加少量的氮素化肥。施肥量1～3年生幼树，每株施厩肥20～30kg。结果树按每生产1kg桃施1.5～2kg优质农家肥计算，平均亩产2000～3000kg桃，每亩施4000～6000kg。

(二)追　肥

1～3年生幼树，萌芽前或萌芽后，每株追施尿素50～100g加硫酸铵100～200g；新梢迅速生长期每株追施生物菌肥250～500g。4年生以上盛果期，前期以氮肥为主；后期以磷、钾肥为主；花前或花后每株追施尿素加硫酸铵(比例3∶7)共200～250g；硬核期，追施生物菌肥1～2kg加磷酸二铵200～250g；果实膨大前期，追施生物菌肥1～2kg加硫酸钾500g。最后一次追肥距果实采收期不得少于30天。施肥量以当时的土壤条件和施肥特点和结果树一般每生产100kg桃需追施纯氮1kg、纯磷(P_2O_5)0.7kg、纯钾(K_2O)1.6kg的量酌情计算。另外根据果园土壤类型，可适当补充钙、硼、锌等微量元素。

(三)叶面喷肥

全年4～5次，生长前期2次，以氮肥为主；后期2～3次，以磷、钾肥为主。常用肥料及浓度：尿素0.3%～0.5%，磷酸二氢钾0.2%～0.3%，硼砂0.1%～0.3%。最后一次距果实采收期20天以前进行。

第十三章　蔬菜测土配方施肥技术

莘县是鲁西蔬菜生产大县，近几年，全县积极调整种植业结构，大力推广无公害生产、农业标准化，蔬菜生产现已成为本县第一大支柱产业。但是随着人民生活水平的提高，对农产品的质量和安全提出了更高的要求，蔬菜质量安全问题已经引起各级政府高度重视和全民的广泛关注，全国各大中城市纷纷实行市场准入制度，蔬菜生产面临严峻形势。如何正视现实，找出问题，克服盲目施肥、乱用农药带来的耕地污染、品质染污等问题，提高蔬菜质量，确保莘县蔬菜品牌长盛不衰是摆在我们面前的一个重大课题。为保障蔬菜生产安全，提高蔬菜竞争能力，积极开展这次蔬菜地质量调查评价技术及配方施肥技术应用研究，对提高菜农的蔬菜生产水平、增加农民的经济收入起着重要的指导作用。

因在第四章已对莘县蔬菜地养分现状作过分析评价，故不再赘述略。

第一节　莘县蔬菜生产现状分析

一、农业结构调整发展现状

莘县从 20 世纪 90 年代初期开始，学寿光、赶漳州，持之以恒地大力发展农业结构调整，经过历届县委、县政府和全县广大人民二十多年的不懈努力，培植形成了瓜、菜、菌、果、牧五大主导产业，先后被评为“中国香瓜之乡”“中国双孢菇之乡”“国家级生态示范区”，被省政府确定实施为“出口农产品区域化管理示范县”。尤其是瓜、菜菌生产发展迅速，初步形成了几个在全国有较高知名度的季节性优势产品基地：一是全国最大的春季香瓜生产基地，二是全国最大的秋延迟黄瓜基地；三是全国最大的早春芸豆生产基地；四是北方地区著名的无公害韭菜生产基地；五是享誉广东、浙江、福建、黑龙江多个省份的大红西红柿生产基地。绿色无公害种植品种达到 22 个，种植面积达 3×10^4 hm^2，成为京九沿线著名的绿色“菜园子”。截至 2007 年底，全县瓜、菜菌播种面积达 5.67×10^4 hm^2，总产 2.596×10^6 t，产值 22.7 亿元，其中冬暖式大棚总数达到 21 万座，大中小拱棚面积达到 1×10^4 hm^2，双孢菇、草菇 4×10^6 m^2，鸡腿菇投料 15×10^7 kg，平菇、姬菇投料 1×10^7 kg，杏孢菇、白灵菇等名优新品种投料 3.5×10^6 kg。全县建有产地交易市场 20 多个，其中年交易量亿公斤以上的批发市场 6 个，专业从事蔬菜信息、技术、销售服务的行业协会、联合体呈快速发展态势。莘县共和食品、奥瑞菌业等一批专业从事蔬菜加工、运销的龙头企业外联市场、内联农户，为广大农民提供产前、产中、产后全程式服务，形成了产业化经营雏形。据统计，多年来农民现金收入的 73%来自于瓜、菜、菌生产，菜农收入处于全县领先水平。

特别是自2002年起，在继续扩大规模的同时，注重了质的飞跃，下大力优化种植品种结构和种植模式，广泛开展生产联合和技术协作，有计划地组织市场开拓，积极组织产销对接，以莘县现有农业资源为依托，大力开展农业招商，加快农业专业合作组织建设，按照"龙头企业＋基地＋农户"的运作方式，积极组织瓜、菜菌、产业向产业化、标准化、规模化发展。在一些农业龙头公司的影响带动下，有力地推动了莘县瓜菜菌产业的发展。

二、标准化无公害生产

高度重视绿色无公害生产，以质量促增收，赢得市场主动。莘县县委、县政府高度重视无公害生产，下发了《关于实施绿色工程的意见》，发布了《绿色无公害基地建设实施方案》和《无公害生产规程》。2001年，县政府就研究制定了《莘县农业标准化生产实施方案》，并在主要蔬菜批发交易市场建立了无公害检测点，抓好标准化生产基地建设，突出加强农业生产标准化体系建设，建立起试验基地。同时，开展了对高毒、高残留等违禁药品和假劣化肥的清理整顿，积极组织无公害生产基地和无公害品牌的申报认证，努力把莘县培植成为"京九"沿线著名的绿色无公害瓜、菜、菌生产基地，打出莘县绿色无公害知名品牌。自张寨镇韭菜1999年认证为山东省首家无公害蔬菜起，先后有20多个品种被认证为无公害蔬菜，董杜庄镇"仙果"牌西瓜被认证为绿色食品，澳登农业有限公司生产的双孢菇通过欧盟有机食品认证，全县有机、绿色、无公害农产品生产面积达到$3\times10^4\,hm^2$，认证面积和品种数量在全省名列前茅。

三、整合力量，狠抓农产品质量安全措施落实

（一）扩大和规范基地建设，生产安全的农产品

首先，莘县农业标准制定委员会组织修订并印发了《莘县无公害农产品生产技术操作规程》，指导基地按照规程生产。基地建设上，按照县里部署、农业部门指导、乡镇街道办组织、干部带头、农户实施的原则，整合农业资源，狠抓了生产技术的统一规范、生产台帐的建立等工作，取得较好效果，达到了建一个成功一个，示范效果明显，带动性强。在积极申报农产品认证的同时，认真抓好农产品"三品"证后监管工作。加强标识标志使用监督检查，确保标识标志的正确规范使用。

（二）加大农业行政执法力度，严格投入品的管理

一是建立和完善农业投入品管理的相关制度，将农业投入品管理纳入规范化、制度化。对农资经营严格实行了准入、资格验证、进货制度、公开承诺、内部管理等制度，确保不符条件的经营者不得从事农资经营；确保不符合质量要求的农资产品不得进入农资市场和生产中；确保农资经营网点都建立农资商品进货台账和销售台账，对农资商品的进货渠道、生产单位及销售去向和数量都有记载。一旦生产者因农业投入品出了问题，很快便可追溯到问题出在哪里，从制度上有效遏制了违法经营现象。二是加大执法查处力度，杜绝违禁农药；依法对农资产品的生产和销售市场进行严格的监督管理；查处假冒伪劣农资产品，打击坑农害农行为，杜绝不安全农资入市；严厉打击违法、违纪经营活动；对不法经营案件发现一起，严肃查处一起，有效净化了农资经营市场的环境，从源头上确保了农产品的安全生产。

(三)加大农产品抽检力度,强化市场监管

一是组建了检测工作小组,成立了农业化验室,加强了检测技术人员的培训和学习,切实提高检测人员的专业素质。二是加大了对农业投入品的检测。三是加大了农产品的质量抽检。把农产品生产基地、农产品批发市场、大型超市的农产品及认证产品作为重点跟踪监测重点,发现问题及时进行处理,确保消费者安全。四是将全县所有具一定规模的农产品批发市场纳入监管范围。市场产品质量监管到位,制度健全,管理规范,秩序良好。

(四)加强农业生产环境治理,改善农产品生产条件

一是确定农产品生产安全区域。在认真开展农业污染源调查的基础上,根据农产品品种特性和生产区域大气、土壤、水体中有毒物质状况等因素,划定安全生产区域,确定农产品禁止生产区域,全县除个别企业周边为禁止区域,绝大部分为安全生产区。二是加强农产品生产环境的整治力度。利用测土配方施肥项目,加大改田改土力度,其中,重点实施无公害基地、标准化生产基地建设,极大地改善了生产条件。三是加大农产品生产环境的保护力度。禁止向农产品产地排放废水、废气、固体废物或其他有害物;无公害的种植生产基地、标准化生产基地,统一划定界址,树立保护区标示牌;加强农产品生产环境的检查,及时处理危及农产品安全的有关问题,会同有关部门,采取多种措施,严厉制止一切危害农产品产地质量安全的行为。

(五)建立健全农产品质量监管制度,形成农产品质量监管的长效机制

(1)市场监管制度。为维护农产品质量安全,坚持从源头抓起,对农产品批发市场、农资市场的监管力度,都以制度的形式,进行了规范。

(2)农产品抽检制度。对基地产品实行例行抽样送检,不定期对重点农产品进行抽样检测。

(3)部门联合执法制度。莘县农业局农产品质量安全整治工作小组积极与食品药品监管、卫生、质检、工商、环保等部门联合开展经常性的检查。

(4)信息发布制度。重大农产品安全信息由莘县农业局统一联合发布;完善农药、肥料、毒鼠药和药械等主推产品的公告制度;及时向社会发布禁止或限制使用的农药等农业投入品,有效遏制违禁农业投入品的使用;及时发布监管质量检查等动态信息,确保信息渠道畅通。

(5)举报制度。为方便群众监督,扩大监管范围,莘县农业局专门设立了举报电话。

(6)档案管理制度。专门确定了两名资料收集员,负责专项整治中工作资料的清理和归档。

四、蔬菜生产现状

莘县农业县蔬菜生产现状有以下几个特点:

(一)瓜菜种类多

目前莘县农业县的瓜菜种类20多个,种植面积比较大的有:黄瓜、甜瓜、西瓜、西葫芦、茄子、番茄(含樱桃番茄)、辣(甜)椒,芸豆、豆角、白菜、韭菜、葱(大葱、圆葱)、大蒜等品种。

(二)区域生产规模化

全县形成了燕店河店魏庄的香瓜及秋延迟黄瓜基地,董杜庄的早春西瓜豆角基地,莘

亭晚秋香菜及葱蒜，燕塔莘州十八里的黄瓜、西葫芦、芸豆基地，河店的大红番茄，张寨的无公害韭菜等十几个成方连片的优质瓜菜基地。

（三）乡镇街道办发展不平衡，种植模式多样（见表 13-1 和表 13-2）

表 13-1　　莘县瓜菜菌分类面积（2010 年）

品种	冬暖大棚面积（hm^2）	大中小拱棚面积（hm^2）	地膜覆盖面积（hm^2）	露地栽培面积（hm^2）	面积合计（hm^2）
黄瓜	5467	2400		533	8400
西葫芦	2067	533			2600
西红柿	1533	400			1933
西瓜	267	3000			3267
大蒜			4000		4000
辣椒	400	667	1333	667	3067
茄子	400	1667			2067
土豆			1733		1733
韭菜		2733		333	3067
芹菜		600			600
葱			2133	2533	4667
芸豆、豆角	3533	1333		667	5533
白菜				1667	1667
香瓜	2667	1200			3867
食用菌	1545				1545
其他				9667	9667
合计	17878	14533	9200	16067	57678

表 13-2　　各乡镇街道办瓜菜种植面积（2010 年）

行政区域	种植面积（hm^2）	主要蔬菜种类
燕塔街道办事处	1133	黄瓜、芸豆、茄果类
莘亭街道办事处	1933	大蒜、圆葱、大葱、香菜、冬瓜
东鲁街道办事处	900	黄瓜、芸豆、茄果类
莘州街道办事处	1500	黄瓜、芸豆、茄果类
河店镇	4800	西瓜、西红柿、大蒜
燕店镇	3567	香瓜、黄瓜、韭菜、早春白菜
魏庄镇	3467	香瓜、黄瓜、茄果类、胡萝卜
大王寨镇	600	香瓜、黄瓜、茄果类

续表

行政区域	种植面积(hm^2)	主要蔬菜种类
王奉镇	400	黄瓜、芸豆、西葫芦
张鲁镇	867	黄瓜、芸豆、甜椒
十八里铺镇	1800	黄瓜、芸豆、西葫芦
董杜庄镇	4133	豆角、西瓜、黄瓜、尖椒
妹冢镇	1667	豆角、西瓜、西葫芦、香瓜、西红柿
朝城镇	500	樱桃西红柿、豆角、西瓜、大蒜
徐庄镇	227	大蒜
古城镇	680	大蒜、朝天椒、芸豆
王庄集镇	900	豆角、芸豆、黄瓜、大蒜
张寨镇	1200	韭菜
观城镇	800	朝天椒
樱桃园镇	633	黄瓜、茄子、辣椒、豆角、西瓜
大张家镇	780	黄瓜、茄子、辣椒、大蒜
古云镇	67	黄瓜、茄子、辣椒
柿子园乡	613	菜花、韭菜
俎店乡	1933	黄瓜、豆角、西瓜、西葫芦

注：本表不含食用菌、大白菜等露地菜。

第二节　蔬菜地施肥存在的问题

一、肥料投入结构不合理

(1)主要是氮、磷、钾大量元素之间的比例失衡，盲目施肥现象严重，施肥量偏大，且比例不平衡，两极分化现象明显，化肥利用率逐年降低。

(2)一般瓜菜施肥超量 50%～100%，复合肥料 15—15—15 和磷酸二铵施用比例很大，达到 60%～90%。保护地蔬菜中长期过量地施用磷肥，造成表层土壤中磷的大量富积。

(3)是缺什么元素猛上什么元素：比如说缺钾，就次次上高钾的冲施肥，袋上标着腐殖酸钾含量高达 80%；进口硝酸钾、磷酸二氢钾好，次次上；某生物肥好，每次追肥都带点。还有的过分夸大生物菌肥的作用：听说叶面肥好，每次喷药都加点；说土壤缺微量元素，就年年上，次次喷。

二、有机肥及中微量元素的施用偏少

中微量元素肥料是作物生长必不可少的，作物对微量元素尤其敏感，多则有害，少则生长不良。但全县广大农民对中微量元素的应用未引起足够重视，蔬菜缺锌、缺硼、缺钙等生理病害时常发生。另外，全县蔬菜地有机质平均含量为 15.4g/kg，超过 20g/kg 的只占 20%，说明有机肥施用还偏少。

三、保护地过量施肥

保护地过量施肥造成土壤次生盐渍化，有害生物滋生，每年约近 67hm^{2}大棚因此不能持续正常生产，肥害事故经常发生。

菜地中施肥灌水量大，大量盐基离子未被吸收而残留在土壤耕层中，增加了土壤的含盐量，其中保护地是一个封闭或半封闭的系统，缺少降雨，而且灌溉水深度也仅限于耕层，土壤水分无法将多余的盐分淋洗出根层，大量盐分累积于土表，导致土壤次生盐渍化。菜农为追求高产和更多的经济收益，在生产中往往投入大量肥料和进行大水漫灌，使菜地土壤养分大量累积，尤其是种植时间较长的老菜地。

四、过度依赖施肥习惯

在农户选购、施用上存在凭经验、随大溜、贪便宜、过于迷信广告、人情肥等不当行为，近几年化肥价格的大幅波动，必然改变农民的施肥习惯，假冒伪劣现象更加突出，假冒伪劣肥料充斥市场。

五、不按无公害标准生产

这里面既有农民的原因，也有生产企业的原因。含激素、硝态氮肥料遍地都是，果菜过量施肥引发营养失调及多种生理病害，造成干心、易腐烂、耐储性降低，硝酸盐含量严重超标，瓜不甜、果不香、风味差，影响市场上的竞争力，制约了农产品出口。

六、化肥养分流失，面源污染压力加大

莘县蔬菜追肥基本上是采用随水追肥的方式。在大量施用氮肥的情况下，铵态氮肥虽能被土壤胶体吸附，但吸附量有限，大量的铵离子被进行硝化作用，迅速转化成硝态氮而随水下移，到达根系难以吸收的深度；硝态氮肥则由于土壤胶体不能吸附而极易随水大量淋失，进入地下水，既造成养分损失又污染地下水源。许多调查研究表明，蔬菜生产中氮肥的过量施用和频繁大量的灌水导致硝酸盐向地下水中的淋洗，是造成地下水污染的主要原因之一。由于饮用水中的硝酸盐是人体从外界摄入硝酸盐的另一个主要来源，因此不合理的灌溉施肥对人体健康和生态环境都构成严重的威胁。

地下水硝酸盐污染与蔬菜生产中的频繁大量灌水密切相关，因为水分是硝态氮在土壤中运移的重要载体。在水分供应有限的条件下，大部分氮素都集中在土壤表层，当灌溉量或降水量超过土壤田间持水量时，未来得及被作物吸收利用的硝态氮就会随水分下移而逐渐淋出有效根区范围，进一步被淋洗而污染地下水，尤其是在轻质地土壤上，这种硝

酸盐淋失状况更为严重，这也是氮素损失的主要途径之一。

另外，一些多年大棚中大量地施用鸡粪或猪粪或不合格原料生产的商品有机肥，使土壤中有害重金属离子增多，成为农产品质量安全的潜在威胁，值得我们高度警惕。

第三节 蔬菜需肥规律及测土配方施肥方法

一、环境条件对蔬菜的需肥影响及吸收养分特性

科学施肥是提高蔬菜产量和改善品质的重要技术措施，而科学施肥必须根据蔬菜营养特性、土壤供肥能力、肥料特性及气候条件等因素进行，即通常说的测土配方施肥。测土配方施肥应遵循养分归还学说、最小养分律、报酬递减律等进行，才能使肥料发挥最大的增产效果。

(一)土壤条件对蔬菜吸收养分的影响

1.土壤温度

温度一方面能促进土壤有机质的矿化，供给蔬菜养分。另一方面也能促进蔬菜的新陈代谢，增强蔬菜的呼吸，有利于蔬菜对养分的吸收。温度过低或过高，对蔬菜生长均有不良影响。在一定的温度范围内，蔬菜根部吸收养分随土壤温度的提高而加快，这是因为适温有利于蔬菜根系生长发育和土壤中养分的转化与移动。在低温时，蔬菜容易出现缺磷，应注意磷肥施用。

2. 土壤通气性

土壤通气好坏直接影响到蔬菜根部生长与养分吸收。蔬菜根系的正常生命活动，要求土壤空气中含氧量大于10%，当含氧量低于10%时，生长量就急剧下降，养分吸收也受到影响。

土壤空气中含氧量不足对养分吸收的影响因营养元素而异，其影响大小的顺序为：钾＞钙＞镁＞氮＞磷。因此，当土壤通气不良时，容易出现缺钾症状，应重视钾肥施用。

3.土壤酸碱度

不同品种的蔬菜对土壤酸碱度要求差别较大，多数蔬菜适宜在微酸至中性土壤，豆科蔬菜、大白菜等不适宜酸性土壤，土壤偏酸容易发生根肿病。在碱性土壤上，马铃薯容易发生疮痂病。调节蔬菜生长的适宜土壤环境是蔬菜正常生长发育最基本的要求，酸性土壤应施石灰，碱性土壤或石灰性土壤需施石膏或硫黄加以改良。

土壤酸碱度不仅影响蔬菜生长，还影响土壤微生物活性及土壤养分。土壤中有效氮以中性时含量最多。磷在pH 5～6.5时含量较高，pH大于7或低于5时，土壤中磷就会与钙、铁、铝离子结合形成磷酸钙或磷酸铁、铝的沉淀，使磷的有效性降低。钙、镁的含量在pH 6以上时增高，硫在酸性条件下常感不足。微量元素铁、锰、锌、铜则以酸性土壤居多。钼在酸性条件下有效性低，硼在pH 4.5～6.7时有效性最高。

4.土壤水分

呈溶性状态的养分才能通过质流或扩散到蔬菜根系表面为蔬菜吸收，水分不足会影响土壤中养分的扩散速率。但土壤水分过多，容易引起养分流失。土壤含水量为田间持

水量60%～80%时，蔬菜根系可正常生长，养分的吸收也可顺利地进行。

（二）蔬菜根系对养分的吸收特点

蔬菜根系能够吸收 K^+、Ca^{2+}、Mg^{2+}、Fe^{2+}、Mn^{2+}、Cu^{2+}、Zn^{2+}、NH_4^+ 和 NO_3^-、Cl^-、$H_2PO_4^-$、SO_4^{2-}、HCO_3^-、$H_2BO_3^-$ 等溶于土壤溶液中的无机态离子及少量的有机态分子，如氨基酸、糖类、磷脂类、植素、生长素、维生素等。蔬菜根的养分最大吸收部位靠近根尖，根吸收养分最多的部位是根尖以上的分生区。蔬菜根从土壤中吸收养分，首先是根系的不断生长，使根和根毛纵横交织穿插于土层中，直接与土壤黏粒紧密接触，密集的根毛增大了吸收面积，组成了土壤与根系的复杂体系，从土壤黏粒和溶液中直接获得养分。

（三）蔬菜茎、叶部对营养的吸收特性

(1)通过叶面喷施养分，直接供给蔬菜吸收的养分，不经过土壤而直接通过叶片进入蔬菜体内，防止了土壤的固定、转化损失。

(2)养分吸收转化快，能及时满足蔬菜的需要。叶部对养分的吸收和转移速度比根快，可作为防治某些养分缺素症和蔬菜因遭受自然灾害而需要迅速供给营养的补救措施，也可作为蔬菜生长后期防止脱肥的一项技术措施。

(3)经济、有效。微量元素施用量少，且土壤易固定，而通过叶面喷施应用，可起到用量少、成本低、收效快的作用。

叶面施肥的效果受蔬菜种类、叶面积大小、气孔多少、角质层厚薄等的影响，同一种蔬菜的应用效果主要受溶液的组成、溶液的浓度、溶液的pH、溶液湿润叶片的时间及喷施次数、部位的影响。

（四）蔬菜作物的需肥特点

1.蔬菜是喜肥作物

蔬菜不仅生物量大，而且养分含量高、养分移出量大。

2.蔬菜是喜硝态氮作物

蔬菜耐氨性差导致蔬菜对硝态氮特别偏爱。

3.蔬菜是嗜钙作物

与一般大田作物相比，蔬菜是需钙多的作物。据测定，萝卜的吸钙量比小麦高11倍。当蔬菜缺钙时，会引起生长点萎缩，番茄、青椒易患脐腐病，甘蓝、白菜易得干烧心病。

4.蔬菜作物需硼量高

根菜类蔬菜含硼量高，蔬菜作物体内难溶性硼含量高，再利用率低，易产生缺硼症。如芹菜茎裂病、甘蓝褐腐病、萝卜褐心病等生理性病害。

5.蔬菜对钾的需求量大　蔬菜籽实或可食器官中钾含量是粮食作物的6.5～7.5倍，蔬菜对钾的需求量较大，在蔬菜上应注意增施钾肥。

二、测土配方施肥基本方法

测土配方施肥方法很多，如目标产量法、磷、钾养分恒量监控法、肥料效应函数方程法、综合施肥模型（精准施肥模型）、微量元素的因缺补缺技术等。这里简要介绍一下目标产量法。

目标产量法的核心是根据养分投入与产出的平衡计算一定产量、一定生态区域和栽培条件下肥料的用量。此法根据蔬菜需肥量与土壤供肥量之差来计算实现目标产量(或计划产量)的施肥量。目标产量法又包含养分平衡法和地力差减法。

这里主要介绍通过目标产量法进行配方施肥,其关键步骤是获得准确的土壤养分测试值和土壤有效养校正系数。

根据作物目标产量需肥量与土壤供肥量之差估算施肥量,计算公式为:

$$作物施肥量(实物量\ kg/667m^2)=\frac{目标产量\times单位产量需肥料-土壤测试值\times0.15\times校正系数}{肥料利用率\times肥料中养分含量}$$

目标产量可采用平均单产法来确定。平均单产法是利用施肥区前三年平均单产和年递增率为基础确定目标产量,其计算公式是:

$$目标产量(kg/667m^2)=(1+递增率)\times前3年平均单产(kg/667m^2)$$

一般露地蔬菜为20%,设施蔬菜为30%。

作物需肥量:通过对正常成熟的农作物全株养分的分析,测定各种作物100kg经济产量所需养分量,乘以目标产量即可获得作物需肥量:

$$作物目标产量所需养分量(kg)=\frac{目标产量(kg)}{100}\times100kg\ 产量所需养分量(kg)$$

土壤供肥量可以通过测定基础产量、土壤有效养分校正系数两种方法估算。

通过基础产量估算:不施肥区作物所吸收的养分量作为土壤供肥量。

$$土壤供肥量(kg)=\frac{不施养分区农作物产量(kg)}{100}\times100kg\ 产量所需养分量(kg)$$

通过土壤有效养分校正系数估算:将土壤有效养分测定值乘一个校正系数,以表达土壤"真实"供肥量。该系数称为土壤有效养分校正系数:

$$土壤有效养分校正系数(\%)=\frac{缺素区作物地上部分吸收该元素量(kg/667m^2)}{该元素土壤测定值(mg/kg)\times0.15}$$

肥料利用率一般通过差减法来计算:利用施肥区作物吸收的养分量减去不施肥区农作物吸收的养分量,其差值视为肥料供应的养分量,再除以所用肥料养分量就是肥料利用率。

$$肥料利用率(\%)=\frac{施肥区农作物吸收养分量(kg/667m^2)-缺素区农作物吸收养分量(kg/667m^2)}{肥料施用量(kg/667m^2)\times肥料中养分含量(\%)}\times100\%$$

施肥区(NPK区)农作物吸收养分量($kg/667m^2$):"3414"方案中处理6的作物总吸肥量。

肥料养分含量。供施肥料包括无机肥料与有机肥料。无机肥料、商品有机肥料含量按其标明量,不明养分含量的有机肥料养分含量可参照当地不同类型有机肥养分平均含量获得。

主要蔬菜100kg经济产量吸收氮、磷、钾量如表13-3所示,肥料利用率如表13-4所示,土壤养分利用率如表13-5所示。

表 13-3 主要蔬菜 100kg 经济产量吸收氮、磷、钾量表

蔬菜名称	N(kg)	P_2O_5(kg)	K_2O(kg)	蔬菜名称	N(kg)	P_2O_5(kg)	K_2O(kg)
结球甘蓝	0.3	0.01	0.22	黄瓜	0.27	0.13	0.35
大白菜	0.19	0.09	0.34	冬瓜	0.14	0.05	0.22
花椰菜	0.11	0.21	0.49	苦瓜	0.53	0.18	0.69
菠菜	0.25	0.09	0.53	西葫芦	0.55	0.22	0.41
芹菜	0.2	0.09	0.39	豇豆	0.41	0.25	0.88
茴香	0.38	0.16	0.23	菜豆	0.34	0.22	0.59
白菜	0.28	0.03	0.21	韭菜	0.37	0.09	0.31
莴笋	0.21	0.07	0.32	洋葱	0.24	0.07	0.41
芫荽	0.36	0.14	0.88	大葱	0.18	0.06	0.11
番茄	0.35	0.1	0.39	大蒜	0.51	0.13	0.18
茄子	0.32	0.09	0.45	莲藕	0.6	0.22	0.46
甜椒	0.52	0.11	0.66	茭白	0.39	0.13	0.69
春萝卜	0.22	0.03	0.3	大姜	0.63	0.16	0.93
萝卜	0.31	0.19	0.58	西瓜	0.33	0.11	0.4
胡萝卜	0.24	0.08	0.57	甜瓜	0.28	0.13	0.38

表 13-4 肥料利用率参考值

作物类型	有机肥		化 肥	
菜地	N	10～20%	N	10%～30%
	P_2O_5	5%～10%	P_2O_5	8%～12%
	K_2O	20%～30%	K_2O	20%～50%

表 13-5 菜田土壤养分利用率参考值

碱解氮		有效磷		速效钾	
含量(mg/kg)	利用率(%)	含量(mg/kg)	利用率(%)	含量(mg/kg)	利用率(%)
>160	40	>80	30	>300	30
120～160	45	40～80	40	200～300	35
80～120	50	20～40	50	150～200	40
<80	60	<20	60	<150	50

第四节 莘县蔬菜测土配方施肥推荐配方

一、莘县蔬菜配方施肥原则

增有机，调盐分，稳氮、控磷、稳钾、补微，巧施生物肥。有机肥增施，化肥配施，生物肥巧施。

二、莘县测土配方施肥项目推荐蔬菜施肥配方

(一)底肥(在施用腐熟土杂肥的基础上据情况选配)

生物有机肥：有机质≥40%、4%≤氮磷钾≤12%；有益菌≥2×10^7/g。

有机无机复混肥：有机质20%～30%、12—6—12(一般地块)；或15—6—9(莘城以南大棚或叶菜类蔬菜用)；或10—5—10。

45%硫酸钾复合肥：15—15—15及15—18—2(一般地块)、15—10—20(魏庄、河店、燕店或高磷低钾大棚用)。

配施：锌肥＋硼肥＋硅钙肥或其他中微量元素肥料。

(二)冲施

首选腐殖酸、低氮高钾复混型10—0—20、12—0—18，或与生物冲施肥轮换施用。瓜果盛期可追施高浓度硫酸钾复合肥1～2次。叶菜类已追施氮肥为主，有条件的追施处理过的沼液。

另外，高效水溶肥冲施可选用：20—10—30、15—15—30、14—6—40等，这类肥料可以叶面喷雾。

有条件地使用二氧化碳，增产效果明显。

第五节 莘县主要蔬菜种类施肥技术

根据各类蔬菜的主要生物学特性和食用器官的不同，可将蔬菜分为：白菜类、甘蓝类、绿叶菜类、茄果类、瓜类、块根类、鳞茎类、豆类等。在这些蔬菜中，由于它们的生物学特性不同，其营养特性也有差异。因此，在施肥上各有特点，现按各类蔬菜加以简要说明。

一、白菜类蔬菜

这类蔬菜包括大白菜、小白菜等。

(一)营养特性

这类蔬菜都有很大的叶面积，蒸腾量较大，但根系较浅，全生育期适宜的土壤湿度为80%～90%，适宜空气湿度为60%～80%，湿度过大易发生病害。生长期间的适温在10℃～23℃的范围内。它们的耐热能力不强，当温度达25℃以上时生长不良；达30℃以上则不能生长。它们有一定的耐寒性，但在10℃以下生长缓慢，5℃以下停止生长。

白菜类蔬菜对土壤的物理性状和化学性状要求严格。在疏松的沙土中根系发展迅

速，幼苗生长快，但往往因为保肥力和保水力弱，易出现脱肥。在黏重的土壤中根系发展缓慢，幼苗及莲座生长也较慢，但因为土壤天然肥沃及保肥、保水力强，产量高，不过产品的含水量大，品质较差，而且往往软腐病严重。最适宜的土壤是天然肥沃而物理性状良好的沙壤土、壤土及轻黏壤土。对土壤酸碱度的要求较宽，在弱酸性至微碱性条件下均可正常生长。

白菜类蔬菜根系的主要特点是在浅土层（土面下 5～25cm）有很发达的平行侧根和网状的分根，而在深土层（25cm 以下）侧根很不发达。

（二）需肥特性

生育期较短，产量高，对营养元素吸收选择性较高。发芽期和幼苗期生长量小而生长速度大，对肥水的需要量不多，但必须保证供应。

由于这类蔬菜是靠增加叶片数量和叶面积来提高产量的，因此，供应充足氮素尤为重要。充足的氮素营养对促进形成肥大的绿叶和提高光合效率特别重要，它促进其叶丛生长，增加产量和提高品质，在一定用氮量范围内，产量随用氮量增加而相应提高。增产原因主要是增加子叶面积和厚度，而不是增加叶片数。

各个生长期内三要素的吸收量不同，大体上与植物干重增长量成正比。由发芽期至莲座期的吸收量约占总吸收量的 10%，而结球期约吸收 90%。各个时期吸收三要素的比例也不相同，由发芽期至莲座期吸收的 N 最多，K_2O 次之，P_2O_5 最少。结球期吸收的 K_2O 最多，N 次之，P_2O_5 仍最少。这是因为在结球期白菜需要较多的钾促进外叶中光合产物的制造，同时还需要大量的钾促进光合产物由外叶向叶球运动并储藏起来。

每生产 1000kg 大白菜需吸收氮（N）1.3～2.5kg，磷（P_2O_5）0.6～1.2kg，钾（K_2O）2.2～3.7kg，吸收比例 N∶P_2O_5∶K_2O 约为 2.5∶1∶3。

钙和硼对大白菜增产效果明显。缺钙易导致叶球内部嫩叶的边缘变干枯（干烧心）。叶面喷施 0.25%～0.5% 的硝酸钙溶液可明显降低大白菜因缺钙引起的"干烧心"发病率。大白菜对微量元素的需求以铁为最多，锌、硼、锰次之，铜最少。大白菜也是对缺硼敏感的蔬菜。

（三）施肥技术

1. 基　肥

白菜类蔬菜生长期长，生长量大，需要大量肥效长而且能加强土壤保肥力的有机质肥料。因此，基肥应以有机肥为主，并配合适量化肥，每亩施腐熟鸡粪 3000～5000kg，氮肥（N）4～7kg，磷肥（P_2O_5）6～8kg，钾肥（K_2O）6～8kg，或 15—15—15 的硫酸钾复合肥 50kg，撒入地表结合深耕翻入地下。

2. 追　肥

白菜类蔬菜在各个生长时期不同的器官有不同的生长量和生长程度，因此各个短期应适时、适量地追肥和浇水才能达到丰产。

发芽期：这个时期的生长量约为营养生长时期生长总量的 0.1%，此期由土壤中吸收的营养元素很少，吸收水分也不多，但因根系很小，水分供应必须充足，播种前如墒情不好，需要充分浇水造墒。必要时在幼芽出土要浇小水以补充水分。

幼苗期：这一时期植株的生长量不大，根系不发达，吸收养分和水分的能力很弱，但要求供应足够的养分和水分。为了保证幼苗得到足够的养分，需要追施速效性肥料为“提苗肥”。提苗肥一般每亩施氮肥 2～3kg，主要肥料品种是尿素。

莲座期：此期是根系和叶片生长旺盛的时期，需养分和水分的量大，保证莲座叶强盛生长是丰产的关键，但同时还要注意防止莲座叶徒长而致延迟结球。有少数蔬菜开始团棵时应施用“发棵肥”以供给莲座叶生长所需养分。莲座初期每亩追施氮肥 3～4kg，开沟施入。

结球期：结球期是同化作用量强盛、大量累积养分而形成产品的时期，需要肥水量最大。在包心前 5～6 天每亩施用氮肥(N)3～4kg，施部分磷、钾肥，沟施。中熟及晚熟品种的结球期很长，还应在抽筒时施用“补充肥”一次。抽筒时田间白菜已经封垄，须将肥料溶解于水中顺水冲入沟中或畦中，一般每亩追施氮肥(N)3～4kg。

根外施肥：莲座期、结球期可喷施 0.1%～0.2%的磷酸二氢钾及 0.5%～1%的尿素混合溶液，每隔 7～10 天喷 1 次，共喷 3 次。大白菜是一种喜钙作物，缺钙易引起干烧心病，结球期可用 0.4%～0.7%氯化钙或硝酸钙溶液喷施，每隔 7 天 1 次，喷 2～3 次，叶面喷施肥料一般在上午 9 时前和下午 5 时后喷，阴天可全天喷，雨天不宜喷，以避免养分流失。

在缺乏微量元素的土壤要补施微肥，提高净菜率，防止一些生理病害的发生和蔓延。大白菜需硼较多，对缺硼的土壤，要施用硼肥。在莲座期至结球期以 0.1%～0.2%的硼砂溶液喷施，每隔 6～7 天喷施 1 次，连续 2 次。

二、甘蓝类蔬菜

甘蓝类蔬菜主要包括结球甘蓝、花椰菜等。它们是以叶球、短缩的花薹、球茎和侧芽供人们食用的，具有适应性广、耐寒和耐热性较强、病害少、产量高、营养丰富、耐储藏运输等特点。

(一)营养特性

该类蔬菜适应性强，栽培简单，耐储运。结球甘蓝主要生育期分苗期、莲座期和结球期。根基部粗大，但不发达，根系主要分布在 60cm 以内的土层中，但以 30cm 以内土层的根系最密集，根群横向伸展半径可达 80cm 左右，所以能大量吸收耕作层中的养分。但因根系入土不深，故抗旱能力较差，要求比较湿润的栽培环境。叶片多为绿色，叶肉肥厚，叶面光滑。

花椰菜的根系较强大，须根发达，多集中在 10～35cm 的土层中，茎较结球甘蓝长而粗，叶狭长，有蜡粉，在将出现花球时，心叶自然向中心卷曲或扭转，可保护花球免受日光直射而变色或免受霜害。

该类蔬菜对土壤的适应性较强，以中性和微酸性土壤较好，且可忍耐一定的盐碱性。结球甘蓝是喜肥和耐肥作物，对于土壤营养元素的吸收量比一般蔬菜作物要多，栽培上要选择保肥、保水性能较好的肥沃土壤。

花椰菜喜湿润环境，不耐旱、涝，对水分要求严格，要求土壤疏松，耕层深厚，富保水、保肥能力强的肥沃土壤。花椰莱生长的土壤以有机质丰富，保水、保肥能力强的沙壤土和壤土为最适土壤。

(二)需肥特点

甘蓝类蔬菜在不同生育阶段中对各种营养元素的要求也不同。早期消耗氮素较多；甘蓝的莲座期(花椰菜的花球膨大盛期)对氮素的需要量达到最高峰；叶(花)球形成期则消耗磷、钾较多。

结球甘蓝整个生长期吸收氮、磷、钾的比例为 3∶1∶4。甘蓝喜硝态氮肥，硝态氮占 90%、铵态氮占 10%时生长最好，每形成 1000kg 鲜菜，需吸收氮(N)3.5～5kg、磷(P_2O_5)0.7～1.4kg、钾(K_2O)3.8～5.6kg。甘蓝含钙较多，钙不足生长点附近的嫩叶尖端或边缘枯萎呈褐色，或结球后内部有干烧心症状。结球甘蓝在不同生育阶段对养分需求量不同。秋季甘蓝苗期至结球期氮和磷占总吸收量的 13%～19%，钾的吸收量较少，仅占 5%～10%，结球期到收获，氮和磷的吸收量占总吸收量的 81%～87%，钾则占总吸收量的 90%～95%。结球甘蓝是喜肥的作物，幼苗期氮、磷不足时幼苗的发育会受到抑制。春季甘蓝育苗时易出现先期抽薹现象，营养条件过差，易促进抽薹，施肥过多，幼苗生长快容易感受低温影响，更容易抽薹，所以对幼苗既要补充营养，又要适当控制施肥。一般情况，苗期施少量速效性氮肥，有利于根系恢复生长，促进缓苗。结球甘蓝开始结球前由于生长量有限，吸收氮、磷、钾的数量较少，而进入结球期后，由于生长量大增，养分的吸收量急速增加，吸收氮、磷、钾的比例为 1∶0.3∶1，可见其对氮、钾营养的需要远大于对磷的需要。甘蓝对缺锌和缺铁也很敏感。

花椰菜不同生育阶段对氮、磷、钾养分需求也有差异，氮肥在整个生育期吸收的比例都较高，是喜硝态氮作物。磷、钾肥在花球形成期需要较多。营养生长期对氮肥的需要量较大，对磷和钾的吸收则集中于花球生长阶段。生产 1000kg 花椰菜需吸收氮(N)10.1～14.5kg，磷(P_2O_5)2.9～4.3kg，钾(K_2O)9.5～12.5kg，在整个生长期内吸收氮、磷、钾的比例约为 3.5∶1∶2.5。花椰菜需硼也比较多，对硼的反应很敏感，缺钙妨碍硼的吸收，缺硼时易引起叶柄发生龟裂或发生小叶，花茎中心开裂，花球出现褐色斑点并略带苦味，影响商品质量。花椰菜对钼也有特殊要求。缺钼的典型症状是发生鞭尾病。

这类蔬菜通常需钙量很高，是典型的喜钙作物。当土壤缺钙或是由于其他原因造成生理缺钙时，往往会出现叶缘干枯的症状，从而影响蔬菜的产量和品质。

(三)甘蓝类蔬菜的施肥技术

1.基　肥

甘蓝类蔬菜的基肥每亩用腐熟的厩肥或堆肥 3000～5000kg，施用纯氮(N)6～8kg、磷(P_2O_5)5～6kg、钾(K_2O)4～6kg。折合 15—15—15 的硫酸钾复合肥 40～50kg，缺硼土壤一般每亩施硼砂 1～1.5kg。

2.追　肥

甘蓝类蔬菜在施足基肥的基础上，追肥的重点应放在莲座叶的生长盛期和结球前期进行。如果幼苗生长较弱，可在幼苗定植后每亩追施稀薄的腐熟粪肥 500～700kg。进入莲座叶生长盛期，结合浇水每亩用 8～12kg 尿素及硫酸钾 9～12kg，或氮钾复合肥 10kg。在结球期应结合浇水追施尿素 5～10kg，结球后期不再追施氮肥。对于缺硼和缺钙的甘蓝，可在甘蓝的生长中期喷 2～3 次 0.1%～0.2%的硼砂溶液和 0.3%～0.5%的氯化钙或硝酸钙溶液。

三、绿叶菜类蔬菜

这类蔬菜包括菠菜、莴苣、芹菜、茼蒿和茴香等，它们主要是以柔嫩的叶片、叶柄或茎部供人们食用。

（一）营养特性

大多数绿叶菜类的根系较浅，生长迅速，而且种植密度很大，因此，对肥水条件的要求很高。它们的营养特点是氮素充足时，叶片柔嫩多汁而少纤维；氮素不足时，植株矮小而纤维多，叶面积小，色黄而粗糙，易未熟抽薹，失去食用价值。菠菜性喜硝态氮，对磷、钾吸收量高，缺钾时反应敏感。

芹菜吸肥能力较弱，宜生长在有机质含量高的肥沃土壤上。以吨产品计，其养分吸收量为 N 2.55kg，P_2O_5 1.36kg，K_2O 3.67kg，养分吸收比例为 2∶1∶2.8。芹菜是一种喜钾的蔬菜。氮主要影响芹菜叶柄的长度和叶数，氮素不足时显著影响叶片的分化，叶柄老化中空；磷对芹菜的品质有较大影响，但磷过多时会使叶片细长和纤维增多；钾对芹菜后期生长很重要，钾不仅对养分运输有作用，还能促使叶柄粗壮而充实，光泽性好，有利于提高产量和改善品质。

芹菜对缺钙也较敏感，缺钙时通常易导致心腐病。芹菜对缺硼、缺锌很敏感；菠菜对缺铜、缺钼、缺锌敏感；莴苣对缺锌、缺铜和缺钼敏感。因此，对这类蔬菜喷施多元微肥有一定的增产效果。

（二）施肥技术

1. 基　肥

绿叶菜需肥量大，施足基肥是关键，一般每亩施腐熟有机肥 3000～5000kg，45%硫酸钾复合肥 100kg、硼砂 0.5～1kg，一次施入土中作为基肥。深翻 25cm 使土壤和肥料充分混匀。

2. 追　肥

绿叶菜定植后 10～15 天每亩追施尿素 10～20kg，到叶生长肥大期，生长茂盛，是养分最大效率期，需供应较多肥水，每亩追尿素和硫酸钾各 10～15kg 或氮钾复合肥 20kg。采收前 15～20 天不再追施氮肥。在叶生长肥大期，用 0.5%硝酸钙或氯化钙进行叶面喷洒，喷 2～3 次。

四、茄果类蔬菜

茄果类蔬菜主要包括番茄、茄子、辣椒等，该类蔬菜原产于热带，共同特点是：结果期长，产量高，喜温暖，不耐霜冻，喜强光，根系较发达，它们均以果实供人们食用。多为无限生长类型，即边现蕾、边开花、边结果，因此，在生产上要注意调节其营养生长与生殖生长的矛盾，才能获得较好的收成。

（一）营养特性

茄果类蔬菜根系比较发达，分布广而深。盛果期主根深入土中能达 100cm 以上，但在育苗条件下，由于移植时主根被切断，侧根分枝较多，并横向发展，大部分根群分布在 30～50cm 的土层中，1m 以下的土层中根系分布很少。茄果类不仅在主根上易生侧根，在根或茎上，特别是茎节上很容易长出不定根，而且伸展很快，所以扦插繁殖比较容易成活。

茄果类对土壤条件要求不太严格，耐旱性较差，同时又比较喜肥，为获得丰产，创造良好的根系发育基础，应选用土层深厚、排水良好、富有有机质的肥沃壤土。对土壤通气条件要求高，低洼易涝及结构不良的土壤不适宜。沙壤土通透性好，土温上升快，在低温季节可促进早熟，黏壤土富含有机质，保水、保肥力强，能提高产量。土壤酸碱度以 pH 5～7 为宜，过酸或过碱的土壤应进行改良。在微碱性土壤中幼苗生长缓慢，但植株长大后生长良好，品质也较好。

（二）需肥特点

茄果类蔬菜比较耐肥，在生长过程中需要供应充足的氮、磷养分。氮、磷不足时，不仅会导致花芽分化推迟，而且会影响花的发育。进入生殖生长期后对磷的需要量剧增，而对氮的需要量略减。充足的钾可使蔬菜的光合作用旺盛，促进果实膨大。番茄生育后期缺钾，往往形成棱形果和空心果，从而降低商品质量。

茄果类蔬菜是喜钙的作物，缺钙是引起番茄和甜椒脐腐病的原因。据研究，在坐果期喷施 0.5%氯化钙溶液可防治脐腐病，并可提高果实硬度，延长果实储藏期。

番茄对缺铁、缺锰和缺锌都比较敏感，如果出现黄化叶、花斑叶或小叶病时，应及早喷施多元微肥，以防治生理病害。

每生产 1000kg 茄子，需要吸收氮 3.0～3.9kg，磷 0.7～1kg，钾 4.2～5.5kg，钙 1～1.4kg。每生产 1000kg 番茄，需吸收氮（N）2.6～4.6kg（平均 3.5kg）、磷（P_2O_5）0.5～1.3kg（平均 1.0kg）、钾（K_2O）3.3～5.1kg（平均 4.2kg）。

从养分吸收的趋势来看，甜椒属高氮、中磷、高钾类型的蔬菜，茄子和番茄属于中氮、中磷、中钾类型的蔬菜。这类蔬菜在施肥上要重视磷、钾肥的施用，并保证氮、磷、钾养分的平衡供应，这是茄果类蔬菜高产、优质的保证。

（三）施肥技术

1. 基　肥

定植前将所有的基肥撒施于地表，通过深耕，把基肥翻入地下，也可将一部分基肥撒施，一部分基肥开沟条施，将肥料集中施在播种行或定植沟内。一般每亩施腐熟鸡粪 5～10m^3，纯氮（N）7.5kg，磷（P_2O_5）6.5kg，钾（K_2O）10kg。或 15—18—12 硫酸钾配方肥 50kg。

2. 追　肥

追肥以氮、钾肥为主，缓苗期和开花着果期不需施肥，果坐住后，进行第一次追肥，一般每亩追施配方肥（15—5—20 或近似配比）20～30kg，追肥后浇水，水量不宜过大。果实膨大期后是需肥高峰期，此时期营养生长和生殖生长同步进行，施肥时既要防止叶片徒长，又要避免果实发育而抑制营养生长。第一穗果采收后，每亩高氮、高钾复合肥 15～20kg，以后每次浇水都要带肥，每次的每亩用量为复合肥 10～15kg，生长后期，可以不追肥，只进行叶面施肥。每隔 5～7 天喷施 0.2%的磷酸二氢钾或尿素溶液。

3. 气体施肥

有条件的大棚使用二氧化碳，增产效果明显。

五、瓜类蔬菜

瓜类蔬菜包括黄瓜、西瓜、西葫芦、冬瓜、丝瓜、苦瓜以及佛手瓜等。它们是典型的营养生长和生殖生长并进的蔬菜。

(一)营养特点

瓜类蔬菜在进入结瓜期后,生长和结实间养分争夺比较突出,在开始结瓜时要有充足的养分,如果氮、磷、钾不足,植株营养生长受到抑制,花的发育也会受到抑制。

黄瓜属浅根系植物,根系入土浅,主要根系分布在15～30cm的耕层中。根系再生能力弱,吸收能力差。表层土壤空气充足,有利于根系有氧呼吸,促进根系生长发育和对氮、磷、钾等矿质养分的吸收。

黄瓜不耐旱,耐盐能力差,喜肥但不耐肥,要求土壤疏松肥沃,透气性良好,既能保水又能排水,富含有机质。黏土发根不良;沙土发根前期旺盛,后期易老化早衰。适于弱酸性至中性土壤,最适pH 5.5～7.5。当pH在5.5以下,植株就发生多种生理障害,黄化枯死;pH高于7.5时,易烧根死苗,发生盐害。

西瓜是深根系植物,主根深度为1m以上,西瓜根系发达,吸水能力强,较耐旱而不耐涝,高温涝害时根系呼吸受阻,功能失调,严重时死亡。西瓜忌连作,适合在轻壤土、壤土上种植。西瓜生育期一般为80～120天,其枝叶茂盛,果实生长快、产量高,需肥量较大。

甜瓜和苦瓜属直根系,根系发达,喜土层深厚、有机质丰富、通气性好的壤土或沙质壤土。土壤pH以5.8～7为宜,能耐轻度盐碱。用沙质土壤栽培甜瓜,生长快,成熟早,壤土乃至黏土比沙质土成熟晚,但生育旺盛,能长大果,不过产品味淡,肉薄,品质较差。土壤中富于钙质时,能促进瓜的甜味;土壤中含有一定的盐量,有促进生育,提早成熟,增加糖分含量的效果。空气相对湿度60%～70%、土壤的含水量为田间持水的70%～80%,对苦瓜生长发育比较适宜。

(二)需肥特性

黄瓜是需肥较多的蔬菜。黄瓜吸肥速率受多种因素影响,黄瓜植株对各种元素的吸收量与光照强度成正比。晴天时,植株对氮和钾的吸收速率随辐射强度增加而增加。阴天时,氮、钾吸收速率明显降低。磷的吸收速率受日照强度的影响较少,受温度影响大,温度高时磷的吸收速率高。

黄瓜在不同生育时期的营养特性不同,营养状况对黄瓜苗的质量有明显的影响。黄瓜苗期对氮、磷营养敏感,黄瓜是喜硝态氮作物,缺硝态氮影响钙和镁的吸收。黄瓜幼苗要求磷供给量高,但初期对磷的吸收量较少,适宜浓度范围较广,一直到果实膨大和采收期才增多。如果此期磷不足,不仅不利于果实的膨大,而且光泽不良,成畸形果。钾素有利于雄花的形成,黄瓜的吸钾量从生育初期到采收末期一直呈直线增加,而且分配在果实中的钾素占总吸收量的60%,钾素不足,黄瓜出现大肚瓜,多氮、多钾、缺钙、缺硼易出现蜂腰瓜。土壤盐分过高时,出现尖嘴瓜。从根瓜坐住后至果实收获,植株的茎叶和果实生长量达到高峰期,为了满足营养生长和生殖生长的需求,必须经常供给充足的水分和养分。开花结果期是黄瓜丰产的关键时期,因此在施足基肥的前提下,防止植株脱肥早衰,必须及时追施速效性肥料。黄瓜在收瓜期间对养分的吸收量以钾为最多,氮次之,再次为钙、磷,以镁为最少。同时它们的吸收量都是在收获开始时显著地减少,收获期间大为增加,到了收获终了,增长量又复变小,这和果实吸收量以及植物生育的过程是完全一致的。黄瓜对营养元素的需求较多,生产1000kg黄瓜需要氮(N)2.8～4.5kg,磷(P_2O_5)0.9～

1.1kg,钾(K_2O)3.6～5.5kg。如果大棚内二氧化碳含量增至0.15%～0.2%以上时,黄瓜叶的同化量便会大大提高。由此可见,空气中二氧化碳的含量远远不能满足黄瓜光合作用的需要,应该设法加以补充。

西瓜对钾的吸收最多,氮次之,磷最少。在其不同的生长发育时期,对氮、磷、钾营养元素的吸收数量与比例有很大差异,芽期吸收量较少,幼苗期吸收量占总量的0.5%左右;伸蔓期吸收量占总量的6%;果实膨大期吸收量占总量的85%以上。在西瓜的营养生长旺盛时期,吸收氮多,钾次之,而坐果后对钾的吸收多,氮次之。磷能促进西瓜幼苗根系发育,提高其抗寒能力,提高果实含糖量和产品质量;钾可提高植株抗病能力,利于糖分的运输、积累,西瓜的果实特别需要钾。西瓜叶片缺镁或钙、钾含量过高,易发生叶枯病。在温室或大棚中种植西瓜,当多肥或缺钙时,易产生扁圆瓜。生产1000kg西瓜需吸收氮(N)2.52kg,磷(P_2O_5)0.81kg,钾(K_2O)2.86kg。

生产1000kg甜瓜需吸收氮(N)2.8kg,磷(P_2O_5)1.3kg,钾(K_2O)3.8kg。可以看出甜瓜对钾的需求量较多,而且能使甜瓜品质提高。甜瓜生育期内对氮、磷、钾等矿质营养的吸收,以结果期吸收量最大。此外,甜瓜对钙、镁、硼等元素较敏感,应酌情施用。甜瓜忌连作,应实行3～5年的轮作,以减少病害的发生。

丝瓜生长周期长,根系发达,喜欢高肥力的土壤和较高的施肥量,特别对氮、磷、钾肥需求较多,尤其在花果盛期,对磷肥需要更多,所以在大棚栽培时,基肥要多施有机肥和磷、钾肥,氮肥不宜施的过多,以防引起植物徒长,延迟开花结果和化瓜。每生产1000kg丝瓜,需氮(N)5.3kg,磷(P_2O_5)1.8kg,钾(K_2O)6.9kg。

(三)施肥技术

1. 基　肥

基肥以有机肥为主,结合整地,一般每亩施有机肥5000～7000kg,氮(N)7kg,磷(P_2O_5)8kg,钾(K_2O) 6kg。或15—18—12硫酸钾配方肥50kg。

2. 追　肥

苗期根据幼苗长势可适施1次提苗肥。一般随浇水每亩施20—15—10的配方肥20kg。缓苗后开始追肥,要求每次采果后都要补以水肥。追肥应掌握轻施勤施的原则,冬季一般20～25天随水施一次肥,春天随着气温升高,可每隔7～10天追1次肥,每次每亩用氮(N)4～6kg,钾(K_2O)3～5kg,或20—0—10的氮钾复合肥10kg,全生育期共追肥10～15次。

结瓜盛期后,在地面追肥的同时,可用1%尿素加0.5%磷酸二氢钾叶面喷施。如缺其他微量元素,可同时喷施,有利于壮秧保果。

六、块根类蔬菜

块根菜类蔬菜以肥大的肉质根为食用器官,主要有萝卜、胡萝卜、山药、马铃薯等。本节主要介绍萝卜、胡萝卜。

由于块根菜类为主根深的植物,所以适合在土层深厚、疏松、排水良好的沙壤土中栽培。否则,根系和肉质根容易发生分歧、畸形。在各个生长期中,对营养元素的吸收以肉质根的生长盛期吸收量最大,尤其磷、钾的施用对肉质根品质有很大影响,所以除了增加氮素，磷、钾的补充对优质、高产将起到很大作用。

（一）营养特性

萝卜和胡萝卜为半耐寒性蔬菜，生长适温为18℃～25℃，喜欢冷凉的环境条件，较大的昼夜温差有利于养分在肉质根中积累。肉质根膨大期均匀的水分供应是防止糠心和裂根、保证产品质量的关键。萝卜和胡萝卜是直根系，根系发达，肉质根是萝卜和胡萝卜产品器官和营养物质的储藏库，具有吸收和储存养分的双重功能。萝卜主根很深，细根却浅，分布在15～40cm的疏松耕作层内，胡萝卜根系较萝卜强，根系分布深度可达2～2.5m，宽度达1～1.5m。能利用土壤低层的水分，为根菜类中耐旱性强的蔬菜。萝卜要形成肥大的肉质直根需要经历发芽期、幼苗期、肉质根形成期和肉质根膨大期，而且萝卜在各个生育时期的特性不同。萝卜和胡萝卜栽培上以富含有机质、土层深厚、排水良好、疏松通气的沙壤土为最好。耕层过浅、坚实、土质黏重、沙石过多则易使肉质根发生分叉、畸根。对土壤酸碱度的适应范围较宽，pH以5.2～8为宜。

（二）需肥特性

块根类蔬菜苗期需肥较少，中后期根系开始膨大时生长急速增加，养分吸收也随着生育量的加大而增加。随着根部的膨大，吸收量显著增加，吸收量以钾最多，其次是氮、钙、磷和镁，与其他类蔬菜相比，对钾的要求特别突出。块根类蔬菜对铜、锰等微量元素很敏感。

在整个生育周期内，每生产量1000kg萝卜，吸收氮、磷、钾的量：氮（N）2.1～3.5kg，磷（P_2O_5）1～1.8kg，钾（K_2O）3.1～5.2kg，其比例约为2∶1∶5.9。萝卜在土壤缺钙和缺硼时易出现缺素症状，缺钙时距离生长点近的叶尖端枯死，缺硼时根的心部变成褐色，即所谓褐色烂心病。

每生产1000kg胡萝卜吸收氮（N）2.2～4.1kg（平均2.4kg），磷（P_2O_5）0.6～1.5kg（平均0.8kg），钾（K_2O）5.2～8.7kg（平均5.7kg）。胡萝卜对于新鲜厩肥和土壤中肥料溶液浓度过高都很敏感。使用新鲜厩肥或每次施肥量过大，都容易发生叉根。

（三）施肥技术

1. 基　肥

这类蔬菜根系发达，施足基肥是关键，有机肥料可以改良土壤的理化性状，基肥应以腐熟的有机肥为主，在播前结合深翻每亩施入腐熟的优质有机肥4000kg～5000kg（切不可用未腐熟的粪肥，以免损伤幼苗的主根），每亩施过磷酸钙20～30kg，硫酸钾20～25kg，或施12—18—15的硫酸钾配方肥50kg。

2. 追　肥

这类蔬菜施肥以基肥为主，追肥为辅，生长期短的可适当减少追肥，而生长期长的则要分期追肥，但追肥应以肉质根的膨大为中心。在追肥上，掌握合适的时间，分期、分量追肥是获得优质高产的关键。在追肥上要把握好先轻、后重、再轻的原则。

一般来讲，第一次追肥在幼苗期进行，当苗子有两片真叶展开时，追施少量的化肥，每亩施15～25kg尿素。第二次追肥在肉质根开始膨大初期进行，在追施尿素20～30kg的同时还要追施磷、钾肥，每亩追施磷酸二铵15～20kg，硫酸钾25～30kg。或15—10—20硫酸钾配方肥50kg。

氮素肥料及人粪尿尽量在膨大盛期前施用，如果施用过多或过晚，易使肉质根破裂或产生苦味，影响蔬菜的品质。

七、鳞茎类蔬菜

这类蔬菜主要包括韭菜、大蒜、大葱等。

(一)营养特性

鳞茎类蔬菜生长的主要部分是叶子或芽的变态部分。它们的根系都没有明显的主根和侧根，只有不耐干旱的须根，不分枝，根毛亦少。鳞茎类蔬菜抗寒耐热，适应力强，对土壤的适应性较强，具有耐肥、喜肥的特点，无论沙性土、壤土、黏土均可栽培。根据鳞茎类蔬菜根系特点，最好选择表土深厚、富含有机质、保水力强的肥沃土壤。土壤酸碱度以pH 5.5～8为宜。

鳞茎类蔬菜耐寒，有效生长的日平均温度为8℃～31℃，适宜生长的温度为13℃～26℃。韭菜在不同生长发育阶段对温度的要求不同。发芽的最适宜温度为15℃～18℃。韭菜耐旱性强，但根系需水较多。韭菜叶片生长适宜的空气湿度为60%～70%，超过80%易发生病害。大蒜蒜薹伸长期适宜的温度为15℃～20℃。鳞茎膨大期最适宜温度在20℃左右，高于27℃即进入休眠状态。大蒜和韭菜均为长日照植物，其正常生长发育要求有良好的光照条件。

(二)需肥特性

鳞茎类蔬菜对养分的需求一般以氮为主，并且配合适当的磷、钾肥，但氮肥过量易引起徒长、倒伏。所以，应该进行氮、磷、钾配合施用。韭菜耐肥力强，春秋两季是韭菜施肥最重要的时期。尤其是秋季施肥，可以将一部分营养物质转移到根和根状茎中去，为第二年新苗萌发创造良好的营养条件。刚播种的韭菜在发芽期和幼苗期，需肥量少。2年以上生的韭菜，需肥较多。

韭菜不同生育期对肥料的吸收能力不同。发芽期不需要土壤中的营养。幼苗期，根系吸收肥料的能力弱，所以吸肥量也少。旺盛生长期，生长量增大，吸肥量增加，应加强肥水管理。对1年生韭菜，一般只进行营养生长，2年以上的韭菜才能分化花芽，使营养生长和生殖生长交替重叠进行。满足其对营养的需要是保证叶片生长、产品鲜嫩、增产增收的重要措施。每生产1000kg韭菜，需吸收氮(N)4.5～6.5kg，磷(P_2O_5)0.7～2.5kg，钾(K_2O)4～6.6kg。由于韭菜的叶是主要的产品器官，它对氮的需求量很高，如吸氮量为100%时，吸钾量为95%，吸钙量为75%，吸磷量为35%，吸镁量为6%。

大蒜是需肥较多而且较耐肥的蔬菜。发芽期大蒜生长量小，生长期短，消耗的营养也少，所需的营养由种蒜提供。幼苗期随着幼苗的生长，种蒜储藏的营养逐渐消耗，此期大蒜的生长完全靠土壤营养供应，吸肥量也明显增加，如土壤养分供应不足，影响植株正常生长。鳞芽、花芽分化期叶部生长为主，根系生长增强，植株进入旺盛生长期，营养物质的积累增多，为蒜头和蒜薹的生长打下基础。抽薹期营养生长和生殖生长并进，生长量最大，需肥量最多，根系生长和吸肥能力达到高峰，是施肥的关键时期。鳞茎膨大盛期，以增重为主。此期吸收的养分和叶片及叶鞘中储存的养分集中向鳞茎输送，鳞茎加速膨大和充实。在鳞茎膨大期，根、茎、叶的生长逐渐衰老，对营养的吸收量不大，鳞茎膨大所需要的养分，大多数来自于自身营养的再分配。每生产1000kg大蒜需吸收氮(N)4.2～5.1kg，吸收磷(P_2O_5)1.3～2kg，吸收钾(K_2O)4.1～5.5kg，吸收钙1.3～2.1kg。其氮、磷、钾比例为1：0.3：0.9。鳞芽和花芽分化后，是大蒜一生中三要素吸收量的高峰期；抽薹前是微量元素铁、锰、镁的吸收高峰期，采薹后，三要素及硼的吸收量再次达到小高峰，锌的吸收量达到高峰。缺氮对产量影响最大。蒜薹伸长期需钾最多，约占总吸收量的一半，苗期吸收量和蒜头膨大期吸收量较少。

鳞茎类蔬菜中都含有挥发性的辛辣味，是因为其中有含硫的化合物，所以在施肥上要注意补充硫肥，防止发生叶片因缺硫而发黄，对提高产品品质和风味有重要意义。

(三)施肥技术

1. 基　肥

以腐熟优质有机肥为主。一般每亩施优质腐熟厩肥6000～8000kg。缺磷的土壤每亩施过磷酸钙25kg或磷酸二铵10kg、硫酸钾10～25kg，尿素10～15kg。或15—10—20硫酸钾配方肥50kg。

2. 追　肥

进入旺盛生长期，立即追肥，有机肥料与速效化肥要配合施用。第一次追肥每亩施用尿素20kg。20天后再追1次速效氮肥，每亩追施尿素15～25kg，追肥后浇水、培土。如果土壤肥力较高，底肥充足，可不进行第一次追肥。

八、豆类蔬菜

这类蔬菜包括菜豆、豇豆等。

(一)营养特性

豆类蔬菜的根系入土较深，有较强的抗旱能力。对光照强度要求严格，光照过弱植株会徒长。最适宜的土壤湿度为田间持水量的60%～70%，空气湿度为65%～75%。水分过多，会引起烂根、落叶；干旱，使根系生长不良。

豆类蔬菜适于腐殖质多、土层深厚、排水良好的壤土，有利于根系的生长和根瘤菌的活动。黏重土和低湿地，排水和通气不良，影响根的吸收机能，且易生炭疽病，甚至引起落叶而减产。pH以6.2～7为好，不耐氯化盐的盐碱土。根瘤菌适于中性到微酸性土壤。

(二)需肥特性

豆类蔬菜根系吸收无机元素是随着植株的生长发育而增加的。在生育初期，它们大多是被叶片吸收，几乎呈直线增加。在生育中期，吸收到叶片中的氮、磷、钾数量减少，而豆荚中含量显著增加，花芽分化前追施肥料有利于植株的分枝数、结实数和果实产量提高。铵态氮影响豆类蔬菜的生长发育，缺氮植株中上部叶子会褪绿，且叶面稍有凹凸，根发黑，根瘤少而小，甚至看不到根瘤。磷肥的吸收量虽然不大，但缺乏磷肥时，植株和根瘤菌的生育不良，开花结荚减少，荚内子粒少，产量低。菜豆以嫩荚供食用，根瘤菌又不甚发达，供给适量氮肥有助增产和改进品质。荚果肥大期需要无机养分最多，茎叶中的养分也不断向荚果转移。钾能明显影响菜豆的生育和产量。土壤中钾肥不足，其产量仅有施钾区的1/5～1/2。硼和钼对菜豆的生育和根瘤菌的活动都有良好的作用，缺乏这些元素就会破坏植株正常的生长发育。适量施用钼酸铵可以提高菜豆的品质和产量。

菜豆从土壤中吸收营养元素最多的是钾，其次是氮、磷、钙、硼。每1000kg产品需吸收氮(N)3.4kg，磷(P_2O_5)2.2kg，钾(K_2O)5.9kg。豇豆对钾的需求量最多，其次是氮和磷，1000kg豇豆需吸收氮(N)4.1kg，磷(P_2O_5)2.5kg，钾(K_2O)8.8kg。

(三)施肥技术

1. 基 肥

结合整地每亩施优质有机肥3000～4000kg，再加入过磷酸钙25～40kg，尿素10～15kg，硫酸钾10～15kg。或15—10—20硫酸钾配方肥50kg/667m^2。撒匀后进行耕翻。

2. 追 肥

在花芽分化时，每亩追施硫酸钾复合肥10kg。随着豆类蔬菜的生长，对氮、磷、钾的吸收逐渐增加，到开花结荚期需肥量最大，可每亩追施硫酸钾复合肥15kg。以后，10～15天随浇水带肥。

在开花结荚初期，有大量根瘤形成，固氮能力最强，如果过多施用氮素化肥，反而会使根瘤菌钝化，使固氮量相对减少，所以要注意避免在此期过多施用氮肥。

第六节 莘县蔬菜测土配方施肥技术具体应用

近几年来，莘县农业局始终兼顾大田与菜田配方施肥技术的推广。2005年，莘县土肥站就开始在大张家镇推广大棚黄瓜测土配方施肥技术。从2006年起，陆续提出来洋香瓜、西瓜、西葫芦、芸豆、番茄、茄子、韭菜等配方施肥技术方案，通过实施取得了明显效果。限于篇幅，再加上莘县同一种瓜菜有好几种种植模式，比较复杂，本节只举例说明，特别提醒，为便于读者理解，本节面积单位亩换为667m^2。

一、莘县黄瓜芸豆连作茬配方施肥基肥方案

(1)配方施肥原则：增有机，调盐分，稳氮、控磷、补钾(莘城以南、朝城以北稳钾)、补微，配施生物肥，适当减少化肥比例。黄瓜兼顾促根壮秧保花瓜多，芸豆兼顾促根壮秧保花促荚。

(2)目标产量：黄瓜10000kg/667m^2，菜豆3000kg/667m^2。

(3)莘县黄瓜、芸豆连作茬配方施肥基肥方案(见表13-6)。

表 13-6　莘县黄瓜、芸豆连作茬配方施肥基肥方案　（施用量单位：1/667m²）

施肥种类	3 年以内棚	3 年以上棚	注意问题
施用充分腐熟的有机肥	施用充分腐熟的有机肥 8～10 方	施用充分腐熟的有机肥 8～10 方有机肥不足的用正牌厂家的 50%精制商品有机肥 200～300kg	杜绝施用生鸡粪，最好是玉米秸秆＋畜禽粪＋酵素菌来沤制。3 年以上老棚且有机质含量达到 40g/kg，可以用正牌商品有机肥 750～1000kg 代替鸡粪
提倡施用生物有机肥	生物有机肥 80kg	生物有机肥 160kg/667m²	注意不要用污泥、城市垃圾生产的有机肥。有机肥不足，可用生物有机肥补足
配施比合理的专用肥料	12—6—12 生物有机无机复混肥 80～120kg 或 15—18—12 的硫酸钾配方肥 75～100kg＋磷酸二铵 20～25kg	生物型有机无机复混肥 80～160kg，或 15—18—12 硫酸钾配方肥 25～50kg	2/3 地面撒施，耕翻混匀，1/3 施于种植带。多年老棚停用磷酸二铵
补施中微量元素肥料	锌肥 2kg＋硼肥 0.5kg＋硅钙肥 25～50kg	锌肥 2kg＋硼肥 0.5kg＋硅钙肥 25～50kg	品牌复混中微量元素肥料施用量根据标注说明施用

注：1. 商品有机肥、生物有机肥、生物型有机无机复混肥、硫酸钾复合肥的要求及养分配比见本章第四节“莘县测土配方施肥项目推荐蔬菜施肥配方”。

2. 本方案适用区域：四个街道办事处、十八里铺镇黄瓜芸豆连作茬大棚。

二、莘县测土配方施肥万亩无公害瓜菜生产示范区标示牌内容

基础情况：示范区位于魏庄镇、燕店镇境内，面积 2600hm²，轮作制度大部分为冬暖式大棚香瓜、黄瓜，轮作土壤类型为潮土，土壤平均有机质 11.4g/kg、全氮 1.36g/kg、碱解氮 63mg/kg、有效磷 151.7mg/kg、速效钾 278mg/kg，有机质偏低，有效磷偏高，微量元素中等，个别新棚锌、硼缺乏。

目标产量：香瓜 6500kg/667m²，黄瓜 9000kg/667m²。

配肥原则：增有机，调盐分，稳氮、控磷、增钾、补微，配施生物有机肥，适当减少化肥比例。

底肥：洋香瓜定植前，每 667m² 施用充分腐熟有机肥 6～10m³；施用生物有机肥 160～320kg/667m²；12—6—12 有机无机复混肥 60～80kg 或 15—18—12 硫酸钾配方肥 50kg/667m²（3 年以内棚加施二铵 25kg）；微肥用锌肥 2kg，硼肥 0.5kg 或中微量元素肥基肥宝 50kg/667m²。

追肥：首选 12—0—18 腐殖酸、氮钾复混型或相近配比水溶肥，冲施种类数量根据长势与生育时期而定，黄瓜及洋香瓜全生育期追肥 10～12 次。根据长势，可喷施磷酸二氢钾、氨基酸型叶面肥，有条件的进行二氧化碳施肥。

配套技术：严格执行无公害瓜菜生产技术规程，推广水肥一体化技术，禁止施用含激素、含氯的肥料，选用良种、配施生物有机肥、杜绝施用生鸡粪、多层覆盖、综防病虫。

延伸阅读资料之七：莘县日光温室蔬菜安全高效生产主推技术

在全县范围内大力推进标准化生产，加快节能日光温室现代化，严格遵守农产品质量安全生产规程，生产无公害、绿色或有机食品。同时，高度重视并切实加强日光温室集中区田间排涝工程建设。在此基础上，主推以下技术：

1. 选用结构优良棚型及设施材料。推广应用山东Ⅳ型、Ⅴ型等结构性能优良、抗风能力强的日光温室，避免建造超宽、超长、超厚、超深的"四超"型温室；选择透光性好、长寿、消雾、无滴EVA膜或PO膜；选用保温效果好、防雨雪的保温被，提高保温效果；采用自动卷帘机，安装微滴灌设施，减轻劳动强度，控制棚内温湿度，减少病害的发生。

2. 选用优良品种。选用符合目标市场需要，耐低温、耐弱光，品种优良的日光温室专用蔬菜品种。

3. 采用集约化育苗技术。采取穴盘集约化育苗技术，根据蔬菜种类不同，选择适宜规格的穴盘，选用或配制专用基质，选择优质适宜的嫁接砧木，改进嫁接方法和工艺。加强苗床的温度、湿度、光照等管理，培育适龄壮苗。

4. 蔬菜测土配方施肥技术。采取测土配方施肥，减量施用化肥，增施优质有机肥，配施生物菌肥等，减轻日光温室次生盐渍化危害，综合防治连作障碍，降低面源污染，改善产品品质。大力推广水肥一体化技术，施用多功能新型叶面肥，增施二氧化碳气肥；推广温室内建造沼气池，合理使用沼液。

5. 推广科学的土壤消毒技术。采用石灰氮或棉隆等进行土壤处理，防治土传病害，减轻连作障碍。

(1)石灰氮消毒技术。在6～8月闲置季节，在棚内开沟，每亩铺施细碎的作物秸秆1000kg，再撒施石灰氮，起垄，灌水后用地膜覆盖，再盖严棚膜，闷棚15～20天，提温杀菌。

(2)棉隆处理技术。土壤深翻30cm，土壤湿度保持在60%～70%，667m^2铺施有机肥5000kg、均匀撒施棉隆30kg左右，旋耕后及时覆盖无破损农膜，封闭消毒20～30天，可有效地杀灭土壤中线虫、病原菌、害虫及杂草种子。揭膜后，透气7天以上，进行正常农事操作。

土壤消毒后，配合施用多功能复合生物菌肥，进行土壤修复。

6. 推广病虫害绿色防控技术。采用农业防治、物理防治、生物防治和药剂防治相结合的综合方法防治病虫害。

(1)农业防治。应用抗病品种、培育壮苗、轮作等农业防治方法，减少病虫害的发生。

(2)物理防治。在棚内距地面1～1.5m设置黄板和蓝板，分别诱杀蚜虫和蓟马，减少病害传播；在日光温室出入口，或者在日光温室四周通风口，铺设防虫网，棚内悬挂电子杀虫灯等，可有效防止害虫进入。

(3)生物防治。采用丽蚜小蜂天敌、武夷霉素、浏阳霉素、苦参碱等生物措施防治病虫害。

(4)化学防治。使用高效安全的化学药剂，如氟吡菌胺·霜霉威、异菌脲、嘧菌酯、苯醚甲环唑、噻虫嗪等，防控发生普遍、危害严重的霜霉病、白粉病、晚疫病等病害，以及白粉虱、蚜虫、蓟马、茶黄螨、斑潜蝇等虫害。

附录一　莘县2006～2011年土壤养分化验数据分级统计表

表1　　莘县土壤pH分级统计表

耕地类型	级别 pH	极强酸性 <4.5	强酸性 4.5～5.5	中弱酸性 5.5～6.5	中性 6.5～7.5	中等碱性 7.5～8.5	强碱性 8.5～9	极强碱性 >9	样品合计
大田	样品量(个)	0	0	0	304	2454	1222	1	3981
	百分比(%)	0	0	0	7.64	61.64	30.7	0.03	100
	面积(万亩)	0	0	0	7.94	64.11	31.92	0.03	104
蔬菜地	样品量(个)	0	0	0	26	171	50	0	247
	百分比(%)	0	0	0	10.53	69.23	20.24	0	100
	面积(万亩)	0	0	0	0.61	4.02	1.17	0	5.8
保护地	样品量(个)	0	0	1	316	1951	358	28	2654
	百分比(%)	0	0	0.04	11.91	73.51	13.49	1.06	100
	面积(万亩)	0	0	0.01	3.33	20.58	3.78	0.3	28
果园	样品量(个)	0	0	0	0	37	0	0	37
	百分比(%)	0	0	0	0	100	0	0	100
	面积(万亩)	0	0	0	0	2	0	0	2

表2　　莘县土壤养分含量平均值

行政区域	种植模式	有机质 (g/kg)	全氮 (g/kg)	碱解氮 (mg/kg)	有效磷 (mg/kg)	速效钾 (mg/kg)
东鲁街道办事处	大田	13.91	0.89	66	31.4	166
	保护地	18.23	1.75	98	161.3	456
莘亭街道办事处	大田	13.84	0.93	66	32.9	167
	保护地	16.57	1.53	84	198.4	457
	露地菜	13.45	0.88	66	51.3	203

续表

行政区域	种植模式	有机质(g/kg)	全氮(g/kg)	碱解氮(mg/kg)	有效磷(mg/kg)	速效钾(mg/kg)
莘州街道办事处	大田	14.57		66	24	178
	保护地	20.57	1.52	93	158.1	512
燕塔街道办事处	大田	14.39	1.17	67	32.3	145
	保护地	19.49	1.68	91	137	505
王奉镇	大田	10.55	0.73	56	21.9	94
大王寨镇	大田	10.32	0.87	59	22.6	104
	保护地	9.59		74	114.8	222
	苹果园	12.12	0.87	58	52	199
魏庄镇	大田	11.94	0.61	57	34.9	113
	保护地	12.49	1.44	78	157.5	276
河店镇	大田	12.73	1.02	60	34.8	133
	保护地	12.84	1.31	75	133.6	314
	大蒜	12.22	0.85	63	47.7	141
燕店镇	大田	13.77	0.87	63	31.6	138
	保护地	14.4	1.49	75	155.1	296
十八里铺镇	大田	12.98	0.85	60	19.7	134
	保护地	21.11	1.64	99	150.3	489
张鲁镇	大田	14.26	0.8	61	27.8	125
	保护地	17.4	1.58	97	161.1	354
	苹果园	10.8	0.78	58	40.5	180
董杜庄镇	大田	13.64	0.91	62	32.9	161
	保护地	16.11	1.44	96	94	252
	玉米/西瓜	15.13		66	113.2	249
妹冢镇	大田	15.04	0.87	68	29.2	158
	保护地	17.78	1.65	94	157.2	376
	玉米/西瓜	14.92		90	91.5	223
徐庄镇	大田	14.65	0.73	66	30.1	146
	保护地	14.23		77	166.1	425
朝城镇	大田	14.63	0.84	65	22.7	142
	保护地	18.19	1.45	80	171.7	466

续表

行政区域	种植模式	有机质(g/kg)	全氮(g/kg)	碱解氮(mg/kg)	有效磷(mg/kg)	速效钾(mg/kg)
张寨镇	大田	13.42	0.8	63	28.5	135
	扣棚韭菜	14.12		80	123.3	203
王庄集镇	大田	13.29	0.63	64	21.3	129
	保护地	13.75	1.34	86	139	307
樱桃园镇	大田	13.58	0.86	63	23.2	133
观城镇	大田	11.78	0.72	57	19.7	116
古城镇	大田	14.04	1.07	63	25.1	148
古云镇	大田	11.03	0.77	56	19	105
大张家镇	大田	12.41	0.71	56	18	110
	保护地	12.21		62	145.7	325
柿子园乡	大田	13.43	0.98	65	22.6	134
俎店乡	大田	14.2	0.53	66	27.6	130
	保护地	18.31	1.61	84	160.3	338
全县平均	大田	13.27	0.83	62	26.4	135
	保护地	16.63	1.53	86	152	382
	露地菜	14.54	0.87	74	87.6	226
	苹果园	11.46	0.83	58	46.2	190

表3　莘县露地菜土壤养分分级统计表

养分种类		分级统计				合计
土壤有机质(g/kg)	分级标准	≤10	10～15	15～20	>20	
	样品量(个)	35	165	71	36	307
	百分比(%)	11.4	53.75	23.13	11.73	100
	面积(万亩)	3.19	15.05	6.48	3.28	28
土壤碱解氮(mg/kg)	分级标准	≤60	60～120	120～150	>150	
	样品量(个)	70	228	10	0	308
	百分比(%)	22.73	74.03	3.25	0	100
	面积(万亩)	6.36	20.73	0.91	0	28

续表

养分种类		分级统计				合计
土壤有效磷(mg/kg)	分级标准	≤30	30～45	45～60	>60	
	样品量(个)	73	31	28	176	308
	百分比(%)	23.7	10.06	9.09	57.14	100
	面积(万亩)	6.64	2.82	2.55	16	28
土壤速效钾(mg/kg)	分级标准	≤120	120～150	150～200	>200	
	样品量(个)	20	42	123	123	308
	百分比(%)	6.49	13.64	39.94	39.94	100
	面积(万亩)	1.82	3.82	11.18	11.18	28

表4　　莘县保护地土壤养分分级统计表

养分种类		分级统计				样品合计
土壤有机质(g/kg)	分级标准	≤13.5	13.5～20	20～25	>25	
	样品量(个)	1068	1013	299	232	2612
	百分比(%)	40.89	38.78	11.45	8.88	100
	面积(万亩)	11.45	10.86	3.21	2.49	28
土壤碱解氮(mg/kg)	分级标准	≤150	150～250	250～300	>300	
	样品量(个)	2608	46	0	0	2654
	百分比(%)	98.27	1.73	0	0	100
	面积(万亩)	27.51	0.49	0	0	28
土壤有效磷(mg/kg)	分级标准	≤70	70～120	120～150	>150	
	样品量(个)	232	628	460	1332	2652
	百分比(%)	8.75	23.68	17.35	50.23	100
	面积(万亩)	2.45	6.63	4.86	14.06	28
土壤速效钾(mg/kg)	分级标准	≤200	200～300	300～400	>400	
	样品量(个)	540	730	544	838	2652
	百分比(%)	20.36	27.53	20.51	31.6	100
	面积(万亩)	5.7	7.71	5.74	8.85	28

表5 莘县果园土壤养分分级统计表

养分种类		分级统计				样品合计
土壤有机质(g/kg)	分级标准	≤10	10～15	15～20	＞20	
	样品量(个)	19	31	5	0	55
	百分比(%)	34.55	56.36	9.09	0	100
	面积(万亩)	0.69	1.13	0.18	0	2
土壤碱解氮(mg/kg)	分级标准	≤60	60～120	120～150	＞150	
	样品量(个)	31	26	0	0	57
	百分比(%)	54.39	45.61	0	0	100
	面积(万亩)	1.09	0.91	0	0	2
土壤有效磷(mg/kg)	分级标准	≤30	30～45	45～60	＞60	
	样品量(个)	16	12	7	18	53
	百分比(%)	30.19	22.64	13.21	33.96	100
	面积(万亩)	0.6	0.45	0.26	0.68	2
土壤速效钾(mg/kg)	分级标准	≤120	120～150	150～200	＞200	
	样品量(个)	17	11	6	23	57
	百分比(%)	29.82	19.3	10.53	40.35	100
	面积(万亩)	0.6	0.39	0.21	0.81	2

表6 莘县大田土壤有机质分级统计

行政区域	分级	低	中	高	极高	合计
	含量范围	≤10	10～12	12～15	＞15	
东鲁街道办事处	样品量(个)	11	24	58	43	136
	百分比(%)	8.09	17.65	42.65	31.62	100
	粮田面积(万亩)	0.19	0.41	0.99	0.73	2.31
莘亭街道办事处	样品量(个)	21	31	99	61	212
	百分比(%)	9.91	14.62	46.7	28.77	100
	粮田面积(万亩)	0.26	0.39	1.24	0.76	2.65
莘州街道办事处	样品量(个)	7	13	39	35	94
	百分比(%)	7.45	13.83	41.49	37.23	100
	粮田面积(万亩)	0.15	0.28	0.83	0.75	2.01

续表

行政区域	分级 含量范围	低 ≤10	中 10～12	高 12～15	极高 ＞15	合计
燕塔街道办事处	样品量(个)	5	22	103	70	200
	百分比(%)	2.5	11	51.5	35	100
	粮田面积(万亩)	0.06	0.27	1.27	0.86	2.47
朝城镇	样品量(个)	26	61	210	217	514
	百分比(%)	5.06	11.87	40.86	42.22	100
	粮田面积(万亩)	0.32	0.75	2.58	2.66	6.31
大王寨镇	样品量(个)	77	35	33	9	154
	百分比(%)	50	22.73	21.43	5.84	100
	粮田面积(万亩)	1.72	0.78	0.74	0.2	3.43
大张家镇	样品量(个)	53	68	80	44	245
	百分比(%)	21.63	27.76	32.65	17.96	100
	粮田面积(万亩)	1.27	1.63	1.92	1.05	5.87
董杜庄镇	样品量(个)	10	37	115	50	212
	百分比(%)	4.72	17.45	54.25	23.58	100
	粮田面积(万亩)	0.1	0.36	1.12	0.49	2.06
古城镇	样品量(个)	26	55	123	109	313
	百分比(%)	8.31	17.57	39.3	34.82	100
	粮田面积(万亩)	0.51	1.08	2.41	2.14	6.14
古云镇	样品量(个)	64	64	43	19	190
	百分比(%)	33.68	33.68	22.63	10	100
	粮田面积(万亩)	1.43	1.43	0.96	0.43	4.25
观城镇	样品量(个)	71	87	86	35	279
	百分比(%)	25.45	31.18	30.82	12.54	100
	粮田面积(万亩)	1.67	2.05	2.03	0.82	6.57
河店镇	样品量(个)	32	52	105	43	232
	百分比(%)	13.79	22.41	45.26	18.53	100
	粮田面积(万亩)	0.25	0.41	0.82	0.34	1.81
妹冢镇	样品量(个)	14	28	137	151	330
	百分比(%)	4.24	8.48	41.52	45.76	100
	粮田面积(万亩)	0.27	0.55	2.69	2.96	6.47

续表

行政区域	分级	低	中	高	极高	合计
	含量范围	≤10	10～12	12～15	＞15	
十八里铺镇	样品量(个)	36	52	107	62	257
	百分比(%)	14.01	20.23	41.63	24.12	100
	粮田面积(万亩)	0.82	1.19	2.44	1.42	5.87
王奉镇	样品量(个)	118	78	73	15	284
	百分比(%)	41.55	27.46	25.7	5.28	100
	粮田面积(万亩)	2.42	1.6	1.5	0.31	5.82
魏庄镇	样品量(个)	51	81	75	35	242
	百分比(%)	21.07	33.47	30.99	14.46	100
	粮田面积(万亩)	0.44	0.7	0.65	0.3	2.1
燕店镇	样品量(个)	18	18	48	47	131
	百分比(%)	13.74	13.74	36.64	35.88	100
	粮田面积(万亩)	0.18	0.18	0.47	0.46	1.29
樱桃园镇	样品量(个)	34	66	141	101	342
	百分比(%)	9.94	19.3	41.23	29.53	100
	粮田面积(万亩)	0.64	1.25	2.67	1.91	6.47
张鲁镇	样品量(个)	52	75	195	186	508
	百分比(%)	10.24	14.76	38.39	36.61	100
	粮田面积(万亩)	0.63	0.91	2.37	2.26	6.17
张寨镇	样品量(个)	38	69	150	83	340
	百分比(%)	11.18	20.29	44.12	24.41	100
	粮田面积(万亩)	0.59	1.08	2.34	1.3	5.31
王庄集镇	样品量(个)	50	76	136	103	365
	百分比(%)	13.7	20.82	37.26	28.22	100
	粮田面积(万亩)	0.65	0.98	1.76	1.33	4.73
徐庄镇	样品量(个)	17	63	165	164	409
	百分比(%)	4.16	15.4	40.34	40.1	100
	粮田面积(万亩)	0.2	0.73	1.9	1.89	4.72
柿子园乡	样品量(个)	26	59	115	81	281
	百分比(%)	9.25	21	40.93	28.83	100
	粮田面积(万亩)	0.45	1.02	2	1.41	4.88

续表

行政区域	分级	低	中	高	极高	合计
	含量范围	≤10	10～12	12～15	>15	
俎店乡	样品量(个)	17	43	73	79	212
	百分比(%)	8.02	20.28	34.43	37.26	100
	粮田面积(万亩)	0.34	0.87	1.48	1.6	4.29
全县	样品量(个)	874	1257	2509	1842	6482
	百分比(%)	13.48	19.39	38.71	28.42	100
	粮田面积(万亩)	14.02	20.17	40.26	29.55	104

表 7 莘县大田土壤碱解氮分级统计

行政区域	分级	低	中	高	极高	合计
	含量范围	≤60	60～90	90～120	>120	
东鲁街道办事处	样品量(个)	46	81	8	1	136
	百分比(%)	33.82	59.56	5.88	0.74	100
	粮田面积(万亩)	0.78	1.38	0.14	0.02	2.31
莘亭街道办事处	样品量(个)	69	132	11	0	212
	百分比(%)	32.55	62.26	5.19	0	100
	粮田面积(万亩)	0.86	1.65	0.14	0	2.65
莘州街道办事处	样品量(个)	40	49	5	0	94
	百分比(%)	42.55	52.13	5.32	0	100
	粮田面积(万亩)	0.86	1.05	0.11	0	2.01
燕塔街道办事处	样品量(个)	55	138	6	1	200
	百分比(%)	27.5	69	3	0.5	100
	粮田面积(万亩)	0.68	1.7	0.07	0.01	2.47
朝城镇	样品量(个)	194	299	19	2	514
	百分比(%)	37.74	58.17	3.7	0.39	100
	粮田面积(万亩)	2.38	3.67	0.23	0.02	6.31
大王寨镇	样品量(个)	96	57	7	0	160
	百分比(%)	60	35.63	4.38	0	100
	粮田面积(万亩)	2.06	1.22	0.15	0	3.43

续表

行政区域	分级	低	中	高	极高	合计
	含量范围	≤60	60～90	90～120	＞120	
大张家镇	样品量(个)	178	62	7	0	247
	百分比(%)	72.06	25.1	2.83	0	100
	粮田面积(万亩)	4.23	1.47	0.17	0	5.87
董杜庄镇	样品量(个)	101	109	3	0	213
	百分比(%)	47.42	51.17	1.41	0	100
	粮田面积(万亩)	0.98	1.05	0.03	0	2.06
古城镇	样品量(个)	138	166	11	1	316
	百分比(%)	43.67	52.53	3.48	0.32	100
	粮田面积(万亩)	2.68	3.23	0.21	0.02	6.14
古云镇	样品量(个)	155	38	2	0	195
	百分比(%)	79.49	19.49	1.03	0	100
	粮田面积(万亩)	3.38	0.83	0.04	0	4.25
观城镇	样品量(个)	168	110	2	0	280
	百分比(%)	60	39.29	0.71	0	100
	粮田面积(万亩)	3.94	2.58	0.05	0	6.57
河店镇	样品量(个)	132	100	3	0	235
	百分比(%)	56.17	42.55	1.28	0	100
	粮田面积(万亩)	1.02	0.77	0.02	0	1.81
妹家镇	样品量(个)	89	214	26	1	330
	百分比(%)	26.97	64.85	7.88	0.3	100
	粮田面积(万亩)	1.74	4.2	0.51	0.02	6.47
十八里铺镇	样品量(个)	139	120	3	1	263
	百分比(%)	52.85	45.63	1.14	0.38	100
	粮田面积(万亩)	3.1	2.68	0.07	0.02	5.87
王奉镇	样品量(个)	203	82	4	0	289
	百分比(%)	70.24	28.37	1.38	0	100
	粮田面积(万亩)	4.09	1.65	0.08	0	5.82
魏庄镇	样品量(个)	150	86	9	0	245
	百分比(%)	61.22	35.1	3.67	0	100
	粮田面积(万亩)	1.29	0.74	0.08	0	2.1

续表

行政区域	分级 含量范围	低 ≤60	中 60～90	高 90～120	极高 ＞120	合计
燕店镇	样品量(个)	63	61	7	1	132
	百分比(%)	47.73	46.21	5.3	0.76	100
	粮田面积(万亩)	0.62	0.6	0.07	0.01	1.29
樱桃园镇	样品量(个)	145	186	11	0	342
	百分比(%)	42.4	54.39	3.22	0	100
	粮田面积(万亩)	2.74	3.52	0.21	0	6.47
张鲁镇	样品量(个)	234	269	7	1	511
	百分比(%)	45.79	52.64	1.37	0.2	100
	粮田面积(万亩)	2.83	3.25	0.08	0.01	6.17
张寨镇	样品量(个)	137	201	2	0	340
	百分比(%)	40.29	59.12	0.59	0	100
	粮田面积(万亩)	2.14	3.14	0.03	0	5.31
王庄集镇	样品量(个)	171	182	12	1	366
	百分比(%)	46.72	49.73	3.28	0.27	100
	粮田面积(万亩)	2.21	2.35	0.16	0.01	4.73
徐庄镇	样品量(个)	133	266	8	1	408
	百分比(%)	32.6	65.2	1.96	0.25	100
	粮田面积(万亩)	1.54	3.08	0.09	0.01	4.72
柿子园乡	样品量(个)	100	167	14	1	282
	百分比(%)	35.46	59.22	4.96	0.35	100
	粮田面积(万亩)	1.73	2.89	0.24	0.02	4.88
俎店乡	样品量(个)	84	118	9	1	212
	百分比(%)	39.62	55.66	4.25	0.47	100
	粮田面积(万亩)	1.7	2.39	0.18	0.02	4.29
全县	样品量(个)	3020	3293	196	13	6522
	百分比(%)	46.3	50.49	3.01	0.2	100
	粮田面积(万亩)	48.16	52.51	3.13	0.21	104

表 8　莘县大田土壤有效磷分级统计

行政区域	分级	低	中	高	极高	合计
	含量范围	≤15	15～30	30～40	＞40	
东鲁街道办事处	样品量(个)	25	48	22	38	133
	百分比(%)	18.8	36.09	16.54	28.57	100
	粮田面积(万亩)	0.43	0.83	0.38	0.66	2.31
莘亭街道办事处	样品量(个)	24	71	47	59	201
	百分比(%)	11.94	35.32	23.38	29.35	100
	粮田面积(万亩)	0.32	0.94	0.62	0.78	2.65
莘州街道办事处	样品量(个)	29	40	10	11	90
	百分比(%)	32.22	44.44	11.11	12.22	100
	粮田面积(万亩)	0.65	0.89	0.22	0.25	2.01
燕塔街道办事处	样品量(个)	15	86	43	51	195
	百分比(%)	7.69	44.1	22.05	26.15	100
	粮田面积(万亩)	0.19	1.09	0.54	0.65	2.47
朝城镇	样品量(个)	169	214	77	54	514
	百分比(%)	32.88	41.63	14.98	10.51	100
	粮田面积(万亩)	2.07	2.63	0.95	0.66	6.31
大王寨镇	样品量(个)	65	50	19	22	156
	百分比(%)	41.67	32.05	12.18	14.1	100
	粮田面积(万亩)	1.43	1.1	0.42	0.48	3.43
大张家镇	样品量(个)	138	76	16	17	247
	百分比(%)	55.87	30.77	6.48	6.88	100
	粮田面积(万亩)	3.28	1.81	0.38	0.4	5.87
董杜庄镇	样品量(个)	21	73	59	54	207
	百分比(%)	10.14	35.27	28.5	26.09	100
	粮田面积(万亩)	0.21	0.73	0.59	0.54	2.06
古城镇	样品量(个)	87	126	50	44	307
	百分比(%)	28.34	41.04	16.29	14.33	100
	粮田面积(万亩)	1.74	2.52	1	0.88	6.14

续表

行政区域	分级 含量范围	低 ≤15	中 15～30	高 30～40	极高 >40	合计
古云镇	样品量(个)	93	66	17	16	192
	百分比(%)	48.44	34.38	8.85	8.33	100
	粮田面积(万亩)	2.06	1.46	0.38	0.35	4.25
观城镇	样品量(个)	113	120	19	25	277
	百分比(%)	40.79	43.32	6.86	9.03	100
	粮田面积(万亩)	2.68	2.85	0.45	0.59	6.57
河店镇	样品量(个)	14	76	64	66	220
	百分比(%)	6.36	34.55	29.09	30	100
	粮田面积(万亩)	0.12	0.63	0.53	0.54	1.81
妹冢镇	样品量(个)	57	140	54	67	318
	百分比(%)	17.92	44.03	16.98	21.07	100
	粮田面积(万亩)	1.16	2.85	1.1	1.36	6.47
十八里铺镇	样品量(个)	118	102	24	19	263
	百分比(%)	44.87	38.78	9.13	7.22	100
	粮田面积(万亩)	2.63	2.28	0.54	0.42	5.87
王奉镇	样品量(个)	84	154	26	23	287
	百分比(%)	29.27	53.66	9.06	8.01	100
	粮田面积(万亩)	1.7	3.12	0.53	0.47	5.82
魏庄镇	样品量(个)	24	81	43	84	232
	百分比(%)	10.34	34.91	18.53	36.21	100
	粮田面积(万亩)	0.22	0.73	0.39	0.76	2.1
燕店镇	样品量(个)	21	47	28	31	127
	百分比(%)	16.54	37.01	22.05	24.41	100
	粮田面积(万亩)	0.21	0.48	0.28	0.31	1.29
樱桃园镇	样品量(个)	106	145	54	28	333
	百分比(%)	31.83	43.54	16.22	8.41	100
	粮田面积(万亩)	2.06	2.82	1.05	0.54	6.47
张鲁镇	样品量(个)	83	246	88	86	503
	百分比(%)	16.5	48.91	17.5	17.1	100
	粮田面积(万亩)	1.02	3.02	1.08	1.05	6.17

续表

行政区域	分级 含量范围	低 ≤15	中 15～30	高 30～40	极高 ＞40	合计
张寨镇	样品量(个)	36	163	86	54	339
	百分比(%)	10.62	48.08	25.37	15.93	100
	粮田面积(万亩)	0.56	2.55	1.35	0.85	5.31
王庄集镇	样品量(个)	157	119	53	37	366
	百分比(%)	42.9	32.51	14.48	10.11	100
	粮田面积(万亩)	2.03	1.54	0.68	0.48	4.73
徐庄镇	样品量(个)	44	167	118	77	406
	百分比(%)	10.84	41.13	29.06	18.97	100
	粮田面积(万亩)	0.51	1.94	1.37	0.9	4.72
柿子园乡	样品量(个)	89	123	40	30	282
	百分比(%)	31.56	43.62	14.18	10.64	100
	粮田面积(万亩)	1.54	2.13	0.69	0.52	4.88
俎店乡	样品量(个)	28	111	41	30	210
	百分比(%)	13.33	52.86	19.52	14.29	100
	粮田面积(万亩)	0.57	2.27	0.84	0.61	4.29
全县	样品量(个)	1640	2644	1098	1023	6405
	百分比(%)	25.6	41.28	17.14	15.97	100
	粮田面积(万亩)	26.63	42.93	17.83	16.61	104

表9　莘县大田土壤速效钾分级统计

行政区域	分级 含量范围	低 ≤75	中 75～120	高 120～150	极高 ＞150	合计
东鲁街道办事处	样品量(个)	3	19	54	60	136
	百分比(%)	2.21	13.97	39.71	44.12	100
	粮田面积(万亩)	0.05	0.32	0.92	1.02	2.31
莘亭街道办事处	样品量(个)	1	55	65	91	212
	百分比(%)	0.47	25.94	30.66	42.92	100
	粮田面积(万亩)	0.01	0.69	0.81	1.14	2.65

续表

行政区域	分级	低	中	高	极高	合计
	含量范围	≤75	75～120	120～150	>150	
莘州街道办事处	样品量(个)	1	23	16	54	94
	百分比(%)	1.06	24.47	17.02	57.45	100
	粮田面积(万亩)	0.02	0.49	0.34	1.15	2.01
燕塔街道办事处	样品量(个)	1	70	56	72	199
	百分比(%)	0.5	35.18	28.14	36.18	100
	粮田面积(万亩)	0.01	0.87	0.7	0.89	2.47
朝城镇	样品量(个)	2	212	146	154	514
	百分比(%)	0.39	41.25	28.4	29.96	100
	粮田面积(万亩)	0.02	2.6	1.79	1.89	6.31
大王寨镇	样品量(个)	51	70	24	15	160
	百分比(%)	31.88	43.75	15	9.38	100
	粮田面积(万亩)	1.09	1.5	0.51	0.32	3.43
大张家镇	样品量(个)	28	158	37	24	247
	百分比(%)	11.34	63.97	14.98	9.72	100
	粮田面积(万亩)	0.67	3.75	0.88	0.57	5.87
董杜庄镇	样品量(个)	1	56	48	108	213
	百分比(%)	0.47	26.29	22.54	50.7	100
	粮田面积(万亩)	0.01	0.54	0.46	1.04	2.06
古城镇	样品量(个)	2	124	83	107	316
	百分比(%)	0.63	39.24	26.27	33.86	100
	粮田面积(万亩)	0.04	2.41	1.61	2.08	6.14
古云镇	样品量(个)	36	122	19	17	194
	百分比(%)	18.56	62.89	9.79	8.76	100
	粮田面积(万亩)	0.79	2.67	0.42	0.37	4.25
观城镇	样品量(个)	20	179	48	33	280
	百分比(%)	7.14	63.93	17.14	11.79	100
	粮田面积(万亩)	0.47	4.2	1.13	0.77	6.57
河店镇	样品量(个)	9	118	55	53	235
	百分比(%)	3.83	50.21	23.4	22.55	100
	粮田面积(万亩)	0.07	0.91	0.42	0.41	1.81

续表

行政区域	分级 含量范围	低 ≤75	中 75～120	高 120～150	极高 >150	合计
妹冢镇	样品量(个)	10	139	71	110	330
	百分比(%)	3.03	42.12	21.52	33.33	100
	粮田面积(万亩)	0.2	2.73	1.39	2.16	6.47
十八里铺镇	样品量(个)	6	116	81	60	263
	百分比(%)	2.28	44.11	30.8	22.81	100
	粮田面积(万亩)	0.13	2.59	1.81	1.34	5.87
王奉镇	样品量(个)	80	179	24	6	289
	百分比(%)	27.68	61.94	8.3	2.08	100
	粮田面积(万亩)	1.61	3.6	0.48	0.12	5.82
魏庄镇	样品量(个)	34	142	32	37	245
	百分比(%)	13.88	57.96	13.06	15.1	100
	粮田面积(万亩)	0.29	1.22	0.27	0.32	2.1
燕店镇	样品量(个)	2	60	38	32	132
	百分比(%)	1.52	45.45	28.79	24.24	100
	粮田面积(万亩)	0.02	0.59	0.37	0.31	1.29
樱桃园镇	样品量(个)	12	155	95	80	342
	百分比(%)	3.51	45.32	27.78	23.39	100
	粮田面积(万亩)	0.23	2.93	1.8	1.51	6.47
张鲁镇	样品量(个)	38	249	124	100	511
	百分比(%)	7.44	48.73	24.27	19.57	100
	粮田面积(万亩)	0.46	3.01	1.5	1.21	6.17
张寨镇	样品量(个)	8	141	94	97	340
	百分比(%)	2.35	41.47	27.65	28.53	100
	粮田面积(万亩)	0.12	2.2	1.47	1.51	5.3
王庄集镇	样品量(个)	12	201	82	71	366
	百分比(%)	3.28	54.92	22.4	19.4	100
	粮田面积(万亩)	0.16	2.6	1.06	0.92	4.73
徐庄镇	样品量(个)	4	159	130	116	409
	百分比(%)	0.98	38.88	31.78	28.36	100
	粮田面积(万亩)	0.05	1.83	1.5	1.34	4.72

续表

行政区域	分级	低	中	高	极高	合计
	含量范围	≤75	75～120	120～150	>150	
柿子园乡	样品量(个)	2	130	84	66	282
	百分比(%)	0.71	46.1	29.79	23.4	100
	粮田面积(万亩)	0.03	2.25	1.45	1.14	4.88
俎店乡	样品量(个)	12	101	54	45	212
	百分比(%)	5.66	47.64	25.47	21.23	100
	粮田面积(万亩)	0.24	2.04	1.09	0.91	4.29
全县	样品量(个)	375	2978	1560	1608	6521
	百分比(%)	5.75	45.67	23.92	24.66	100
	粮田面积(万亩)	5.98	47.49	24.88	25.65	104

表 10 莘县交换性钙分级表

耕地类型	级别	低	较低	中	较高	高	合计	平均(mg/kg)
	交换性钙	≤500	500～1500	1500～2500	2500～4000	>4000		
大田	样品量(个)	0	0	0	4	485	489	
	百分比(%)	0	0	0	0.82	99.18	100	12959
	面积(万亩)	0	0	0	0.85	103.15	104	
露地菜	样品量(个)	0	0	0	0	5	5	
	百分比(%)	0	0	0	0	100	100	14887
	面积(万亩)	0	0	0	0	5.8	5.8	
保护地	样品量(个)	0	0	0	0	211	211	
	百分比(%)	0	0	0	0	100	100	16646
	面积(万亩)	0	0	0	0	28	28	

表 11 莘县大田土壤交换性钙分级统计

行政区域	分级	低	较低	中	较高	高	合计
	含量范围	≤500	500～1500	1500～2500	2500～4000	＞4000	
东鲁街道办事处	样品量(个)	0	0	0	0	11	11
	百分比(%)	0	0	0	0	100	100
	粮田面积(万亩)	0	0	0	0	2.31	2.31
莘亭街道办事处	样品量(个)	0	0	0	0	19	19
	百分比(%)	0	0	0	0	100	100
	粮田面积(万亩)	0	0	0	0	2.65	2.65
莘州街道办事处	样品量(个)	0	0	0	0	10	10
	百分比(%)	0	0	0	0	100	100
	粮田面积(万亩)	0	0	0	0	2.01	2.01
燕塔街道办事处	样品量(个)	0	0	0	0	15	15
	百分比(%)	0	0	0	0	100	100
	粮田面积(万亩)	0	0	0	0	2.47	2.47
朝城镇	样品量(个)	0	0	0	0	25	25
	百分比(%)	0	0	0	0	100	100
	粮田面积(万亩)	0	0	0	0	6.31	6.31
大王寨镇	样品量(个)	0	0	0	0	17	17
	百分比(%)	0	0	0	0	100	100
	粮田面积(万亩)	0	0	0	0	3.43	3.43
大张家镇	样品量(个)	0	0	0	0	18	18
	百分比(%)	0	0	0	0	100	100
	粮田面积(万亩)	0	0	0	0	5.87	5.87
董杜庄镇	样品量(个)	0	0	0	0	23	23
	百分比(%)	0	0	0	0	100	100
	粮田面积(万亩)	0	0	0	0	2.06	2.06
古城镇	样品量(个)	0	0	0	0	23	23
	百分比(%)	0	0	0	0	100	100
	粮田面积(万亩)	0	0	0	0	6.14	6.14

续表

行政区域	分级 含量范围	低 ≤500	较低 500～1500	中 1500～2500	较高 2500～4000	高 >4000	合计
古云镇	样品量(个)	0	0	0	0	19	19
	百分比(%)	0	0	0	0	100	100
	粮田面积(万亩)	0	0	0	0	4.25	4.25
观城镇	样品量(个)	0	0	0	0	25	25
	百分比(%)	0	0	0	0	100	100
	粮田面积(万亩)	0	0	0	0	6.57	6.57
河店镇	样品量(个)	0	0	0	0	21	21
	百分比(%)	0	0	0	0	100	100
	粮田面积(万亩)	0	0	0	0	1.81	1.81
妹家镇	样品量(个)	0	0	0	0	27	27
	百分比(%)	0	0	0	0	100	100
	粮田面积(万亩)	0	0	0	0	6.47	6.47
十八里铺镇	样品量(个)	0	0	0	0	30	30
	百分比(%)	0	0	0	0	100	100
	粮田面积(万亩)	0	0	0	0	5.87	5.87
王奉镇	样品量(个)	0	0	0	0	28	28
	百分比(%)	0	0	0	0	100	100
	粮田面积(万亩)	0	0	0	0	5.82	5.82
魏庄镇	样品量(个)	0	0	0	0	19	19
	百分比(%)	0	0	0	0	100	100
	粮田面积(万亩)	0	0	0	0	2.1	2.1
燕店镇	样品量(个)	0	0	0	0	20	20
	百分比(%)	0	0	0	0	100	100
	粮田面积(万亩)	0	0	0	0	1.29	1.29
樱桃园镇	样品量(个)	0	0	0	0	19	19
	百分比(%)	0	0	0	0	100	100
	粮田面积(万亩)	0	0	0	0	6.47	6.47
张鲁镇	样品量(个)	0	0	0	0	24	24
	百分比(%)	0	0	0	0	100	100
	粮田面积(万亩)	0	0	0	0	6.17	6.17

续表

行政区域	分级 含量范围	低 ≤500	较低 500～1500	中 1500～2500	较高 2500～4000	高 >4000	合计
张寨镇	样品量(个)	0	0	0	4	15	19
	百分比(%)	0	0	0	21.05	78.95	100
	粮田面积(万亩)	0	0	0	1.12	4.19	5.31
王庄集镇	样品量(个)	0	0	0	0	22	22
	百分比(%)	0	0	0	0	100	100
	粮田面积(万亩)	0	0	0	0	4.73	4.73
徐庄镇	样品量(个)	0	0	0	0	18	18
	百分比(%)	0	0	0	0	100	100
	粮田面积(万亩)	0	0	0	0	4.72	4.72
柿子园乡	样品量(个)	0	0	0	0	21	21
	百分比(%)	0	0	0	0	100	100
	粮田面积(万亩)	0	0	0	0	4.88	4.88
俎店乡	样品量(个)	0	0	0	0	16	16
	百分比(%)	0	0	0	0	100	100
	粮田面积(万亩)	0	0	0	0	4.29	4.29
全县	样品量(个)	0	0	0	5	485	489
	百分比(%)	0	0	0	1	99	100
	粮田面积(万亩)	0	0	0	1	103	104

表 12　　莘县交换性镁分级表

耕地类型	级别 交换性镁	低 ≤150	较低 150～200	中 200～300	较高 300～600	高 >600	合计	平均 (mg/kg)
大田	样品量(个)	0	0	22	298	169	489	602
	百分比(%)	0	0	4.5	60.94	34.56	100	
	面积(万亩)	0	0	4.68	63.38	35.94	104	
露地菜	样品量(个)	0	0	0	1	4	5	631
	百分比(%)	0	0	0	20	80	100	
	面积(万亩)	0	0	0	1.16	4.64	5.8	
保护地	样品量(个)	0	0	13	93	105	211	674
	百分比(%)	0	0	6.16	44.08	49.76	100	
	面积(万亩)	0	0	1.73	12.34	13.93	28	

表 13　莘县大田土壤交换性镁分级统计

行政区域	分级 / 含量范围	低 ≤150	较低 150～200	中 200～300	较高 300～600	高 >600	合计
东鲁街道办事处	样品量(个)	0	0	1	8	2	11
	百分比(%)	0	0	9.09	72.73	18.18	100
	粮田面积(万亩)	0	0	0.21	1.68	0.42	2.31
莘亭街道办事处	样品量(个)	0	0	1	9	9	19
	百分比(%)	0	0	5.26	47.37	47.37	100
	粮田面积(万亩)	0	0	0.14	1.26	1.26	2.65
莘州街道办事处	样品量(个)	0	0	0	7	3	10
	百分比(%)	0	0	0	70	30	100
	粮田面积(万亩)	0	0	0	1.41	0.6	2.01
燕塔街道办事处	样品量(个)	0	0	0	11	4	15
	百分比(%)	0	0	0	73.33	26.67	100
	粮田面积(万亩)	0	0	0	1.81	0.66	2.47
朝城镇	样品量(个)	0	0	0	9	16	25
	百分比(%)	0	0	0	36	64	100
	粮田面积(万亩)	0	0	0	2.27	4.04	6.31
大王寨镇	样品量(个)	0	0	2	15	0	17
	百分比(%)	0	0	11.76	88.24	0	100
	粮田面积(万亩)	0	0	0.4	3.03	0	3.43
大张家镇	样品量(个)	0	0	3	14	1	18
	百分比(%)	0	0	16.67	77.78	5.56	100
	粮田面积(万亩)	0	0	0.98	4.57	0.33	5.87
董杜庄镇	样品量(个)	0	0	0	6	17	23
	百分比(%)	0	0	0	26.09	73.91	100
	粮田面积(万亩)	0	0	0	0.54	1.52	2.06
古城镇	样品量(个)	0	0	0	6	17	23
	百分比(%)	0	0	0	26.09	73.91	100
	粮田面积(万亩)	0	0	0	1.6	4.54	6.14

续表

行政区域	分级 含量范围	低 ≤150	较低 150～200	中 200～300	较高 300～600	高 >600	合计
古云镇	样品量(个)	0	0	1	17	1	19
	百分比(%)	0	0	5.26	89.47	5.26	100
	粮田面积(万亩)	0	0	0.22	3.8	0.22	4.25
观城镇	样品量(个)	0	0	0	2	23	25
	百分比(%)	0	0	0	8	92	100
	粮田面积(万亩)	0	0	0	0.53	6.04	6.57
河店镇	样品量(个)	0	0	0	8	13	21
	百分比(%)	0	0	0	38.1	61.9	100
	粮田面积(万亩)	0	0	0	0.69	1.12	1.81
妹家镇	样品量(个)	0	0	3	20	4	27
	百分比(%)	0	0	11.11	74.07	14.81	100
	粮田面积(万亩)	0	0	0.72	4.79	0.96	6.47
十八里铺镇	样品量(个)	0	0	0	16	14	30
	百分比(%)	0	0	0	53.33	46.67	100
	粮田面积(万亩)	0	0	0	3.13	2.74	5.87
王奉镇	样品量(个)	0	0	4	24	0	28
	百分比(%)	0	0	14.29	85.71	0	100
	粮田面积(万亩)	0	0	0.83	4.99	0	5.82
魏庄镇	样品量(个)	0	0	0	15	4	19
	百分比(%)	0	0	0	78.95	21.05	100
	粮田面积(万亩)	0	0	0	1.66	0.44	2.1
燕店镇	样品量(个)	0	0	1	11	8	20
	百分比(%)	0	0	5	55	40	100
	粮田面积(万亩)	0	0	0.06	0.71	0.52	1.29
樱桃园镇	样品量(个)	0	0	0	19	0	19
	百分比(%)	0	0	0	100	0	100
	粮田面积(万亩)	0	0	0	6.47	0	6.47
张鲁镇	样品量(个)	0	0	0	16	8	24
	百分比(%)	0	0	0	66.67	33.33	100
	粮田面积(万亩)	0	0	0	4.11	2.06	6.17

续表

行政区域	分级	低	较低	中	较高	高	合计
	含量范围	≤150	150～200	200～300	300～600	>600	
张寨镇	样品量(个)	0	0	0	17	2	19
	百分比(%)	0	0	0	89.47	10.53	100
	粮田面积(万亩)	0	0	0	4.75	0.56	5.31
王庄集镇	样品量(个)	0	0	6	15	1	22
	百分比(%)	0	0	27.27	68.18	4.55	100
	粮田面积(万亩)	0	0	1.29	3.23	0.22	4.73
徐庄镇	样品量(个)	0	0	0	16	2	18
	百分比(%)	0	0	0	88.89	11.11	100
	粮田面积(万亩)	0	0	0	4.2	0.52	4.72
柿子园乡	样品量(个)	0	0	0	6	15	21
	百分比(%)	0	0	0	28.57	71.43	100
	粮田面积(万亩)	0	0	0	1.39	3.49	4.88
俎店乡	样品量(个)	0	0	0	11	5	16
	百分比(%)	0	0	0	68.75	31.25	100
	粮田面积(万亩)	0	0	0	2.95	1.34	4.29
全县	样品量(个)	0	0	22	298	169	489
	百分比(%)	0	0	4.5	60.94	34.56	100
	粮田面积(万亩)	0	0	4.68	63.38	35.94	104

表 14　　莘县有效硫分级表

耕地类型	级别	低	较低	中	较高	高	合计	平均 (mg/kg)
	有效硫	≤15	15～45	45～75	75～100	>100		
大田	样品量(个)	73	493	3	1	1	571	
	百分比(%)	12.78	86.34	0.53	0.18	0.18	100	24.4
	面积(万亩)	13.3	89.79	0.55	0.18	0.18	104	
露地菜	样品量(个)	0	22	4	1	0	27	
	百分比(%)	0	81.48	14.81	3.7	0	100	67.5
	面积(万亩)	0	4.73	0.86	0.21	0	5.8	
保护地	样品量(个)	3	48	94	66	27	238	
	百分比(%)	1.26	20.17	39.5	27.73	11.34	100	35.3
	面积(万亩)	0.35	5.65	11.06	7.76	3.18	28	

表 15　　莘县大田土壤有效硫分级统计

行政区域	分级	低	较低	中	较高	高	合计
	含量范围	≤15	15～45	45～75	75～100	>100	
东鲁街道办事处	样品量(个)	1	12	0	0	0	13
	百分比(%)	7.69	92.31	0	0	0	100
	粮田面积(万亩)	0.18	2.13	0	0	0	2.31
莘亭街道办事处	样品量(个)	3	20	0	0	0	23
	百分比(%)	13.04	86.96	0	0	0	100
	粮田面积(万亩)	0.35	2.3	0	0	0	2.65
莘州街道办事处	样品量(个)	0	10	0	0	0	10
	百分比(%)	0	100	0	0	0	100
	粮田面积(万亩)	0	2.01	0	0	0	2.01
燕塔街道办事处	样品量(个)	1	16	0	0	0	17
	百分比(%)	5.88	94.12	0	0	0	100
	粮田面积(万亩)	0.15	2.32	0	0	0	2.47
朝城镇	样品量(个)	2	28	1	0	0	31
	百分比(%)	6.45	90.32	3.23	0	0	100
	粮田面积(万亩)	0.41	5.7	0.2	0	0	6.31
大王寨镇	样品量(个)	4	15	0	0	0	19
	百分比(%)	21.05	78.95	0	0	0	100
	粮田面积(万亩)	0.72	2.71	0	0	0	3.43
大张家镇	样品量(个)	6	17	1	0	0	24
	百分比(%)	25	70.83	4.17	0	0	100
	粮田面积(万亩)	1.47	4.16	0.24	0	0	5.87
董杜庄镇	样品量(个)	0	22	1	0	0	23
	百分比(%)	0	95.65	4.35	0	0	100
	粮田面积(万亩)	0	1.97	0.09	0	0	2.06
古城镇	样品量(个)	3	25	0	0	0	28
	百分比(%)	10.71	89.29	0	0	0	100
	粮田面积(万亩)	0.66	5.48	0	0	0	6.14

续表

行政区域	分级 含量范围	低 ≤15	较低 15～45	中 45～75	较高 75～100	高 ＞100	合计
古云镇	样品量(个)	3	19	0	0	0	22
	百分比(%)	13.64	86.36	0	0	0	100
	粮田面积(万亩)	0.58	3.67	0	0	0	4.25
观城镇	样品量(个)	2	22	0	0	0	24
	百分比(%)	8.33	91.67	0	0	0	100
	粮田面积(万亩)	0.55	6.02	0	0	0	6.57
河店镇	样品量(个)	2	21	0	0	0	23
	百分比(%)	8.7	91.3	0	0	0	100
	粮田面积(万亩)	0.16	1.65	0	0	0	1.81
妹冢镇	样品量(个)	6	26	0	0	0	32
	百分比(%)	18.75	81.25	0	0	0	100
	粮田面积(万亩)	1.21	5.26	0	0	0	6.47
十八里铺镇	样品量(个)	5	29	0	0	0	34
	百分比(%)	14.71	85.29	0	0	0	100
	粮田面积(万亩)	0.86	5.01	0	0	0	5.87
王奉镇	样品量(个)	6	20	1	0	0	27
	百分比(%)	22.22	74.07	3.7	0	0	100
	粮田面积(万亩)	1.29	4.31	0.22	0	0	5.82
魏庄镇	样品量(个)	2	20	0	0	0	22
	百分比(%)	9.09	90.91	0	0	0	100
	粮田面积(万亩)	0.19	1.91	0	0	0	2.1
燕店镇	样品量(个)	0	22	0	0	0	22
	百分比(%)	0	100	0	0	0	100
	粮田面积(万亩)	0	1.29	0	0	0	1.29
樱桃园镇	样品量(个)	6	22	0	0	0	28
	百分比(%)	21.43	78.57	0	0	0	100
	粮田面积(万亩)	1.39	5.08	0	0	0	6.47
张鲁镇	样品量(个)	10	17	0	1	0	28
	百分比(%)	35.71	60.71	0	3.57	0	100
	粮田面积(万亩)	2.2	3.75	0	0.22	0	6.17

续表

行政区域	分级 含量范围	低 ≤15	较低 15～45	中 45～75	较高 75～100	高 ＞100	合计
张寨镇	样品量(个)	0	28	0	0	0	28
	百分比(%)	0	100	0	0	0	100
	粮田面积(万亩)	0	5.31	0	0	0	5.31
王庄集镇	样品量(个)	10	15	0	0	0	25
	百分比(%)	40	60	0	0	0	100
	粮田面积(万亩)	1.89	2.84	0	0	0	4.73
徐庄镇	样品量(个)	0	23	0	0	0	23
	百分比(%)	0	100	0	0	0	100
	粮田面积(万亩)	0	4.72	0	0	0	4.72
柿子园乡	样品量(个)	0	23	0	0	0	23
	百分比(%)	0	100	0	0	0	100
	粮田面积(万亩)	0	4.88	0	0	0	4.88
俎店乡	样品量(个)	1	20	0	0	0	21
	百分比(%)	4.76	95.24	0	0	0	100
	粮田面积(万亩)	0.2	4.09	0	0	0	4.29
全县	样品量(个)	73	493	4	1	0	571
	百分比(%)	12.78	86.34	0.7	0.18	0	100
	粮田面积(万亩)	13.3	89.79	0.73	0.18	0	104

表 16 莘县有效硼分级表

耕地类型	级别 有效硼	低 ≤0.2	较低 0.2～0.5	中 0.5～1	较高 1～2	高 ＞2	合计
大田	样品量(个)	17	66	467	233	44	827
	百分比(%)	2.06	7.98	56.47	28.17	5.32	100
	面积(万亩)	2.14	8.3	58.73	29.3	5.53	104
露地菜	样品量(个)	0	0	8	12	0	20
	百分比(%)	0	0	40	60	0	100
	面积(万亩)	0	0	2.32	3.48	0	5.8
保护地	样品量(个)	0	6	123	282	6	417
	百分比(%)	0	1.44	29.5	67.63	1.44	100
	面积(万亩)	0	0.4	8.26	18.94	0.4	28

表 17 莘县大田有效硼分级统计

行政区域	分级	低	较低	中	较高	高	合计
	含量范围	≤0.2	0.2～0.5	0.5～1	1～2	>2	
东鲁街道办事处	样品量(个)	0	0	3	10	2	15
	百分比(%)	0	0	20	66.67	13.33	100
	粮田面积(万亩)	0	0	0.46	1.54	0.31	2.31
莘亭街道办事处	样品量(个)	0	1	7	18	2	28
	百分比(%)	0	3.57	25	64.29	7.14	100
	粮田面积(万亩)	0	0.09	0.66	1.7	0.19	2.65
莘州街道办事处	样品量(个)	0	0	2	7	0	9
	百分比(%)	0	0	22.22	77.78	0	100
	粮田面积(万亩)	0	0	0.45	1.56	0	2.01
燕塔街道办事处	样品量(个)	0	2	14	2	0	18
	百分比(%)	0	11.11	77.78	11.11	0	100
	粮田面积(万亩)	0	0.27	1.92	0.27	0	2.47
朝城镇	样品量(个)	0	1	34	17	0	52
	百分比(%)	0	1.92	65.38	32.69	0	100
	粮田面积(万亩)	0	0.12	4.13	2.06	0	6.31
大王寨镇	样品量(个)	0	0	14	5	0	19
	百分比(%)	0	0	73.68	26.32	0	100
	粮田面积(万亩)	0	0	2.53	0.9	0	3.43
大张家镇	样品量(个)	0	2	30	6	0	38
	百分比(%)	0	5.26	78.95	15.79	0	100
	粮田面积(万亩)	0	0.31	4.63	0.93	0	5.87
董杜庄镇	样品量(个)	11	1	20	9	0	41
	百分比(%)	26.83	2.44	48.78	21.95	0	100
	粮田面积(万亩)	0.55	0.05	1	0.45	0	2.06
古城镇	样品量(个)	0	0	20	35	4	59
	百分比(%)	0	0	33.9	59.32	6.78	100
	粮田面积(万亩)	0	0	2.08	3.64	0.42	6.14

续表

行政区域	分级	低	较低	中	较高	高	合计
	含量范围	≤0.2	0.2～0.5	0.5～1	1～2	>2	
古云镇	样品量(个)	0	1	22	6	0	29
	百分比(%)	0	3.45	75.86	20.69	0	100
	粮田面积(万亩)	0	0.15	3.22	0.88	0	4.25
观城镇	样品量(个)	0	15	30	4	1	50
	百分比(%)	0	30	60	8	2	100
	粮田面积(万亩)	0	1.97	3.94	0.53	0.13	6.57
河店镇	样品量(个)	0	2	4	7	12	25
	百分比(%)	0	8	16	28	48	100
	粮田面积(万亩)	0	0.14	0.29	0.51	0.87	1.81
妹冢镇	样品量(个)	0	0	38	10	0	48
	百分比(%)	0	0	79.17	20.83	0	100
	粮田面积(万亩)	0	0	5.12	1.35	0	6.47
十八里铺镇	样品量(个)	0	2	16	20	0	38
	百分比(%)	0	5.26	42.11	52.63	0	100
	粮田面积(万亩)	0	0.31	2.47	3.09	0	5.87
王奉镇	样品量(个)	1	5	33	5	0	44
	百分比(%)	2.27	11.36	75	11.36	0	100
	粮田面积(万亩)	0.13	0.66	4.37	0.66	0	5.82
魏庄镇	样品量(个)	0	0	12	12	2	26
	百分比(%)	0	0	46.15	46.15	7.69	100
	粮田面积(万亩)	0	0	0.97	0.97	0.16	2.1
燕店镇	样品量(个)	0	0	4	5	0	9
	百分比(%)	0	0	44.44	55.56	0	100
	粮田面积(万亩)	0	0	0.57	0.72	0	1.29
樱桃园镇	样品量(个)	0	0	40	1	0	41
	百分比(%)	0	0	97.56	2.44	0	100
	粮田面积(万亩)	0	0	6.31	0.16	0	6.47
张鲁镇	样品量(个)	5	16	38	4	0	63
	百分比(%)	7.94	25.4	60.32	6.35	0	100
	粮田面积(万亩)	0.49	1.57	3.72	0.39	0	6.17

续表

行政区域	分级	低	较低	中	较高	高	合计
	含量范围	≤0.2	0.2～0.5	0.5～1	1～2	>2	
张寨镇	样品量(个)	0	0	20	17	2	39
	百分比(%)	0	0	51.28	43.59	5.13	100
	粮田面积(万亩)	0	0	2.72	2.31	0.27	5.31
王庄集镇	样品量(个)	0	6	37	8	0	51
	百分比(%)	0	11.76	72.55	15.69	0	100
	粮田面积(万亩)	0	0.56	3.43	0.74	0	4.73
徐庄镇	样品量(个)	0	9	10	4	2	25
	百分比(%)	0	36	40	16	8	100
	粮田面积(万亩)	0	1.7	1.89	0.76	0.38	4.72
柿子园乡	样品量(个)	0	2	5	15	17	39
	百分比(%)	0	5.13	12.82	38.46	43.59	100
	粮田面积(万亩)	0	0.25	0.63	1.88	2.13	4.88
俎店乡	样品量(个)	0	1	14	6	0	21
	百分比(%)	0	4.76	66.67	28.57	0	100
	粮田面积(万亩)	0	0.2	2.86	1.23	0	4.29
全县	样品量(个)	17	66	467	233	44	827
	百分比(%)	2.06	7.98	56.47	28.17	5.32	100
	粮田面积(万亩)	2.14	8.3	58.73	29.3	5.53	104

表 18　莘县有效钼分级表

耕地类型	级别	低	较低	中	较高	高	合计
	有效钼	≤0.1	0.1～0.15	0.15～0.2	0.2～0.3	>0.3	
大田	样品量(个)	106	192	99	82	10	489
	百分比(%)	21.68	39.26	20.25	16.77	2.04	100
	面积(万亩)	22.54	40.83	21.06	17.44	2.13	104
露地菜	样品量(个)	3	2	0	0	0	5
	百分比(%)	60	40	0	0	0	100
	面积(万亩)	3.48	2.32	0	0	0	5.8
保护地	样品量(个)	17	48	56	75	15	211
	百分比(%)	8.06	22.75	26.54	35.55	7.11	100
	面积(万亩)	2.26	6.37	7.43	9.95	1.99	28

表19　　莘县大田有效铝分级统计

行政区域	分级 含量范围	低 ≤0.1	较低 0.1～0.15	中 0.15～0.2	较高 0.2～0.3	高 >0.3	合计
东鲁街道办事处	样品量(个)	2	3	4	2	0	11
	百分比(%)	18.18	27.27	36.36	18.18	0	100
	粮田面积(万亩)	0.42	0.63	0.84	0.42	0	2.31
莘亭街道办事处	样品量(个)	1	10	7	1	0	19
	百分比(%)	5.26	52.63	36.84	5.26	0	100
	粮田面积(万亩)	0.14	1.39	0.98	0.14	0	2.65
莘州街道办事处	样品量(个)	0	6	2	2	0	10
	百分比(%)	0	60	20	20	0	100
	粮田面积(万亩)	0	1.21	0.4	0.4	0	2.01
燕塔街道办事处	样品量(个)	3	4	0	7	1	15
	百分比(%)	20	26.67	0	46.67	6.67	100
	粮田面积(万亩)	0.49	0.66	0	1.15	0.16	2.47
朝城镇	样品量(个)	5	11	3	6	0	25
	百分比(%)	20	44	12	24	0	100
	粮田面积(万亩)	1.26	2.78	0.76	1.51	0	6.31
大王寨镇	样品量(个)	1	11	5	0	0	17
	百分比(%)	5.88	64.71	29.41	0	0	100
	粮田面积(万亩)	0.2	2.22	1.01	0	0	3.43
大张家镇	样品量(个)	0	5	9	4	0	18
	百分比(%)	0	27.78	50	22.22	0	100
	粮田面积(万亩)	0	1.63	2.94	1.3	0	5.87
董杜庄镇	样品量(个)	3	10	2	4	4	23
	百分比(%)	13.04	43.48	8.7	17.39	17.39	100
	粮田面积(万亩)	0.27	0.9	0.18	0.36	0.36	2.06
古城镇	样品量(个)	7	10	2	3	1	23
	百分比(%)	30.43	43.48	8.7	13.04	4.35	100
	粮田面积(万亩)	1.87	2.67	0.53	0.8	0.27	6.14

续表

行政区域	分级 含量范围	低 ≤0.1	较低 0.1～0.15	中 0.15～0.2	较高 0.2～0.3	高 >0.3	合计
古云镇	样品量(个)	6	9	3	1	0	19
	百分比(%)	31.58	47.37	15.79	5.26	0	100
	粮田面积(万亩)	1.34	2.01	0.67	0.22	0	4.25
观城镇	样品量(个)	10	13	1	1	0	25
	百分比(%)	40	52	4	4	0	100
	粮田面积(万亩)	2.63	3.42	0.26	0.26	0	6.57
河店镇	样品量(个)	3	7	6	3	2	21
	百分比(%)	14.29	33.33	28.57	14.29	9.52	100
	粮田面积(万亩)	0.26	0.6	0.52	0.26	0.17	1.81
妹家镇	样品量(个)	2	10	11	4	0	27
	百分比(%)	7.41	37.04	40.74	14.81	0	100
	粮田面积(万亩)	0.48	2.4	2.64	0.96	0	6.47
十八里铺镇	样品量(个)	10	10	6	4	0	30
	百分比(%)	33.33	33.33	20	13.33	0	100
	粮田面积(万亩)	1.96	1.96	1.17	0.78	0	5.87
王奉镇	样品量(个)	17	7	3	1	0	28
	百分比(%)	60.71	25	10.71	3.57	0	100
	粮田面积(万亩)	3.53	1.46	0.62	0.21	0	5.82
魏庄镇	样品量(个)	1	5	6	7	0	19
	百分比(%)	5.26	26.32	31.58	36.84	0	100
	粮田面积(万亩)	0.11	0.55	0.66	0.77	0	2.1
燕店镇	样品量(个)	1	7	6	6	0	20
	百分比(%)	5	35	30	30	0	100
	粮田面积(万亩)	0.06	0.45	0.39	0.39	0	1.29
樱桃园镇	样品量(个)	6	10	2	1	0	19
	百分比(%)	31.58	52.63	10.53	5.26	0	100
	粮田面积(万亩)	2.04	3.41	0.68	0.34	0	6.47
张鲁镇	样品量(个)	1	6	7	10	0	24
	百分比(%)	4.17	25	29.17	41.67	0	100
	粮田面积(万亩)	0.26	1.54	1.8	2.57	0	6.17

续表

行政区域	分级	低	较低	中	较高	高	合计
	含量范围	≤0.1	0.1～0.15	0.15～0.2	0.2～0.3	>0.3	
张寨镇	样品量(个)	13	6	0	0	0	19
	百分比(%)	68.42	31.58	0	0	0	100
	粮田面积(万亩)	3.63	1.68	0	0	0	5.31
王庄集镇	样品量(个)	2	10	3	7	0	22
	百分比(%)	9.09	45.45	13.64	31.82	0	100
	粮田面积(万亩)	0.43	2.15	0.65	1.51	0	4.73
徐庄镇	样品量(个)	0	10	5	3	0	18
	百分比(%)	0	55.56	27.78	16.67	0	100
	粮田面积(万亩)	0	2.62	1.31	0.79	0	4.72
柿子园乡	样品量(个)	7	6	2	4	2	21
	百分比(%)	33.33	28.57	9.52	19.05	9.52	100
	粮田面积(万亩)	1.63	1.39	0.46	0.93	0.46	4.88
俎店乡	样品量(个)	5	6	4	1	0	16
	百分比(%)	31.25	37.5	25	6.25	0	100
	粮田面积(万亩)	1.34	1.61	1.07	0.27	0	4.29
全县	样品量(个)	106	192	99	82	10	489
	百分比(%)	21.68	39.26	20.25	16.77	2.04	100
	粮田面积(万亩)	22.54	40.83	21.06	17.44	2.13	104

表20　莘县有效锌分级表

耕地类型	级别	低	较低	中	较高	高	合计
	有效锌	≤0.3	0.3～0.5	0.5～1	1.0～3.0	>3	
大田	样品量(个)	3	29	277	496	63	868
	百分比(%)	0.35	3.34	31.91	57.14	7.26	100
	面积(万亩)	0.36	3.47	33.19	59.43	7.55	104
露地菜	样品量(个)	0	1	10	44	118	173
	百分比(%)	0	0.58	5.78	25.43	68.21	100
	面积(万亩)	0	0.03	0.34	1.48	3.96	5.8
保护地	样品量(个)	0	1	12	77	1117	1207
	百分比(%)	0	0.08	0.99	6.38	92.54	100
	面积(万亩)	0	0.02	0.28	1.79	25.91	28

表 21　莘县大田有效锌分级统计

行政区域	分级 含量范围	低 ≤0.3	较低 0.3～0.5	中 0.5～1	较高 1.0～3.0	高 >3	合计
东鲁街道办事处	样品量(个)	0	1	11	11	1	24
	百分比(%)	0	4.17	45.83	45.83	4.17	100
	粮田面积(万亩)	0	0.1	1.06	1.06	0.1	2.31
莘亭街道办事处	样品量(个)	0	1	4	16	7	28
	百分比(%)	0	3.57	14.29	57.14	25	100
	粮田面积(万亩)	0	0.09	0.38	1.51	0.66	2.65
莘州街道办事处	样品量(个)	0	1	9	10	2	22
	百分比(%)	0	4.55	40.91	45.45	9.09	100
	粮田面积(万亩)	0	0.09	0.82	0.91	0.18	2.01
燕塔街道办事处	样品量(个)	0	1	2	22	2	27
	百分比(%)	0	3.7	7.41	81.48	7.41	100
	粮田面积(万亩)	0	0.09	0.18	2.01	0.18	2.47
朝城镇	样品量(个)	0	0	6	48	0	54
	百分比(%)	0	0	11.11	88.89	0	100
	粮田面积(万亩)	0	0	0.7	5.61	0	6.31
大王寨镇	样品量(个)	0	0	15	16	1	32
	百分比(%)	0	0	46.88	50	3.13	100
	粮田面积(万亩)	0	0	1.61	1.72	0.11	3.43
大张家镇	样品量(个)	0	2	20	8	0	30
	百分比(%)	0	6.67	66.67	26.67	0	100
	粮田面积(万亩)	0	0.39	3.91	1.57	0	5.87
董杜庄镇	样品量(个)	0	1	9	9	2	21
	百分比(%)	0	4.76	42.86	42.86	9.52	100
	粮田面积(万亩)	0	0.1	0.88	0.88	0.2	2.06
古城镇	样品量(个)	0	0	8	29	5	42
	百分比(%)	0	0	19.05	69.05	11.9	100
	粮田面积(万亩)	0	0	1.17	4.24	0.73	6.14

续表

行政区域	分级 含量范围	低 ≤0.3	较低 0.3～0.5	中 0.5～1	较高 1.0～3.0	高 >3	合计
古云镇	样品量(个)	1	3	14	20	3	41
	百分比(%)	2.44	7.32	34.15	48.78	7.32	100
	粮田面积(万亩)	0.1	0.31	1.45	2.07	0.31	4.25
观城镇	样品量(个)	0	4	22	4	0	30
	百分比(%)	0	13.33	73.33	13.33	0	100
	粮田面积(万亩)	0	0.88	4.82	0.88	0	6.57
河店镇	样品量(个)	0	0	4	29	4	37
	百分比(%)	0	0	10.81	78.38	10.81	100
	粮田面积(万亩)	0	0	0.2	1.42	0.2	1.81
妹冢镇	样品量(个)	0	1	6	24	19	50
	百分比(%)	0	2	12	48	38	100
	粮田面积(万亩)	0	0.13	0.78	3.11	2.46	6.47
十八里铺镇	样品量(个)	0	5	19	23	0	47
	百分比(%)	0	10.64	40.43	48.94	0	100
	粮田面积(万亩)	0	0.62	2.37	2.87	0	5.87
王奉镇	样品量(个)	0	2	18	20	0	40
	百分比(%)	0	5	45	50	0	100
	粮田面积(万亩)	0	0.29	2.62	2.91	0	5.82
魏庄镇	样品量(个)	0	0	4	30	2	36
	百分比(%)	0	0	11.11	83.33	5.56	100
	粮田面积(万亩)	0	0	0.23	1.75	0.12	2.1
燕店镇	样品量(个)	0	2	8	23	7	40
	百分比(%)	0	5	20	57.5	17.5	100
	粮田面积(万亩)	0	0.06	0.26	0.74	0.23	1.29
樱桃园镇	样品量(个)	0	0	8	25	0	33
	百分比(%)	0	0	24.24	75.76	0	100
	粮田面积(万亩)	0	0	1.57	4.9	0	6.47
张鲁镇	样品量(个)	0	1	13	25	2	41
	百分比(%)	0	2.44	31.71	60.98	4.88	100
	粮田面积(万亩)	0	0.15	1.96	3.76	0.3	6.17

续表

行政区域	分级 含量范围	低 ≤0.3	较低 0.3～0.5	中 0.5～1	较高 1.0～3.0	高 >3	合计
张寨镇	样品量(个)	0	0	7	8	1	16
	百分比(%)	0	0	43.75	50	6.25	100
	粮田面积(万亩)	0	0	2.32	2.66	0.33	5.31
王庄集镇	样品量(个)	0	1	20	14	0	35
	百分比(%)	0	2.86	57.14	40	0	100
	粮田面积(万亩)	0	0.14	2.7	1.89	0	4.73
徐庄镇	样品量(个)	2	3	22	24	2	53
	百分比(%)	3.77	5.66	41.51	45.28	3.77	100
	粮田面积(万亩)	0.18	0.27	1.96	2.14	0.18	4.72
柿子园乡	样品量(个)	0	0	12	32	2	46
	百分比(%)	0	0	26.09	69.57	4.35	100
	粮田面积(万亩)	0	0	1.27	3.39	0.21	4.88
俎店乡	样品量(个)	0	0	16	26	1	43
	百分比(%)	0	0	37.21	60.47	2.33	100
	粮田面积(万亩)	0	0	1.6	2.59	0.1	4.29
全县	样品量(个)	3	29	277	496	63	868
	百分比(%)	0.35	3.34	31.91	57.14	7.26	100
	粮田面积(万亩)	0.36	3.47	33.19	59.43	7.55	104

表 22 莘县有效铜分级表

耕地类型	级别 有效铜	低 ≤0.2	较低 0.2～1	中 1～1.8	较高 1.8～3	高 >3	合计
大田	样品量(个)	0	242	503	103	20	868
	百分比(%)	0	27.88	57.95	11.87	2.3	100
	面积(万亩)	0	29	60.27	12.34	2.4	104
露地菜	样品量(个)	0	0	63	88	22	173
	百分比(%)	0	0	36.42	50.87	12.72	100
	面积(万亩)	0	0	2.11	2.95	0.74	5.8
保护地	样品量(个)	2	24	295	502	384	1207
	百分比(%)	0.17	1.99	24.44	41.59	31.81	100
	面积(万亩)	0.05	0.56	6.84	11.65	8.91	28

表23　莘县大田有效铜分级统计

行政区域	分级	低	较低	中	较高	高	合计
	含量范围	≤0.2	0.2～1	1～1.8	1.8～3	>3	
东鲁街道办事处	样品量(个)	0	0	12	12	0	24
	百分比(%)	0	0	50	50	0	100
	粮田面积(万亩)	0	0	1.16	1.16	0	2.31
莘亭街道办事处	样品量(个)	0	1	16	10	1	28
	百分比(%)	0	3.57	57.14	35.71	3.57	100
	粮田面积(万亩)	0	0.09	1.51	0.95	0.09	2.65
莘州街道办事处	样品量(个)	0	0	13	8	1	22
	百分比(%)	0	0	59.09	36.36	4.55	100
	粮田面积(万亩)	0	0	1.19	0.73	0.09	2.01
燕塔街道办事处	样品量(个)	0	7	13	5	2	27
	百分比(%)	0	25.93	48.15	18.52	7.41	100
	粮田面积(万亩)	0	0.64	1.19	0.46	0.18	2.47
朝城镇	样品量(个)	0	9	43	2	0	54
	百分比(%)	0	16.67	79.63	3.7	0	100
	粮田面积(万亩)	0	1.05	5.02	0.23	0	6.31
大王寨镇	样品量(个)	0	27	4	1	0	32
	百分比(%)	0	84.38	12.5	3.13	0	100
	粮田面积(万亩)	0	2.89	0.43	0.11	0	3.43
大张家镇	样品量(个)	0	7	21	1	1	30
	百分比(%)	0	23.33	70	3.33	3.33	100
	粮田面积(万亩)	0	1.37	4.11	0.2	0.2	5.87
董杜庄镇	样品量(个)	0	3	14	2	2	21
	百分比(%)	0	14.29	66.67	9.52	9.52	100
	粮田面积(万亩)	0	0.29	1.37	0.2	0.2	2.06
古城镇	样品量(个)	0	4	31	7	0	42
	百分比(%)	0	9.52	73.81	16.67	0	100
	粮田面积(万亩)	0	0.58	4.53	1.02	0	6.14

续表

行政区域	分级 含量范围	低 ≤0.2	较低 0.2～1	中 1～1.8	较高 1.8～3	高 >3	合计
古云镇	样品量(个)	0	22	17	1	1	41
	百分比(%)	0	53.66	41.46	2.44	2.44	100
	粮田面积(万亩)	0	2.28	1.76	0.1	0.1	4.25
观城镇	样品量(个)	0	20	10	0	0	30
	百分比(%)	0	66.67	33.33	0	0	100
	粮田面积(万亩)	0	4.38	2.19	0	0	6.57
河店镇	样品量(个)	0	4	26	5	2	37
	百分比(%)	0	10.81	70.27	13.51	5.41	100
	粮田面积(万亩)	0	0.2	1.27	0.24	0.1	1.81
妹冢镇	样品量(个)	0	12	32	5	1	50
	百分比(%)	0	24	64	10	2	100
	粮田面积(万亩)	0	1.55	4.14	0.65	0.13	6.47
十八里铺镇	样品量(个)	0	4	39	3	1	47
	百分比(%)	0	8.51	82.98	6.38	2.13	100
	粮田面积(万亩)	0	0.5	4.87	0.37	0.12	5.87
王奉镇	样品量(个)	0	27	12	0	1	40
	百分比(%)	0	67.5	30	0	2.5	100
	粮田面积(万亩)	0	3.93	1.75	0	0.15	5.82
魏庄镇	样品量(个)	0	10	24	0	2	36
	百分比(%)	0	27.78	66.67	0	5.56	100
	粮田面积(万亩)	0	0.58	1.4	0	0.12	2.1
燕店镇	样品量(个)	0	5	24	8	3	40
	百分比(%)	0	12.5	60	20	7.5	100
	粮田面积(万亩)	0	0.16	0.77	0.26	0.1	1.29
樱桃园镇	样品量(个)	0	5	27	1	0	33
	百分比(%)	0	15.15	81.82	3.03	0	100
	粮田面积(万亩)	0	0.98	5.29	0.2	0	6.47
张鲁镇	样品量(个)	0	13	19	9	0	41
	百分比(%)	0	31.71	46.34	21.95	0	100
	粮田面积(万亩)	0	1.96	2.86	1.35	0	6.17

续表

行政区域	分级 含量范围	低 ≤0.2	较低 0.2～1	中 1～1.8	较高 1.8～3	高 >3	合计
张寨镇	样品量(个)	0	12	4	0	0	16
	百分比(%)	0	75	25	0	0	100
	粮田面积(万亩)	0	3.98	1.33	0	0	5.31
王庄集镇	样品量(个)	0	33	1	1	0	35
	百分比(%)	0	94.29	2.86	2.86	0	100
	粮田面积(万亩)	0	4.46	0.14	0.14	0	4.73
徐庄镇	样品量(个)	0	0	34	18	1	53
	百分比(%)	0	0	64.15	33.96	1.89	100
	粮田面积(万亩)	0	0	3.03	1.6	0.09	4.72
柿子园乡	样品量(个)	0	7	35	3	1	46
	百分比(%)	0	15.22	76.09	6.52	2.17	100
	粮田面积(万亩)	0	0.74	3.71	0.32	0.11	4.88
俎店乡	样品量(个)	0	10	32	1	0	43
	百分比(%)	0	23.26	74.42	2.33	0	100
	粮田面积(万亩)	0	1	3.19	0.1	0	4.29
全县	样品量(个)	0	242	503	103	20	868
	百分比(%)	0	27.88	57.95	11.87	2.3	100
	粮田面积(万亩)	0	29	60.27	12.34	2.4	104

表24　莘县有效铁分级表

耕地类型	级别 有效铁	低 ≤5	较低 5～10	中 10～20	较高 20～40	高 >40	合计
大田	样品量(个)	8	506	340	14	0	868
	百分比(%)	0.92	58.29	39.17	1.61	0	100
	面积(万亩)	0.96	60.63	40.74	1.68	0	104
露地菜	样品量(个)	0	75	96	2	0	173
	百分比(%)	0	43.35	55.49	1.16	0	100
	面积(万亩)	0	2.51	3.22	0.07	0	5.8
保护地	样品量(个)	40	490	621	53	2	1206
	百分比(%)	3.32	40.63	51.49	4.39	0.17	100
	面积(万亩)	0.93	11.38	14.42	1.23	0.05	28

表 25　　莘县大田有效铁分级统计

行政区域	分级	低	较低	中	较高	高	合计
	含量范围	≤5	5～10	10～20	20～40	＞40	
东鲁街道办事处	样品量(个)	0	10	14	0	0	24
	百分比(%)	0	41.67	58.33	0	0	100
	粮田面积(万亩)	0	0.96	1.35	0	0	2.31
莘亭街道办事处	样品量(个)	0	15	13	0	0	28
	百分比(%)	0	53.57	46.43	0	0	100
	粮田面积(万亩)	0	1.42	1.23	0	0	2.65
莘州街道办事处	样品量(个)	0	2	18	2	0	22
	百分比(%)	0	9.09	81.82	9.09	0	100
	粮田面积(万亩)	0	0.18	1.64	0.18	0	2.01
燕塔街道办事处	样品量(个)	0	15	12	0	0	27
	百分比(%)	0	55.56	44.44	0	0	100
	粮田面积(万亩)	0	1.37	1.1	0	0	2.47
朝城镇	样品量(个)	0	43	11	0	0	54
	百分比(%)	0	79.63	20.37	0	0	100
	粮田面积(万亩)	0	5.02	1.29	0	0	6.31
大王寨镇	样品量(个)	1	20	11	0	0	32
	百分比(%)	3.13	62.5	34.38	0	0	100
	粮田面积(万亩)	0.11	2.14	1.18	0	0	3.43
大张家镇	样品量(个)	0	20	10	0	0	30
	百分比(%)	0	66.67	33.33	0	0	100
	粮田面积(万亩)	0	3.91	1.96	0	0	5.87
董杜庄镇	样品量(个)	0	11	10	0	0	21
	百分比(%)	0	52.38	47.62	0	0	100
	粮田面积(万亩)	0	1.08	0.98	0	0	2.06
古城镇	样品量(个)	1	31	9	1	0	42
	百分比(%)	2.38	73.81	21.43	2.38	0	100
	粮田面积(万亩)	0.15	4.53	1.32	0.15	0	6.14

续表

行政区域	分级	低	较低	中	较高	高	合计
	含量范围	≤5	5～10	10～20	20～40	>40	
古云镇	样品量(个)	2	36	3	0	0	41
	百分比(%)	4.88	87.8	7.32	0	0	100
	粮田面积(万亩)	0.21	3.73	0.31	0	0	4.25
观城镇	样品量(个)	0	27	3	0	0	30
	百分比(%)	0	90	10	0	0	100
	粮田面积(万亩)	0	5.91	0.66	0	0	6.57
河店镇	样品量(个)	1	16	20	0	0	37
	百分比(%)	2.7	43.24	54.05	0	0	100
	粮田面积(万亩)	0.05	0.78	0.98	0	0	1.81
妹冢镇	样品量(个)	0	26	22	2	0	50
	百分比(%)	0	52	44	4	0	100
	粮田面积(万亩)	0	3.36	2.85	0.26	0	6.47
十八里铺镇	样品量(个)	1	9	30	7	0	47
	百分比(%)	2.13	19.15	63.83	14.89	0	100
	粮田面积(万亩)	0.12	1.12	3.75	0.87	0	5.87
王奉镇	样品量(个)	0	34	6	0	0	40
	百分比(%)	0	85	15	0	0	100
	粮田面积(万亩)	0	4.95	0.87	0	0	5.82
魏庄镇	样品量(个)	1	13	22	0	0	36
	百分比(%)	2.78	36.11	61.11	0	0	100
	粮田面积(万亩)	0.06	0.76	1.28	0	0	2.1
燕店镇	样品量(个)	0	16	22	2	0	40
	百分比(%)	0	40	55	5	0	100
	粮田面积(万亩)	0	0.52	0.71	0.06	0	1.29
樱桃园镇	样品量(个)	0	26	7	0	0	33
	百分比(%)	0	78.79	21.21	0	0	100
	粮田面积(万亩)	0	5.1	1.37	0	0	6.47
张鲁镇	样品量(个)	0	21	20	0	0	41
	百分比(%)	0	51.22	48.78	0	0	100
	粮田面积(万亩)	0	3.16	3.01	0	0	6.17

续表

行政区域	分级 含量范围	低 ≤5	较低 5～10	中 10～20	较高 20～40	高 >40	合计
张寨镇	样品量(个)	0	11	5	0	0	16
	百分比(%)	0	68.75	31.25	0	0	100
	粮田面积(万亩)	0	3.65	1.66	0	0	5.31
王庄集镇	样品量(个)	1	25	9	0	0	35
	百分比(%)	2.86	71.43	25.71	0	0	100
	粮田面积(万亩)	0.14	3.38	1.22	0	0	4.73
徐庄镇	样品量(个)	0	29	24	0	0	53
	百分比(%)	0	54.72	45.28	0	0	100
	粮田面积(万亩)	0	2.58	2.14	0	0	4.72
柿子园乡	样品量(个)	0	26	20	0	0	46
	百分比(%)	0	56.52	43.48	0	0	100
	粮田面积(万亩)	0	2.76	2.12	0	0	4.88
俎店乡	样品量(个)	0	24	19	0	0	43
	百分比(%)	0	55.81	44.19	0	0	100
	粮田面积(万亩)	0	2.39	1.9	0	0	4.29
全县	样品量(个)	8	506	340	14	0	868
	百分比(%)	0.92	58.29	39.17	1.61	0	100
	粮田面积(万亩)	0.96	60.63	40.74	1.68	0	104

表 26　　莘县有效锰分级表

耕地类型	级别 有效锰	低 ≤5	较低 5～10	中 10～15	较高 15～30	高 >30	合计
大田	样品量(个)	7	149	232	480	0	868
	百分比(%)	0.81	17.17	26.73	55.3	0	100
	面积(万亩)	0.84	17.85	27.8	57.51	0	104
露地菜	样品量(个)	0	16	93	63	1	173
	百分比(%)	0	9.25	53.76	36.42	0.58	100
	面积(万亩)	0	0.54	3.12	2.11	0.03	5.8
保护地	样品量(个)	17	310	649	231	0	1207
	百分比(%)	1.41	25.68	53.77	19.14	0	100
	面积(万亩)	0.39	7.19	15.06	5.36	0	28

表 27　　莘县大田有效锰分级统计

行政区域	分级 含量范围	低 ≤5	较低 5～10	中 10～15	较高 15～30	高 >30	合计
东鲁街道办事处	样品量(个)	0	0	1	23	0	24
	百分比(%)	0	0	4.17	95.83	0	100
	粮田面积(万亩)	0	0	0.1	2.21	0	2.31
莘亭街道办事处	样品量(个)	0	1	10	17	0	28
	百分比(%)	0	3.57	35.71	60.71	0	100
	粮田面积(万亩)	0	0.09	0.95	1.61	0	2.65
莘州街道办事处	样品量(个)	0	8	7	7	0	22
	百分比(%)	0	36.36	31.82	31.82	0	100
	粮田面积(万亩)	0	0.73	0.64	0.64	0	2.01
燕塔街道办事处	样品量(个)	0	6	9	12	0	27
	百分比(%)	0	22.22	33.33	44.44	0	100
	粮田面积(万亩)	0	0.55	0.82	1.1	0	2.47
朝城镇	样品量(个)	0	7	6	41	0	54
	百分比(%)	0	12.96	11.11	75.93	0	100
	粮田面积(万亩)	0	0.82	0.7	4.79	0	6.31
大王寨镇	样品量(个)	0	10	19	3	0	32
	百分比(%)	0	31.25	59.38	9.38	0	100
	粮田面积(万亩)	0	1.07	2.04	0.32	0	3.43
大张家镇	样品量(个)	0	4	9	17	0	30
	百分比(%)	0	13.33	30	56.67	0	100
	粮田面积(万亩)	0	0.78	1.76	3.33	0	5.87
董杜庄镇	样品量(个)	0	3	1	17	0	21
	百分比(%)	0	14.29	4.76	80.95	0	100
	粮田面积(万亩)	0	0.29	0.1	1.67	0	2.06
古城镇	样品量(个)	1	5	10	26	0	42
	百分比(%)	2.38	11.9	23.81	61.9	0	100
	粮田面积(万亩)	0.15	0.73	1.46	3.8	0	6.14

续表

行政区域	分级 含量范围	低 ≤5	较低 5～10	中 10～15	较高 15～30	高 >30	合计
古云镇	样品量(个)	1	8	24	8	0	41
	百分比(%)	2.44	19.51	58.54	19.51	0	100
	粮田面积(万亩)	0.1	0.83	2.49	0.83	0	4.25
观城镇	样品量(个)	2	5	11	12	0	30
	百分比(%)	6.67	16.67	36.67	40	0	100
	粮田面积(万亩)	0.44	1.1	2.41	2.63	0	6.57
河店镇	样品量(个)	0	6	8	23	0	37
	百分比(%)	0	16.22	21.62	62.16	0	100
	粮田面积(万亩)	0	0.29	0.39	1.13	0	1.81
妹冢镇	样品量(个)	2	9	5	34	0	50
	百分比(%)	4	18	10	68	0	100
	粮田面积(万亩)	0.26	1.16	0.65	4.4	0	6.47
十八里铺镇	样品量(个)	0	22	24	1	0	47
	百分比(%)	0	46.81	51.06	2.13	0	100
	粮田面积(万亩)	0	2.75	3	0.12	0	5.87
王奉镇	样品量(个)	0	16	15	9	0	40
	百分比(%)	0	40	37.5	22.5	0	100
	粮田面积(万亩)	0	2.33	2.18	1.31	0	5.82
魏庄镇	样品量(个)	0	8	21	7	0	36
	百分比(%)	0	22.22	58.33	19.44	0	100
	粮田面积(万亩)	0	0.47	1.23	0.41	0	2.1
燕店镇	样品量(个)	0	3	8	29	0	40
	百分比(%)	0	7.5	20	72.5	0	100
	粮田面积(万亩)	0	0.1	0.26	0.94	0	1.29
樱桃园镇	样品量(个)	1	2	4	26	0	33
	百分比(%)	3.03	6.06	12.12	78.79	0	100
	粮田面积(万亩)	0.2	0.39	0.78	5.1	0	6.47
张鲁镇	样品量(个)	0	10	16	15	0	41
	百分比(%)	0	24.39	39.02	36.59	0	100
	粮田面积(万亩)	0	1.5	2.41	2.26	0	6.17

续表

行政区域	分级 含量范围	低 ≤5	较低 5～10	中 10～15	较高 15～30	高 >30	合计
张寨镇	样品量(个)	0	0	2	14	0	16
	百分比(%)	0	0	12.5	87.5	0	100
	粮田面积(万亩)	0	0	0.66	4.65	0	5.31
王庄集镇	样品量(个)	0	4	3	28	0	35
	百分比(%)	0	11.43	8.57	80	0	100
	粮田面积(万亩)	0	0.54	0.41	3.78	0	4.73
徐庄镇	样品量(个)	0	3	4	46	0	53
	百分比(%)	0	5.66	7.55	86.79	0	100
	粮田面积(万亩)	0	0.27	0.36	4.1	0	4.72
柿子园乡	样品量(个)	0	4	11	31	0	46
	百分比(%)	0	8.7	23.91	67.39	0	100
	粮田面积(万亩)	0	0.42	1.17	3.29	0	4.88
俎店乡	样品量(个)	0	5	4	34	0	43
	百分比(%)	0	11.63	9.3	79.07	0	100
	粮田面积(万亩)	0	0.5	0.4	3.39	0	4.29
全县	样品量(个)	7	149	232	480	0	868
	百分比(%)	0.81	17.17	26.73	55.3	0	100
	粮田面积(万亩)	0.84	17.85	27.8	57.51	0	104

附录二　莘县测土配方施肥分区瓷砖式上墙方案

（施用量单位：$1/667m^2$）

表 1　　莘县＿＿＿＿村测土配方施肥技术方案（中北丰产控磷稳钾区 001）

小麦配方施肥方案

推荐方案		肥料配方	施用量(kg)	施肥时间	施肥方式
		目标产量：$500kg/667m^2$			
方案一	底肥	15—15—12	50	耕地前	撒施
	底肥	中微量元素肥	15	耕地前	撒施
	追肥	尿素	20	3 月 15 日前后	沟施
方案二	底肥	尿素	23	耕地前	撒施
	底肥	磷酸二铵	20	耕地前	撒施
	底肥	氯化钾	7	耕地前	撒施
	底肥	中微量元素肥	20	耕地前	撒施
	追肥	尿素	20	3 月 15 日前后	沟施

注：产量大于 400kg 的地块，每增减 50kg 小麦，建议每亩增减配方肥 5kg，或尿素 3～5kg，钾肥 1kg。若底肥施用了有机肥，可酌情减少化肥用量。凡秸秆还田的地块注意足墒播种、播后镇压、浇好越冬水；追肥也可用 30—0—5 或相近配比的复混肥。在灌浆初期，连喷两次 0.3%～0.4%的磷酸二氢钾溶液，预防干热风。中微量元素肥可用基肥宝或网联肥宝 2kg。

玉米配方施肥方案

推荐方案		肥料配方	施用量(kg)	施肥时间	施肥方式
		目标产量：$650kg/667m^2$			
方案一	追肥一	30—5—5	10	种肥	沟施
	追肥二	30—5—5	40	大喇叭口期	沟施
方案二	追肥一	磷酸二铵	5	种肥	沟施
	追肥二	磷酸二铵	5	大喇叭口期	沟施
	追肥二	氯化钾	5		
	追肥二	尿素	30		

注：产量水平 $700kg/667m^2$ 以上，可选用 30—5—5 的省农业厅网联配方肥 $50～70kg/667m^2$；种肥也可用 15—15—15 的复合肥，施用量控制在 5～10kg；对于微量元素缺乏的玉米田，可苗期喷施 0.1%的硫酸锌，小麦已经底施微肥的，可不施；播种时若施用种肥或缓控释肥的，种和肥必须相隔 5cm 左右，严禁种和肥混播，产量 $650kg/667m^2$ 的地块缓控释肥用量 $45kg/667m^2$。

多年大棚瓜菜配方施肥底肥方案

项目	内容	施肥方式
1. 增施充分腐熟农家肥	施用充分腐熟的农家肥6～10方，农家肥不足的用正牌厂家的精制商品有机肥补足	撒施
2. 提倡施用生物有机肥	生物有机肥 $80～160kg/667m^2$	2/3 地撒施，耕翻混匀，1/3 施于种植带
3. 合理配施专用配方肥	施用生物型有机无机复混肥 80～160kg 或 45%高浓度硫酸钾配方肥 50kg	
4. 补施中微量元素肥料	施用锌肥 2kg＋硼肥 0.5kg＋硅钙肥 25～50kg 或中微量元素肥料 25～50kg	撒施

注：杜绝施用生鸡粪，最好用玉米秸秆＋畜禽粪＋酵素菌沤制。生物有机肥一般含有酵素菌、EM 复合菌、芽孢杆菌等，根据情况选用，如百奥、花椒饼生物肥等。如果用生物型有机无机复混肥，建议魏庄、河店、燕店用 12—6—12 配方；莘亭以南、朝城以北大棚或叶菜类用 15—6—9 配方；建议魏庄、河店、燕店或高磷大棚用 15—10—20 硫酸钾型配方肥，莘亭以南中部乡镇大棚用 15—18—12 配方，本区多年老棚有效磷含量较高，建议不再施二铵。中微量元素肥料可选用双绿或基肥宝等。

技术服务单位：莘县农业局土肥站　技术服务人员：张洪启　　肥料配送中心：刘西海

表 2 莘县________村测土配方施肥技术方案(中南丰产控磷稳钾区 002)

小麦配方施肥方案

目标产量:450kg/667m²

推荐方案		肥料配方	施用量(kg)	施肥时间	施肥方式
方案一	底肥	15—18—12	45	耕地前	撒施
	底肥	中微量元素肥	15	耕地前	撒施
	追肥	尿素	20	3月15日前后	沟施
方案二	底肥	尿素	20	耕地前	撒施
	底肥	磷酸二铵	20	耕地前	撒施
	底肥	氯化钾	7	耕地前	撒施
	底肥	中微量元素肥	15	耕地前	撒施
	追肥	尿素	20	3月15日前后	沟施

注:产量大于 400kg 的地块,每增减 50kg 小麦,建议每亩增减配方肥 5kg,或尿素 3～5kg,钾肥 1kg。若底肥施用了有机肥,可酌情减少化肥用量。凡秸秆还田的地块注意足墒播种、播后镇压、浇好越冬水;追肥也可用 30—0—5 或相近配比的复混肥。在灌浆初期,连喷两次 0.3%～0.4%的磷酸二氢钾溶液,预防干热风。中微量元素肥可用基肥宝或网联肥宝 2kg。

玉米配方施肥方案

目标产量:600kg/667m²

推荐方案		肥料配方	亩用量(kg)	施肥时间	施肥方式
方案一	追肥一	30—5—5	10	种肥	沟施
	追肥二	30—5—5	35	大喇叭口期	沟施
方案二	追肥一	磷酸二铵	5	种肥	沟施
	追肥二	磷酸二铵	5	大喇叭口期	沟施
	追肥二	氯化钾	5	大喇叭口期	沟施
	追肥二	尿素	30	大喇叭口期	沟施

注:产量水平 700kg/667m² 以上,可选用 30—5—5 的省农业厅网联配方肥 50～70kg/667m²;种肥也可用 15—15—15 的复合肥,施用量控制在 5～10kg;对于微量元素缺乏的玉米田,可苗期喷施 0.1%的硫酸锌,小麦已经底施微肥的,可不施;播种时若施用种肥或缓控释肥的,种和肥必须相隔 5cm 左右,严禁种和肥混播,产量 600kg/667m² 的地块缓控释肥用量 40kg/667m²。

多年大棚瓜菜配方施肥底肥方案

措施	内容	方式
1. 增施充分腐熟农家肥	施用充分腐熟的农家肥6～10方,农家肥不足的用正牌厂家的精制商品有机肥补足	撒施
2. 提倡施用生物有机肥	生物有机肥 80～160kg /667m²	2/3 地撒施,耕翻混匀,1/3 施于种植带
3. 合理配施专用配方肥	施用生物型有机无机复混肥 80～160kg 或 45%高浓度硫酸钾配方肥 50kg	2/3 地撒施,耕翻混匀,1/3 施于种植带
4. 补施中微量元素肥料	每亩施用锌肥 2kg＋硼肥 0.5kg＋硅钙肥 25～50kg 或中微量元素肥料 25～50kg	撒施

注:杜绝施用生鸡粪,最好用玉米秸秆＋畜禽粪＋酵素菌沤制。生物有机肥一般含有酵素菌、EM 复合菌、芽孢杆菌等,根据情况选用,如百奥、花椒饼生物肥等。如果用生物型有机无机复混肥,用 12—6—12 配方;建议用 15—18—12 硫酸钾型配方,3 年以内大棚加施二铵 25kg/667m²。中微量元素肥料可选用双绿或基肥宝等。

技术服务单位:莘县农业局土肥站　技术服务人员:张洪启　肥料配送中心:刘西海

表 3　莘县________村测土配方施肥技术方案(东部稳产稳磷稳钾区 003)

小麦配方施肥方案（目标产量:500kg/667m²）

推荐方案		肥料配方	施用量(kg)	施肥时间	施肥方式
方案一	底肥	17—18—10	50	耕地前	撒施
		中微量元素肥	20	耕地前	撒施
	追肥	尿素	20	3月20日前后	沟施
方案二	底肥	尿素	23	耕地前	撒施
		磷酸二铵	20	耕地前	撒施
		氯化钾	7	耕地前	撒施
		中微量元素肥	20	耕地前	撒施
	追肥	尿素	20	3月20日前后	沟施

注:产量大于 400kg 的地块,每增减 50kg 小麦,建议每亩增减配方肥 5kg,或尿素 3~5kg,钾肥 1kg。若底肥施用了有机肥,可酌情减少化肥用量。凡秸秆还田的地块注意足墒播种、播后镇压、浇好越冬水;追肥也可用 30—0—5 或相近配比的复混肥。在灌浆初期,连喷两次 0.3~0.4%的磷酸二氢钾溶液,预防干热风。中微量元素肥可用基肥宝或网联肥宝 2kg。

玉米配方施肥方案（目标产量:650kg/667m²）

推荐方案		肥料配方	施用量(kg)	施肥时间	施肥方式
方案一	追肥一	30—5—5	10	种肥	沟施
	追肥二	30—5—5	40	大喇叭口期	沟施
方案二	追肥一	磷酸二铵	5	种肥	沟施
	追肥二	磷酸二铵	12	大喇叭口期	沟施
		氯化钾	8		
		尿素	30		

注:产量水平 500~600kg/667m²,可选用 26—6—8 的省农业厅网联配方肥 40~50kg/667m²;种肥也可用 15—15—15 的复合肥,施用量控制在 5~10kg;对于微量元素缺乏的玉米田,可苗期喷施 0.1%的硫酸锌,小麦已经底施微肥的,可不施;播种时若施用种肥或缓控释肥的,种和肥必须相隔 5cm 左右,严禁种和肥混播,地块缓控释肥用量 40~45kg/667m²。

多年大棚瓜菜配方施肥底肥方案

措施	内容	方式
1. 增施充分腐熟农家肥	施用充分腐熟的农家肥6~10方,农家肥不足的用正牌厂家的精制商品有机肥补足	撒施
2. 提倡施用生物有机肥	生物有机肥 80~160kg/667m²	2/3 地撒施,耕翻混匀,1/3 施于种植带
3. 合理配施专用配方肥	施用生物型有机无机复混肥 80~160kg 或 45%高浓度硫酸钾配方肥 50kg	
4. 补施中微量元素肥料	施用锌肥 2kg⁺ 硼肥 0.5kg⁺ 硅钙肥 25~50kg 或中微量元素肥料 25~50kg	撒施

注:杜绝施用生鸡粪,最好用玉米秸秆+畜禽粪+酵素菌沤制。生物有机肥一般含有酵素菌、EM 复合菌、芽孢杆菌等,根据情况选用,如百奥、花椒饼生物肥等。如果用生物型有机无机复混肥,建议用 15—6—9 配方;建议配方肥用 15—20—10 硫酸钾型,本区多年老棚有效磷含量较高,建议不再施二铵。中微量元素肥料可选用双绿或基肥宝等。

技术服务单位:莘县农业局土肥站　技术服务人员:张洪启　　肥料配送中心:刘西海

表 4　　莘县　　　村测土配方施肥技术方案(西北旱作稳磷补钾区 004)

小麦配方施肥方案

推荐方案		目标产量:375kg/667m²			
		肥料配方	施用量(kg)	施肥时间	施肥方式
方案一	底肥	12—18—15	35	耕地前	撒施
		中微量元素肥	15	耕地前	撒施
	追肥	尿素	15	3月15日前后	沟施
方案二	底肥	尿素	20	耕地前	撒施
		磷酸二铵	5	耕地前	撒施
		氯化钾	20	耕地前	撒施
		中微量元素肥	15	耕地前	撒施
	追肥	尿素	20	3月15日前后	沟施

注:产量大于 400kg 的地块,每增减 50kg 小麦,建议每亩增减配方肥 5kg 或尿素 3～5kg,钾肥 2kg。凡秸秆还田地块注意加施 5kg 尿素、足墒播种、播后镇压、浇好越冬水;追肥也可用 30—0—5 或相近配比的复混肥。在灌浆初期,连喷两次 0.3～0.4%的磷酸二氢钾溶液,可预防干热风。中微量元素肥料可选用双绿或神六 54 等,也可用网联肥宝 2kg。

玉米配方施肥方案

推荐方案		目标产量:500kg/667m²			
		肥料配方	施用量(kg)	施肥时间	施肥方式
方案一	追肥一	24—8—8	5	种肥	沟施
	追肥二	24—8—8	30	大喇叭口期	沟施
方案二	追肥一	磷酸二铵	5	种肥	沟施
	追肥二	磷酸二铵	5	大喇叭口期	沟施
		氯化钾	5		
		尿素	30		

注:玉米产量水平在 500 kg/667m² 以上,也可选用 26—6—8 的省农业厅网联配方肥 35～50kg/667m²;种肥也可用 15—15—15 的复合肥,亩用量控制在 5～10kg。对于微量元素缺乏的玉米田,可苗期喷施 0.1%的硫酸锌,小麦已经底施微肥的,可不施;在播种或 5 叶期前一次性施入 27—5—8 玉米缓控释肥,用量 35～40kg/667m²,省工、省时、效果明显;播种时施用缓控释肥或种肥,种和肥必须相隔 5cm,严禁种和肥混播。

地膜春花生配方施肥方案

推荐方案		目标产量:500kg/667m²			
		肥料配方	施用量(kg)	施肥时间	施肥方式
方案一	配方肥	12—18—15	50	耕地前	撒施
	中微肥	双绿或神六 54 等	25	耕地前	撒施
	叶面肥	含钼、铁叶面肥		始花期	喷施
方案二	配肥	磷酸二铵	20	耕地前	撒施
		氯化钾	15		
		尿素	15		
	叶面肥	含钼、含铁叶面肥		始花期	喷施

注:有效磷含量高或重茬地块可选择 12—6—12 的生物型有机无机复合肥,亩施用量 60～80kg/667m²。花生对微量元素钼、铁、硼较为敏感,底肥没有施微肥的地块,可以在中后期进行 2～3 次叶面喷施,与杀菌剂甲基托布津或多菌灵混用,兼治叶斑病。

技术服务单位:莘县农业局土肥站　技术服务人员:张洪启　　　肥料配送中心:刘西海

表 5　莘县______村测土配方施肥技术方案(西南沙壤增磷补钾区 005)

小麦配方施肥方案

推荐方案		目标产量:450kg/667m²			
		肥料配方	施用量(kg)	施肥时间	施肥方式
方案一	底肥	15—20—10	40	耕地前	撒施
方案一	底肥	中微量元素肥	20	耕地前	撒施
方案一	追肥	尿素	20	3 月 15 日前后	沟施
方案二	底肥	尿素	15	耕地前	撒施
方案二	底肥	磷酸二铵	20	耕地前	撒施
方案二	底肥	氯化钾	5	耕地前	撒施
方案二	底肥	中微量元素肥	15	耕地前	撒施
方案二	追肥	尿素	20	3 月 15 日前后	沟施

注:产量大于 400kg 的地块,每增减 50kg 小麦,建议每亩增减配方肥 5kg,或尿素 3～5kg,钾肥 1kg。若底肥施用了有机肥,可酌情减少化肥用量。凡秸秆还田的地块注意足墒播种、播后镇压、浇好越冬水;追肥也可用 30—0—5 或相近配比的复混肥。在灌浆初期,连喷两次 0.3～0.4%的磷酸二氢钾溶液,预防干热风。中微量元素肥可用基肥宝或网联肥宝 2kg。

玉米配方施肥方案

推荐方案		目标产量:550kg/667m²			
		肥料配方	施用量(kg)	施肥时间	施肥方式
方案一	追肥一	30—5—5	5	种肥	沟施
方案一	追肥二	30—5—5	35	大喇叭口期	沟施
方案二	追肥一	磷酸二铵	5	种肥	沟施
方案二	追肥二	磷酸二铵	15	大喇叭口期	沟施
方案二	追肥二	氯化钾	5	大喇叭口期	沟施
方案二	追肥二	尿素	20	大喇叭口期	沟施

注:玉米产量水平在 600kg/667m² 以上,也可选用 26—6—8 的省农业厅网联配方肥 40～50kg/667m²;种肥也可用 15—15—15 的复合肥,亩用量控制在 5～10kg;对于微量元素缺乏的玉米田,可苗期喷施 0.1%的硫酸锌,小麦已经底施微肥的,可不施;用玉米缓控释肥(27—5—8),可在播种或 5 叶期前一次性施入,用量 35～50kg/667m²,播种时若施用种肥或缓控释肥的,种和肥必须相隔 5cm 左右,严禁种和肥混播。

大棚瓜菜配方施肥底肥方案

方案	内容	施肥方式
1. 增施充分腐熟农家肥	施用充分腐熟的农家肥6～10方,农家肥不足的用正牌厂家的精制商品有机肥补足	撒施
2. 提倡施用生物有机肥	生物有机肥 80～160kg /667m²	2/3 地撒施,耕翻混匀,1/3 施于种植带
3. 合理配施专用配方肥	施用生物型有机无机复混肥 80～160kg 或 45%高浓度硫酸钾配方肥 50kg	
4. 补施中微量元素肥料	施用锌肥 2kg⁺ 硼肥 0.5kg⁺ 硅钙肥 25～50kg 或中微量元素肥料 25～50kg	撒施

注:杜绝施用生鸡粪,最好用玉米秸秆＋畜禽粪＋酵素菌沤制。生物有机肥一般含有酵素菌、EM 复合菌、芽孢杆菌等,根据情况选用,如百奥、花椒饼生物肥等。如果用生物型有机无机复混肥,用 12—6—12 配方;建议用 15—18—12 硫酸钾型配方,3 年以内大棚加施二铵 25kg/667m²。中微量元素肥料可选用基肥宝等。

技术服务单位:莘县农业局土肥站　技术服务人员:张洪启　　肥料配送中心:刘西海

附录三　作物缺素症诊断歌

一、大量元素

缺氮

植株矮小长势弱，叶色失绿较细小；
叶片变黄无斑点，由下而上逐扩展；
根系细长且稀少，严重下叶枯落黄；
花果少而种子小，产量下降成熟早。

缺磷

植株矮小和瘦弱，生长缓慢分枝少；
叶色暗绿无光泽，柄缘紫红易脱落；
次生根系生长少，产量质量均不高；
缺磷下叶先表现，逐渐向上在发展；
花果稀少茎细小，上市拖延采期超。

缺钾

老叶叶缘先变黄，进而变褐焦枯状；
叶片出现褐色斑，严重叶片红棕干；
叶脉色绿仍不变，褐色斑点长相伴；
根少短小无抗性，感染真菌易得病。

二、中量元素

缺钙

缺钙先看幼嫩叶，植株未老就早衰；
凋萎坏死生长点，叶片皱缩边黄卷；
叶尖弯钩缘枯焦，株倒簇生结实少；
根尖细脆易腐烂，细叶曲卷叶尖枯。

缺镁

变态发生中后期，先看老叶始失绿；
尖缘脉间色泽变，淡绿变黄紫色显；

基部中央逐扩展，网状脉纹清晰见；
叶脉呈绿无异样，植株大小如往常。

缺硫

蔬菜缺硫看株体，全株叶片淡黄绿；
叶片退绿先看脉，细叶老叶细对比；
叶脉叶肉都失色，严重老叶变黄白；
幼枝老叶症状显，叶片细小向上卷；
叶片硬脆提早落，花果延迟结荚少。

三、微量元素

缺硼

缺硼先看幼嫩尖，花而不实易常见；
植株尖端易发白，顶芽生长易枯萎；
生长点下易萌生，植株分枝成丛状；
新叶粗糙成淡绿，叶片皱缩易变脆；
柄茎粗短常开裂，水渍斑点环状节。

缺铁

缺铁先看枝顶心，叶脉叶肉要分清；
新叶缺绿黄白色，叶脉颜色仍显绿；
不同植物有区别，双单子叶要分开；
网纹花叶双子叶，条纹花叶单子叶。

缺锌

节间短促株矮小，叶长受阻出小叶；
新叶灰绿或黄白，细看脉间或中脉；
中脉附近先失绿，严重坏死成褐点。

缺钼

缺钼症状两类型，仔细分辨能认清；
一类脉间色变淡，叶片发黄出斑点；
边缘焦枯向内卷，组织失水呈萎蔫；
先看老叶显症状，再辨新叶仍正常；
十字花科不一样，叶片扭曲螺旋状。

缺锰

幼叶叶肉变黄白，脉和近脉仍绿色；
脉文清晰是症状，主脉较远先发黄；
严重叶片细褐点，逐渐增大布叶面。

附录四　常见化学肥料品种的养分含量

肥料品种	氮(N,%)	磷(P_2O_5,%)	钾(K_2O,%)	镁(MgO,%)	硫(S,%)
碳酸氢铵	14～17				
尿素	46				
普钙	—	10～18			24
钙镁磷		17～19		10～15	
磷二铵	16～21	46			
硫酸钾			50～52		17
氯化钾			60～62		

附录五 主要有机肥大量元素含量表

名称	风干基			鲜基		
	N	P	K	N	P	K
粪尿类	4.689	0.802	3.011	0.605	0.175	0.411
人粪尿	9.973	1.421	2.794	0.643	0.106	0.187
人粪	6.357	1.239	1.482	1.159	0.261	0.304
人尿	24.591	1.609	5.819	0.526	0.038	0.136
猪粪	2	0.817	1.082	0.547	0.245	0.294
猪尿	12.126	1.522	10.679	0.166	0.022	0.157
猪粪尿	3.773	1.095	2.495	0.238	0.074	0.171
马粪	1.347	0.434	1.247	0.437	0.134	0.381
马粪尿	2.552	0.419	2.815	0.378	0.077	0.573
牛粪	1.56	0.382	0.898	0.383	0.095	0.231
牛尿	10.3	0.64	18.871	0.501	0.017	0.906
牛粪尿	2.462	0.563	2.888	0.351	0.082	0.421
羊粪	2.317	0.457	1.284	1.014	0.216	0.532
兔粪	2.115	0.675	1.71	0.874	0.297	0.653
鸡粪	2.137	0.879	1.525	1.032	0.413	0.717
堆沤肥类	0.925	0.316	1.278	0.429	0.137	0.487
堆肥	0.636	0.216	1.048	0.347	0.111	0.399
沤肥	0.635	0.25	1.466	0.296	0.121	0.191
猪圈肥	0.958	0.443	0.95	0.376	0.155	0.298
马厩肥	1.070	0.321	1.163	0.454	0.137	0.505
牛栏肥	1.299	0.325	1.82	0.500	0.131	0.720
羊圈肥	1.262	0.27	1.333	0.782	0.154	0.740

续表

名称	风干基			鲜基		
	N	P	K	N	P	K
土粪	0.375	0.201	1.339	0.146	0.12	0.083
秸秆类	1.021	0.141	1.482	0.347	0.046	0.539
小麦秸秆	0.617	0.071	1.017	0.314	0.04	0.653
玉米秸秆	0.869	0.133	1.112	0.298	0.043	0.384
大豆秸秆	1.633	0.17	1.056	0.577	0.063	0.368
油菜秸秆	0.816	0.14	1.857	0.266	0.039	0.607
马铃薯藤	2.403	0.247	3.581	0.31	0.032	0.461
绿肥类	2.417	0.274	2.083	0.524	0.057	0.434
苕子	3.047	0.289	2.141	0.632	0.061	0.44
草木樨	1.375	0.144	1.134	0.260	0.036	0.428
豌豆	2.47	0.241	1.719	0.614	0.059	0.478
箭豌豆	1.846	0.187	1.285	0.652	0.07	0.305
蚕豆	2.392	0.27	1.419	0.473	0.048	2.427
杂肥类	0.761	0.54	3.737	0.253	0.433	1.53
泥肥	0.239	0.247	1.62	0.183	0.102	0.836
肥土	0.555	0.142	1.433	0.207	0.099	0.677
饼肥	0.428	0.519	0.828	2.946	0.459	1.338
豆饼	6.684	0.44	1.186	4.838	0.521	1.116
菜籽饼	5.25	0.799	1.042	5.195	0.853	0.136
沼气发酵肥	6.231	1.167	4.455	0.283	0.113	0.088
沼渣	12.924	1.828	9.886	0.109	0.019	0.203
沼液	1.866	0.755	0.835	0.499	0.216	

注：根据全国有机肥品质调查汇总得出，供计算有机肥养分分析纯量时参考。

附录六　人、畜、禽尿粪排泄量

类别	年排泄量 kg	八个月排泄量 kg(出栏)	每天 kg	六个月排泄量 kg(出栏)
人粪尿	693			
猪粪尿	3419	2280		
牛粪尿	8703			
羊粪尿	632			
鸡粪			0.071	13
鸭粪			0.132	24
鹅粪			0.194	35.5

注:摘自《中国有机养分志》,供参考。

附录七　主要作物养分含量表

作物名称	果实			茎叶		
	N	P	K	N	P	K
玉米	1.212	0.3	0.37	0.773	0.13	1.084
小麦	2.16	0.37	0.425	0.565	0.067	1.28
油菜	3.966	0.679	1.236	0.782	0.149	1.506
大豆	6.272	0.636	1.713	1.289	0.173	1.287
花生	4.182	0.305	0.723	1.343	0.127	0.841
高粱	1.326	0.385	0.397	0.436	0.17	1.206
谷子	1.456	0.267	0.592	0.595	0.068	1.718
红豆	5.85	1.45	2.5	1.195	0.81	0.495
甘薯	0.671	0.264	0.596	1.453	0.296	1.333
马铃薯	1.167	0.181	1.259	0.987	0.086	0.668
芝麻	3.028	0.668	0.502	0.386	0.107	2.107

注:根据多点多年土壤检测资料汇总得出,供计算作物吸收量。

附录八 主要作物单位产量养分吸收量

作物	收获物	形成 100kg 经济产量所吸收的养分量(kg)		
		氮(N)	五氧化二磷(P_2O_5)	氧化钾(K_2O)
冬小麦	籽粒	3	1.5	3
玉米	籽粒	3	1	2
谷子	籽粒	2.5	1.25	1.75
高粱	籽粒	2.6	1.3	1.3
甘薯	鲜块茎	0.35	0.18	0.55
马铃薯	鲜块茎	0.5	0.2	1.06
大豆	豆粒	7.2	1.8	4
花生	荚果	6.8	1.3	3.8
棉花	籽棉	5	1.8	4
油菜	籽粒	5.8	2.5	4.3
芝麻	籽粒	8.23	2.07	4.41
黄瓜	果实	0.4	0.15	0.55
架芸豆	果实	0.81	0.23	0.68
茄子	果实	0.3	0.1	0.45
甜椒	果实	0.52	0.11	0.65
番茄	果实	0.4	0.1	0.5
胡萝卜	块根	0.31	0.1	0.5
卷心菜	叶球	0.41	0.05	0.38
甘蓝	叶球	0.3	0.07	0.22
土豆	块茎	0.55	0.2	1
菜豆	荚果	0.4	2.2	0.5
洋葱	葱头	0.27	0.12	0.23

续表

作物	收获物	形成100kg经济产量所吸收的养分量(kg)		
		氮(N)	五氧化二磷(P_2O_5)	氧化钾(K_2O)
菠菜	全株	0.25	0.13	0.36
芹菜	全株	0.25	0.12	0.37
大葱	全株	0.34	0.18	0.6
大蒜	全株	0.5	0.13	0.47
韭菜	全株	0.4	0.1	0.32
大枣	果实	1.6～2	0.9～12	1.3～1.6
苹果	全株	1	0.5	1
梨	果实	0.94	0.77	1.2
葡萄	果实	1.2	1	1.6
桃	果实	1	0.7	1.6

注:(1)一般大田作物包括相应的茎、叶等营养器官的养分数量;

(2)块根、块茎、果实均为鲜重,籽实为风干重;

(3)大豆、花生等豆科作物主要借助根瘤菌固定空气中的氮素,从土壤中吸收的氮素仅占1/3左右。

附录九　莘县耕地地力评价成果图件

莘县耕地地力评价等级图

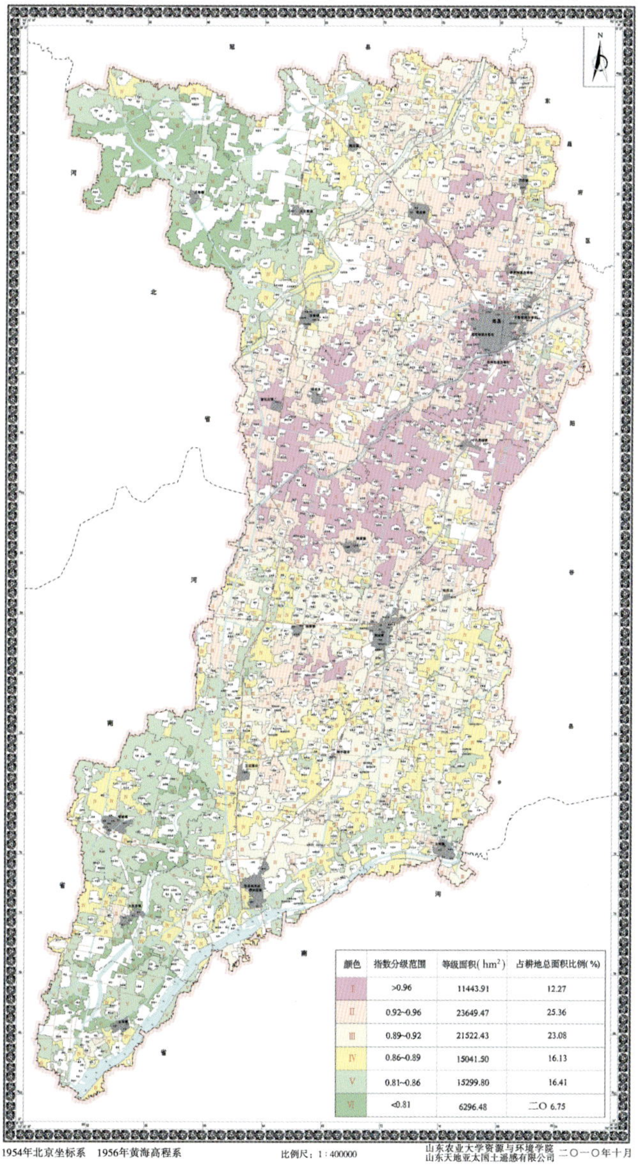

1954年北京坐标系　1956年黄海高程系　　比例尺：1∶400000　　山东农业大学资源与环境学院 山东天地亚太国土遥感有限公司　二〇一〇年十月

莘县土壤图

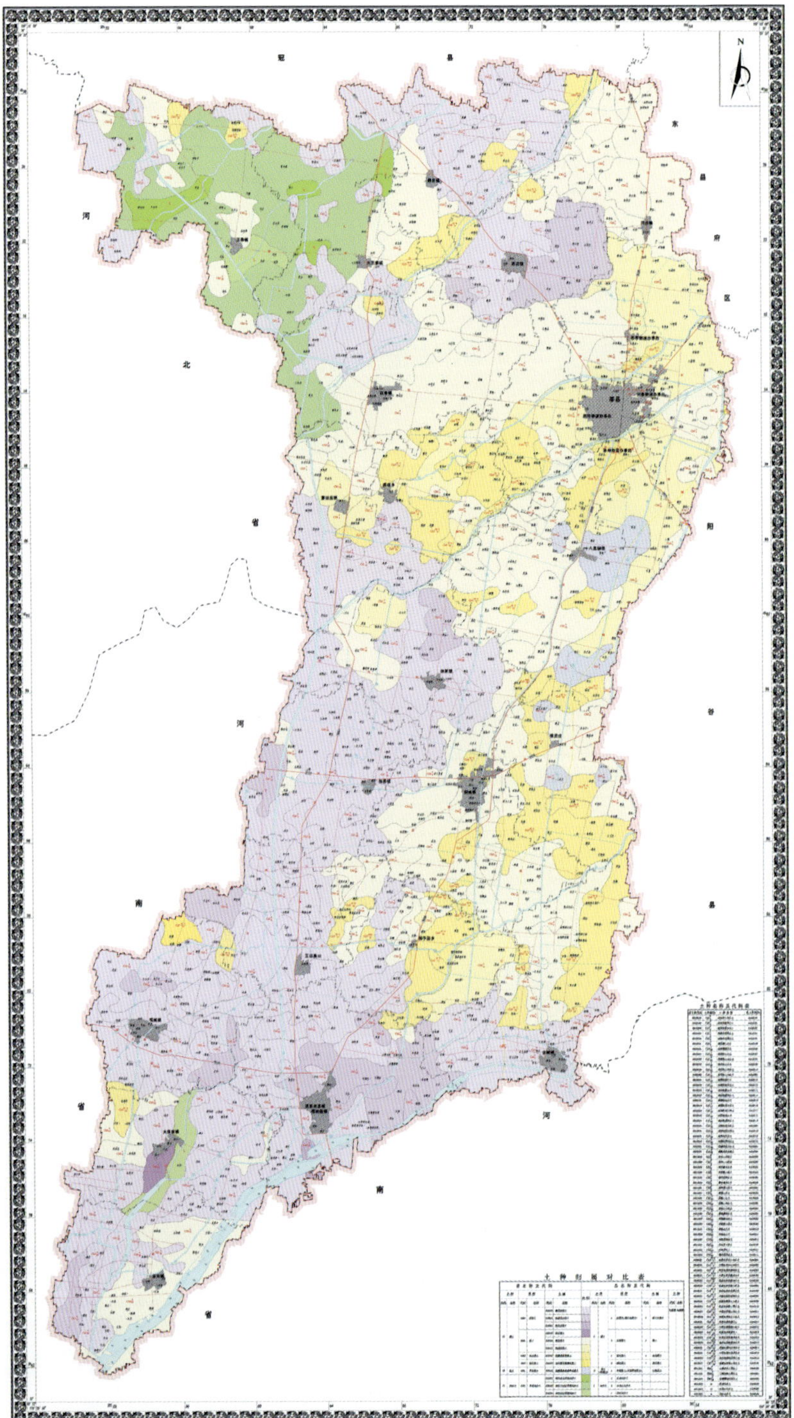

1954年北京坐标系　1956年黄海高程系　　比例尺：1∶400000　　山东农业大学资源与环境学院
山东天地亚太国土遥感有限公司　二〇一〇年十月

莘县地貌图

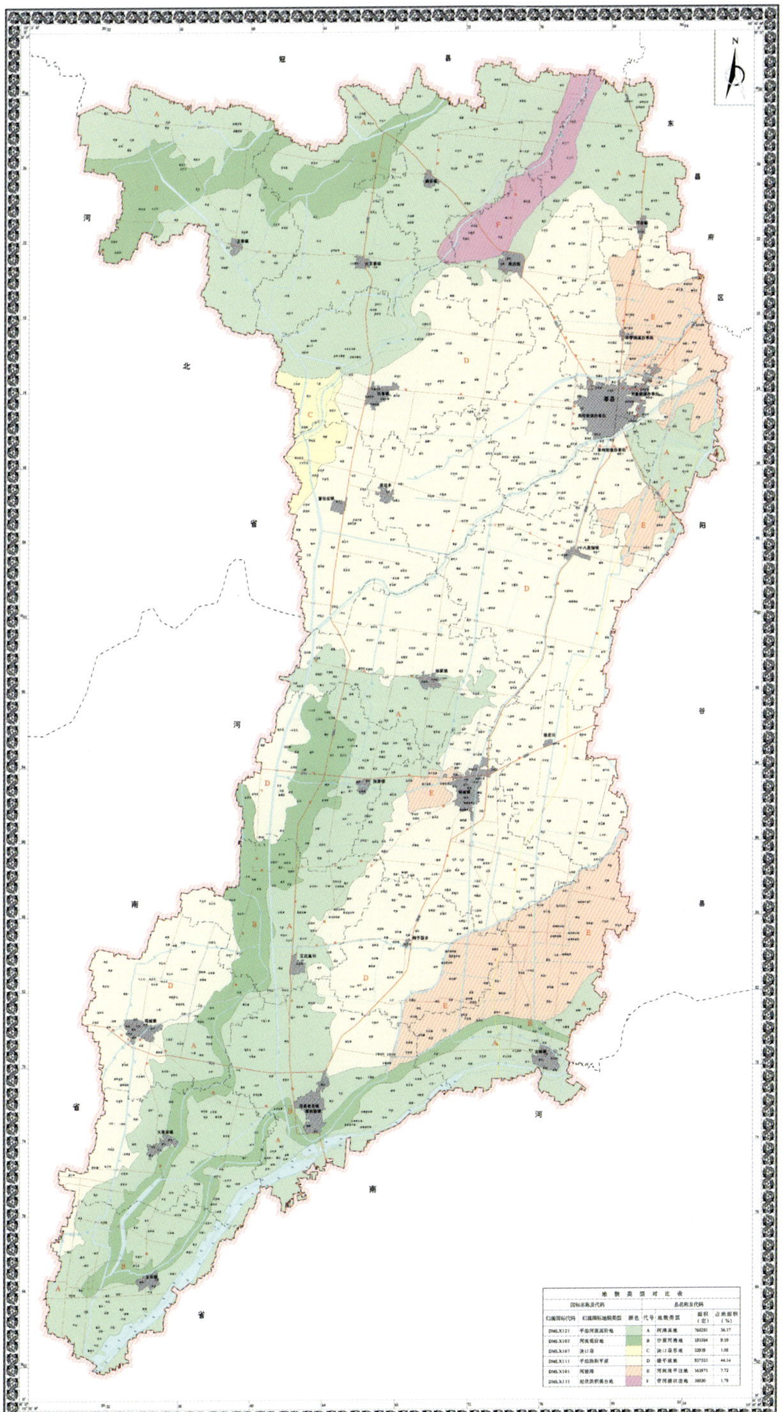

1954年北京坐标系　1956年黄海高程系　　比例尺：1：400000　　山东农业大学资源与环境学院
山东天地亚太国土遥感有限公司　二〇一〇年十月

莘县土地利用现状图

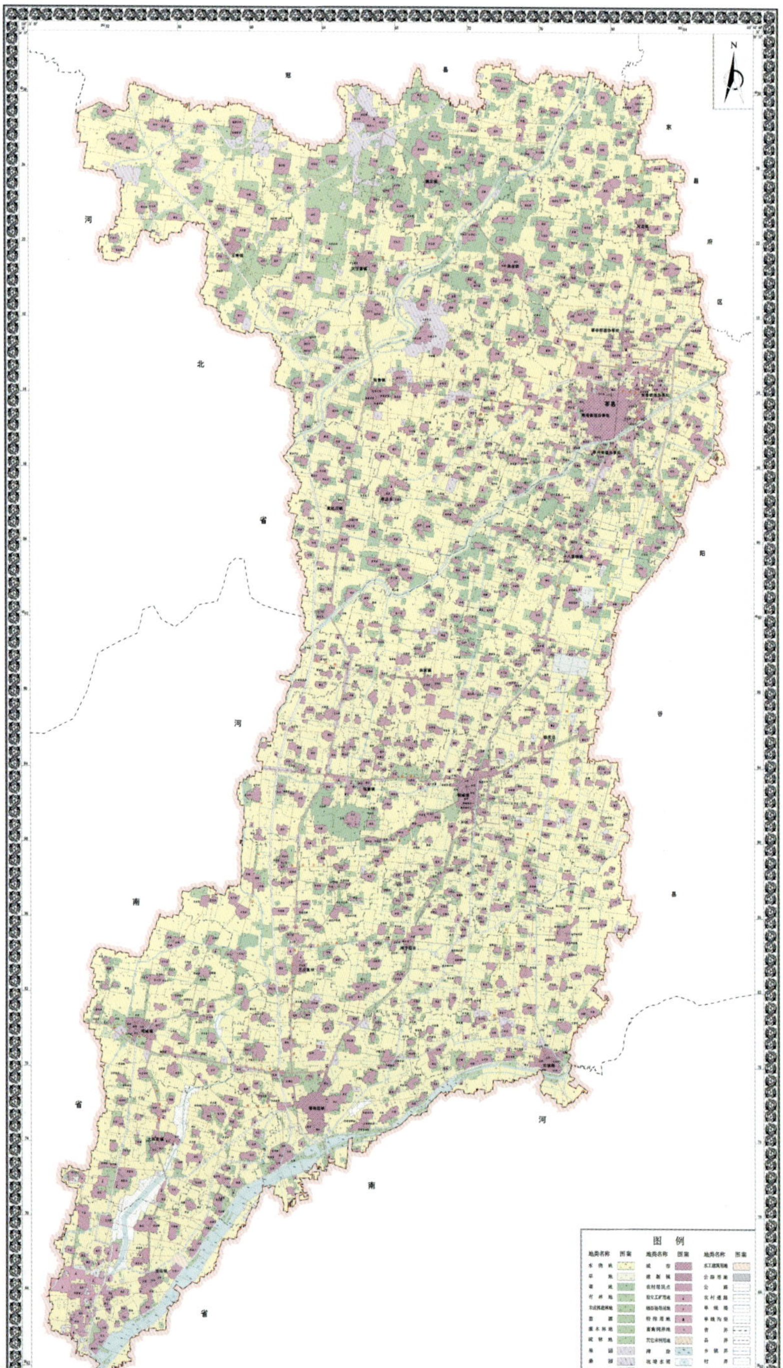

1954年北京坐标系　1956年黄海高程系　　比例尺：1∶400000　　山东农业大学资源与环境学院 山东天地亚太国土遥感有限公司　二〇一〇年十月

莘县耕地地力调查点点位图

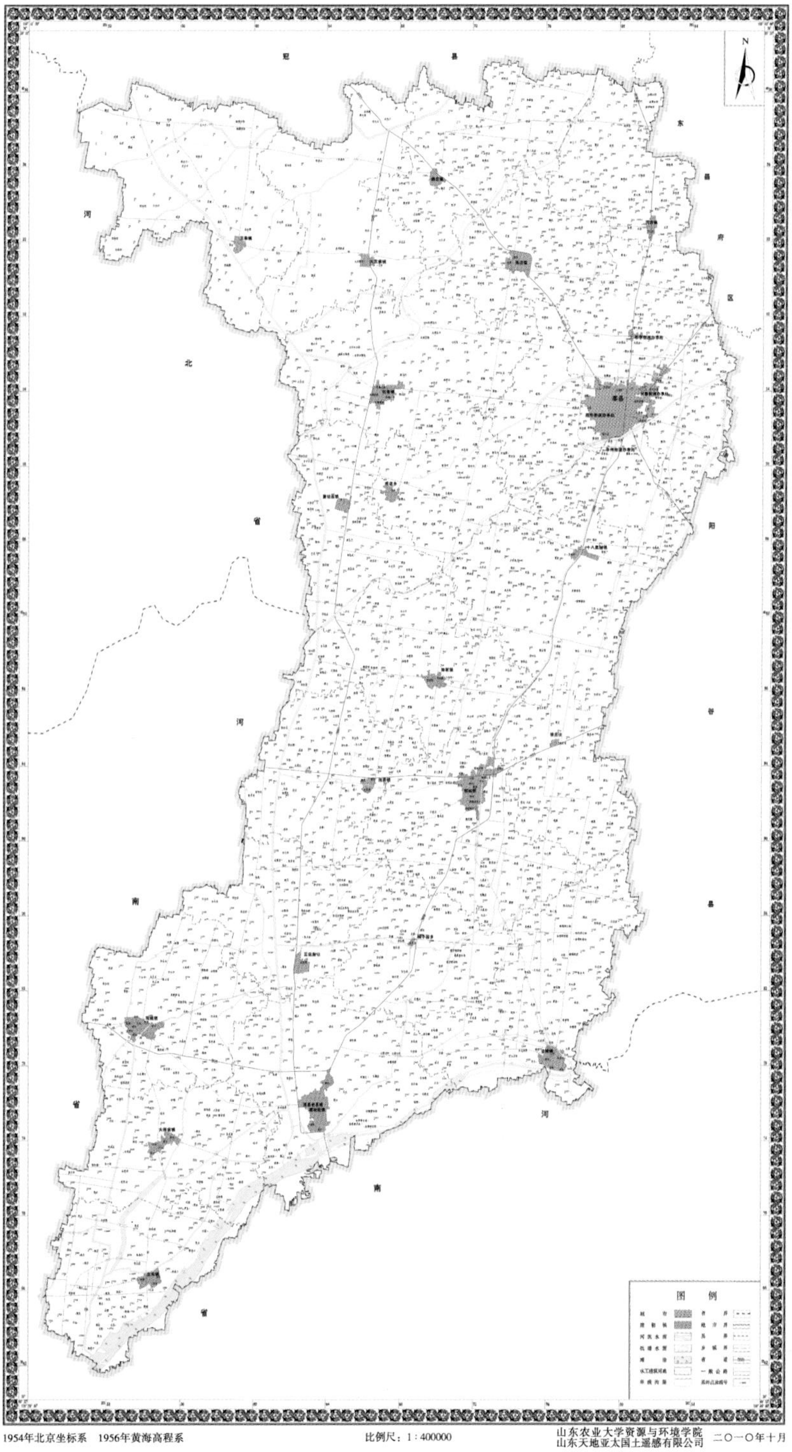

1954年北京坐标系　1956年黄海高程系　　比例尺：1∶400000　　山东农业大学资源与环境学院
山东天地亚太国土遥感有限公司　二〇一〇年十月

莘县土壤pH分布图

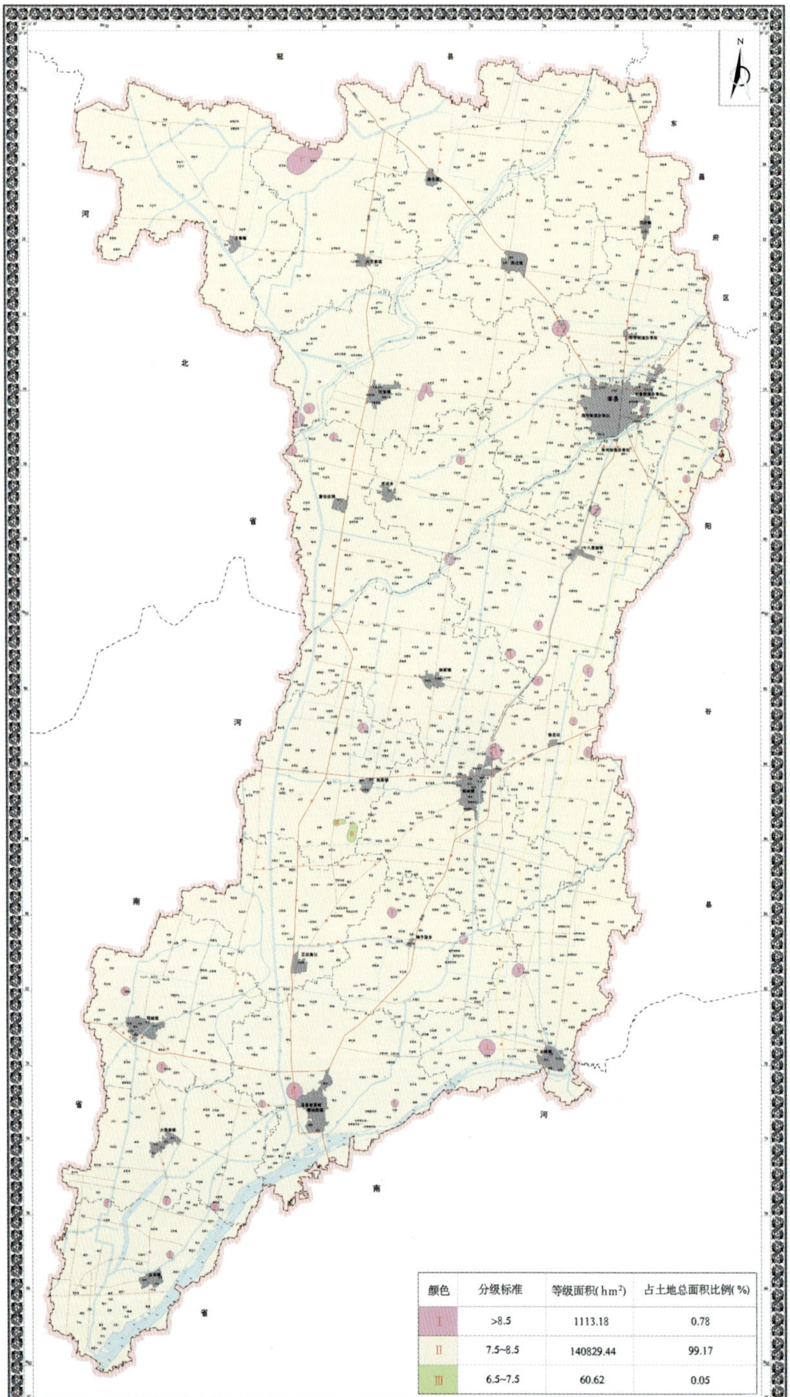

颜色	分级标准	等级面积(hm²)	占土地总面积比例(%)
Ⅰ	>8.5	1113.18	0.78
Ⅱ	7.5~8.5	140829.44	99.17
Ⅲ	6.5~7.5	60.62	0.05

1954年北京坐标系　1956年黄海高程系　　比例尺：1∶400000　　山东农业大学资源与环境学院　山东天地亚太国土遥感有限公司　二〇一〇年十月

莘县土壤有机质含量分布图

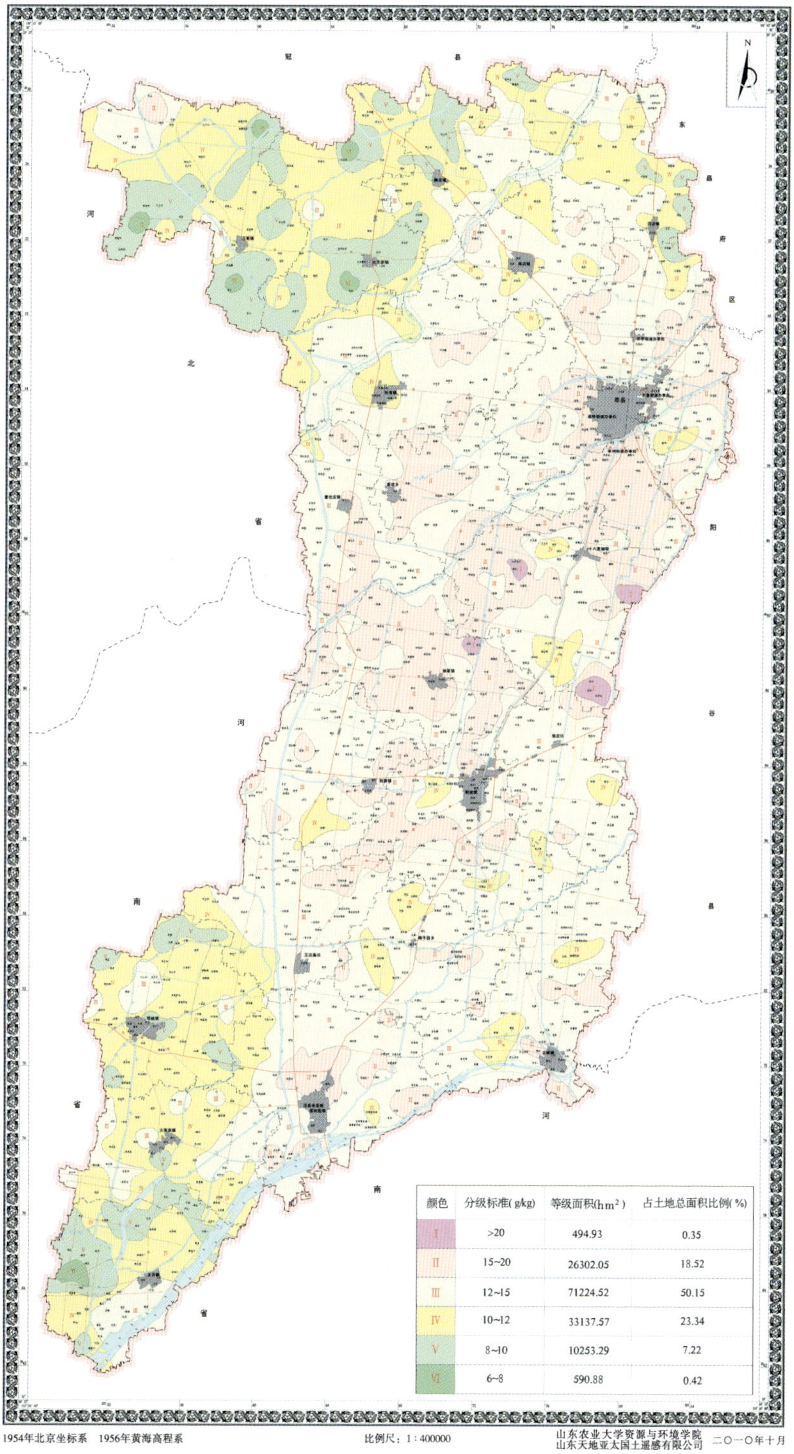

颜色	分级标准(g/kg)	等级面积(hm²)	占土地总面积比例(%)
Ⅰ	>20	494.93	0.35
Ⅱ	15~20	26302.05	18.52
Ⅲ	12~15	71224.52	50.15
Ⅳ	10~12	33137.57	23.34
Ⅴ	8~10	10253.29	7.22
Ⅵ	6~8	590.88	0.42

1954年北京坐标系　1956年黄海高程系　　比例尺：1：400000　　山东农业大学资源与环境学院　山东天地亚太国土遥感有限公司　二〇一〇年十月

莘县土壤全氮含量分布图

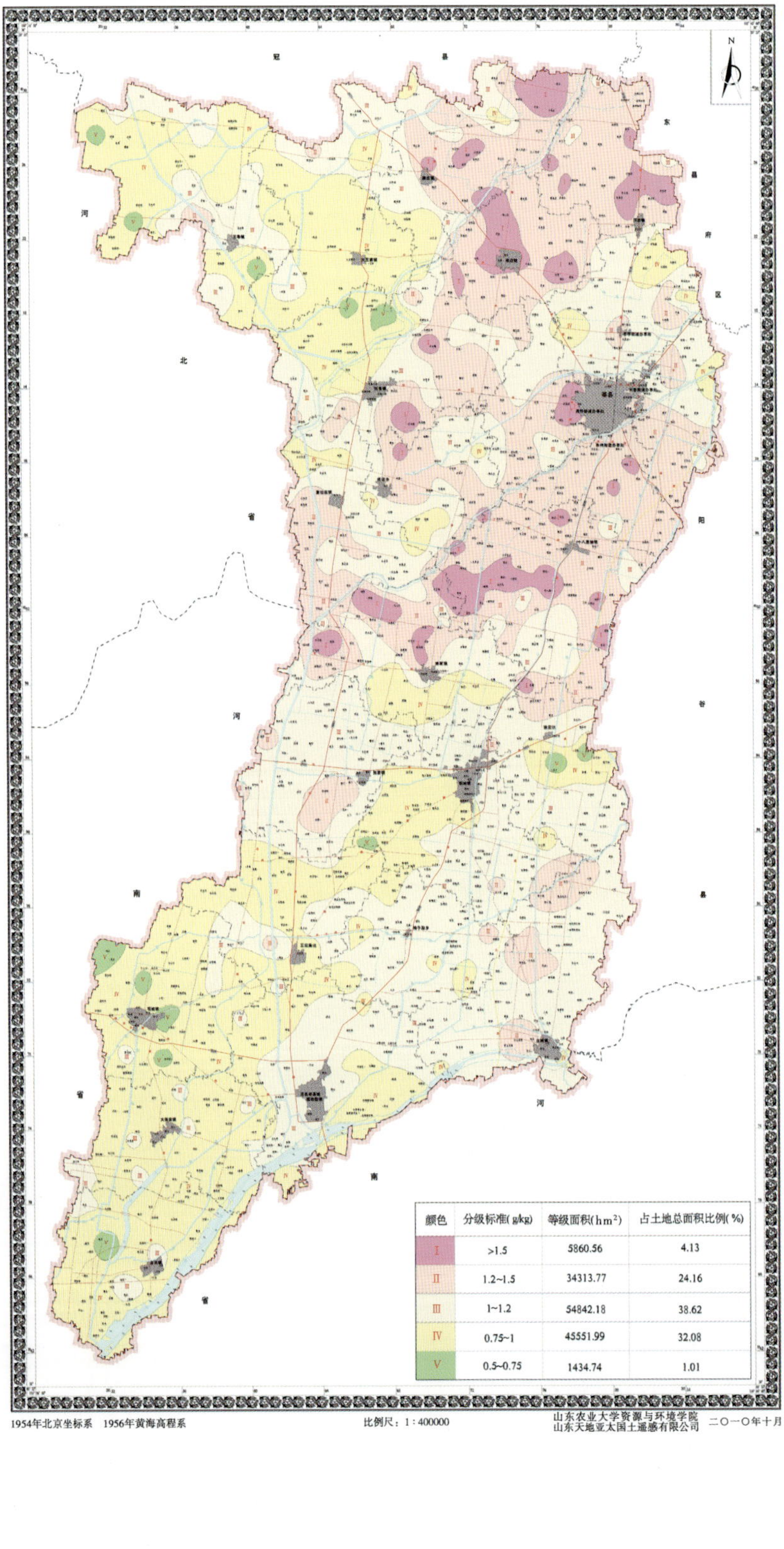

颜色	分级标准(g/kg)	等级面积(hm²)	占土地总面积比例(%)
Ⅰ	>1.5	5860.56	4.13
Ⅱ	1.2~1.5	34313.77	24.16
Ⅲ	1~1.2	54842.18	38.62
Ⅳ	0.75~1	45551.99	32.08
Ⅴ	0.5~0.75	1434.74	1.01

1954年北京坐标系 1956年黄海高程系

比例尺：1：400000

山东农业大学资源与环境学院
山东天地亚太国土遥感有限公司

二〇一〇年十月

莘县土壤碱解氮含量分布图

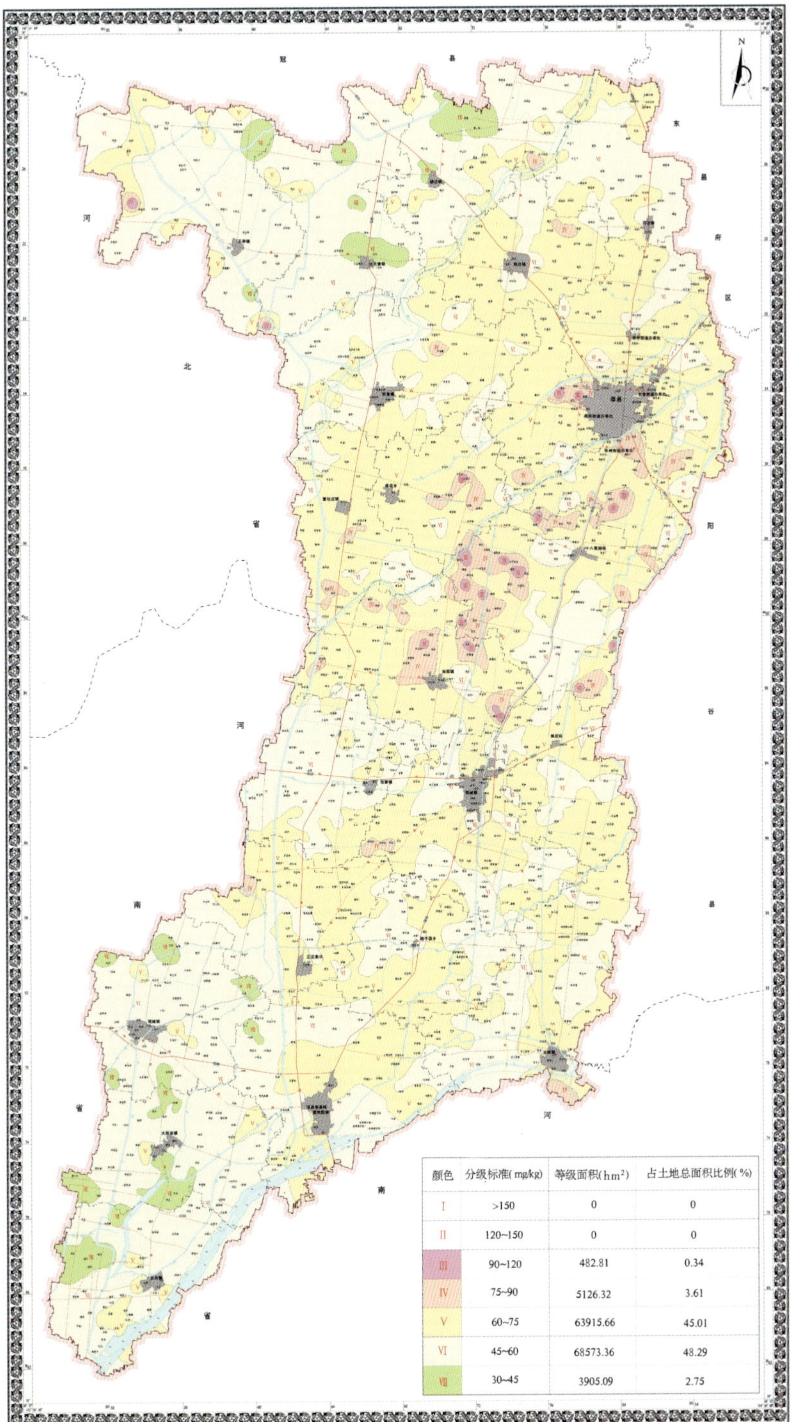

颜色	分级标准(mg/kg)	等级面积(hm^2)	占土地总面积比例(%)
Ⅰ	>150	0	0
Ⅱ	120~150	0	0
Ⅲ	90~120	482.81	0.34
Ⅳ	75~90	5126.32	3.61
Ⅴ	60~75	63915.66	45.01
Ⅵ	45~60	68573.36	48.29
Ⅶ	30~45	3905.09	2.75

1954年北京坐标系　1956年黄海高程系　　比例尺：1：400000　　山东农业大学资源与环境学院　山东天地亚太国土遥感有限公司　二〇一〇年十月

莘县土壤缓效钾含量分布图

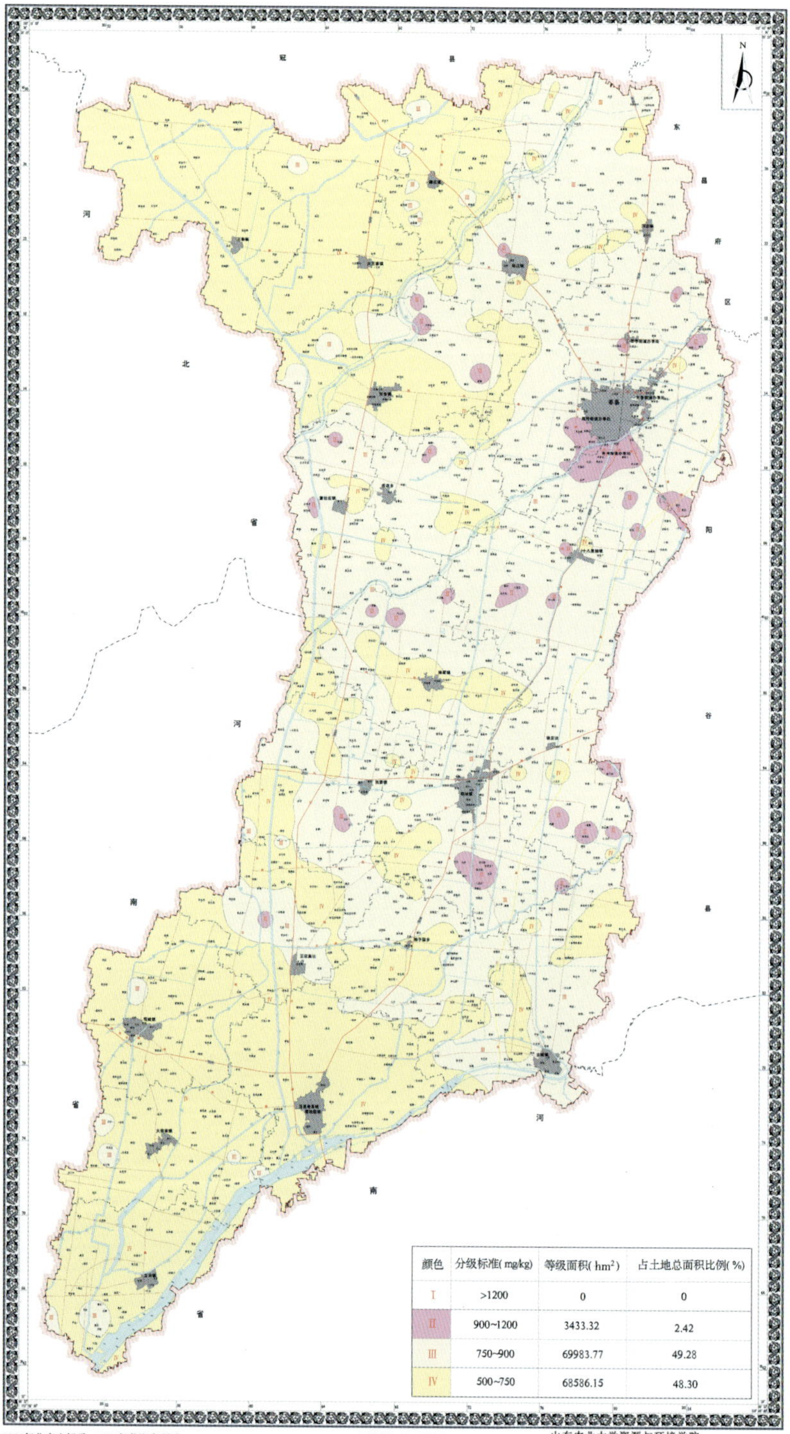

颜色	分级标准(mg/kg)	等级面积(hm^2)	占土地总面积比例(%)
Ⅰ	>1200	0	0
Ⅱ	900~1200	3433.32	2.42
Ⅲ	750~900	69983.77	49.28
Ⅳ	500~750	68586.15	48.30

1954年北京坐标系　1956年黄海高程系　　比例尺：1∶400000

山东农业大学资源与环境学院　山东天地亚太国土遥感有限公司　二〇一〇年十月

莘县土壤速效钾含量分布图

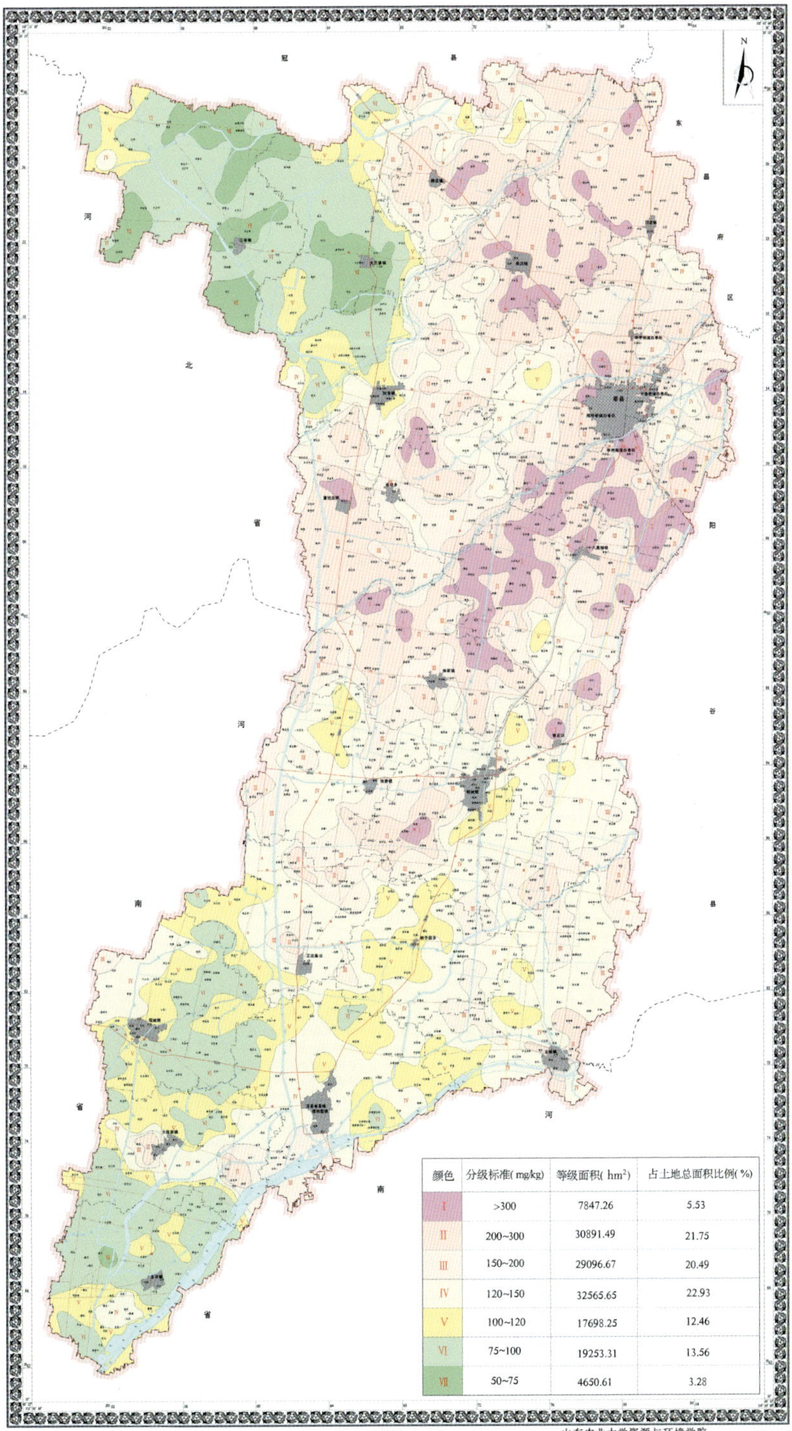

颜色	分级标准(mg/kg)	等级面积(hm²)	占土地总面积比例(%)
Ⅰ	>300	7847.26	5.53
Ⅱ	200~300	30891.49	21.75
Ⅲ	150~200	29096.67	20.49
Ⅳ	120~150	32565.65	22.93
Ⅴ	100~120	17698.25	12.46
Ⅵ	75~100	19253.31	13.56
Ⅶ	50~75	4650.61	3.28

1954年北京坐标系　1956年黄海高程系　　比例尺：1∶400000　　山东农业大学资源与环境学院
山东天地亚太国土遥感有限公司　二〇一〇年十月

莘县土壤有效磷含量分布图

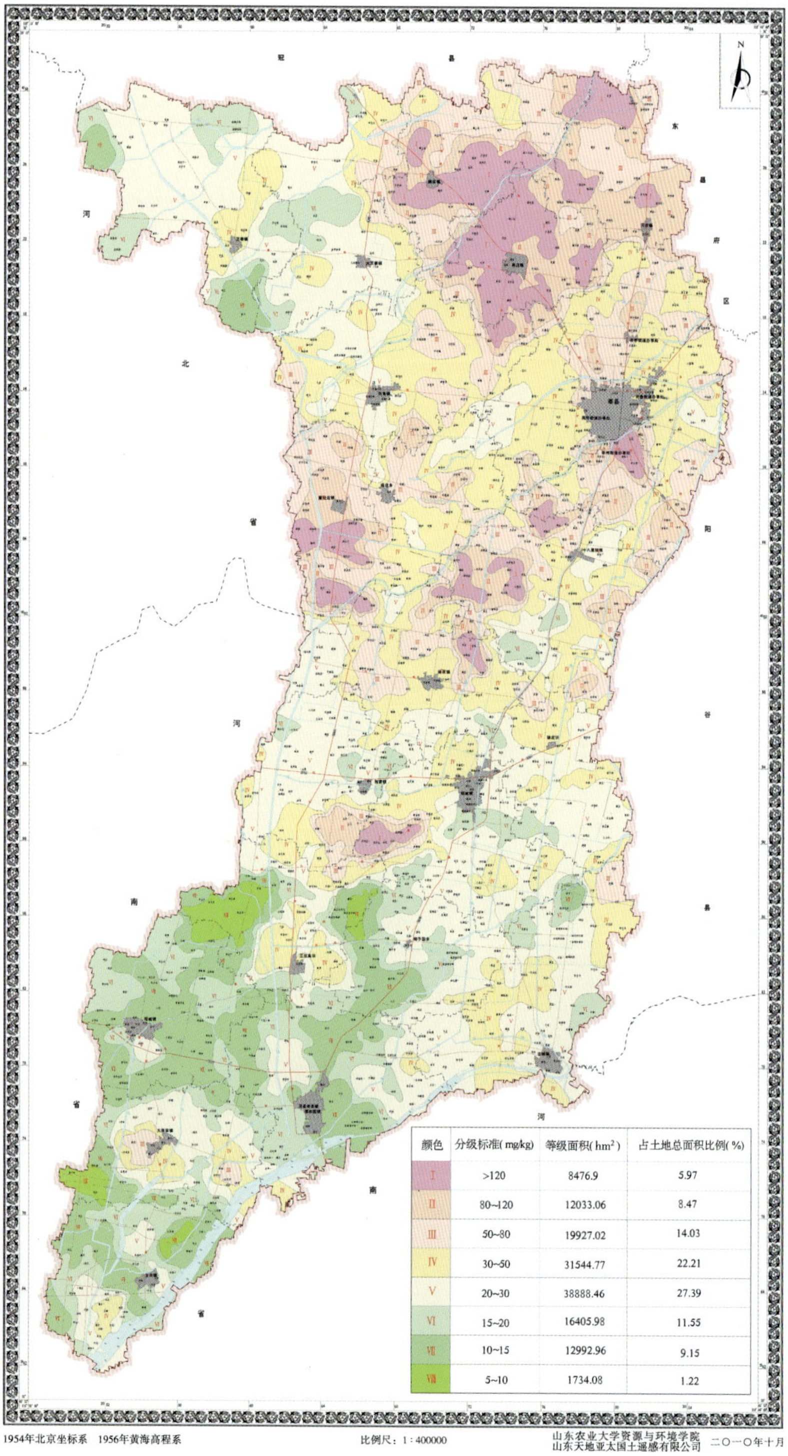

颜色	分级标准(mg/kg)	等级面积(hm²)	占土地总面积比例(%)
Ⅰ	>120	8476.9	5.97
Ⅱ	80~120	12033.06	8.47
Ⅲ	50~80	19927.02	14.03
Ⅳ	30~50	31544.77	22.21
Ⅴ	20~30	38888.46	27.39
Ⅵ	15~20	16405.98	11.55
Ⅶ	10~15	12992.96	9.15
Ⅷ	5~10	1734.08	1.22

1954年北京坐标系　1956年黄海高程系　　比例尺：1∶400000　　山东农业大学资源与环境学院 山东天地亚太国土遥感有限公司　二〇一〇年十月

莘县土壤交换性钙含量分布图

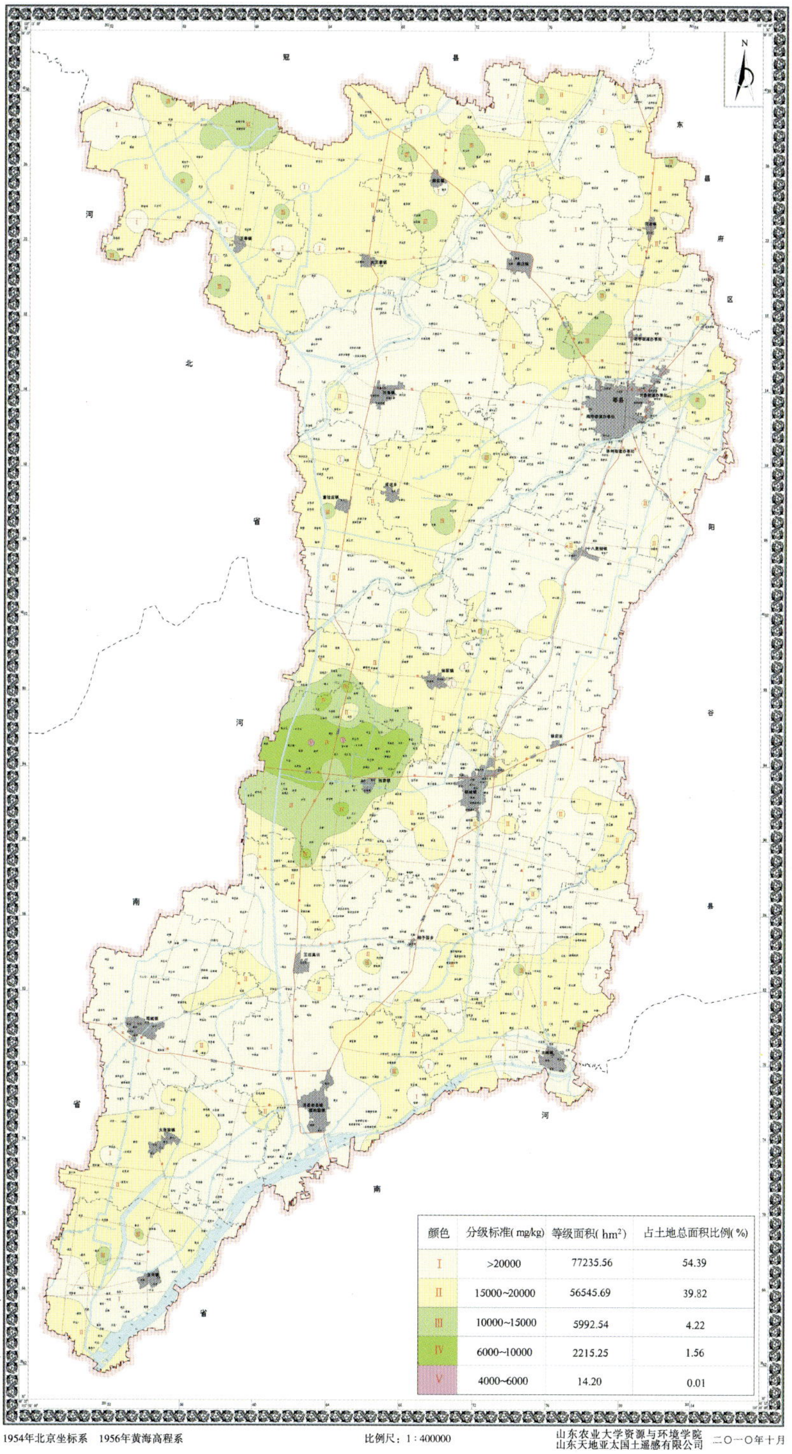

颜色	分级标准(mg/kg)	等级面积(hm^2)	占土地总面积比例(%)
Ⅰ	>20000	77235.56	54.39
Ⅱ	15000~20000	56545.69	39.82
Ⅲ	10000~15000	5992.54	4.22
Ⅳ	6000~10000	2215.25	1.56
Ⅴ	4000~6000	14.20	0.01

1954年北京坐标系 1956年黄海高程系

比例尺：1∶400000

山东农业大学资源与环境学院
山东天地亚太国土遥感有限公司 二〇一〇年十月

莘县土壤交换性镁含量分布图

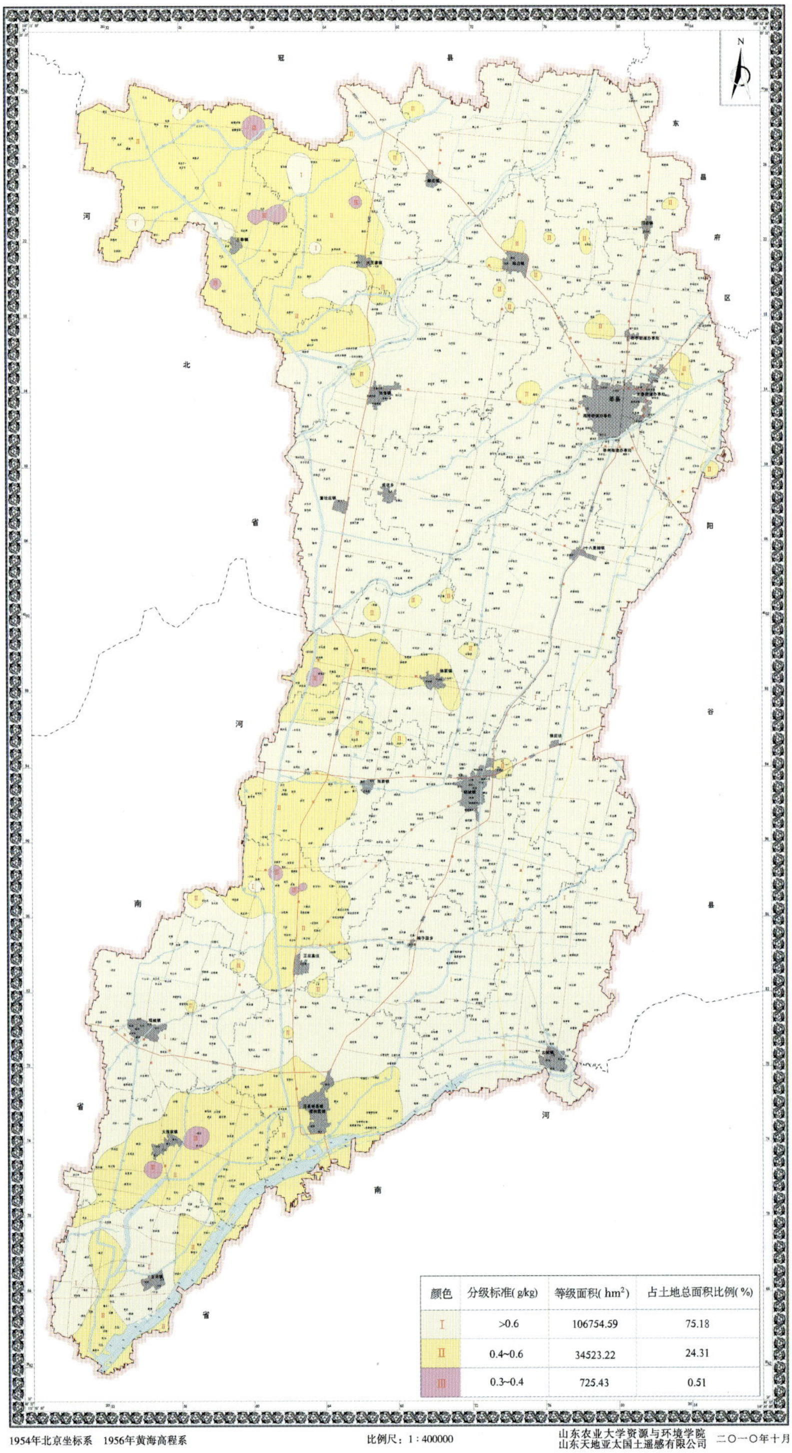

1954年北京坐标系 1956年黄海高程系

比例尺：1∶400000

山东农业大学资源与环境学院
山东天地亚太国土遥感有限公司 二〇一〇年十月

莘县土壤有效硫含量分布图

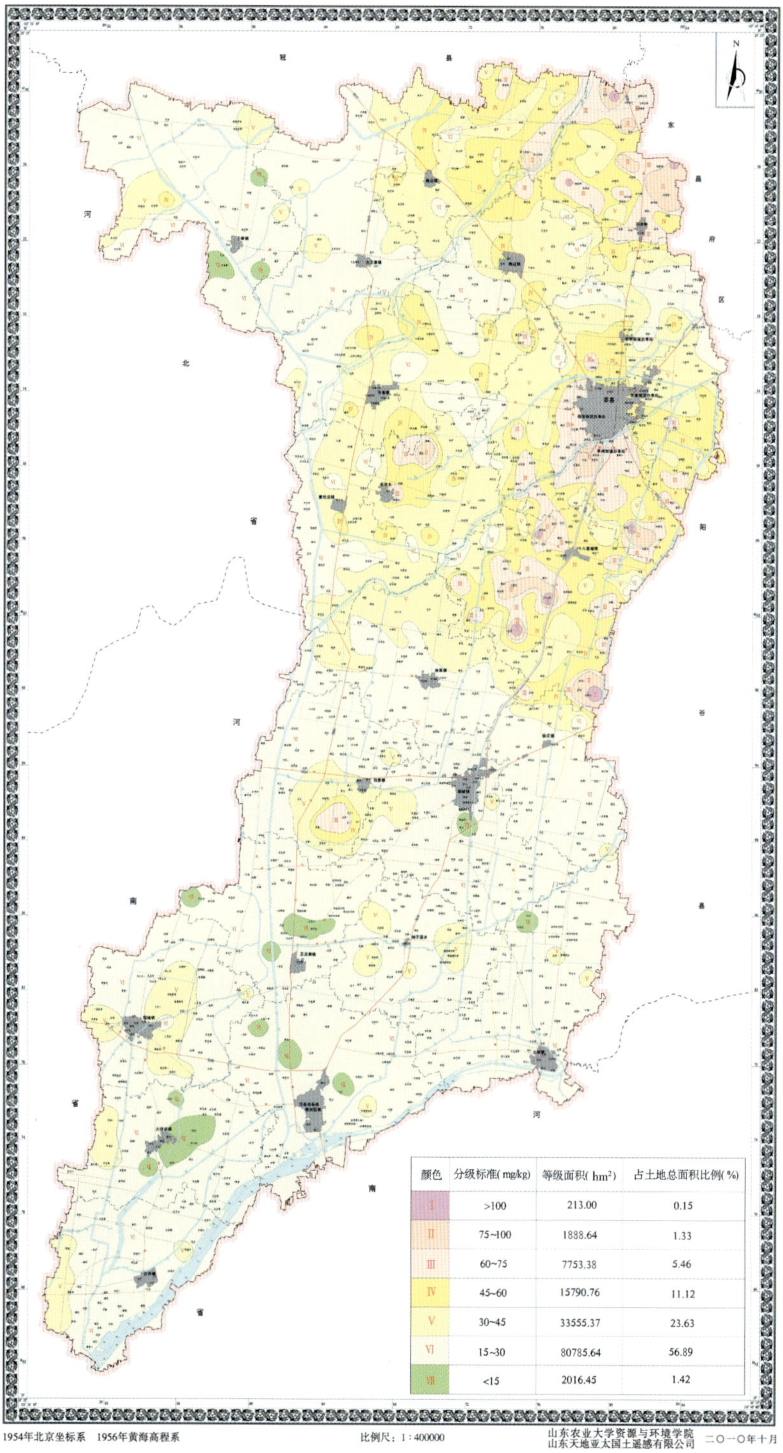

颜色	分级标准(mg/kg)	等级面积(hm²)	占土地总面积比例(%)
Ⅰ	>100	213.00	0.15
Ⅱ	75~100	1888.64	1.33
Ⅲ	60~75	7753.38	5.46
Ⅳ	45~60	15790.76	11.12
Ⅴ	30~45	33555.37	23.63
Ⅵ	15~30	80785.64	56.89
Ⅶ	<15	2016.45	1.42

1954年北京坐标系　1956年黄海高程系　　比例尺：1：400000　　山东农业大学资源与环境学院　山东天地亚太国土遥感有限公司　二〇一〇年十月

莘县土壤有效硅含量分布图

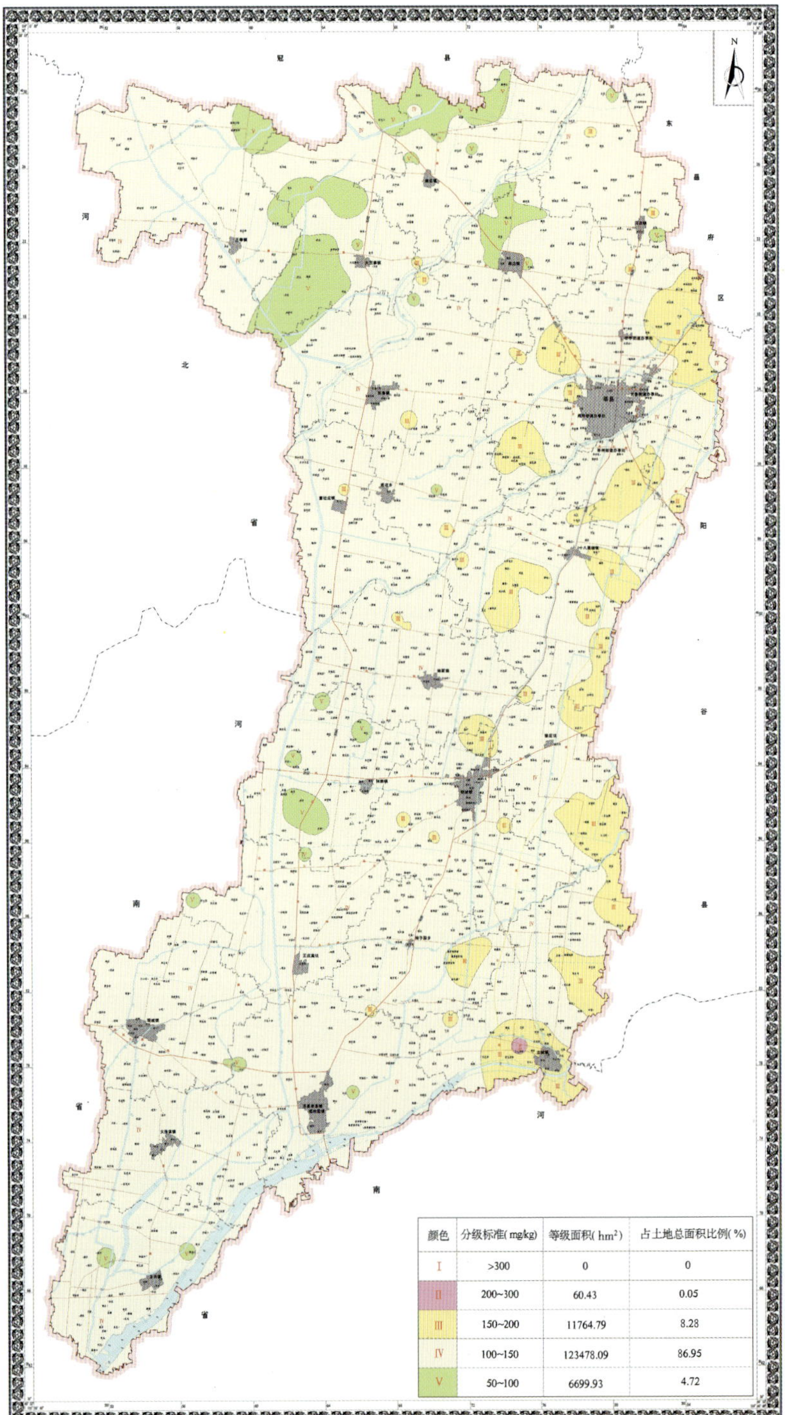

颜色	分级标准(mg/kg)	等级面积(hm²)	占土地总面积比例(%)
Ⅰ	>300	0	0
Ⅱ	200~300	60.43	0.05
Ⅲ	150~200	11764.79	8.28
Ⅳ	100~150	123478.09	86.95
Ⅴ	50~100	6699.93	4.72

1954年北京坐标系　1956年黄海高程系　　比例尺：1∶400000　　山东农业大学资源与环境学院　山东天地亚太国土遥感有限公司　二〇一〇年十月

莘县土壤有效铜含量分布图

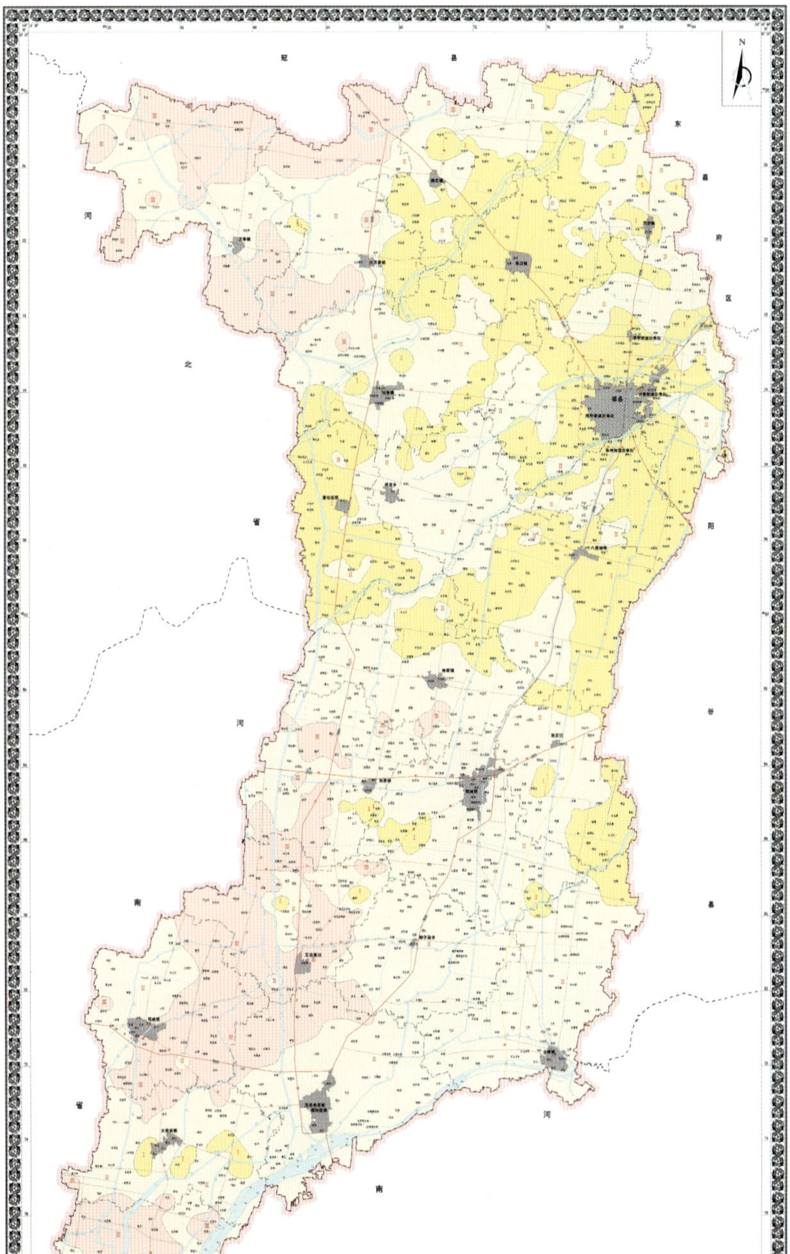

颜色	分级标准(mg/kg)	等级面积(公顷)	占土地总面积比例(%)
Ⅰ	>1.8	37664.58	26.52
Ⅱ	1.0~1.8	81043.42	57.07
Ⅲ	0.2~1.0	23295.23	16.41

1954年北京坐标系 1956年黄海高程系

比例尺：1∶400000

山东农业大学资源与环境学院
山东天地亚太国土遥感有限公司 二〇一〇年十月

莘县土壤有效铁含量分布图

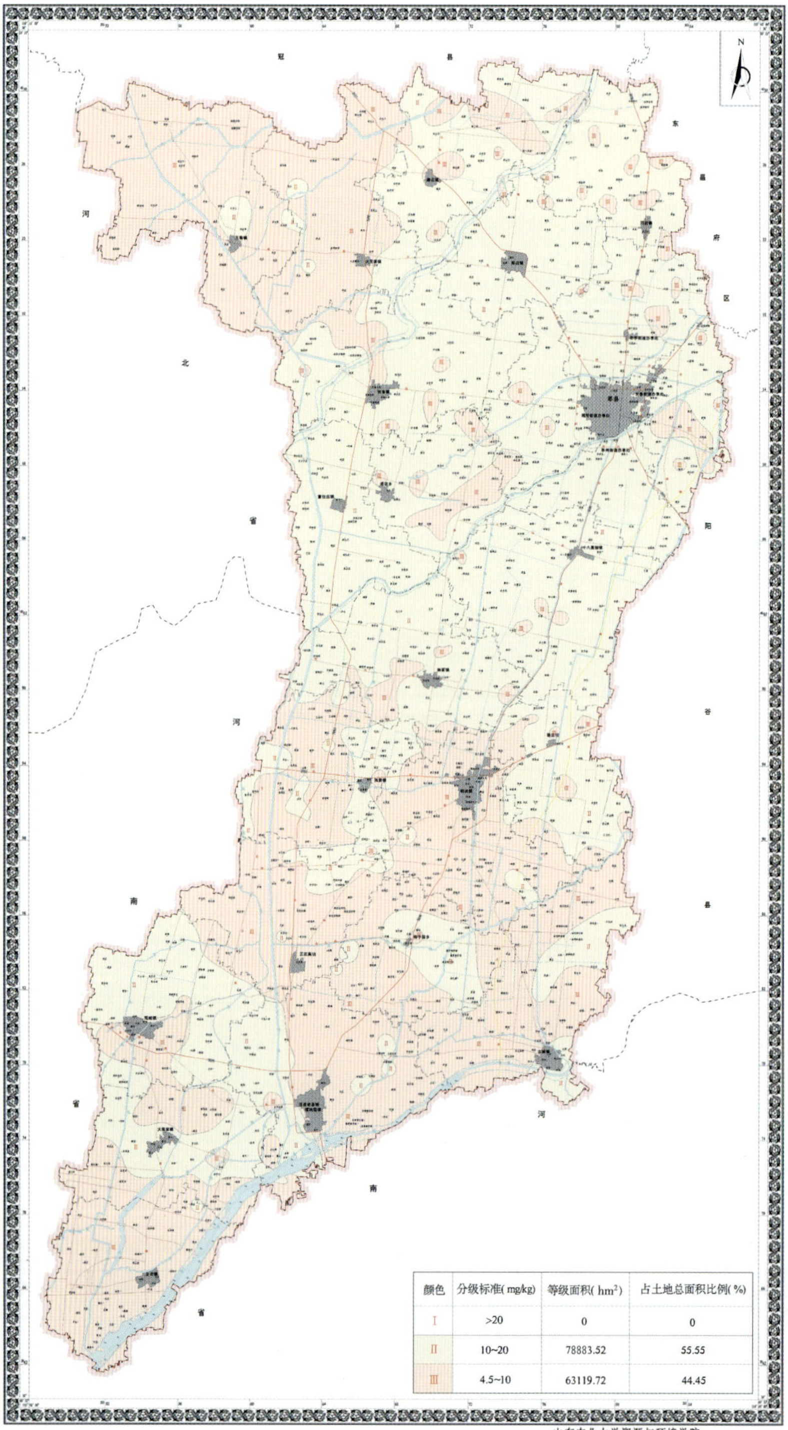

颜色	分级标准(mg/kg)	等级面积(hm²)	占土地总面积比例(%)
Ⅰ	>20	0	0
Ⅱ	10~20	78883.52	55.55
Ⅲ	4.5~10	63119.72	44.45

1954年北京坐标系　1956年黄海高程系　　比例尺：1∶400000　　山东农业大学资源与环境学院　山东天地亚太国土遥感有限公司　二〇一〇年十月

莘县土壤有效锰含量分布图

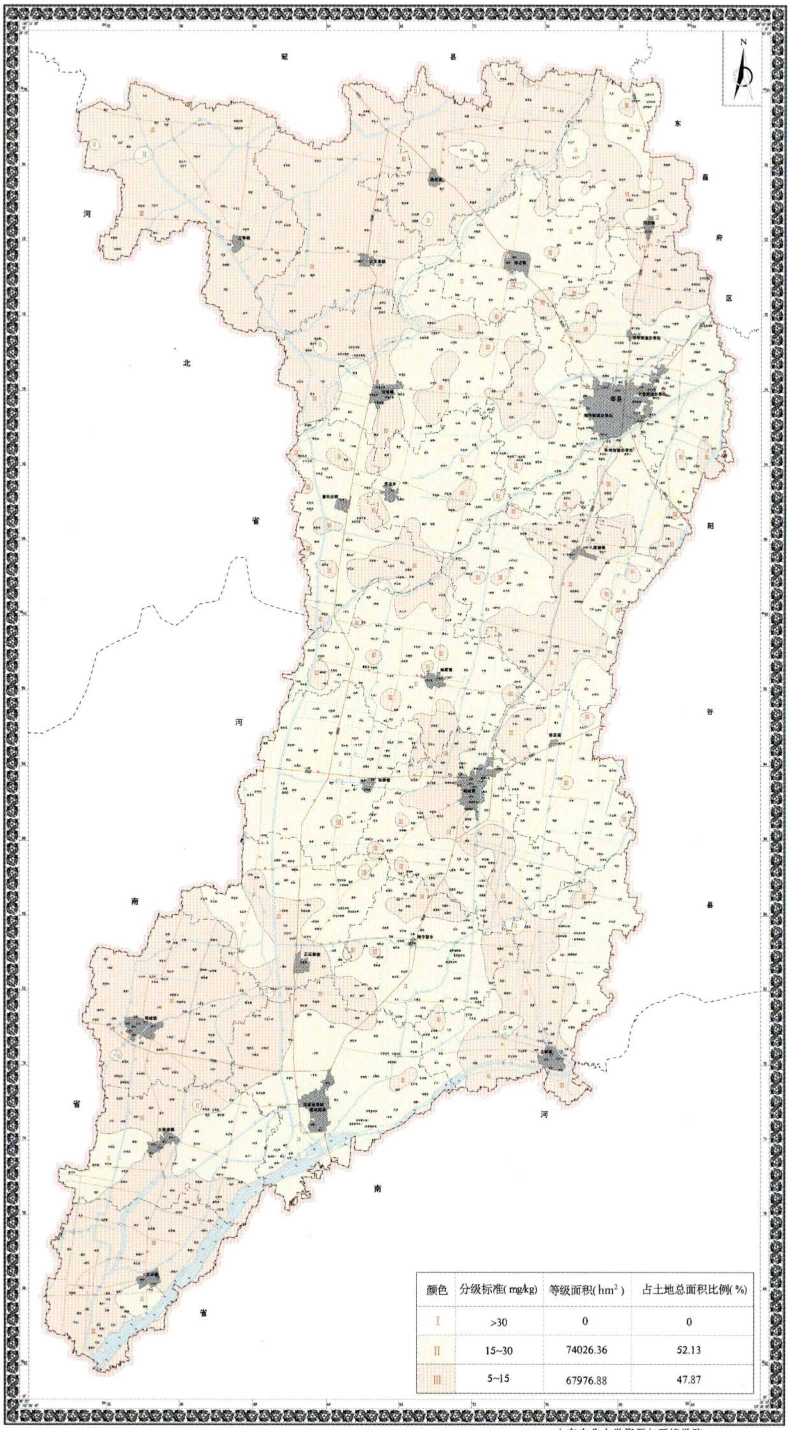

颜色	分级标准(mg/kg)	等级面积(hm^2)	占土地总面积比例(%)
Ⅰ	>30	0	0
Ⅱ	15~30	74026.36	52.13
Ⅲ	5~15	67976.88	47.87

1954年北京坐标系　1956年黄海高程系　　比例尺：1∶400000　　山东农业大学资源与环境学院 山东天地亚太国土遥感有限公司　二〇一〇年十月

莘县土壤有效锌含量分布图

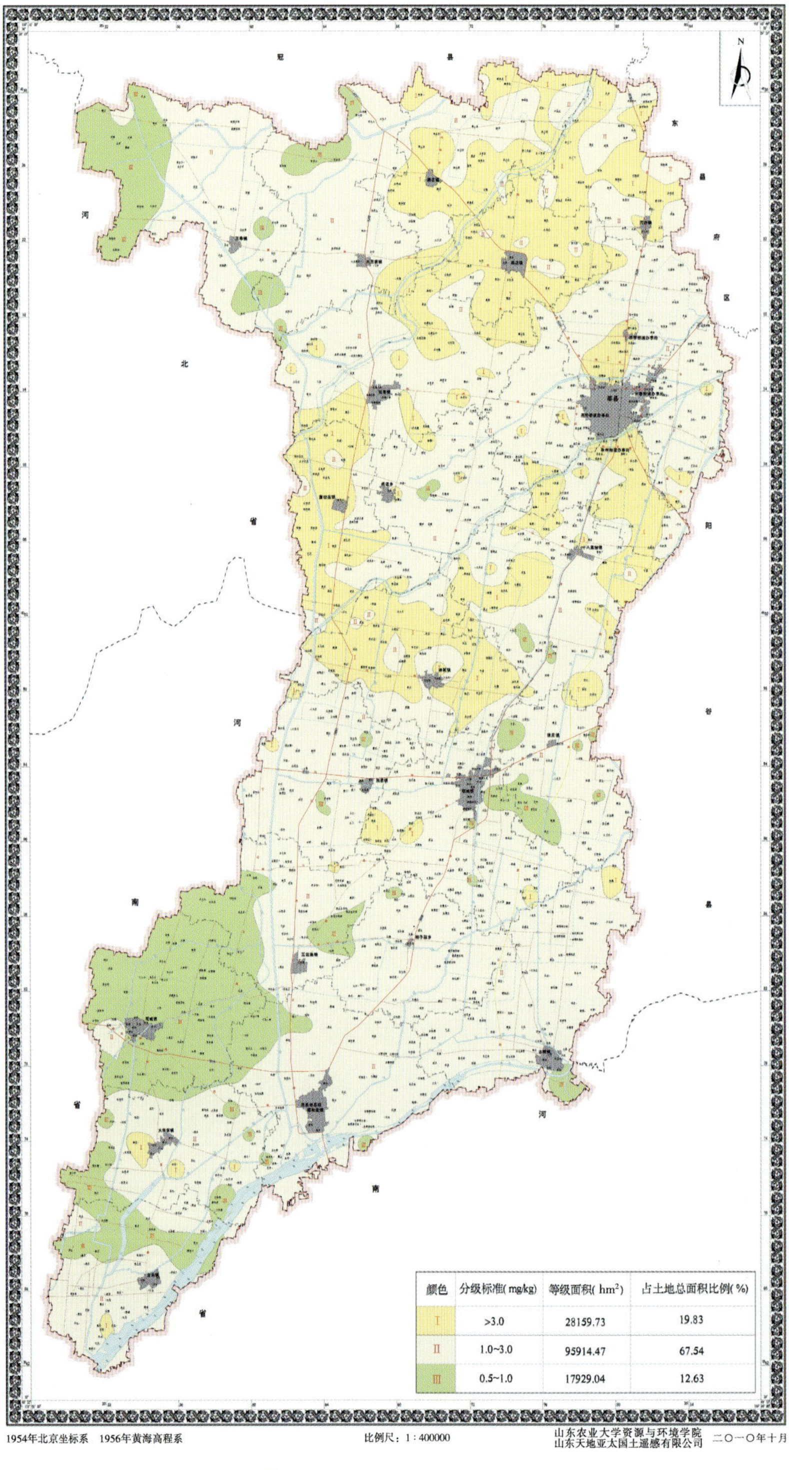

颜色	分级标准(mg/kg)	等级面积(hm^2)	占土地总面积比例(%)
Ⅰ	>3.0	28159.73	19.83
Ⅱ	1.0~3.0	95914.47	67.54
Ⅲ	0.5~1.0	17929.04	12.63

1954年北京坐标系　1956年黄海高程系　　比例尺：1∶400000　　山东农业大学资源与环境学院　山东天地亚太国土遥感有限公司　二〇一〇年十月

莘县土壤有效硼含量分布图

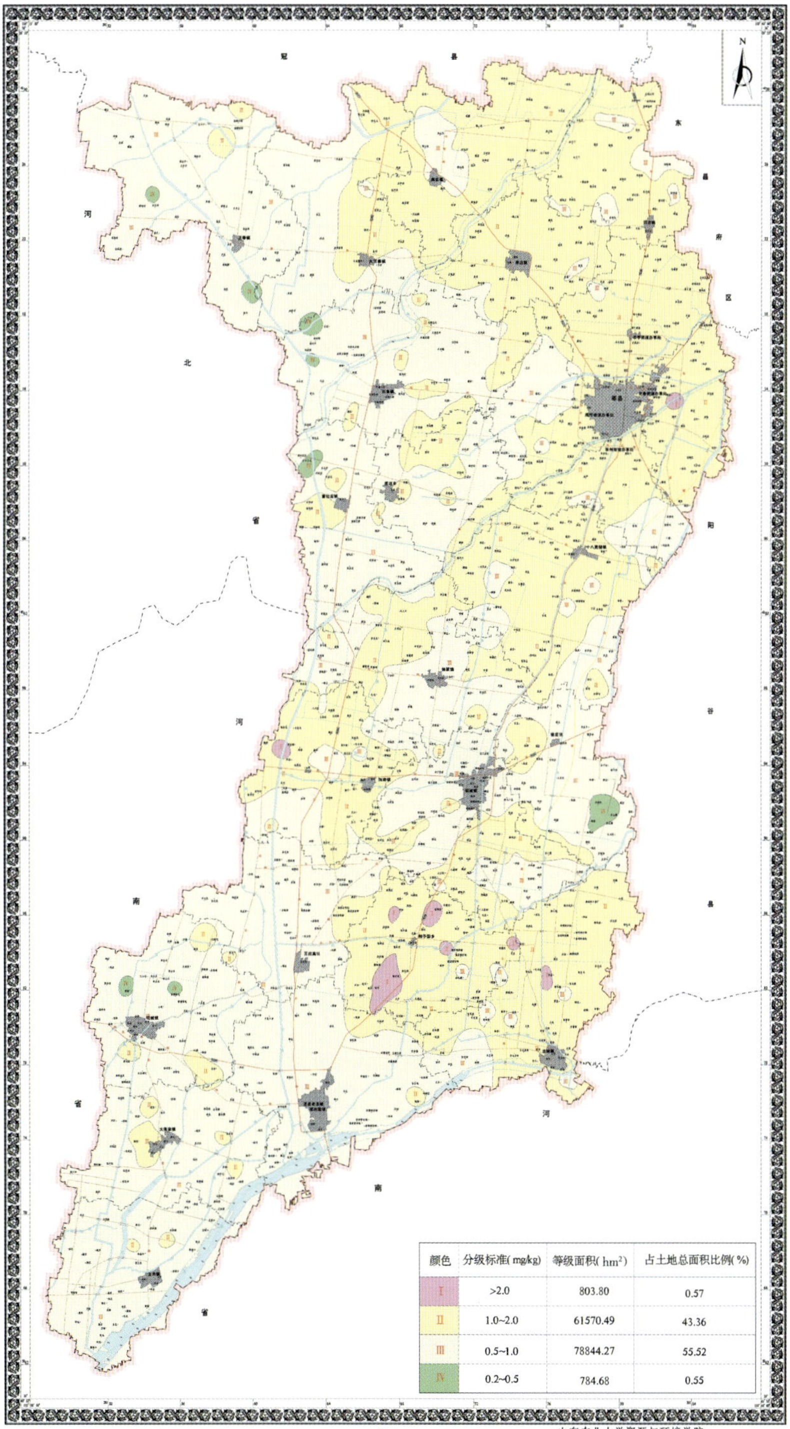

颜色	分级标准(mg/kg)	等级面积(hm^2)	占土地总面积比例(%)
Ⅰ	>2.0	803.80	0.57
Ⅱ	1.0~2.0	61570.49	43.36
Ⅲ	0.5~1.0	78844.27	55.52
Ⅳ	0.2~0.5	784.68	0.55

1954年北京坐标系　1956年黄海高程系　　比例尺：1∶400000　　山东农业大学资源与环境学院
山东天地亚太国土遥感有限公司　二〇一〇年十月

莘县土壤有效钼含量分布图

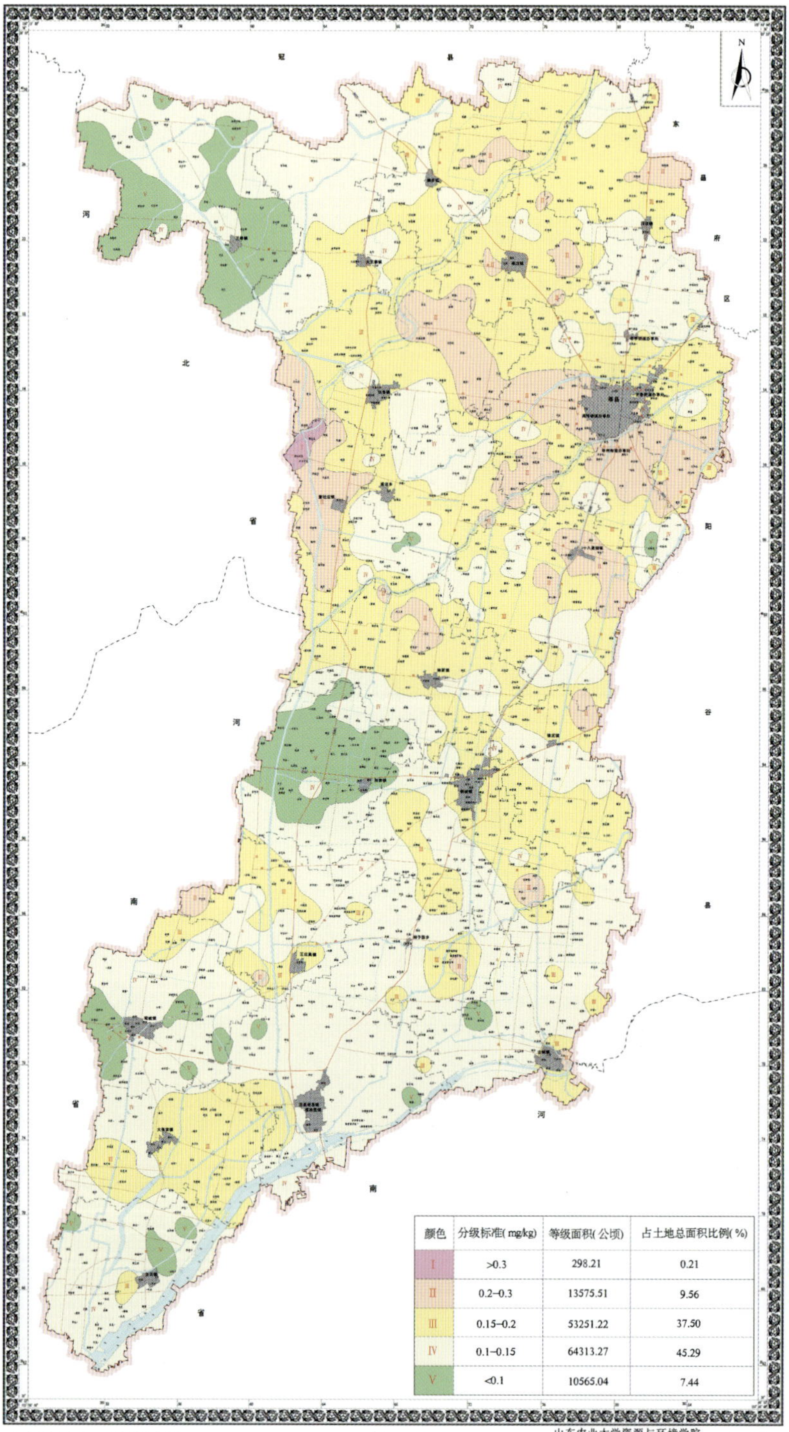

颜色	分级标准(mg/kg)	等级面积(公顷)	占土地总面积比例(%)
Ⅰ	>0.3	298.21	0.21
Ⅱ	0.2-0.3	13575.51	9.56
Ⅲ	0.15-0.2	53251.22	37.50
Ⅳ	0.1-0.15	64313.27	45.29
Ⅴ	<0.1	10565.04	7.44

1954年北京坐标系　1956年黄海高程系　　比例尺：1∶400000　　山东农业大学资源与环境学院　山东天地亚太国土遥感有限公司　二〇一〇年十月

莘县菜地地力评价图

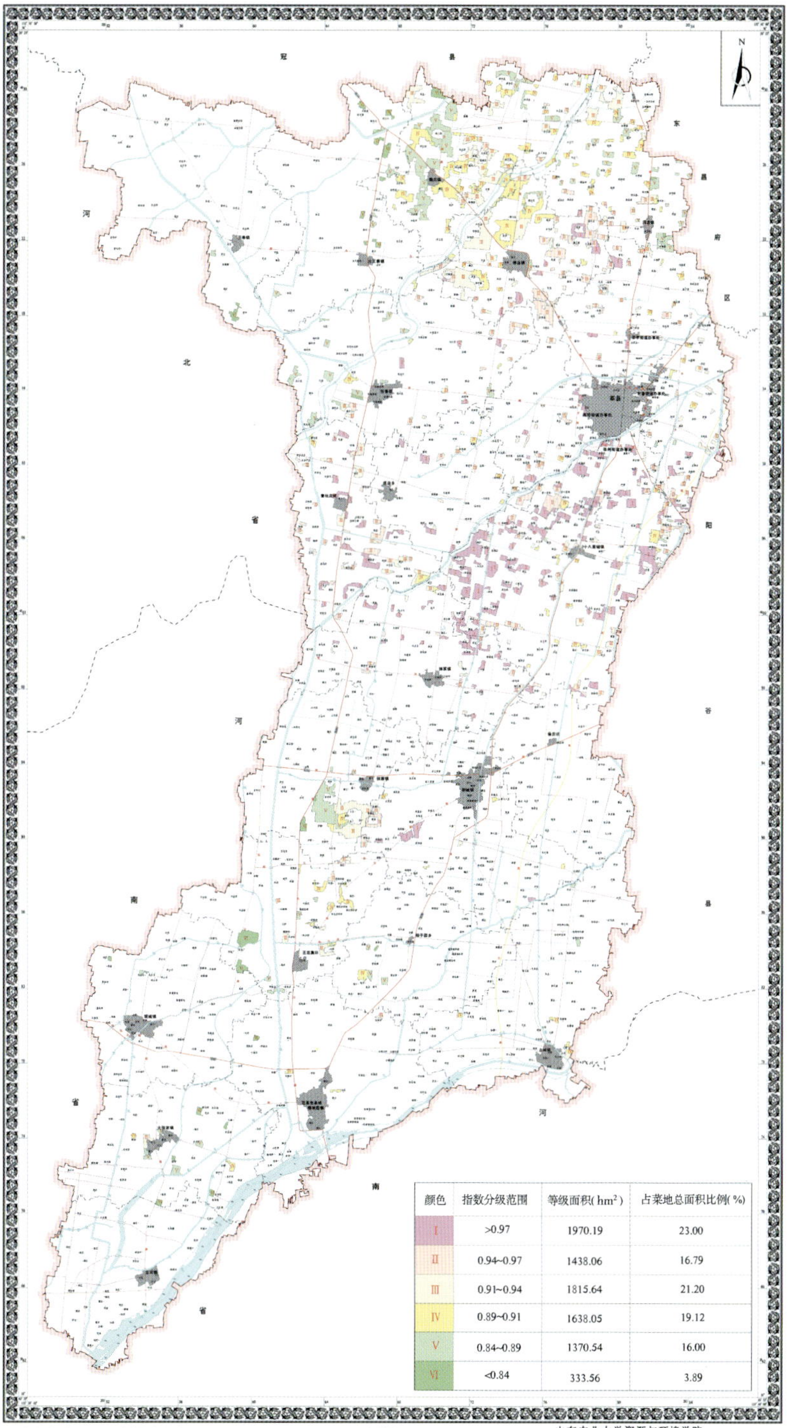

颜色	指数分级范围	等级面积(hm²)	占菜地总面积比例(%)
Ⅰ	>0.97	1970.19	23.00
Ⅱ	0.94~0.97	1438.06	16.79
Ⅲ	0.91~0.94	1815.64	21.20
Ⅳ	0.89~0.91	1638.05	19.12
Ⅴ	0.84~0.89	1370.54	16.00
Ⅵ	<0.84	333.56	3.89

1954年北京坐标系　1956年黄海高程系　　比例尺：1∶400000　　山东农业大学资源与环境学院
山东天地亚太国土遥感有限公司　二〇一〇年十月

莘县耕地改良利用分区图

比例尺：1：400000

莘县配方施肥分区图

比例尺：1：400000

主要参考文献

[1]潘云海,李继贤.山东莘县土壤志(内部资料),1983

[2]莘县农业局.莘县耕地地力评价验收资料(内部资料),2010

[3]阎鹏,徐世良.山东土壤志.北京:中国农业出版社,1994

[4]张福锁.测土配方施肥技术要览.北京:中国农业大学出版社,2006

[5]高祥照.测土配方施肥技术.北京:中国农业出版社,2005

[6]莘县统计局.莘县统计年鉴(内部资料)

[7]莘县国土资源局.耕地面积年报表(内部资料),2008~2009

[8]莘县气象局.莘县历年气象资料(内部资料)

[9]莘县水务局.莘县水利资料(内部资料)

[10]李金铭,赵景辉.莱州耕地.济南:山东大学出版社,2011